国家领土主权与海洋权益协同创新文集

第一辑

COLLECTIONS OF COLLABORATIVE INNOVATION ON TERRITORIAL SOVEREIGNTY AND MARITIME RIGHTS

(VOLUME I)

国家领土主权与海洋权益协同创新中心中国政法大学分中心

马呈元/主编

中国政法大学出版社

2015・北京

目　录

1
谈判协商是和平解决争端之最佳途径和方法

——菲律宾就南海问题强行仲裁别有用心

周忠海 *

摘 要：和平解决国际争端是联合国的宗旨和国际法基本原则。谈判协商是和平解决争端之最佳途径和方法。《联合国海洋法公约》附件七仲裁程序不属于强制程序。按照《公约》第298条的规定，缔约国可以通过书面声明排除强制程序对于诸如海洋划界、岛屿主权、军事活动争端以及安理会执行职务引起的争端的适用。公约的宗旨是在妥为顾及所有国家主权的情形下，为海洋建立一种法律秩序，以便利国际交通和促进海洋的和平用途，海洋资源的公平而有效的利用。考虑到达成这些目标将有助于实现公正公平的国际经济秩序，这种秩序将照顾到全人类的利益和需要。菲律宾就南海问题强行仲裁则是别有用心的，也绝对是行不通的。

关键词：和平解决争端 国际海洋法法庭 强制程序 第298条保留 《南海各方行为宣言》

在日本就我国钓鱼岛问题企图向国际司法机构提告并在联合国大会滋

* 中国政法大学教授，国际法学和军事法学博士生导师，国家领土主权与海洋权益协同创新中心研究员，中国国际法学会顾问，中华人民共和国外交部周边海洋问题咨询专家。

事之后，菲律宾在美国怂恿下就中菲南海争议提请国际仲裁，美国执意搅乱南海的意图已日渐昭然。中国对该照会及所附通知不予接受并将其退回。菲方有关照会及所附通知不仅违反了这个共识，而且在事实和法律上也存在严重错误，还包含许多对中方的不实指责，中方坚决反对。某些国家和媒体及人员也怀着不可告人的目的积极响应，混淆视听。为此，有必要对此国际法重大问题和事情的原委加以论述和澄清。

一、谈判协商是和平解决争端之最佳途径和方式

美国及其同伙在处理国家争端时，以其本身的价值和利益为考量，动辄对别国加以制裁或干涉。而受美国影响的人们也随声附和，认为和平解决争端只有依靠法律手段，惟有交付国际司法机关处理方能释然。其实不然，和平解决了国际争端是联合国的宗旨和国际法基本原则。《联合国宪章》明确规定了联合国的宗旨，呼吁“以和平方法且以正义及国际法之原则，调整或解决足以破坏和平之国际争端或情势”。[1] 在 1898 和 1907 年的两次海牙会议上第一次缔结《和平解决国际争端公约》并规定了和平解决国际争端的具体方式。和平解决国际争端作为国际法的一项基本原则是在 1928 年巴黎《非战公约》缔结后逐步确立的。从此废弃了战争作为解决国际争端的方法，且规定缔约国之间就可能发生的一切争端或冲突，不论其性质或起源如何，只能用和平方法加以处理和解决。1928 年 9 月 26 日在日内瓦签定了《和平解决国际争端的总议定书》。1945 年确立新的战后国际秩序的《联合国宪章》在总结过去国际实践中已形成的解决国际争端的各种方法的基础上，确定和完善了和平解决争端制度。联合国宪章在其宗旨及原则中规定“各会员国应以和平方法解决其国际争端，避免危及国际和平、安全及正义”；“各会员国在其国际关系上不得使用或威胁使用武力，或以与联合国宗旨不符的任何其他方法，侵害任何会员国或国家的领土完整或政治独立”。同时，《联合国宪章》第 6 章第 33 条规定了有关和平解决争端的各种方式方法：即任何争端之当事国，于争端之继续存在足以危及国际和平与安全之维持时，应先尽以谈判、调查、调停、和解、公断、司法解决、区域机关或区域办法之利用，或各该国自行选择之其他和平方法，求得解决。国际实践证明上述方法有效可行，同时进一步丰富

〔1〕 参见王铁崖主编：《中华法学大辞典》（国际法学卷），中国检察出版社 1996 年版，第 273 页。

和完善了和平解决争端的方法，其中协商谈判的方法已成为各国公认为一种重要的解决争端的方法，并在实践中获得成功和发展。1970年《国际法原则宣言》重申和平解决争端的原则、方法及其程序，规定：①各国应以谈判、调查、调停、和解、公断、司法解决，区域机关或办法的利用或其所选择的他种和平方法寻求国际争端的早日及公平的解决。②在寻求此项解决时，各当事方应确定与争端情况及性质适合的和平方法。③争端各当事方遇有未能以上述任一和平方法达成解决的情形时，有义务继续以其所商定的他种和平方法寻求争端的解决。④国家争端应根据国家主权平等的基础并依据自由选择方法的原则解决。

在新的世纪，和平解决争端依然是一项基本原则，而谈判协商则是解决争端的优先选择和最佳途径。安全理事会认为必要时，应促请各当事国以此方法，解决其争端。

二、国际海洋法法庭的管辖权

（一）国际法院的管辖权

国际司法解决是和平解决争端的重要途径之一，是一种法律补救措施。联合国宪章所设之国际法院为联合国主要司法机关。根据国际法院规约的规定，国际法院的诉讼当事者限于国家。法院具有诉讼管辖权和咨询管辖权，且是在平等基础上的协议管辖。法院依据国际法院规约第38条所指之国际法，对于下列事项具有管辖权：①条约之解释；②国际法之任何问题；③任何事实之存在，如经确定即属违反国际义务者；④因违反国际义务而应予赔偿之性质及其范围。

国际司法机关在主权国家之间只能协议管辖，只是对于条约的解释具有部分强制管辖权。法院的判决或裁决是终局的，当事国应当遵守。但是，任何国际组织和国际机构都不得将其意志强加于主权国家之上。法院的判决没有司法执行力，国际法上对于不履行裁决者可以进行报复。国际法院的判决只对当事国有约束力，对于第三方没有约束力。已决案件可以成为案例，但是在其成为习惯法之前，不能视为法律，也不得更改或替代现有法律。自从联合国成立以来，全球性、区域性多边和双边的条约迅速增加，而且多数条约包含关于条约解释和适用争端解决的规定，但是，只有其中的部分条款规定了强制管辖权。20世纪，试图对国家间所有法律争端设置为世界各国所接受之强制管辖权的努力没有成功，至少是没有完全成功或尚未成功。[1] 第五十二届联合国大会审议并通过了《联合国和国际海洋法法庭的合作和关系协定》，[2] 注意到国际海洋法法庭在和平解决有关利用海洋及其资源方面的争端的作用，还注意到国际法庭的职能符合联合国宪章第2条第三项关于应以和平方式解决争端的规定，联合国承认根据公约及其所附国际海洋法法庭规约的有关条款规定，国际海洋法法庭是一个具有管辖权的独立国际司法机构，联合国与国际海洋法法庭承诺尊重彼此的地位和职权，并根据本协定规定建立合作工作关系。

（二）国际海洋法法庭的管辖权

国际海洋法法庭是《联合国海洋法公约》规定的有关《公约》解释和适用争端的司法解决程序之一。联合国承认国际海洋法法庭为一个具有管辖权的独立国际司法机构，是《公约》规定的导致有拘束力裁判的众多强制程序之一。[3] 缔约国可在任何时间以书面方式选择国际海洋法法庭或《公约》规定的其他争端解决程序，如国际法院、仲裁法庭和特别仲裁法庭、调解和强制调解、具有拘束力的商业仲裁等十几种途径解决争端。[4] 其中，调解、特别仲裁庭、特别分庭和海底分庭的管辖是强制性的。根据《公约》规定，法庭的管辖权及于下列案件：①对于按照本部分向其提出的有关本公约解释或适用的任何争端；②对于按照与本公约的目的有关的国际协定向其提出的有关该协定的解释或适用的任何争端；为解决与公约第十一部分规定的解释和适用的任何争端提供特别程序，大部分是强制程序。这也是海底分庭的职能。海底分庭可以对海底管理局的大会和理事会活动范围内引起的法律问题提供咨询意见。③如果同《公约》主题事项有关的现行有效条约或公约的所有缔约国同意，这种条约或公约的解释或适用的争端，也可提交法庭。[5] 法庭作为一种剩余和强制机制可以迅速解决某些公约确定的相关争端，如迅速释放被扣船舶和船员，或在案件作出最终判决之前采取临时措施等。法庭也可以处理其他海上协定所引起的争端，如果该协定有此规定。

同时，《公约》也对适用争端强制解决程序设定了一些限制或例外。

---

〔1〕 Bernard H. Oxman, "Complementary Agreements and Compulsory Jurisdiction", *AJIL*, Vol. 95, 277.

〔2〕 A/52/968，附件。

〔3〕 52/251. 联合国和国际海洋法法庭的合作和关系协定，第1条第1项。

〔4〕 周忠海：《国际海洋法》，中国政法大学出版社1987年版，第284页。

〔5〕 参见外交部网站，国际海洋法法庭简介。

例如，关于行使主权权利或管辖权的法律执行活动方面的争端；有关划定海洋边界的《公约》条款的解释或适用的争端；关于军事活动的争端；以及正由联合国安理会执行《联合国宪章》所赋予的职务的争端等。对于上类争端，缔约国可在任何时候作出书面声明，表示不接受《公约》规定的强制解决程序。自法庭成立8年来，共受理案件12起，作出8项判决，发出26项命令，涉及17个当事国。法庭迄今已审理的13宗案件中，主要是关于船只、船员迅速释放和临时措施等案件。2003年9至10月，法庭审理了其成立后第12宗案件，即马来西亚诉新加坡围海造地案（请求临时措施）。[1]

（三）国际海洋法法庭对于缔约国的管辖权

《联合国海洋法公约》规定各缔约国应按照《联合国宪章》第2条第3项以和平方法解决它们之间有关本公约的解释或适用的任何争端，并应为此目的以《宪章》第33条第1项所指的方法求得解决。本公约的规定均不损害缔约国于任何时候已协议自行选择任何和平方法解决它们之间有关本公约的解释或适用争端的权利。[2]同时公约明确规定一国在签署、批准或加入本公约时，或在其后任何时间，应有自由用书面声明的方式选择下列一个或一个以上方法，以解决有关本公约的解释或适用的争端：①按照附件Ⅵ设立的国际海洋法法庭；②国际法院；③按照附件Ⅶ组成的仲裁法院；④按照附件Ⅷ组成的处理其中所列的一类或一类以上争端的特别仲裁法庭。各缔约国有义务作出选择。缔约国如为有效声明所未包括的争端的一方，应视为已接受附件Ⅶ所规定的仲裁。[3]一国如选择接受法庭的管辖，那么，法庭便成为公约规定的导致具有法律拘束力判决的强制程序，即解决争端的法庭。可见，法庭的管辖权扩展至根据公约第287条接受法庭管辖的缔约国之间涉及公约条文解释或适用，和经缔约国的请求而提交法庭的争端。法庭受理案件的范围在公约第297条中作出了具体规定。此类争端主要包括：①据指控，沿海国在行使第58条规定的关于航行、飞越或铺设海底电缆和管道的自由和权利，或关于海洋的其他国际合法用途方

---

〔1〕 ITLOS Press Release No 90 ITLOS Press Release No 90，http：//www. itlos. org and http：//www. tidm. org.

〔2〕《联合国海洋法公约》第279条用和平方法解决争端的义务；第280条用争端各方选择的任何和平方法解决争端。

〔3〕《联合国海洋法公约》第287条第3款。

面，有违反本公约的规定的行为；[1] ②据指控，一国在行使上述自由、权利或用途时，有违反本公约或沿海国按照本公约和其他与本公约不相抵触的国际法规则制定的法律或规章的行为；或③据指控，沿海国有违反适用于该沿海国、并由本公约所制订或通过主管国际组织或外交会议按照本公约制定的关于保护和保全海洋环境的特定国际规则和标准的行为。沿海国违反了公约有关航行自由、飞越自由或铺设海底电缆和管道自由的规定，或违反了本公约第 58 条具体规定的其他有关海洋的国际合法用途的行为。[2]

（四）国际海洋法法庭依据《公约》第十五部分所享有的管辖权

《公约》第十五部分第 2 节确立了导致有拘束力判决的强制程序。第 286 条规定，在第 3 节限制下，有关本公约的解释或适用的任何争端，如已诉诸第 1 节而仍未得到解决，经争端任何一方请求，应提交根据本节具有管辖权的法院或法庭。而第 282 条规定，作为有关本公约的解释或适用的争端各方的缔约各国如已通过一般性、区域性或双边协定或以其他方式协议，经争端任何一方请求，应将这种争端提交导致有拘束力裁判的程序，该程序应代替本部分规定的程序而适用，除非争端各方另有协议。法庭的选择由双方作出。强制力和确定性是基本的，而法庭的选择是第二位的。[3]

《公约》第 281 条规定，争端各方在争端未得到解决时所适用的程序为：

①作为有关本公约的解释或适用的争端各方，如已协议用自行选择的和平方法来谋求解决争端，则只有在诉诸这种方法而仍未得到解决以及争端各方间的协议并不排除任何其他程序的情形下，才适用本部分所规定的程序。②争端各方如已就时限达成协议，则只有在该时限届满时才适用第 1 款。如“南太平洋蓝鳍金枪鱼案”中，澳大利亚和新西兰控诉日本在公海捕获南太平洋蓝鳍金枪鱼违反了其承担的养护和管理的公约义务。双方未能按照第 1 节规定通过谈判和其他方式解决争端而提交仲裁。仲裁庭则

---

〔1〕《联合国海洋法公约》第 58 条关于航行、飞越和铺设海底电缆和管道的权利和自由，及其他有关这些自由，如那些与船舶、航空器和海底电缆和管道活动有关的符合公约的自由的国际合法用途。

〔2〕《联合国海洋法公约》第 297 条第 1 款。

〔3〕 By Bernard H. Oxman, “Complementary Agreements and Compulsory Jurisdiction”, *AJIL*, Vol. 95, 277, p. 280.

认为缺乏管辖权予以驳回。③根据《公约》第十一部分规定海底分庭的管辖权。④对于特殊争端的管辖权。法庭作为依据公约迅速处理某些争端中具有强制管辖权的机构，主要有两类争端须迅速处理：其一，是关于迅速释放被逮捕的船舶及其船员；其二，是在案件作出最后决定前请求采取临时措施。⑤法庭在《联合国海洋法公约》规定之外的管辖权。⑥法庭管辖权的限制和例外。法庭的管辖权有一些限制和例外。同时，《公约》也对适用争端强制解决程序设定了一些限制或例外。例如，关于行使主权权利或管辖权的法律执行活动方面的争端；有关划定海洋边界的《公约》条款的解释或适用的争端；关于军事活动的争端；以及正由联合国安理会执行《联合国宪章》所赋予的职务的争端等。对于上类争端，缔约国可在任何时候作出书面声明，表示不接受《公约》规定的强制解决程序。⑦法庭裁决的终局性与拘束力。法庭管辖权的重要特征是其裁决的终局性和拘束力。与《公约》第十五部分第2节规定的其他司法机构的判决一样，海洋法庭的裁决是终局的，对争端各方都具有法律拘束力。有关各方有义务遵从。公约第296条明确规定，法庭对争端所作出的任何裁判应有确定性，争端所有各方均应遵从。这种裁判仅在争端各方之间以及对特定争端具有拘束力。

需要指出的是，国际海洋法法庭和国际法院一样，法庭的裁判具有确定性，争端所有各方均应遵守。但是，裁判除在当事各方之间对该特定争端外，应无拘束力。[1] 国际法不是判例法，任何判例在形成习惯法之前，对于任何第三方没有约束力，也不能成为法律，更不能改变现行法律。

三、公约附件七之仲裁不是强制性程序

《联合国海洋法公约》第十五部分规定，各缔约国应按照《联合国宪章》第2条第3项以和平方法解决它们之间有关本公约的解释或适用的任何争端，并应为此目的以《宪章》第33条第1项所指的方法求得解决。缔约国可在任何时间以书面方式选择国际海洋法法庭或《公约》规定的其他争端解决程序，如国际法院、仲裁法庭和特别仲裁法庭、调解和强制调解、具有拘束力的商业仲裁等十几种途径解决争端。[2] 其中，调解、特别仲裁庭、特别分庭和海底分庭的管辖是强制性的。而公约附件七之仲裁不

---

〔1〕 国家海洋局海洋发展战略研究所编：《联合国海洋法》，海洋出版社1996年版，第209页。

〔2〕 周忠海：《国际海洋法》，中国政法大学出版社1987年版，第284页。

不包括在内，亦即其不是强制性程序。

应该重申在主权国家之间，国际司法机构只享有协议管辖权。本公约的任何规定均不损害任何缔约国于任何时候协议用自行选择的任何和平方法，解决它们之间有关本公约的解释或适用的争端的权利。有关本公约的解释或适用的争端各方的缔约各国，如已协议用自行选择的和平方法谋求解决争端，则只有在诉诸这种方法而仍未得到解决，以及争端各方间的协议并不排除任何其他程序的情形下，才适用本部分所规定的程序。

联合国国际法院规约规定条约之解释为法院的强制性管辖。有关本公约的解释或适用的争端也属于导致有拘束力裁判的强制程序。《公约》第十五部分第298条规定："关于划定海洋边界的第15、74和83条在解释或适用上的争端，或涉及历史性海湾或所有权的争端，但如这种争端发生于本公约生效之后，经争端各方谈判仍未能在合理期限内达成协议，则作此声明的国家，经争端任何一方请求，应同意将该事项提交附件五第二节所规定的调解；此外，任何争端如果必然涉及同时设立与大陆或岛屿陆地领土的主权或其他权利有关的任何尚未解决的争端，则不应提交这一程序。"同时，公约详细规定了适用第2节的任择性强制程序的例外。明确指出，其一，任何争端如果必要涉及同时审议与大陆或岛屿陆地领土的主权或其他权利有关的任何尚未解决的争端，则不应提交这一程序；其二，关于军事活动，包括从事非商业服务的政府船只和飞机的军事活动的争端，以及根据第297条第2和第3款不属法院或法庭管辖的关于行使主权权利或管辖权的法律执行活动的争端。

有关本公约的解释或适用的争端各方的缔约国如已通过一般性、区域性或双边协定或以其他方式协议，经争端任何一方请求，应将这种争端提交导致有拘束力裁判的程序，该程序应代替本部分规定的程序而适用，除非争端各方另有协议。[1] 根据第197条或以一项按照第298条发表的声明予以除外，不依第2节所规定的解决争端程序处理的争端，只有经争端各方协议，才可提交这种程序。本节的任何规定不妨害争端各方为解决这种争端或达成和睦解决而协议某种其他程序的权利。根据第1款提出声明的缔约国，应无权对另一缔约国，将属于被除外的一类争端的任何争端，未经该另一缔约国同意，提交本公约的任何程序。中国坚持按照国际法的有

〔1〕 国家海洋局海洋发展战略研究所编：《联合国海洋法公约》，海洋出版社1996年版，第137—138页。

关规定和《南海各方行为宣言》的精神，通过双边谈判解决领土主权和海洋划界争议。这一立场没有改变。菲律宾罔顾事实，颠倒是非，不顾中国的坚决反对，断然关闭谈判的大门，单方面向联合国海洋法法庭提起仲裁，居心叵测！

仲裁，又称公断。国际仲裁指国家间发生争端时，经各当事国同意，将争端交付仲裁，由它们自己选任的仲裁人处理，并相互约定服从其裁决。当事国在自愿将争端交付仲裁时，就约定服从仲裁裁决，因而仲裁裁决对当事国具有约束力，当事国有履行仲裁裁决的义务。[1] 不过，虽然仲裁裁决对争端当事国具有拘束力，但没有法律制裁的性质，仲裁裁决的拘束力源于当事国提交仲裁时达成的相互服从仲裁的协议。因此当事国对仲裁裁决是须执行的，除非仲裁人明显超越仲裁协议规定的权限或有其他恶意行为。

国际法院规约规定关于法院有无管辖权之争端，由法院裁决之。[2] 而国际海洋法法庭规约则没有是项的明确规定，因此，它的管辖权须按照公约第15部分的相关规定执行。国际海洋法法庭的仲裁法庭居然不顾中国的强烈反对强行组庭，因而亵渎了法庭的严肃性和尊严。这不能不使人想到一战后的巴黎和会上，西方列强将德国在中国山东的利益转让给日本的21条，和1951年9月的旧金山对日和约将中国的领土钓鱼岛和流球王国“归还”日本。今日和平崛起并屹立于世界东方之中国决不允许这种历史重演。

四、菲律宾提交仲裁违背《南海各方行为宣言》之精神

南中国海在第二次世界大战后至1975年以前一直风平浪静，包括菲律宾在内的周边国家和相关大国，对东沙群岛、西沙群岛、中沙群岛、南沙群岛及其南海海域从没有提出异议，并表示承认和赞同我国关于南海的相关法律规定。只是在70年代末菲律宾等所谓的南海声索国开始觊觎我南海岛礁和海域，甚至采取卑劣手段，侵占我岛礁，制造事端。近来菲律宾在某些国家的怂恿下，将所谓的南海争端提交国际海洋法法庭仲裁。菲方有关照会及所附通知显然违反了《南海各方行为宣言》之精神。

---

〔1〕 周鲠生主编：《国际法》，商务印书馆1981年版，第768页。

〔2〕 中国人民大学国际法教研室辑：《联合国宪章及国际法院规约》，中国人民大学出版社1953年版，第74页。

为了维护南海稳定，增进互信和推进合作，为有关当事国最终和平解决争议创造良好条件和氛围，中国和东盟国家于 2002 年 11 月签署了《南海各方行为宣言》。《宣言》确认中国与东盟致力于加强睦邻互信伙伴关系，共同维护南海地区的和平与稳定，强调通过友好协商和谈判，以和平方式解决南海有关争议。在争议解决之前，各方承诺保持克制，不采取使争议复杂化和扩大化的行动，并本着合作与谅解的精神，寻求建立相互信任的途径。《宣言》签署以来，中国同东盟国家一道遵循《宣言》的宗旨和原则，保持密切沟通，积极探讨合作。落实《宣言》后续行动已成为中国和东盟国家围绕南海问题开展对话与合作的重要平台，为维护南海局势稳定，深化中国—东盟战略合作伙伴关系发挥不可替代的作用。在当前形势下，各方都认识到，尽快结束指针问题磋商，积极落实《宣言》，推进务实合作是维护南海和平稳定的需要，是发展中国—东盟关系的需要，符合各方共同利益。[1] 中华人民共和国和东盟各成员国政府，重申各方决心巩固和发展各国人民和政府之间业已存在的友谊与合作，以促进面向 21 世纪的睦邻互信伙伴关系；承诺促进 1997 年中华人民共和国与东盟成员国国家元首或政府首脑会晤《联合声明》所确立的原则和目标；希望为和平与永久解决有关国家间的分歧和争议创造有利条件。[2] 这是符合联合国宪章宗旨和原则的，也符合国际法原则宣言中的基本精神，是区域机关或区域办法的利用，也是南海周边国家共同选择的和平方法。菲律宾及有关国家应当履行承诺，遵守和执行。

关于菲律宾将南海问题提交国际仲裁，中方已多次表明立场。中方不接受仲裁有充分的国际法依据。其中首要的原因便是菲律宾单方面关闭了中菲双方谈判协商的大门，严重违背了《南海各方行为宣言》的宗旨和原则，也违背了其庄严的承诺。同时，从维护中菲双边关系和地区和平稳定的大局出发，中方一贯致力于通过双边谈判解决争议，并为维护南海稳定、促进区域合作做出了不懈努力。由直接相关的主权国家谈判解决有关争议，也是东盟国家同中国在《宣言》中达成的共识。菲方所谓“已为和平解决争议穷尽一切政治和外交手段”完全不是事实。中方多次向菲方建议，双方可恢复利用现有的磋商机制或建立新的磋商机制，但至今未获菲方答复。中方敦促菲方改变错误做法，停止误导舆论，早日回到通过双边

〔1〕“中国东盟就落实《南海各方行为宣言》达成共识”，载新华网，2011 年 7 月 20 日。

〔2〕《南海各方行为宣言》，载百度百科，访问日期：2013 年 7 月 31 日。

谈判磋商解决争议的正确轨道上来。

五、中国的严正立场及对公约第298条之排除

中国国家主席习近平强调指出，中国始终是维护地区与世界和平稳定的坚定力量，我们坚定捍卫国家主权安全、领土完整，致力于通过友好谈判，和平解决同邻国的领土、领海、海洋权益争端。[1] 中国对于和平解决国际争端保持一贯立场和作风。我们主张任何国家之间的争端应当在互相尊重主权和领土完整以及平等基础上协商解决，而不是由第三方机构和国家介入或裁决。早在1972年恢复联合国合法席位时，中国就没有承认国际法院的管辖为“当然而具有强制性”。1976年，中国代表在联合国第三次海洋法会议第五期会议上发言指出：发生在领海、专属经济区和大陆架的争端属于沿海国主权和专属管辖权的范围，应该按照沿海国的法律和规定处理，不应适用于公约的解决争端机制。最后，第三次联合国海洋法会议再次折中，将上述解决争端部分作为一个选择性议定书，由各国自愿签署。而中国并未签署这些文件。

南海所谓的争端是中国与南海周边有关当事国之间的争端，应当由当事国进行谈判协商解决，而不是通过其他方式解决。南海问题不是中国与东盟之间的问题，更不是中国与美国之间的问题，而美国所谓的航行自由显然是伪命题，借题发挥另有他图。菲律宾在他人的挑拨和唆使下将南海争端诉诸仲裁，企图达到不可告人的目的。这是违反国际法的，也违背国际海洋法法庭的程序规则。按照《公约》规定，一国在签署、批准或加入本公约时，或在其后任何时间，在不妨碍根据第1节所产生的义务的情形下，可以书面声明对于下列各类争端的一类或一类以上，不接受第2节规定的一种或一种以上的程序：即，任何争端如果必然涉及同时审议与大陆或岛屿陆地领土的主权或其他权利有关的任何尚未解决的争端，则不应提交这一程序；本项不适用于争端各方已以一项安排确定解决的任何海洋边界争端，也不适用于按照对争端各方有拘束力的双边或多边协定加以解决的任何争端；关于军事活动，包括从事非商业服务的政府船只和飞机的军事活动的争端，以及根据第297条第2和第3款不属法院或法庭管辖的关

---

〔1〕“我们永远不争霸，永远不称霸”，载中国新闻网，2012年9月21日。

于行使主权权利或管辖权的法律执行活动的争端。[1]

对于国际海洋法法庭的管辖权，中国政府于 2006 年 8 月 25 日做出了排除适用强制性争端解决程序的声明。这一声明涉及的争端事项包括：①关于划定海洋边界的第 15、74 和 83 条在解释或适用上的争端，或涉及历史性海湾或所有权的争端；②关于军事活动，包括从事非商业服务的政府船只和飞机的军事活动的争端，以及根据第 297 条第 2 款和第 3 款不属法院或法庭管辖的关于行使主权权利或管辖权的法律执行活动的争端；③正由联合国安理会执行《联合国宪章》所赋予的职务的争端，但安理会决定将该事项从其议程删除或要求争端各方用本公约规定的方法解决该争端者除外。这一排除性声明对中国的法律效果在于：中国与有关国家之间关于海洋划界、领土主权和军事活动等争端，将不适用《公约》第十五部分第 2 节规定的强制程序。可见，中国自 2006 年就排除了附件七下的仲裁庭作为审理机构，管辖中国与缔约国之间“关于划定海洋边界的第 15、第 74、第 83 条在解释或适用上的争端，或涉及历史性海湾或所有权的争端，或者任何争端如果必然涉及同时审议与大陆或岛屿陆地领土的主权或其他权利有关的任何尚未解决的争端”。[2]

此外，2012 年 4 月我国外交部郑重声明“黄岩岛是中国的固有领土，不存在提交国际海洋法法庭的问题。中国对黄岩岛的领土主权拥有充分法理依据。”中国最早发现、命名黄岩岛，最早将其列入中国版图，实施主权管辖。黄岩岛海域是中国渔民的传统捕鱼场所。自古以来，中国渔船就经常赴黄岩岛海域进行渔业生产活动。中国国家统计局、国家地震局、国家海洋局等多次对黄岩岛及附近水域进行科学考察。菲律宾在 1997 年以前从未对中国政府对黄岩岛行使主权管辖和开发利用提出过任何异议，并且还多次表示黄岩岛在菲领土范围之外。1981 年、1984 年菲出版的地图也都将黄岩岛标绘在菲领土界限之外。《联合国海洋法公约》允许沿海国建立 200 海里专属经济区，但沿海国无权因此而损害其他国的固有领土主权。以《联合国海洋法公约》去改变领土主权归属的想法和做法是违反包括《联合国海洋法公约》在内之国际法的宗旨和原则的。

---

〔1〕 国家海洋局海洋发展战略研究所编：《联合国海洋法公约》，海洋出版社 1996 年版，第 145 页。

〔2〕 参见 UNCLOS 第 298 条第 1 款（a）项。

六、对策与建议

质言之，菲律宾罔顾事实，狐假虎威，断然关闭谈判磋商的大门，就所谓的南海争端强行仲裁，显然是别有用心的。我们爱好和平，坚持走和平发展道路，但决不能放弃正当权益，更不能牺牲国家核心利益。要坚持用和平方式、谈判方式解决争端，努力维护和平稳定。[1] 和平解决国际争端是联合国的宗旨和国际法基本原则。而谈判协商则是解决争端的优先选择和最佳途径。国家主权平等，平等之间无管辖权。海洋法公约附件七的仲裁程序不是强行程序，因此，法庭对“菲律宾提交南海问题国际仲裁”没有强制管辖权。中国对于公约第十五部分第298条关于强行程序之例外的保留是有效的，对于菲律宾强行仲裁的反对意见表示中国拒绝接受仲裁庭的强制管辖和进入仲裁程序。这些经验与共识弥足珍贵，值得我们继续加以坚持。

综上所述，就我国目前的情况，笔者提出下列几点意见和建议：

第一，中方维护国家主权和领土完整的决心和意志是坚定不移的。中国坚定维护南海地区的和平稳定，坚持同直接当事国通过谈判协商解决有关争议。中国坚持以和平方式，通过平等对话与友好协商妥善处理具体分歧。对于这些问题，中方一贯主张通过直接谈判或区域办法寻找解决之道。我们希望有关国家也都能秉持这样的精神，同我们相向而行，不要再采取可能使事态复杂化和扩大化的行为，尤其不要误判形势，一错再错。

第二，中方不接受菲律宾就南海问题所提仲裁，坚持按国际法的有关规定和《南海各方行为宣言》的有关精神，通过双边谈判解决领土和海洋划界争议。菲律宾应该撤回仲裁申请，从侵占中国的8个岛礁上撤出。中方希望菲方恪守承诺，积极回应中方关于建立中菲海上问题磋商机制和重启两国建立信任措施机制的提议，回到双边谈判解决争议的正确轨道上来。

第三，反对南海域外国家的介入和干涉。希望美方从本地区和平稳定大局出发，言行一致，不要发出自相矛盾的错误信号，多做有利于本地区和平稳定的事情。其他域外相关国家亦应谨言慎行，不应插手和介入。

第四，历史经验值得注意，历史悲剧不得重演，冷战思维应当摒弃。

---

〔1〕“习近平在中共中央政治局第八次集体学习时强调 进一步关心海洋认识海洋经略海洋推动海洋强国建设不断取得新成就”，载《人民日报》2013年8月1日。

第五，现实之侵略或侵占属于不当得利，是无效的，非法的。

南海问题涉及我国的核心利益。中国一贯致力于通过谈判协商解决争端。但是任何人不要幻想中国会拿核心利益作交易，也不会允许他人对其核心利益指手划脚，妄加裁判。

2
“查戈斯群岛海洋保护区仲裁案”（毛里求斯诉英国）述评

高健军 *

摘　要：本案涉及大量国际法规则，特别是1982年《海洋法公约》的解释和适用问题，其中既包括实体规则，也包括程序性规则。而法庭关于领土主权争端与1982年公约争端解决机制的关系、公约第297条与法庭管辖权的关系、各国在专属经济区内的“适当顾及”义务，以及国际法中的禁止反言原则等问题的阐释在有助于澄清相关规则的同时，也存在一些值得商榷之处。

关键词：查戈斯群岛　海洋保护区　仲裁《海洋法公约》　领土争端

一、引言

2015年3月18日《联合国海洋法公约》（以下简称“公约”）附件七仲裁法庭就“查戈斯群岛海洋保护区仲裁案”（毛里求斯诉英国）作出裁

* 中国政法大学国际法学院教授，国家领土主权与海洋权益协同创新中心研究员。

决。[1] 原告毛里求斯曾长期是英国的殖民地，1968 年获得独立。查戈斯群岛（Chagos Archipelago）历史上是毛里求斯的属地，1965 年英国在毛里求斯独立前出于军事目的将其分离出来作为“英属印度洋领地”（British Indian Ocean Territory，BIOT）加以管理。[2] 英国随后将查戈斯群岛中最大的岛屿迪戈加西亚租借给了美国，后者目前在岛上建有军事基地。为了换取毛里求斯对分离查戈斯群岛的同意，英国当时做了一些承诺，特别是：确保毛里求斯尽可能继续享有在查戈斯群岛的捕鱼权，当不再需要将查戈斯群岛用于国防目的时将该群岛归还毛里求斯，以及将在查戈斯群岛或其附近发现的任何矿产或石油的利益归属毛里求斯，即“兰卡斯特宫承诺”（Lancaster House Undertakings）。[3] 毛里求斯从 1980 年代开始以各种方式主张对查戈斯群岛的主权。[4] 引发本案的直接原因是英国于 2010 年决定在查戈斯群岛周围建立一个超过五十万平方公里的“海洋保护区”（Marine Protected Area）。[5] 在 2010 年 4 月 1 日的公告中，英国宣布“在 2003 年 9 月 17 日宣告的‘环境（保护和保全）区’内”建立海洋保护区，在该区内行使有关保护和保全环境的“主权权利和管辖权”，同时指出关于该区的详细规章以及对该区内渔业及其他活动的影响将在以后的法律中处理。[6] 2003 年建立的“环境（保护和保全）区”（Environmental（Protection and Preservation）Zone）的内部界限为查戈斯群岛领海的外部界限，而其向海界限为从基线量起的 200 海里界限或是与马尔代夫之间的等距离线。[7] 然而，2010 年海洋保护区的范围似乎在 2003 年的“环境（保护和保全）区”之外还包括了查戈斯群岛的领海（迪戈加西亚及其周围 3 海里除外），同时

[1] In the Matter of the Chagos Marine Protected Area Arbitration before An Arbitral Tribunal Constituted under Annex VII of the United Nations Convention on the Law of the Sea between the Republic of Mauritius and the United Kingdom of Great Britain and Northern Ireland（www. pca - cpa. org/showpage. asp? pag_ id = 1429）, Award of 18 March 2015. 访问日期：2015 年 5 月 20 日。

[2] See Chagos Marine Protected Area Arbitration, paras. 2, 69 - 72.

[3] See Chagos Marine Protected Area Arbitration, para. 77.

[4] See Chagos Marine Protected Area Arbitration, paras. 101 - 107, 109.

[5] See Chagos Marine Protected Area Arbitration, para. 5.

[6] British Indian Ocean Territory Proclamation No. 1 of 2010, paras. 1, 2, see Memorial of Mauritius, Annex 166.

[7] British Indian Ocean Territory Proclamation No. 1 of 2003, para. 2, see Memorial of Mauritius, Annex 121.

它还是一个禁捕区。[1] 毛里求斯迅即对英国建立海洋保护区的决定表示了抗议，并最终于2010年12月20日针对英国提起公约附件七项下的仲裁程序。毛里求斯于1994年11月4日批准公约，而英国于1997年7月25日加入公约，并声明公约扩展至英属印度洋领地等海外领地。关于公约第287条规定的争端解决方法的选择，毛里求斯未发表声明，而英国1998年声明选择国际法院，[2] 是故毛里求斯诉诸公约附件七的仲裁。[3] 此外，英国2003年根据公约第298条发表声明，将关于军事活动的争端的第298条第1款（b）、（c）项所述的争端排除出公约导致有拘束力裁判的强制程序。

仲裁法庭于2011年3月组成，并由常设仲裁法院担任案件的书记处。法庭包括五名仲裁员：毛里求斯指派的沃尔夫鲁姆（Wolfrum）、英国指派的格林伍德（Greenwood）、国际海洋法法庭庭长指派的凯特卡（Kateka）、霍夫曼（Hoffmann）和谢尔（Shearer）。[4] 2011年5月23日毛里求斯就英国指派的仲裁员的中立性提出质疑，但由其他四名仲裁员组成的法庭一致驳回了毛里求斯的质疑。[5] 2012年10月31日英国提出对管辖权的初步反对主张，并要求作为初步问题单独处理这些反对主张，但毛里求斯对这样的处理方式表示反对。2013年1月15日法庭发布命令拒绝了英国单独处理管辖权问题的请求，决定把对管辖权的反对主张和实体问题一并考虑。[6]

---

〔1〕 See Chagos Marine Protected Area Arbitration, paras. 148 (9), 432, 495, 498, 526 (b) (ii); Notification and Statement of Claim of Mauritius, paras. 1, 4; Memorial of Mauritius, Charts – Figure 6.

〔2〕 参见 http://www.un.org/Depts/los/convention_agreements/convention_declarations.htm#UK Declaration made after accession，访问日期：2015年5月23日。

〔3〕 公约第287条第1款规定：“一国在签署、批准或加入本公约时，或在其后任何时间，应有自由用书面声明的方式选择下列一个或一个以上方法，以解决有关本公约的解释或适用的争端：（a）按照附件六设立的国际海洋法法庭；（b）国际法院；（c）按照附件七组成的仲裁法庭；（d）按照附件八组成的处理其中所列的一类或一类以上争端的特别仲裁法庭。”而其第5款规定：“如果争端各方未接受同一程序以解决这项争端，除各方另有协议外，争端仅可提交附件七所规定的仲裁。”

〔4〕 Chagos Marine Protected Area Arbitration, paras. 15 – 18. 还参见公约附件七第3条（d）和（e）项。

〔5〕 Chagos Marine Protected Area Arbitration, paras. 19 – 23. Reasoned Decision on Challenge against Judge Christopher Greenwood, 30 November 2011.

〔6〕 Chagos Marine Protected Area Arbitration, paras. 29 – 31. Procedural Order No. 2 (Application to Bifurcate Proceedings), 15 January 2013.

2014年4月22日至5月9日，法庭在土耳其伊斯坦布尔开庭。毛里求斯在其最后诉讼主张中请求仲裁法庭裁判并宣告，按照1982年公约，关于查戈斯群岛：

> （1）英国无权宣布“海洋保护区”或其他海域，因为它不是公约第2条、第55条、第56和第76条等意义上的“沿海国”；以及/或
>
> （2）考虑到它对毛里求斯就查戈斯群岛所作的承诺，英国无权单方面宣布“海洋保护区”或其他海域，因为毛里求斯享有公约第56条第1款（b）项（3）目和第76条第8款等意义上的“沿海国”的权利；以及/或
>
> （3）英国不应采取任何措施阻止大陆架界限委员会就毛里求斯可能根据公约第76条就查戈斯群岛所提的任何完整划界案提出建议；
>
> （4）英国据称的“海洋保护区”不符合英国在公约项下的实体和程序性义务，其中包括第2条、第55条、第56条、第63条、第64条、第194和第300条，以及1995年8月4日《1982年12月10日〈联合国海洋法公约〉有关养护和管理跨界鱼类种群和高度洄游鱼类种群的规定执行协定》第7条。[1]

而英国则请求法庭裁定对毛里求斯的各个主张均无管辖权，或者驳回毛里求斯的主张。此外，英国还请求法庭裁定毛里求斯承担英国的诉讼费用，并偿还英国支付的法庭费用。[2]

本案裁决书相当冗长，超过两百页，包括五百多段。本文的主要目的在于梳理总结法庭的主要观点及其推理过程。文章第二部分依照毛里求斯所提四个诉讼主张的顺序关注法庭对其管辖权的裁决，第三部分关注法庭对其裁定有管辖权的毛里求斯第四个诉讼主张的实体问题的裁决，而第四部分则对法庭在处理管辖权过程中提出的几个观点进行了分析和质疑。

---

〔1〕 Chagos Marine Protected Area Arbitration, para. 158.

〔2〕 Chagos Marine Protected Area Arbitration, para. 159. 法庭未支持英国关于费用的主张，而是裁定各方应承担自己的费用，并平摊法庭的费用。法庭指出，虽然毛里求斯并未完全获胜，但是在一个重要部分上获胜了。Chagos Marine Protected Area Arbitration, para. 546.

二、法庭关于管辖权问题的裁决

1. 毛里求斯的第一个诉讼主张

毛里求斯在第一个诉讼主张中质疑英国作为查戈斯群岛的“沿海国”地位，并由此主张英国无权在该群岛周围宣布海洋保护区。法庭指出，它的管辖权取决于毛里求斯的主张中是否提出了一个有关解释或适用公约的争端，而这需要解决两个问题：“其一，毛里求斯第一个诉讼主张中所包含的争端的性质？其二，如果法庭认定各方争端的核心是领土主权问题，那么第288条第1款在何种程度上允许一个法庭，作为决定邻近海域内的权利和义务的必要前提条件，裁决争议的陆地主权问题?”[1] 关于毛里求斯第一个主张中的争端的性质，虽然毛里求斯声称它只是请求法庭解释公约中的“沿海国”这一用语，但英国主张该请求是“将一个长期存在的主权争端人为地重新定性为‘谁是沿海国’的争端”。[2] 法庭认为各方之间存在两个争端：一个是有关查戈斯群岛主权的争端，另一个是有关英国宣布海洋保护区的方式以及该海洋保护区对英国所作的“兰卡斯特宫承诺”的影响的争端。[3] 至于各方有关“沿海国”身份的意见分歧，法庭指出：

> 为了定性各方间的争端，法庭必须评估该争端的相对重心位于何处。各方争端主要围绕“沿海国”这一用语的解释和适用问题，而主权问题仅仅是一个更大问题的一个侧面？抑或各方的争端主要是有关主权，而英国作为“沿海国”的活动仅仅是该争端的反映而已？法庭认为，该问题本身几乎就是答案。有大量的记录，包括在各种场合和各种文件，证明各方之间存在有关主权的争端。相反，在提起本诉讼之前，鲜有证据表明毛里求斯特别关注英国代表英属印度洋领地实施公约的问题。而且，正如毛里求斯本身所言，裁定英国不是沿海国的后果将远远超出海洋保护区的有效性问题。[4]

---

〔1〕 Chagos Marine Protected Area Arbitration, para. 206.

〔2〕 Chagos Marine Protected Area Arbitration, para. 207.

〔3〕 Chagos Marine Protected Area Arbitration, paras. 209 – 210.

〔4〕 Chagos Marine Protected Area Arbitration, para. 211.

法庭由此裁定，毛里求斯第一个诉讼主张中的争端应被定性为与对查戈斯群岛的陆地主权有关，而各方关于“沿海国”的不同观点“仅仅是这个更大的争端的一个方面。”〔1〕

关于解决对毛里求斯第一个诉讼主张的管辖权问题的第二个层面，即公约第288条第1款在何种程度上赋予法庭在决定相邻海域中的权利和义务时就争议的陆地领土问题作出裁判的管辖权，法庭指出，公约的谈判记录没有就领土主权的管辖权提供明确答案，而在法庭看来，第三次海洋法会议上“对该问题缺乏关注的一个简单解释是没有大会的参加者预期一个长期存在的有关领土主权的争端将会被认为是一个‘有关公约的解释或适用’的争端”。〔2〕 法庭指出，鉴于国家对领土主权问题的固有敏感性，如果公约的起草者们意图允许将领土主权问题作为有关公约的解释或适用的争端单独提出来的话，那么公约将会为那些不希望自己的主权要求被裁判的国家规定一个选择性排除机制，就如同海洋划界争端那样。〔3〕 法庭接着讨论了毛里求斯基于所谓对公约第298条第1款（a）项（1）目的“反证”（a contrario）解读而提出的领土主权争端未被自动排除的主张。〔4〕 该目允许国家发表声明将关于海洋划界和历史性海湾或所有权的争端排除出公约规定的导致有拘束力裁判的强制程序，同时规定了强制调解程序作为替代，但“任何争端如果必然涉及同时审议与大陆或岛屿陆地领土的主权或其他权利有关的任何尚未解决的争端，则不应提交这一程序（调解）”。毛里求斯主张，如果该条需要明确规定，当按照该条做出声明时有关陆地领土的主权争端就被排除出强制调解的话，那么当未做出此类声明时这类争端必定属于强制解决的范围。〔5〕 法庭表示并不信服这一主张，但同时也未完全加以否定，而是认为：

> 第298条第1款（a）项（1）目只是有关将公约适用于涉及海洋边界和历史性所有权的争端。至多，对该规定的反证解读支持这样的建议，即陆地主权问题可能属于第十五部分法院或法庭的管辖权，如果它真的附属于一个有关海洋边界或历史性所有权

〔1〕 Chagos Marine Protected Area Arbitration, para. 212.

〔2〕 Chagos Marine Protected Area Arbitration, para. 215.

〔3〕 Chagos Marine Protected Area Arbitration, paras. 216 –217.

〔4〕 Chagos Marine Protected Area Arbitration, para. 193.

〔5〕 Chagos Marine Protected Area Arbitration, para. 218.

主张的争端的话。[1]

本案并非海洋划界争端，因此法庭上述关于反证解读的结论并不适用。法庭进一步强调指出：

> 借口公约使用了“沿海国”这一用语而将第298条第1款(a)项(1)目解读为对陆地主权问题享有管辖权的依据将歪曲公约起草者们制作一个平衡的约文以及尊重各国对有关主权权利和海洋领土的争端的强制解决的明显敏感性的意图。这种敏感性就陆地领土而言更加强烈。[2]

综上，法庭以3票对2票裁定，各方有关查戈斯群岛主权的争端无关公约的解释或适用，因此它无管辖权处理毛里求斯的第一个诉讼主张。[3]

2. 毛里求斯的第二个诉讼主张

毛里求斯在第二个诉讼主张中认为“兰卡斯特宫承诺”赋予了毛里求斯在查戈斯群岛“沿海国的属性”，使得它享有“沿海国”的权利，因此英国无权单方面在该群岛周围宣布海洋保护区。这样，毛里求斯第二个主张中所提的问题和其第一个有所不同，但是法庭认为必须在双方关于查戈斯群岛的主权争端背景下来看待毛里求斯的这一主张：

> 尽管在其第二个诉讼主张中，毛里求斯仅要求法庭裁定它享有作为“沿海国”的权利，但是法庭认为这样的裁判实际上将构成一个英国对查戈斯群岛不拥有完全主权的裁定。如同毛里求斯的第一个诉讼主张，法庭评估各方争端的重心位于何处。在进行这一工作时，法庭认为它的作用不限于解析毛里求斯在表述其主张时所选择的确切用语。相反，法庭有权，而且实际上有义务考虑主张的上下文以及主张的提出方式以便确立真正分隔当事各方

---

〔1〕 Chagos Marine Protected Area Arbitration, para. 218.

〔2〕 Chagos Marine Protected Area Arbitration, para. 219.

〔3〕 Chagos Marine Protected Area Arbitration, paras. 221, 547 (A) (1). 沃尔夫鲁姆和凯特卡仲裁员投了反对票。他们认为在一个关于公约第56条的争端中可以附带就领土主权问题做出裁判，而且认为毛里求斯的第一个诉讼主张在事实和法律上确有根据。Dissenting and Concurring Opinion of Judge James Kateka and Judge Rüdiger Wolfrum, paras. 45, 80.

> 的争端。法庭再次认定各方关于该群岛主权的这一潜在争端是主要的。目前用“沿海国的属性”这一表述提出来的“沿海国”问题仍然只是这个更大争端的一个侧面。[1]

同时，法庭认为毛里求斯第二个主张的真正目的是支持毛里求斯对查戈斯群岛的主权要求，而非各方间关于宣布海洋保护区方式的争端。由此，法庭以与第一个主张相同的表决结果（3 票对 2 票）裁定它没有管辖权处理毛里求斯的第二个诉讼主张。[2]

3. 毛里求斯的第三个诉讼主张

毛里求斯的第三个诉讼主张是有关查戈斯群岛 200 海里外大陆架界限的划定。公约第 76 条第 8 款规定，沿海国应将从基线量起 200 海里以外大陆架界限的信息提交大陆架界限委员会（委员会）。“委员会应就有关划定大陆架外部界限的事项向沿海国提出建议，沿海国在这些建议的基础上划定的大陆架界限应有确定性和拘束力。”根据公约附件二第 4 条和 2001 年公约第十一届缔约国大会的决定，划界案应于公约对该国生效后 10 年内提出；而对于公约在 1999 年 5 月 13 日之前对其生效的缔约国，10 年期限从 1999 年 5 月 13 日起算。[3] 鉴于许多国家，特别是发展中国家可能无法履行在 10 年期限内提出划界案的义务，2008 年公约第十八届缔约国大会决定缔约国可以用提交“初步信息”的方式满足 10 年期限的要求。[4] 据此，2009 年 5 月 6 日毛里求斯向委员会提交了查戈斯群岛 200 海里外大陆架外部界限的初步信息，而英国并未对此表示反对。双方 2009 年曾就查戈斯群岛 200 海里外大陆架界限的问题进行过磋商。其间英国表明它没有兴趣向委员会提交划界案，但表示可以和毛里求斯一起提交联合划界案，而且双方业已同意联合准备一个完整的划界案。[5] 其实，第三个主张并未包括在

---

〔1〕 Chagos Marine Protected Area Arbitration, para. 229.

〔2〕 Chagos Marine Protected Area Arbitration, paras. 230, 547 (A) (1).

〔3〕《关于联合国海洋法公约附件二第四条所订向大陆架界限委员会提交资料的十年期间的起算日期的决定》，第十一次缔约国会议，SPLOS/72，http：//daccessdds. un. org/doc/UNDOC/GEN/N01/387/63/PDF/N0138763. pdf? OpenElement，2001 年 5 月 29 日。

〔4〕《关于大陆架界限委员会工作量以及各国、特别是发展中国家履行〈联合国海洋法公约〉附件二第四条和 SPLOS/72 号文件（a）段所载决定的能力的决定》，第十八次缔约国会议，SPLOS/183，2008 年 6 月 20 日。

〔5〕 Chagos Marine Protected Area Arbitration, paras. 108 – 110.

毛里求斯提起本案的仲裁通知和主张说明中，而是毛里求斯在其最后诉讼主张中新增加的。导致这一变化的原因是英国在本案复辩状中强调：“毛里求斯不能通过向委员会提交它自己有关英属印度洋领地的划界案来改变英属印度洋领地大陆架的地位。……按照第 76 条第 8 款，只有沿海国可以向委员会提交 200 海里外大陆架界限的信息。毛里求斯不是英属印度洋领地的沿海国，因此没有资格向委员会提交关于英属印度洋领地大陆架的信息。”[1] 毛里求斯据此主张各方间存在一个关于毛里求斯是否有资格根据第 76 条向委员会提交查戈斯群岛地区大陆架外部界限信息的争端，而英国则否认存在这样的争端。[2]

法庭在详细回顾了相关记录后指出，在提起本诉讼之前毛里求斯和英国之间不存在一个关于向委员会提交划界案的争端。关于英国在其复辩状中的上述表态是否导致了一个争端的问题，法庭认为该段表述是英国对毛里求斯关于其是否为查戈斯群岛的沿海国的言论作出的回应，而并非向委员会提出反对意见。法庭指出，英国在庭审中清楚地表明它仍然愿意在“主权保护伞”（sovereignty umbrella）下就向委员会提交划界案给予合作；而毛里求斯在之前的双边谈判中也愿意接受此种方式。基于此，法庭全体一致裁定当事方之间关于该问题没有争端，由此法庭不需要就是否对毛里求斯的第三个主张拥有管辖权作出裁判。[3]

4. 毛里求斯的第四个诉讼主张

毛里求斯的第四个诉讼主张事关海洋保护区的建立与公约的相容性问题，其中毛里求斯主张英国此举不符合其在公约项下的实体和程序性义务，特别是公约第 2 条、第 55 条、第 56 条、第 63 条、第 64 条、第 194 和第 300 条等。关于法庭的管辖权，毛里求斯认为海洋保护区是一项保护和保全海洋环境的措施，并由此基于公约第 297 条第 1 款（c）项主张法庭有管辖权；相反，英国辩称建立海洋保护区是对专属经济区内与生物资源相关的主权权利的行使，并由此主张第 297 条第 3 款（a）项排除了法庭的管辖权。[4] 这样，法庭对毛里求斯第四个主张的管辖权取决于对相关争端的定性以及对公约第 297 条的解释和适用。[5] 第 297 条“适用第二节

〔1〕 Chagos Marine Protected Area Arbitration, paras. 111, 331.

〔2〕 Chagos Marine Protected Area Arbitration, paras. 327, 347.

〔3〕 Chagos Marine Protected Area Arbitration, paras. 348 – 350, 547 (A) (2).

〔4〕 Chagos Marine Protected Area Arbitration, para. 284.

〔5〕 Chagos Marine Protected Area Arbitration, para. 283.

的限制”规定：

> 1. 关于因沿海国行使本公约规定的主权权利或管辖权而发生的对本公约的解释或适用的争端，遇有下列情形，应遵守第二节所规定的程序：
>
> ……
>
> (c) 据指控，沿海国有违反适用于该沿海国、并由本公约所制订或通过主管国际组织或外交会议按照本公约制定的关于保护和保全海洋环境的特定国际规则和标准的行为；
>
> ……
>
> 3. (a) 对本公约关于渔业的规定在解释或适用上的争端，应按照第二节解决，但沿海国并无义务同意将任何有关其对专属经济区内生物资源的主权权利或此项权利的行使的争端……提交这种解决程序。

关于毛里求斯第四个主张中所涉争端的性质，法庭考虑了两方面内容：海洋保护区的性质和毛里求斯声称遭到侵犯的权利的范围。基于英国之前在各种公开声明中描述该海洋保护区的方式，法庭认为不能接受英国目前海洋保护区只是一项渔业措施的主张，而是认定该争端有关海洋环境的保护和保全。[1] 关于毛里求斯所主张的权利的范围，一方面法庭考察了毛里求斯第四个诉讼主张中提及的公约规定并肯定了如下条款的相关性：第2条第3款和第56条第2款（关于毛里求斯源于英国“兰卡斯特宫承诺”的权利）、关于保护和保全海洋环境的第194条以及有关滥用权利的第300条。[2] 另一方面法庭否定了毛里求斯提及的其他公约规定的相关性，认为第297条第3款（a）项排除了公约第63条（跨界鱼种）和第64条（高度洄游鱼种）以及1995年《鱼类种群协定》第7条在专属经济区内的适用，[3] 而公约第55条基本有关专属经济区的定义，没有扩大毛里

[1] Chagos Marine Protected Area Arbitration, paras. 286－291, 319.

[2] Chagos Marine Protected Area Arbitration, para. 323.

[3] Chagos Marine Protected Area Arbitration, paras. 300－301. 毛里求斯1997年3月25日加入1995年《鱼类种群协定》，而英国1999年12月3日就其海外领土（包括印度洋领土）提交了批准书，2003年12月19日就其本土提交了批准书。https://treaties.un.org/Pages/ViewDetails.aspx?src=TREATY&mtdsg_no=XXI-7&chapter=21&lang=en#EndDec, End Note 5.

求斯根据第56条和“兰卡斯特宫承诺”所主张的权利的范围。[1] 法庭关于争端性质的结论是，无论海洋保护区还是毛里求斯所主张的权利都不限于专属经济区内的生物资源，也与海洋环境保护以及适用于查戈斯群岛及其周围海域的法律制度相关。由此，法庭裁定它对毛里求斯第四个主张的管辖权不能被第297条第3款（a）项的规定“完全排除。”[2]

在驳回英国基于第297条第3款（a）项提出的对管辖权的反对主张后，法庭进一步考虑了第297条第1款（c）项与其管辖权的关系。法庭裁定有关声称海洋保护区违反了公约具体条款的争端是一个有关公约的解释或适用的争端，由此第288条第1款建立了它的管辖权。[3] 此外法庭还指出，该争端也属于第297条第1款（c）项中规定的争端类型，由此该项也是它对毛里求斯第四个主张的管辖权依据。[4] 法庭就第297条第1款（c）项的解释提出以下观点。其一，保护和保全海洋环境不等同于，而是大于控制海洋污染。为此法庭专门提及了公约第194条第5款的规定。[5] 其二，第297条第1款（c）项中的“国际规则和标准”不仅指公约以外的文件，而且包括公约制定的规则和标准；不仅限于实体规则和标准，而且包括与他国协商或适当顾及他国权利等程序性规则。法庭强调指出：“程序性规则可能和国际法中的实体标准同等重要或甚至更重要。……而对它的违反指控完全包括在第297条第1款（c）项的表述中。”[6]

在裁定对毛里求斯的第四个诉讼主张享有管辖权后，法庭考虑了毛里求斯在诉诸仲裁前是否满足了公约第283条关于交换意见的要求。第283条第1款规定：“如果缔约国之间对本公约的解释或适用发生争端，争端各方应迅速就以谈判或其他和平方法解决争端一事交换意见。”双方在这方面同样意见有分歧。关于第283条的解释，法庭提出了以下观点。其一，第283条要求各方就解决它们争端的方法交换意见，但未要求各方实际进行谈判，因此不能将第283条理解为一项就争端的实体问题进行谈判的义

〔1〕 Chagos Marine Protected Area Arbitration, para. 303. 第55条规定：“专属经济区是领海以外并邻接领海的一个区域，受本部分规定的特定法律制度的限制，在这个制度下，沿海国的权利和管辖权以及其他国家的权利和自由均受本公约有关规定的支配。”

〔2〕 Chagos Marine Protected Area Arbitration, para. 304.

〔3〕 Chagos Marine Protected Area Arbitration, para. 318.

〔4〕 Chagos Marine Protected Area Arbitration, paras. 319, 323.

〔5〕 Chagos Marine Protected Area Arbitration, para. 320.

〔6〕 Chagos Marine Protected Area Arbitration, paras. 321 – 322.

务，或一项各方在诉诸仲裁前应进行谈判的要求。[1] 其二，第283条的目的在于确保一国不会被完全出其不意地带入强制程序，因此要求争端的发生有足够的清晰度，即各方意识到关于该问题的意见分歧，但是“关于交换和理解意见的方式及准确性不应当过度形式主义”，[2] 而且实践中也难以将各方就争端的实体问题进行的谈判同它们就争端的解决方法交换意见完全切割开来。[3] 其三，在履行交换意见的义务时，各方不需要全面覆盖《联合国宪章》或公约规定的各种解决方法，而且“第283条也不要求意见交换中包括强制解决的可能性，或者一方在诉诸强制解决之前警告另一方诉讼的可能性，或提出其可能选择提出的具体主张。”[4]

按照这样的理解，法庭审查了第283条在本案中的适用。法庭指出，毛里求斯在2009年11月23日向英国提交的照会中表达了其关于海洋保护区对主权和渔业等问题的影响的关切，并认为这些问题应当在两国政府的双边框架内解决，而且应当在英国开始就海洋保护区征询公众意见之前进行，由此一个关于英国建立海洋保护区的方式的争端已经发生了。[5] 随后，英国外长在2009年12月15日的信中表示双边会谈应与公众咨询同步进行，而毛里求斯外长在2009年12月30日的信中则坚持英国应当在双边会谈前暂停进行公众咨询。[6] 法庭认为，虽然这些信件中也处理实体问题，但是其中双方就通过谈判解决争端清楚地交换了意见，而“这就是第283条要求的全部”，由此法庭裁定毛里求斯已经满足了第283条规定的交换意见的要求。[7]

三、法庭关于实体问题的裁决

按照法庭关于其管辖权的裁判，本案的实体问题限于毛里求斯的第四个诉讼主张，即指控英国宣布海洋保护区违反了其在公约项下的义务。其中，公约第2条第3款规定：“对于领海的主权的行使受本公约和其他国际法规则的限制”。第56条第2款规定：“沿海国在专属经济区内根据本

---

〔1〕 Chagos Marine Protected Area Arbitration, para. 378.
〔2〕 Chagos Marine Protected Area Arbitration, para. 382.
〔3〕 Chagos Marine Protected Area Arbitration, para. 381.
〔4〕 Chagos Marine Protected Area Arbitration, para. 385.
〔5〕 Chagos Marine Protected Area Arbitration, para. 382.
〔6〕 Chagos Marine Protected Area Arbitration, paras. 383 – 384.
〔7〕 Chagos Marine Protected Area Arbitration, paras. 385 – 386.

公约行使其权利和履行其义务时，应适当顾及其他国家的权利和义务，并应以符合本公约规定的方式行事。”第194条第4款规定：“各国采取措施防止、减少或控制海洋环境的污染时，不应对其他国家依照本公约行使其权利并履行其义务所进行的活动有不当的干扰。”第300条规定：“缔约国应诚意履行根据本公约承担的义务并应以不致构成滥用权利的方式，行使本公约所承认的权利、管辖权和自由。”双方关于这些条款的解释多存在争议。此外，为适用这些条款的目的还需确定“其他国际法规则”（第2条第3款）、“其他国家的权利和义务”（第56条第2款）以及“其他国家依照本公约行使其权利”（第194条第4款）的内涵，即毛里求斯受到海洋保护区建立影响的权利内容。需要指出的是，本案中毛里求斯所主张的相关权利主要并非来自公约本身，而是来自英国1965年分离查戈斯群岛过程中所作的“兰卡斯特宫承诺”。然而，当事双方对于这些承诺的性质，以及相应的毛里求斯权利的性质和范围持相反的观点。由此，法庭在处理本案的实体问题时首先着手认定受海洋保护区的建立影响的毛里求斯在查戈斯群岛的领海、专属经济区和大陆架上的权利，然后在此基础上解释和适用上述相关公约规定以决定英国建立海洋保护区是否违反了其公约义务。[1]

法庭关于毛里求斯相关权利性质的认定主要围绕着英国的“兰卡斯特宫承诺”展开。毛里求斯辩称这些承诺有法律拘束力，赋予毛里求斯以国际法上的权利，包括在查戈斯群岛周围水域内的捕鱼权、海床和底土上的矿产和石油权、当不再需要用于国防目的时英国将该群岛归还毛里求斯的权利；相反，英国坚决否认这些承诺有法律拘束力，认为这只是政治承诺。[2] 法庭最终裁定这些承诺对英国有拘束力。[3] 法庭在这一过程中考察了1965年各方关于分离查戈斯群岛的协议（1965年协议）的效力——“兰卡斯特宫承诺”构成该协议的组成部分，并适用了禁止反言原则。有意思的是，各方的首要主要主张都认为1965年协议不构成国际法上的条约。[4] 法庭承认，在毛里求斯独立前，1965年协议作为英国同其殖民地之间的问题不受国际法的调整；但是也认为毛里求斯的独立“将1965年

〔1〕 Chagos Marine Protected Area Arbitration, para. 389.

〔2〕 Chagos Marine Protected Area Arbitration, paras. 391, 399.

〔3〕 Chagos Marine Protected Area Arbitration, para. 448.

〔4〕 Chagos Marine Protected Area Arbitration, paras. 393 – 394, 400.

的承诺转变为国际协议”，而“1965 年协议就成为各方间的一个国际法问题。”[1] 虽然法庭没有认定 1965 年协议如今是国际法上的条约，但是认为 1965 年协议的事项更像是一个法律性质的协议中所调整的事项。[2] 法庭接着指出：

> 而且，在毛里求斯独立后，英国在各种场合一直重申和确认“兰卡斯特宫承诺”。……英国对承诺的重申以及毛里求斯对承诺的依赖足以解决任何关于毛里求斯 1965 年同意中的瑕疵将阻止“兰卡斯特宫承诺”对英国产生拘束力的担心。[3]

禁止反言原则在本案法庭的裁判中发挥了重要作用。法庭指出，禁止反言是一项一般法律原则，源于国家在它们的相互关系中善意行事的一般要求，目的在于保护一个依赖另一国的表示（representations）而行事的国家的合法预期。[4] 值得一提的是，法庭明确列出了援引禁止反言原则需要满足的四个条件：

> ①一国通过语言、行为或沉默做出了清楚和一致的表示；②该表示是由被授权就有关事项代表该国行事的代理人做出的；③援引禁止反言的国家受该表示的诱导行事而受到损害，遭受不利或给该表示国带来利益；以及④此种依赖是合法的，因为该国有权依赖此种表示。[5]

关于禁止反言在本案中的适用，法庭认为前两个条件很容易满足：英国在四十多年的时间里就所有三项相关承诺作了反复的表示，而且这些表示是由英国首相或外长做出的，他们无疑有权在该问题上代表英国发言。[6] 关于第三个条件，法庭认为毛里求斯对于查戈斯群岛所采取的全部行为都是基于对英国一揽子承诺的依赖，而毛里求斯在这样做的时候不仅

---

〔1〕 Chagos Marine Protected Area Arbitration, paras. 424 – 425, 428.

〔2〕 Chagos Marine Protected Area Arbitration, para. 427.

〔3〕 Chagos Marine Protected Area Arbitration, para. 428.

〔4〕 Chagos Marine Protected Area Arbitration, para. 435.

〔5〕 Chagos Marine Protected Area Arbitration, para. 438.

〔6〕 Chagos Marine Protected Area Arbitration, para. 439.

放弃了在它独立后的最初几年内提出主权要求的机会，放弃了以更为激烈的方式声索主权的机会，而且还在两国双边关系的其他领域内给予合作从而给英国带来了利益。[1] 关于第四个条件，法庭认为“并非所有依赖都足以产生禁止反言的基础”，例如一国依赖一个明确没有拘束力的协议或依赖一个明确可以撤回的承诺的情况。[2] 但法庭认为毛里求斯有权依赖英国的这些表示，而且认为毛里求斯没有理由认为这些承诺是可以撤销的。由此，法庭裁定英国现在“不得（is estopped）否认这些承诺的拘束效果。”[3]

除了依赖英国的“兰卡斯特宫承诺”外，毛里求斯还主张其在查戈斯群岛的领海和专属经济区内享有传统捕鱼权，但英国认为毛里求斯有限的捕鱼活动不构成任何形式的历史性依赖，因此不存在传统捕鱼权。[4] 法庭指出，鉴于毛里求斯根据“兰卡斯特宫承诺”有权获得查戈斯群岛领海内的捕鱼权，因此不需要再处理毛里求斯是否享有传统捕鱼权的问题。[5] 需要指出的是，就毛里求斯的捕鱼权而言，由于第 297 条第 3 款（a）项排除了法庭对专属经济区内渔业的管辖权，因此法庭“唯一关心”的是领海内的捕鱼权。[6]

关于相关公约规定的解释问题，当事双方就第 2 条第 3 款主要有两点分歧：①该款是描述性的（英国），还是规定了遵守的义务（毛里求斯）？②该款中“其他国际法规则”的范围。[7] 法庭在考察了该规定的上下文、公约的目的和宗旨，以及该规定的起源后裁定，第 2 条第 3 款包含一项义务，但该义务限于各国行使领海主权时受制于“一般国际法规则”，而并不包括遵守双边承诺的义务。[8] 这样，“兰卡斯特宫承诺”显然不属于“其他国际法规则”，但是法庭认为一般国际法要求英国在与毛里求斯的关系中善意行事，包括在对待这些承诺方面。[9] 各方关于公约第 56 条第 2

---

〔1〕 Chagos Marine Protected Area Arbitration, paras. 442 – 443.

〔2〕 Chagos Marine Protected Area Arbitration, para. 445.

〔3〕 Chagos Marine Protected Area Arbitration, paras. 447 – 448.

〔4〕 Chagos Marine Protected Area Arbitration, paras. 414 – 416.

〔5〕 Chagos Marine Protected Area Arbitration, para. 456.

〔6〕 Chagos Marine Protected Area Arbitration, para. 455.

〔7〕 Chagos Marine Protected Area Arbitration, paras. 460 – 467.

〔8〕 Chagos Marine Protected Area Arbitration, paras. 514, 516. 沃尔夫鲁姆和凯特卡仲裁员持反对意见，认为“其他国际法规则”也包括源于沿海国的双边或单边承诺的义务。Dissenting and Concurring Opinion of Judge James Kateka and Judge Rüdiger Wolfrum, para. 94.

〔9〕 Chagos Marine Protected Area Arbitration, para. 517.

款解释的分歧在于“适当顾及”的含义以及它在多大程度上隐含了协商的义务。[1] 毛里求斯主张“适当顾及”的规定要求英国不得干扰毛里求斯的权利，同时认为当其他国家的权利受到影响时，该款隐含着与有关国家协商的义务；但英国认为“应适当顾及”并不意味着“应落实”，而是限于要求考虑到和不忽视其他国家的权利，同时不认为该规定设置了与其他国家协商的义务，此外英国还主张其已经适当顾及了毛里求斯的权利。[2] 法庭指出：

> “适当顾及”的通常含义要求英国根据情况以及权利的性质来适当顾及毛里求斯的权利。法庭谢绝在该表述中发现任何统一的行为规则。公约没有设置一律避免妨害毛里求斯权利的义务，也没有一律允许英国按照它的意愿行事，而是仅仅注意到这些权利而已。其实，公约所要求的顾及的范围将依赖于毛里求斯权利的性质、它们的重要性、预期妨害的程度、英国计划活动的性质和重要性，以及替代方法的可获性。在多数情况下，这一评估将必然至少涉及与权利持有国的某些协商。[3]

就本案而言，英国在查戈斯群岛周围建立海洋保护区影响了毛里求斯源于“兰卡斯特宫承诺”的权利和利益。毛里求斯在领海内的捕鱼权实际上已经被取消了，而且法庭认为英国最终归还该群岛的承诺使得毛里求斯在有关该群岛使用的重大决策方面享有利益。[4] 法庭指出，英国根据第2条第3款和第56条第2款所承担的善意行事和适当顾及的义务要求它与毛里求斯进行磋商以及用一种平衡的方式来行使自己的权利和利益。鉴于英国没有向毛里求斯实际提供信息，以及各方间缺乏理性交流，法庭不认为英国已经实现了协商的基本目的，同时法庭认为英国也未能适当地兼顾自己的权利、利益和毛里求斯的权利、利益。[5] 在这方面，法庭特别指出以下事实：其一，毛里求斯最初知晓海洋保护区的问题不是通过英国，而是通过2009年2月9日的一张伦敦报纸。其二，英国直到2009年7月才开

---

〔1〕 Chagos Marine Protected Area Arbitration, para. 518.

〔2〕 Chagos Marine Protected Area Arbitration, paras. 471 – 480.

〔3〕 Chagos Marine Protected Area Arbitration, para. 519.

〔4〕 Chagos Marine Protected Area Arbitration, para. 521.

〔5〕 Chagos Marine Protected Area Arbitration, paras. 534 – 535.

始与毛里求斯举行双边磋商，而且只进行了一次，并且会上双方未能进行充分交流，有许多问题尚未解决。法庭认为一次会议难以满足适当顾及或磋商的要求。其三，直到 2010 年 3 月英国还向毛里求斯保证尚未就创设海洋保护区做出决定，但是几天后英国就宣布了创设海洋保护区。法庭认为此种行为方式难以与磋商的精神，或是与平衡该水域内的各种相关利益的需要相协调。其四，英国不能为其 2010 年 4 月 1 日紧急宣布创设海洋保护区的决定提供任何令人信服的解释，而一些相关考虑也不能证明英国忽视其对毛里求斯的义务的正当性。其五，与英国对待毛里求斯的方式形成鲜明对照的是，英国与美国就该海洋保护区的问题进行了良好的沟通和磋商。[1] 由此法庭的结论是，英国违反了公约第 2 条第 3 款和第 56 条第 2 款，创设海洋保护区的宣布不符合公约。[2]

关于公约第 194 条的解释和适用，法庭首先根据该条第 5 款的规定指出，第 194 条的适用范围并不限于控制污染的措施，而是扩展到保护和保全生态系统的措施，因此适用于海洋保护区问题。[3] 关于第 194 条第 1 款，法庭认为该款规定了法律义务，由此英国在建立海洋保护区过程中有义务与毛里求斯“尽力协调”其政策。然而，该款并不要求必须在海洋活动进行之前作出协调的努力，而且也没有设置任何特定的期限，因此法庭不认为在截至目前海洋保护区的有限存在期间中英国已经违反了第 194 条第 1 款的义务。[4] 然而法庭关于第 194 条第 4 款得出了不同的结论。法庭认为该款中“不应……有不当的干扰”的要求在功能上等同于第 56 条第 2 款中的“适当顾及”义务或者源于第 2 条第 3 款的善意义务，因此要求英国兼顾各种不同的权利。虽然对环境的考虑可能证明干扰毛里求斯在领海内的捕鱼权是正当的，但是这要求英国与毛里求斯进行深入沟通以解释措施的必要性以及探讨更小限制的可能性。然而没有这样的沟通。法庭由此裁定海洋保护区的宣布就其对毛里求斯在查戈斯群岛领海内的渔业活动的影响而言不符合第 194 条第 4 款。[5]

---

〔1〕 Chagos Marine Protected Area Arbitration, paras. 523 – 533.

〔2〕 Chagos Marine Protected Area Arbitration, para. 536.

〔3〕 Chagos Marine Protected Area Arbitration, para. 538. 第 194 条第 5 款规定：“按照本部分采取的措施，应包括为保护和保全稀有或脆弱的生态系统，以及衰竭、受威胁或有灭绝危险的物种和其他形式的海洋生物的生存环境，而有必要的措施。”

〔4〕 Chagos Marine Protected Area Arbitration, para. 539.

〔5〕 Chagos Marine Protected Area Arbitration, paras. 540 – 541.

关于公约第300条，毛里求斯指控英国以构成滥用权利的方式行使其在公约第56条第1款（b）项（3）目下的权利（关于海洋环境的保护和保全的管辖权）。[1] 法庭认为，在裁定创设海洋保护区的宣布不符合公约第2条第3款、第56条第2款和第194条第4款后，不需要就第300条或滥用权利作出评论。同时法庭指出，没有证据显示英国建立海洋保护区有不可告人的动机或不适当的目的。[2]

四、评 论

整体而言，毛里求斯的最后诉讼主张可以被大致划分为两类：前三个主张在某种程度上都与两国间关于查戈斯群岛的领土主权争端有关，而第四个主张则属于“非主权主张”。[3] 法庭裁定只对第四个主张有管辖权，并由此驳回了英国之前提出的关于法庭对毛里求斯第四个主张的管辖权的反对主张。关于毛里求斯的第一个和第二个主张，法庭否定管辖权的理由是它们无关公约的解释或适用。至于毛里求斯的第三个主张，法庭的理由是各方之间没有需要法庭行使管辖权的争端，因为英国表示愿意就向委员会提交划界案问题给予合作。然而，英国是在“主权保护伞”下采取这一立场的，而且毛里求斯认为该争端有关公约第76条第8款的解释和适用。[4] 由此，就毛里求斯是否有“法律资格”根据第76条向委员会提交查戈斯群岛地区大陆架外部界限的信息而言，该问题的核心仍旧是领土主权争端。对此法庭已经在处理第一个和第二个主张时裁判它没有管辖权。除了管辖权问题，还需提及该新增主张的可接受性问题。按照国际判例，原告所提请求书是衡量一个新主张是否可以被接受的标准：被接受的任何新主张都必须直接源于请求书或隐含在请求书中，而“绝对不能超出请求书中所提出的主张的界限。”[5] 本案中，毛里求斯在其仲裁通知和主张说明中将提交仲裁的争端界定为“一个有关‘海洋保护区’在1982年公约项下的合法性争端。”[6] 然而，毛里求斯的第三个诉讼主张与裁定海洋保

〔1〕 Chagos Marine Protected Area Arbitration, para. 491.

〔2〕 Chagos Marine Protected Area Arbitration, para. 543.

〔3〕 Chagos Marine Protected Area Arbitration, para. 231.

〔4〕 Ibid., paras. 326 – 328.

〔5〕 The M/V “Louisa” Case (Saint Vincent and the Grenadines v. Kingdom of Spain), ITLOS, Judgment of 28 May 2013 (www. itlos. org/index. php? id = 35&L = 0), paras. 142 – 143.

〔6〕 Notification and Statement of Claim of Mauritius, para. 1.

护区的合法性似乎并无直接关联。就案件结果而言，仲裁法庭基于管辖权的原因没有处理毛里求斯的前三个主张，但审理基本支持了毛里求斯的第四个诉讼主张，裁定英国在建立海洋保护区的过程中违反了公约的一些程序性规则，包括源于第2条第3款“其他国际法规则”的善意义务、第56条第2款的“适当顾及”义务，以及源于第194条第4款“不应……有不当的干扰”的沟通义务。需要指出的是，法庭认定查戈斯群岛海洋保护区的建立不符合公约规定的裁判，不意味着法庭否定“海洋保护区的实质品质或性质以及对环境保护的重要性”，因为法庭在本案中“关注的是建立海洋保护区的方式，而非其实质内容”[1]。

如仲裁法庭所言，本案提出了大量有关公约解释的困难问题。[2] 法庭对多个公约条款及其他国际法规则的解释和适用无疑将十分有助于这些规定的澄清，然法庭的一些观点也的确存在值得商榷之处。以下就其中两个有关管辖权的问题作一简要讨论。

1. 对陆地领土主权争端的管辖权

法庭裁定对毛里求斯的第一个和第二个诉讼主张缺乏管辖权的主要依据是认定这两个主张中的真正争端都是有关当事双方关于查戈斯群岛的主权争端。特别值得一提的是，法庭在确定各方间的真正争端时明确指出它在这一过程中“有权，而且实际上有义务”考察更大的范围，而不限于原告所选择的对其主张的描述方式。[3] 但是，法庭在得出各方关于毛里求斯第一个诉讼主张的争端的核心是领土主权争端这一结论后，并未就此裁定缺乏对该主张的管辖权。相反，法庭认为这一结论尚不足以“最终回答管辖权问题”，因为还有一个问题需要解答，即“第288条第1款在何种程度上允许一个法庭，作为决定邻近海域内的权利和义务的必要的前提条件，裁决争议的陆地主权问题。”[4] 对此法庭的回答是：

> 在一般情况下，法庭的结论是，当一个争端有关公约的解释或适用时，法院或法庭根据第288条第1款的管辖权扩展至就那些为解决提交给它的争端而需要的事实或附属法律决定做出裁

[1] Chagos Marine Protected Area Arbitration, para. 544.

[2] Chagos Marine Protected Area Arbitration, para. 546.

[3] Chagos Marine Protected Area Arbitration, para. 229.

[4] Chagos Marine Protected Area Arbitration, paras. 206, 213.

> 决。……然而，如果“案件的真正问题”和“主张的目的”……与公约的解释或适用无关，那么该争端和公约所调整的一些问题之间的偶然联系不足以将整个争端带入第288条第1款的范围。法庭并不绝对排除在一些情况下，一个小的领土主权问题真的可以附属于一个有关公约的解释或适用的争端。[1]

这样，虽然一方面，法庭在本案中强调领土主权问题对国家的高度敏感性，并明确反对领土主权争端可以被单独地作为有关公约的解释或适用的争端诉诸公约的争端解决机制，但是并不认为任何领土主权争端都无法诉诸公约的争端解决机制。另一方面，法庭似乎认为公约项下的法庭只可能对那些“真的附属于一个有关公约的解释或适用的争端的小的领土主权问题”有管辖权。这一标准要求至少满足以下条件。其一，当事各方之间的真正争端是一个有关公约的解释或适用的争端，而且似乎是限于有关海洋划界或历史性所有权主张的争端。因为法庭在驳斥毛里求斯依据对公约第298条第1款（a）项（1）目的反证解读而主张领土主权争端整体属于公约项下的法庭的管辖权的论点时，只承认“陆地主权问题可能属于第十五部分法院或法庭的管辖权，如果它真的附属于一个有关海洋边界或历史性所有权主张的争端的话”，并同时强调“本案并非这样的争端”[2]。如果陆地主权争端也可能附属于其他海洋法争端的话，如毛里求斯所主张的，那么法庭势必需要对此在本案中的适用加以审查，但它并未这样做。另一方面，法庭后来在做上述关于领土争端可能附属于海洋法争端的表示的时候，并未明确将有关公约的争端的范围限于海洋划界争端或历史性所有权争端。其二，法庭的管辖权仅能扩展至包括“小”的领土主权问题。其三，该领土问题“真的附属于”（genuinely ancillary to）有关公约的解释或适用的争端。按照裁决书的上下文，“真的”这一要件指的应是裁判领土主权问题是裁判那个有关公约的争端所“需要的”或构成后者“必要的前提条件”。

然而，依照“陆地统治海洋”原则，无论多小的陆地领土都将构成确定其海域权利的出发点。从这个角度讲，虽然陆地领土主权争端的解决可能构成相关海洋法争端解决的前提，但是却难以想象如何会发生陆地领土

---

〔1〕 Chagos Marine Protected Area Arbitration, paras. 220－221.

〔2〕 Chagos Marine Protected Area Arbitration, paras. 218－219.

主权争端“附属于”海洋法争端的情况。另外，公约第298条第1款（a）项（1）目中用来描述海洋法争端与陆地领土争端关系的表述是“必然涉及同时审议”。该表述反映了两种争端之间可能存在的密切关系，但是从中亦得不出陆地领土争端“附属于”海洋法争端的结论。此外，所谓的对公约第298条第1款（a）项（1）目的反证解读也是不成立的，无论将其结论扩展至所有的海洋法争端，还是限于海洋划界争端和历史性所有权争端都是如此。公约第298条第1款（a）项（1）目中的“任何争端如果必然涉及同时审议与大陆或岛屿陆地领土的主权或其他权利有关的任何尚未解决的争端，则不应提交这一程序（调解）”规定的字面含义很清楚，即尽管被缔约国声明排除出公约导致有拘束力裁判的强制程序的海洋划界争端和历史性所有权争端在满足一定条件下应提交强制调解程序，但是如果此类争端的解决必然涉及陆地领土争端，那么连强制调解程序也都不适用了。显然，该规定的目的是调整海洋划界争端和历史性所有权争端的解决问题，而非陆地领土争端的解决问题。由此，缔约国是否根据第298条发表排除声明与陆地领土争端的解决无关。并且该规定是以否定的方式提及陆地领土争端问题的。鉴于陆地领土问题的重要性，公约的起草者们决计不会意图以此种间接且不明确的方式将陆地领土争端纳入公约的争端解决机制。基于此，法庭关于一个真的附属于海洋划界或历史性所有权争端的“陆地主权问题可能属于第十五部分法院或法庭的管辖权”的观点是不成立的。

2. 关于第297条第1款（c）项的解释

法庭裁定它对毛里求斯的第四个诉讼主张拥有管辖权的依据包括两个：公约第288条第1款和第297条第1款（c）项。为此法庭专门讨论了第297条第1款和第288条第1款的关系。法庭认为，在公约第十五部分争端解决机制内，第288条第1款“一般性地赋予”了法庭“对于按照本部分向其提出的有关本公约的解释或适用的任何争端”的管辖权，而第297条“进一步专门赋予了法庭对一些种类争端的管辖权”。[1] 就第297条第1款而言，法庭认为该款“确认了，而非限制了法庭根据第288条第1款的管辖权”[2]。然而，法庭还注意到：

---

〔1〕 Chagos Marine Protected Area Arbitration, para. 307.

〔2〕 Chagos Marine Protected Area Arbitration, para. 308.

> 在某些方面，第297条第1款将法庭对所列举的情况的管辖权扩展超出单独适用第288条第1款的范畴。除了描述有关公约本身的解释或适用的争端外，第297条第1款具体规定的三种情况中的每一种都包含了一个对公约以外法律渊源的反致：
>
> （a）第297条第1款（a）项确立了“第五十八条规定的……关于海洋的其他国际合法用途方面”的管辖权，而第58条则规定“其他国际法有关规则”适用于第三国在专属经济区内的活动。
>
> （b）第297条第1款（b）项确立了对“违反……沿海国按照本公约和其他与本公约不相抵触的国际法规则制定的法律或规章”的行使海洋自由、权利或用途的管辖权。
>
> （c）第297条第1款（c）项确立了对“违反……关于保护和保全海洋环境的特定国际规则和标准”（包括那些“通过主管国际组织或外交会议”制定的）行为的管辖权。
>
> 这样第297条第1款明确地将法庭的管辖权扩展到涉及某些违反公约范围以外的法律文件的争端，并确保这些争端不会因为与公约的解释或适用没有足够联系而被驳回。[1]

但是，法庭将第297条视为一个与第288条并列的法庭的管辖权依据，以及关于第297条第1款，在其所列三种情况中将法庭的管辖权扩展到涉及公约以外的法律文件的争端的观点是值得商榷的。第288条确定了附件七仲裁法庭审理争端的管辖权范围，而不仅仅是“一般性地赋予了法庭”管辖权。其中，第288条第1款赋予了法庭对“按照本部分向其提出的有关本公约的解释或适用的任何争端”的管辖权，而第2款赋予了法庭对“按照与本公约的目的有关的国际协定向其提出的有关该协定的解释或适用的任何争端”的管辖权。由此，就有关公约以外的法律文件的争端而言，它们能否被诉诸公约的争端解决机制，应按照第288条第2款，而非第1款来判断。就法庭对有关公约的解释或适用的争端的管辖权而言，第288条第1款要求争端是“按照本部分向其提出的”。这样在依据第288条第1款确立对有关公约的争端的管辖权时，法庭还需考虑公约第十五部分的其他相关规定，其中就包括第3节中的第297条，因为第286条规定：“在第三节限制下，有关本公约的解释或适用的任何争端，如已诉诸第一

〔1〕 Chagos Marine Protected Area Arbitration, para. 316.

节而仍未得到解决，……应提交根据本节具有管辖权的法院或法庭。”如此，对297条的考察只是法庭按照第288条第1款确立其管辖权过程中的一个因素，而且并非唯一的因素。这样，在公约第十五部分有关法庭管辖权的规定中，第297条并未被设计为一个与第288条并列的单独的管辖权依据。就第297条而言，其中一些规定确认（而非“赋予”）了法庭根据第288条第1款获得的管辖权，而另外一些则是法庭确立管辖权过程中的限制性因素（即所谓“在第三节限制下”）。然而，这些确认和限制性规定针对的都是有关公约的解释或适用的争端。这一点在第297条各款的第一句话中表现得很清楚：“关于因沿海国行使本公约规定的主权权利或管辖权而发生的对本公约的解释或适用的争端”（第1款）；“本公约关于海洋科学研究的规定在解释或适用上的争端”（第2款）；“对本公约关于渔业的规定在解释或适用上的争端”（第3款）。由此，第297条并无赋予法庭对有关公约以外的法律文件争端的管辖权的目的。就本案法庭所提出的第297条第1款各项中所包含的公约以外国际法规则的问题，该款的标题句清楚地表明，这些“下列情形”都属于“对本公约的解释或适用的争端”。由于第297条是有关争端解决的，因此其中所提及的各种情形都应在公约的实体部分中规定相应的权利和义务。就第297条第1款（a）项和（b）项而言，它们显然指的是有关公约第58条的解释或适用的争端。就第297条第1款（c）项而言，虽然没有提及具体的公约条款，但指的应是有关公约第十二部分规定的争端，其中，第208条“国家管辖的海底活动造成的污染”、〔1〕第210条“倾倒造成的污染”、〔2〕第211条“来自船只的污染”〔3〕等都含有通过主管国际组织或外交会议制定的关于保护和保全海洋环境的国际规则和标准的内容。就这些公约以外的国际法规则与公约的关

〔1〕 第208条第3款规定，沿海国制定的法律和规章和采取的其他措施“的效力应不低于国际规则、标准和建议的办法及程序”。第5款规定：“各国特别应通过主管国际组织或外交会议采取行动，制订全球性和区域性规则、标准和建议的办法及程序，以防止、减少和控制第1款所指的海洋环境污染。这种规则、标准和建议的办法及程序应根据需要随时重新审查。”

〔2〕 第210条第4款规定：“各国特别应通过主管国际组织或外交会议采取行动，尽力制订全球性和区域性规则、标准和建议的办法及程序，以防止、减少和控制这种污染。这种规则、标准和建议的办法及程序应根据需要随时重新审查。”第6款规定：“国内法律、规章和措施在防止、减少和控制这种污染方面的效力应不低于全球性规则和标准。”

〔3〕 第211条第5款规定：“沿海国为第六节所规定的执行的目的，可对其专属经济区制定法律和规章，以防止、减少和控制来自船只的污染。这种法律和规章应符合通过主管国际组织或一般外交会议制订的一般接受的国际规则和标准，并使其有效。”

系而言，与其从法庭管辖权的角度来考虑，不如从法庭适用的法律（第293条）的角度来考虑，即它们属于“其他与本公约不相抵触的国际法规则”。换言之，这些情况属于在解决有关公约的争端中涉及适用其他国际法规则的问题。然而，法庭有权适用公约以外的国际法规则来解决有关公约的解释或适用的争端，并不意味着法庭对有关那些国际法规则本身的争端享有管辖权。就本案而言，法庭对第297条第1款（c）项的依赖并未扩大它依据第288条第1款获得的管辖权。

3

《联合国海洋法公约》第281和283条辨析

——结合中菲南海仲裁案

凌　岩*

摘　要：《海洋法公约》第281条和283条的规定是争端一方将争端提交第十五部分第2节程序的两个前提条件。本论文结合中菲南海仲裁案对第十五部分第1节第281条和283条的规定进行解读和分析，厘清适用第2节程序的这两个先决条件。本文认为第283条规定的交换意见的义务，是指争端当事国就争端的解决方式交换意见，并不要求争端当事国必须用谈判的方式解决他们的争端。《海洋法公约》第281条规定的适用《海洋法公约》强制解决争端程序的条件是，争端当事国之间用协议解决争端的方法不能解决争端，而且该协议不排除使用其他程序解决争端。中菲双方是否达成了用谈判解决有关中菲仲裁案中争端的方式的协议，这是仲裁法庭首先要解决的问题。关于争端当事方之间的协议是否排除其他程序，在国际实践中有两种标准，一种是排除其他程序的意思不必明确规定在协议中，可以根据协议的具体规定推导出。另一种是排除其他程序的意思必须明确规定在协议中。仲裁庭适用何种标准来裁定谈判是否为用以解决中菲争端的唯一方式，值得期待。

---

* 中国政法大学国际法教授，国家领土主权与海洋权益协同创新中心研究员。

关键词：《联合国海洋法公约》　强制解决争端程序　交换意见　排除其他程序

海洋占了地球表面大约71%，总面积约为3.6亿平方公里。广袤的海洋及海底中蕴藏着及其丰富的生物资源和非生物资源，海洋还是重要的交通通道和保护国家安全的天然防御屏障，在海洋为人类创造福祉的同时，它也成为一些国家垂涎和争夺的对象，世界各地的海洋争端层出不穷。

《联合国海洋法公约》（以下简称《海洋法公约》或《公约》）第十五部分专门规定了解决海洋争端的一系列方法和程序。该部分的第2节有关导致有拘束力的裁决的强制程序。强制程序是指争端当事国必须接受的解决争端的程序。强制程序中有导致有拘束力的决定的强制程序，例如将争端提交海洋法法庭、国际法院、国际仲裁和《海洋法公约》附件七的强制仲裁；也有导致无拘束力的强制程序，例如第十五部分第3节和附件五第2节中的调解程序属于强制性的，但是调解委员会的报告，包括结论和建议，对当事方不具有拘束力。[1]《海洋法公约》中的强制解决争端机制与以往的争端解决机制不同之处在于，缔约国应首先诉诸公约第十五部分第1节自行选择的和平方法（一般为政治方法）解决争端，只有在仍未得到解决时，才得提交第2节导致有拘束力裁决的法院或法庭（《公约》第286条），这些法院或法庭对提交的争端就可以自动行使管辖权。这样，第十五部分第1节的规定实际上是适用第2节程序解决争端的前提条件。只有在诉诸了第1节的解决争端方法但仍未解决争端的情况下，才能适用第2节的程序。

《海洋法公约》第十五部分第3节规定了适用第2节的限制和例外，允许在某些情况下沿海国无义务将争端提交法院或法庭解决，缔约国也可以声明不接受对某类争端的强制解决义务。因此，尽管第2节有关导致有拘束力的决定的强制程序是《海洋法公约》争端解决机制的主要组成部分，这节的适用离不开第1节和第3节的规定，显然，第十五部分的3节共同构成了《海洋法公约》争端解决机制的整体。

本文拟结合中菲南海仲裁案对第十五部分第1节第281条和283条的规定进行解读和分析，厘清适用第2节程序的这两个先决条件。

---

〔1〕《海洋法公约》附件五第7条。

一、《海洋法公约》第283条

第283条第1款要求一旦发生由于《海洋法公约》的解释或适用引起的争端，“争端各方应迅速就以谈判或其他和平方法解决争端一事交换意见”。该第283条并没有规定缔约国应当用什么方式解决争端。《公约》第279条规定了缔约国有以和平的方法解决争端的义务，这些和平的方法列在《联合国宪章》第33条第1项中，包括“谈判、调查、调停、和解、公断、司法解决、区域机关或区域办法之利用、或各该国自行选择之其他和平方法”。《公约》第280条明确规定，各缔约国可以“于任何时候协议用自行选择的任何和平方法”解决争端。选择解决争端的方式的关键在于双方的协议，或同意。争端当事方是决定用什么程序解决争端的主人。由于需要争端当事方协议用何种方法解决争端，《公约》第283条进而规定，争端一旦发生，缔约国就应迅速就以什么方式解决争端，即解决争端的机制交换意见。

《海洋法公约》的争端解决机制不鼓励争端发生后立即诉诸第十五部分第2节的强制解决程序。这项规定是由于在第三次联合国海洋法会议上一些代表团坚持，争端当事方的主要义务是应尽一切努力通过谈判或其他和平方式解决争端，而不是诉诸公约第十五部分第2节规定的机制。[1] 因此，诉诸强制解决程序应是不得已而为，是为了避免争端久拖不决，侵犯有关国家或人民的权益和加剧争端当事方之间的紧张关系。在诉诸该强制程序之前应交换意见是《公约》的一个创新，在传统国际法上，并没有这样的要求。

在中菲仲裁案中，双方对提交仲裁是否满足了《公约》规定的交换意见的义务有不同的看法。菲律宾主张其满足了交换意见的义务，理由是，自1995年中菲之间就已对解决争端交换了意见，但是经历了至少17年的双边会议和交换外交信件，还是没有取得进展。菲律宾提出他所要的是它应享有200海里专属经济区内的权利，而中国一直坚持九段线内的海域的所有权利都属于中国。在这么长时间内，所有谈判解决的可能性都已经探

〔1〕 See Nordquist, Rosenne and Sohn (eds), *United Nations Convention on the Law of the Sea 1982*, Vol. V, (1989) 29 MN 283.1.

索和用尽了。[1] 菲律宾称，2012 年 4 月，在交换意见后没有取得解决争端的谈判后果，菲律宾向中国发出一份外交照会，邀请中国将争端提交一个合适的司法机构，但是中国拒绝了。[2] 因此，《公约》第 283 条关于迅速交换意见的义务已得到满足。[3] 菲律宾在提交争端的通知和声明中似认为，交换意见的目的是为了解决争端，交换意见被视为解决争端的方式或手段。

中国在政府的立场文件中反驳说："事实上，迄今为止，中菲两国从未就菲律宾所提仲裁事项进行过谈判。"[4] "中菲之间就有关争端交换意见，主要是应对在争议地区出现的突发事件，围绕防止冲突、减少摩擦、稳定局势、促进合作的措施而进行的"，"这些交换意见也远未构成谈判。"[5] 中国似把交换意见等同于谈判，中国主张，"根据国际法，一般性的、不以争端解决为目的的交换意见不构成谈判"；[6] 菲律宾外交部照会中国驻菲律宾大使馆，提出要将黄岩岛问题提交第三方司法机构时，"没有表达任何谈判的意愿"。[7]

波恩大学国际公法研究所的史蒂芬·塔尔蒙（Stefan Talmon）也将交换意见的义务等同于以谈判解决争端的义务。他认为，谈判的主题事项必须与争端的主题事项相同，且与《公约》的解释或适用有关，只涉及《公约》一般问题的谈判是不充分的。他认为菲律宾的主张仍停留在一般的水平，不能充分表明，在双方之间有关于各方在南海海洋权利或中国的"九段线"合法性方面的交流；而且菲律宾表示，它一直对中国表达其看法，而中国一直反复表达了与其相冲突的看法；它对中国的活动多次提出抗

---

〔1〕 Republic of the Philippines Department of Foreign Affairs, Notification and Statement of Claim, 22 Jan. 2013, paras. 25 – 26.

〔2〕 Republic of the Philippines Department of Foreign Affairs, Notification and Statement of Claim, 22 Jan. 2013, 29.

〔3〕 Republic of the Philippines Department of Foreign Affairs, Notification and Statement of Claim, 22 Jan. 2013, 30.

〔4〕 中华人民共和国政府关于菲律宾共和国所提南海仲裁案管辖权问题的立场文件，2014 年 12 月 7 日，第 45 段。

〔5〕 中华人民共和国政府关于菲律宾共和国所提南海仲裁案管辖权问题的立场文件，2014 年 12 月 7 日，第 47 段。

〔6〕 中华人民共和国政府关于菲律宾共和国所提南海仲裁案管辖权问题的立场文件，2014 年 12 月 7 日，第 46 段。

〔7〕 中华人民共和国政府关于菲律宾共和国所提南海仲裁案管辖权问题的立场文件，2014 年 12 月 7 日，第 48 段。

议，中国则一贯拒绝菲律宾的抗议。他认为，第283（1）条确实要求争端当事方进行谈判，或至少，真正地试图谈判解决他们的争端。在他看来菲律宾提出的证据不能表明菲律宾切实与中国进行了谈判以期解决争端，因而不满足交换意见的义务。[1]

这里需要厘清的问题是，《公约》规定的交换意见的义务是为了直接解决争端的谈判还是为了达成用什么方法解决争端的共识。对于这个问题《公约》没有作出明确的解释，从《公约》用语的通常意义来看，"争端各方应迅速就以谈判或其他方法解决争端一事交换意见"应意指为了达成用什么方法解决争端的协议。按照该条第2款的规定，这种交换意见的义务似不限于在争议开始时的初始交换意见，当解决争端的程序已经终止但还没有解决争端时双方亦应交换意见，就用以解决争端的下一个程序交换意见。即使争端已经解决了，当事方可能还会发现，在实施解决争端的方法上仍有意见分歧。在这种情况下，仍需要当事方就通过第十五部分所述的不同程序解决这个额外的争议进一步交换意见。[2] 因此，《海洋法公约》规定的争端当事方交换意见的义务是为了保证争端当事方先就解决争端的方式双方达成共识或协议，如果交换意见能解决争议是最为理想的，若不能解决争端，最起码可以争取就用以解决争端的方式达成协议。

在国际海洋法法庭和仲裁法庭处理的案子中，有几个涉及交换意见义务的案子，当事方都曾争论，在当事方之间没有就争端解决交换过意见，或双方的一些接触不等于交换意见，或交换意见何时可以终止等。[3] 本文将从这些案件中总结有关交换意见的义务具体含义。

在国际海洋法法庭处理的路易撒号案中，沃尔夫鲁姆（Wolfrum）法官强调第283条规定的交换意见的义务很重要，因此必须严肃考虑第283条交换意见的要求。他在异议意见中指出，当事国之间没有事先进行《公约》第283条要求的交换意见，使法庭对争端没有初步的管辖权。他们提到圣文森特的海商管理部门与西班牙港口当局的接触不是国家政府层面上的接触，只是要求提供情报资料，没有提出主张或援引权利，因而不能视

---

[1] Stefan Talmon, "The South China Sea Arbitration: Is There a Case to Answer?", 9 February 2014, pp. 50-52, at http://ssrn.com/abstract=2393025.

[2] Anne Sheehan, "Dispute Settlement under UNCLOS: The Exclusion of Maritime Delimitation Disputes", *University of Queensland Law Journal*, 2005, Vol. 24, No. 1, at http://www.austlii.edu.au/au/journals/UQLawJl/2005/7.html.

[3] 见路易撒号案、南方蓝鳍金枪鱼案和混合氧化物工厂案。

为《公约》第283条意义上的交换意见。此外，圣文森特2010年10月26日的照会只是反对继续扣船和准备在国际海洋法法庭提起诉讼，并未说明其任何主张，因此也不能认为是交换意见。[1] 但是法庭的多数判决并没有因此而认为第283条规定的交换意见的义务未得到满足，法庭接受和考虑了如下事实：

圣文森特和格林纳丁斯在提起这些诉讼之前，其海事管理局几次要求西班牙港口当局进一步提供有关羁押“路易莎”号的信息，但没有收到这样的信息。圣文森特和格林纳丁斯常驻联合国代表团向西班牙常驻联合国代表团发送了普通照会，反对西班牙继续扣押路易莎号等船，指出西班牙没有按照西班牙法和国际法通知船旗国逮捕了该船，照会也通知了西班牙，如果西班牙不立即释放船只和解决由于这种不当羁押造成的损失，圣文森特和格林纳丁斯拟将该案提交国际海洋法法庭处理；西班牙对该照会没有作出反应。圣文森特和格林纳丁斯认为其已履行了《公约》第283条的要求。[2] 国际海洋法法庭在此案中对满足第283条交换意见的义务采用的标准极低，这也许与法庭当时处理的是规定临时措施问题，只需要初步看来法庭有管辖权即可。

在围海造地案中，新加坡认为，在本案中，双方没有就以谈判或其他和平方法解决争端交换意见，因而《公约》第283条要求交换意见作为适用强制解决争端程序的先决条件没有得到满足。[3] 具体地说，马来西亚在不同场合承诺向新加坡详尽报告其关注的事项，新加坡的一贯立场是，只要马来西亚将其关注点具体化并能提供详细的报告，新加坡将与其谈判。但是马来西亚一直未履行其承诺。[4] 因此，新加坡认为在争端正式提交国际海洋法法庭前，它未曾有机会表明自己的观点，也未曾有机会与马来西亚共同研究双方分歧所在以寻求问题的解决，更未曾有机会就马来西亚详尽的关注点做出回复。新加坡主张，双方之间的谈判是《公约》第283条规定启动第十五部分的强制争端解决程序的前提条件，但是双方之间的谈

〔1〕 The M/V “Louisa” Case, (Saint Vincentandthe Grenadines v. Kingdomof Spain), Request for Provisional Measures, Order, 23 December 2010, Dissenting Opinion of Judge Wolfrum, paras. 25－26.

〔2〕 The M/V “Louisa” Case, (Saint Vincentandthe Grenadines v. Kingdomof Spain), Request for Provisional Measures, Order, 23 December 2010, Dissenting Opinion of Judge Wolfrum, paras. 59－62.

〔3〕 Land Reclamation? Case by Singapore in and aroundthe Straits of Johor (“Land Reclamation-Case”) (Malaysia v. Singapore), Provisional Measures, Order, 8 October 2003, para. 33.

〔4〕 Land Reclamation Case, paras. 40－43.

判没有发生。[1]

马来西亚则认为其于2003年7月4日根据《公约》附件七提起仲裁程序之前，已通过外交照会的方式表明其对新加坡在柔佛海峡填海的关注，并要求通过两国高级官员会晤来友善地解决争端。但新加坡断然拒绝其要求，并称除非马来西亚能提出新的事实支持其主张，否则高级官员的会晤毫无用处。[2] 马来西亚认为一旦新加坡继续进行填海活动，就使进一步交换意见失去了意义。当争端一方认为已经没有达成协议的可能性，就没有义务继续与争端另一方交换意见。[3]

法庭的判决指出：《公约》第283条只要求迅速就以谈判或其他和平方法解决争端交换意见。迅速交换意见义务同样适用于争议双方。[4] 法庭考虑并接受了马来西亚主张的，在提交《公约》附件七强制仲裁前的一些场合，马来西亚已在它的外交照会中通知了新加坡对其在柔佛海峡围海造田表示的担忧，曾要求新加坡召开两国高级官员的紧急会议讨论这些问题以期友好解决争端；但新加坡断然拒绝了其要求。[5] 法庭也考虑并接受了新加坡主张的，它一直通知马来西亚，准备在马来西亚具体说明其关注后进行谈判，但马来西亚在提交仲裁前没有这样做。[6] 法庭注意到，在马来西亚提起《公约》附件七仲裁程序的声明后，马来西亚和新加坡同意在新加坡开会讨论该问题以期友好解决他们的争端，但马来西亚突然中断了谈判进程，坚持把新加坡立即中止填海工程作为进一步讨论的先决条件。[7] 法庭得出结论说，事实上，双方未能解决争端或达成解决争端的方法。法庭即认为，满足了《公约》第283条的要求。[8]

从该两案的判决可以看出，在将争端提交强制解决程序之前，提交争端的当事方都向对方发送过外交照会，表示过其对争端事项的担忧，或提出了己方的权利主张，提出过解决争端方式的建议，或通知了提交强制解决争端的意向。由于双方未能解决争端或达成解决争端的方法，法庭就认

---

〔1〕 Land Reclamation Case, para. 34.

〔2〕 Land Reclamation Case, paras. 39 – 40.

〔3〕 Land Reclamation Case, paras. 44 – 45.

〔4〕 Land Reclamation Case, paras. 37 – 38.

〔5〕 Land Reclamation Case, paras. 39 – 40.

〔6〕 Land Reclamation Case, para. 41.

〔7〕 Land Reclamation Case, paras. 42 – 43.

〔8〕 Land Reclamation Case, paras. 46& 51.

为，满足了《公约》第283条的要求。法庭并未将交换意见等同于谈判，并且明确指出，《公约》第283条只要求迅速就以谈判或其他和平方法解决争端交换意见。迅速交换意见义务同样适用于争端双方。

有学者认为交换有关协商解决纠纷的意见不同于单纯的抗议或争议，或仅要求提供信息。[1] 钱德拉塞卡拉·饶法官在马来西亚和新加坡的围海造地案中也指出，交换意见的义务不是一个空洞的形式，更不是争端一方的突发奇想。双方必须真诚履行这个义务，法庭也有责任审查争端方是否履行了这项义务。[2] 交换意见是争端双方的义务，双方的确都必须认真对待。但是，国际实践表明，满足交换意见义务的门槛并不高。

在实践中，经常出现的一个问题是，应继续交换意见到什么程度。在马来西亚和新加坡的案件中，法庭判定，在马来西亚认为这种交换不能产生一个积极的结果时就没有义务继续交换意见。[3] 同样，在南方蓝鳍金枪鱼案件中，法庭也曾指出，当争端一方认定通过《公约》第十五部分第1节所规定的程序不可能解决争端时，该当事方就没有义务继续适用这种程序。[4] 在混合氧化物工厂案中，法庭也曾判定，当争端一方认定达成协议的可能性已经用尽，就没有义务继续交换意见。[5] 这些判例表明，能否以交换意见达成用以解决争端方法的协议似取决于争端一方的主张，海洋法法庭和仲裁法庭不强求主张交换意见的义务已用尽的一方继续交换意见。

菲律宾后来在仲裁庭听证会上也主张第283条规定的交换意见义务仅就用以解决争端的方法达成协议而言，并且为争端当事国仅施加了“适度的责任”（modest burden），它的所作所为已满足了第283条的条件。[6] 遗憾的是，中国由于不参与而失去了进一步表明观点、提供证据和辩论的机会。

---

〔1〕 Stefan Talmon, p. 50.

〔2〕 Land Reclamation Case, Separate Opinion of Judge Chandrasekhar Rao, para. 11.

〔3〕 Land Reclamation Case, para. 48.

〔4〕 Southern Bluefin Tuna Cases (New Zealand v. Japan; Australia v. Japan), Request for Provisional Measures, Order of 27 August 1999, para. 60.

〔5〕 Mox Plant Case (Ireland v. United Kingdom), Request for Provisional Measures, Order, 3 December 2001, para. 60.

〔6〕 Arbitration between the Republic of the Philippines and the People's Republic of China, Transcript of Day2 Hearing on Jurisdiction and Admissibility, 8 July 2015, pp. 24 – 25.

二、《海洋法公约》第281条

在中菲仲裁案中，中国主张，在涉及领土主权和海洋权利的问题上，中国一贯坚持由直接有关国家通过谈判的方式和平解决争端，并列举了1995年至2011年间中菲之间的数项联合声明和联合公报，以及2002年11月4日中国政府代表与包括菲律宾在内的东盟各国政府代表共同签署的《南海各方行为宣言》（以下简称《南海宣言》）。中国认为这些双边文件与《南海宣言》的相关规定一脉相承，表明中菲就通过友好磋商和谈判解决两国在南海的争端早有共识，也构成中菲两国之间的协议，两国据此承担了通过谈判方式解决有关争端的义务。此外，这些文件中强调必须在直接有关的主权国家之间进行谈判，显然排除了第三方争端解决程序，《公约》第十五部分第2节的强制争端解决程序也就不适用。[1]

中国的这个立场实际上涉及《公约》第281条的适用。该条第1款规定："作为有关本公约的解释或适用的争端各方的缔约各国，如已协议用自行选择的和平方法来谋求解决争端，则只有在诉诸这种方法而仍未得到解决以及争端各方间的协议并不排除任何其他程序的情形下，才适用本部分所规定的程序。"

适用第281条的规定，要解决三个问题。其一，争端各方是否已协议用自行选择的和平方法来谋求争端的解决；其二，用协议自行选择的和平方法仍解决不了争端；其三，协议中不排除任何进一步的程序来解决争端。

此外，如果双方还商定了一个时间限制，诉诸第十五部分的程序就只适用于在该期限届满之日起。有些国际协议中的确对解决争端规定了用争端各方选择的方法达成解决争端的时间限制，如果在规定的期限内达不成争端的解决，就可以认为用协议的方法解决不了争端。例如1965年的《陆锁国过境贸易公约》规定，如果争端各方在9个月内无法用和平方法解决争端，经争端一方请求，应将争端提交仲裁解决。[2]《海洋法公约》正是考虑到这种情况，第281条第2款规定了"争端各方如已就时限也达成协议，则只有在该时限届满时才适用第1款"。在《海洋法公约》中也有类似的规定，例如《公约》第74条第2款和83条第2款关于专属经济

---

〔1〕中国的立场文件，第30—44段。

〔2〕Commentary, at 23.

区和大陆架划界规定，有关国家如在合理期间内未能达成如何划界的共识，应诉诸第十五部分规定的程序。当然，如果当事双方在发生争端后协议用何种方法解决它们之间的争端时，也可以协商如果在一定的期限内解决不了争端的话，将适用《公约》第十五部分的争端解决程序。

1. 存在用以解决争端方式的协议

首先，要确定是否存在争端各方协议使用的和平解决争端的方法。有人认为这里的“协议”（have agreed）是指对争端双方都有拘束力的协议（agreement）。[1] 众所周知，国际协议可以采用多种形式，并冠以不同的名称，但是这些都不重要，重要的是它的法律性质和内容[2]是否有意在产生相互权利义务的一致意思。[3]

一般在有正式的条约或谅解备忘录时，比较容易确定存在协议。在国际海洋法法庭的马来西亚和新加坡案中，并没有条约或备忘录。但是新加坡坚持认为它邀请马来西亚解决他们之间的分歧，马来西亚接受了邀请并且双方举行了会议，这就开始了按照《海洋法公约》第281条协议进行谈判的过程，以努力友好解决他们之间的争端。[4] 但是法庭认为第281条不可适用，因为马来西亚是在提起《公约》附件七的诉讼以后才接受邀请的，而且，因为马来西亚和新加坡同意会谈将不损害马来西亚继续行使附件七的仲裁的权利或请求法庭规定临时措施的权利。[5] 因此尽管新加坡试图声称“协议谈判”是在第281条范围内，法庭并没有接受它的主张。这里，法庭判定第281条不适用，是因为双方都同意谈判“不损害”马来西亚请求法庭规定临时措施的权利，不是因为协议的形式法庭才判定不适用第281条的。有人因此推论，法庭的命令中暗含着，第281条规定所指的“协议”并不需要包含在一个正式文件例如条约中。[6] 在巴巴多斯诉特立尼达和多巴哥案中，仲裁法庭承认了他们在实践中同意用谈判的方法解决

---

〔1〕 Stefan Talmon, p. 53.

〔2〕 Delimitation of the Maritime Boundary between Bangladesh and Myanmar in the Bay of Bengal, (Bangladesh v. Myanmar), ITLOS Judgment, 14 March 2012, para. 89.

〔3〕 李浩培：《条约法概论》，法律出版社2003年版，第3页。

〔4〕 Land Reclamation Case, paras. 53.

〔5〕 Land Reclamation Case, paras. 55 – 56.

〔6〕 Anne Sheehan, “Dispute Settlement under UNCLOS: The Exclusion of Maritime Delimitation Disputes”, *University of Queensland Law Journal*, 2005, Vol. 24, No. 1, at http://www.austlii.edu.au/au/journals/UQLawJl/2005/7.html.

他们的争端属于第281条的协议，虽然这不是通过一项正式的协议达成的。[1]

还需要提到的是，这种协议是指在争端发生之前就已存在的，还是指争端发生后争端当事方之间达成的专门协议，不同的法庭对此问题也有不同的解释。巴巴多斯诉特立尼达和多巴哥案的仲裁法庭认为第281条所指的协议只包括争端当事方就特定争端的解决方法达成的临时或专门的协议(ad hoc agreement)。因为已有的协议为《公约》第282条所涵盖。[2] 而南方蓝鳍金枪鱼案的仲裁法庭认为第281条适用于争端当事方1993年缔结的已有的《南方蓝鳍金枪鱼保护公约》(以下简称《保护公约》)，尽管《保护公约》第16条并不是争端当事国选择的一项和平解决争端的方法，而是列出了解决争端的一些程序和允许缔约国自行选择和平解决争端的其他方法，且争端当事国尚未从中选择一项解决争端的方法。裁决的主要理由是，这是由《保护公约》和《海洋法公约》两项公约产生的一个争端，《保护公约》第16条符合《海洋法公约》第281条的用语和含义，[3] 即《保护公约》第16条是争端当事国用以解决争端的方法的协议。

中菲之间没有就菲律宾提交仲裁所涉及的争议如何解决缔结过专门的协议。中国的立场文件中列举的大多数是中菲之间的联合公报或联合声明，其中比较重要的有：1995年8月10日《中华人民共和国和菲律宾共和国关于南海问题和其他领域合作的磋商联合声明》(以下简称《1995联合声明》)，指出了双方"同意遵守"的8项原则。还有2002年11月4日，中国政府代表与包括菲律宾在内的东盟各国政府代表共同签署的《南海宣言》，包括了10项准则。其他文件大多确认或重申了这两项文件的规定。

这两项文件是否构成了对中菲双方有拘束力的协议？本文主要从两方面进行考察，一是从文件用语的通常意义结合其目的和宗旨来考察，二是从签署者的表态来考察。1995年8月9日至10日中菲两国代表团在马尼拉就南海和其他领域的合作问题进行会谈，会后发表了《1995联合声明》，声明中说，两国就南海问题作为一个整体，就各自立场的法律和历史根据

---

[1] Arbitration Award (Barbados v. Trinidad and Tobago), 11 April 2006, para. 200 (ii).

[2] Arbitration Award (Barbados v. Trinidad and Tobago), 11 April 2006, para. 200 (ii).

[3] Southern Bluefin Tuna Case (Australia and New Zealand v. Japan), Award on Jurisdiction and Admissibility of 4 August 2000, paras. 54 – 55.

交换了意见。双方同意在解决争端的过程中遵循的8项原则，其中有5项原则与解决争端有关：①双方的领土争端不应影响两国关系的正常发展。有关争议应通过平等和相互尊重基础上的磋商和平友好地加以解决。②必须努力建立信心和相互信任，以增强该地区的和平与稳定的气氛，并避免使用武力或武力威胁解决争端。③在扩大共同点和缩小分歧的精神上，应采取逐步渐进的合作，以期最终谈判解决双边争端。④双方同意按照国际法公认的原则，包括《海洋法公约》解决双方的争端。⑤争端应由直接有关的国家予以解决，不影响南海航行自由。[1]

该联合声明是在两国代表团进行了正式会谈后发表的，而且双方都感到满意，认为在实质上改善两国关系的气氛方面已经取得了一些进展，并确定和扩大了同意通过举行坦率的交流，直接解决有争议的问题的领域。[2]《联合声明》所列的原则都使用了“同意”(agree) 和“应该”(shall)，表示两国对解决南海问题所遵寻原则的承诺，以及这些原则为两国如何解决南海问题设立了义务。

《1995联合声明》协议用什么方式解决中菲两国的南海争端呢？中国在立场文件中指出其中的第一点和第三点规定了两国以谈判解决争端的义务。[3] 仔细审阅第一点，该点是指双方的领土争端应通过平等和相互尊重基础上的磋商和平友好地加以解决。中国主张南海争端的核心是领土主权问题，如果仲裁庭判定争端的性质确实如此，那么这个原则就适用于该争端的解决，但是仲裁庭也会因之失去对该案的管辖权（这个问题不在本文拟讨论的范围内)。由于仲裁法庭只管辖在《海洋法公约》的适用和解释范围内的争端，只有该点规定在南海争端方面而不是“领土争端”方面双方应通过平等和相互尊重基础上的磋商和平友好地加以解决，才对中国有利。

对于第三点“双方承诺循序渐进地进行合作以期最终谈判解决双方争议”是否规定了双方谈判解决争端的义务也是可以讨论的。一种解释是可以像中国主张的，“最终谈判”明确表明只选择“谈判”作为解决争端的方法。[4] 但是该点似也可以解释为当时仅对双方设立了“循序渐进地进行

---

〔1〕 http://docslide.us/documents/joint-statement-prc-and-rp.html.

〔2〕 http://docslide.us/documents/joint-statement-prc-and-rp.html.

〔3〕 中国立场文件，第31、39段。

〔4〕 Sienho Yee, “South China Sea Arbitration Tribunal has No Jurisdiction over Manila-started Dispute”, 8 July 2015, http://www.chinadaily.com.cn/opinion/2015-07/08/content_21211017.htm.

合作”的义务，[1] 谈判解决争端可能是双方以后的最终目标。如果在声明中双方强调的是意在用谈判方式解决争端，该点的措辞似应为“双方承诺以谈判解决争端”，而不是承诺“循序渐进地进行合作”。仲裁庭会如何解释这点，我们将拭目以待。

在2002年的《南海宣言》中使用了各方“承诺”(undertake)的用语，中国在立场文件中指出这也是协议中通常用以确定当事方义务的词语。[2] 然而，菲律宾主张该宣言不具有拘束力。而且中国在很多场合亦如此承认。[3] 有的中国学者主张《南海宣言》有拘束力，[4] 但也有评论者认为该宣言是一种政治宣言，没有法律拘束力。[5] 从签署宣言的背景情况来看，20世纪90年代东盟国家原本打算与中国签署一项各国的行为准则(code of conduct)，然而在1999年的峰会上中国拒绝了东盟国家提议的行为准则。[6] 2002年7月东盟国家表示制定南海行为准则将进一步促进本地区和平与稳定，在不能签署行为准则的情况下，他们仍愿意与中国合作签署一项行为宣言。[7] 可见，在签署《宣言》时中国和东盟国家都不认为该《宣言》具有法律拘束力。最后在签署的《宣言》第10条中写下将来有关各方要制定一个南海各方的行为准则，从用语来看，“行为准则”至少比“行为宣言”更具法律拘束力。在这种情况下，很难主张《南海宣言》是中菲达成的用以解决争端的方法的协议，因为虽然协议的形式不重

---

[1] 该点的英文本是：“3. In the spirit of expanding common ground and narrowing differences, a gradual and progressive process of cooperation shall be adopted with a view to eventually negotiating a settlement of the bilateral disputes.”

[2] 中国的立场文件，第38段。

[3] Arbitration between the Republic of the Philippines and the People's Republic of China, Transcript of Day 2 Hearing on Jurisdiction and Admissibility, 8 July 2015, pp. 11-12.

[4] 余民才：“菲律宾提起南海争端强制仲裁程序与中国的应对”，载《现代国际关系》2013年第5期，第52页。

[5] Stefan Talmon, p. 55; WU Shicun and REN Huaifeng, “More Than a Declaration: A Commentary on the Background and the Significance of the Declaration on the Conduct of the Parties in the South China Sea”, *Chinese Journal of International Law*, 2003, p. 311.

[6] Stefan Talmon, p. 55; WU Shicun and REN Huaifeng, “More Than a Declaration: A Commentary on the Background and the Significance of the Declaration on the Conduct of the Parties in the South China Sea”, *Chinese Journal of International Law*, 2003, p. 313.

[7] Stefan Talmon, p. 55; WU Shicun and REN Huaifeng, “More Than a Declaration: A Commentary on the Background and the Significance of the Declaration on the Conduct of the Parties in the South China Sea”, *Chinese Journal of International Law*, 2003, p. 313.

要，协议的性质是否有法律拘束力却是重要的。

2. 用协议的方法未解决争端

如果在争端当事国之间确实存在用以解决争端方式的协议，那么必须证明使用这种方法不能解决争端，这是争端一方将争端提交《公约》第十五部分第2节的争端解决程序的条件之一。对于用协议的和平方法仍解决不了争端的问题是由谁来决定？是由争端一方决定还是需要争端双方都同意？从《公约》第286条关于争端任何一方有权请求将争端提交强制程序的规定来看，只要争端一方认为用协议的和平方法解决不了争端，就可以适用第十五部分第2节的争端解决程序。通过单方面的援用仲裁程序本身不能被视为违反《公约》第300条对权利的滥用，或违反一般国际法的滥用权利。其单方面行使该权利而没有与另一方讨论或协议是以条约设想的方式行使条约所赋予的权利。[1] 如果争端另一方认为仍有机会用协议的和平方法解决争端，该方可以向有关法院或法庭提出，由该法院或法庭做出裁决。[2]

在巴巴多斯和特立尼达案中，仲裁庭认定争端双方之间有临时的协议，用谈判解决他们的争端。《公约》第74条和83条也要求争端当事国用谈判的方式解决划界问题。但是经过数年的谈判还是没有解决争端。[3] 仲裁庭认为在当事方经过数年的谈判没有解决争端时，就不能再合理要求争端当事国交换意见以寻求用谈判解决争端。[4] 争端各方未能通过谈判解决他们的争端时，《公约》第287条就使当事一方有权单方面将争端提交仲裁。[5]

在南方蓝鳍金枪鱼案中，法庭一致得出结论，有关的三个国家诉诸《保护公约》第16条规定的方法没有达成争端的解决，第281条（1）的第一个要求已得到满足。尽管该第16条中列了几种解决争端的程序，而且并不是第16条列出的每个方法都已被尝试，尤其日本提议的调解和仲裁。而且，尽管《保护公约》第16条第2款规定，即使当事国没有就争端提交国际法院或仲裁，也不免除缔约国寻求用其他和平解决争端的方法解决

---

〔1〕 Babados v Trinidad and Tobago Award, paras. 207.

〔2〕 Commentary, at 23.

〔3〕 Arbitration Award (Barbados v. Trinidad and Tobago), 11 April 2006, para. 201.

〔4〕 Arbitration Award (Barbados v. Trinidad and Tobago), 11 April 2006, paras. 202 – 205.

〔5〕 Arbitration Award (Barbados v. Trinidad and Tobago), 11 April 2006, para. 206.

争端的责任，法庭仍认为，不能要求各方无限期地进行谈判。[1]

在中菲仲裁案中，中国提出的论点是，菲律宾不能提交仲裁，因为中菲一系列的联合声明和联合宣言要求双方通过谈判和平解决南海争端，而“事实上，迄今为止，中菲两国从未就菲律宾所提仲裁事项进行过谈判”。[2] 在菲律宾看来，《行为宣言》不是法律文件，其他的双边文件也没有为双方定下谈判解决争端的义务。菲律宾用了大量篇幅证明，中菲两国就争端的解决多次交换外交信件，交换意见，足以满足交换意见的义务。[3] 如果仲裁庭支持中国的主张，双方已同意寻求通过谈判解决他们的争端，那么接下来菲律宾必须证明两国之间就争端的解决进行了谈判，但是用谈判的方法解决不了争端。如果仲裁庭支持中国的主张，在两国间存在用谈判解决争端的协议，并且谈判尚未进行。仲裁庭有可能要求双方履行义务进行谈判。

谈判，正如国际法院在不同的判决中指出的，应以善意进行，有“实现一个积极的结果的真正的意图”，[4] 以及善意地“合理关注他方的合法权益”。[5] 对谈判失败的判断，国际法院认为，国家之间的一些外交往来可以证明双方对是否履行了某些条约义务持有截然相反的观点，这就表明出现了国际争端和双方没有成功地通过直接谈判解决争端。[6] 或者，只需表明“进一步谈判导致和解已不存在合理的可能性”[7]。

在诉诸仲裁之前是否确实进行了谈判，以及谈判是否失败，成为无效，或陷入僵局，这些事实问题将由仲裁法庭来裁定。[8] 考虑到海洋法法庭或仲裁庭的判例中对用谈判方法解决争端但未解决争端的判断要求并不

---

[1] Southern Bluefin Tuna Case (Australia and New Zealand v. Japan), Award on Jurisdictionand Admissibility of 4 August 2000, para. 55.

[2] 中国的立场文件，第45条。

[3] Arbitration between the Republic of the Philippines and the People's Republic of China, Transcript of Day 2 Hearing on Jurisdiction and Admissibility, 8 July 2015, pp. 25 – 36.

[4] North Sea Continental Shelf Cases (Federal Republic of Germany v. Denmark; FRG v. The Netherlands), ICJ Reports 1969, para. 85.

[5] Fisheries Jurisdiction (United Kingdom v. Iceland), ICJ Reports 1974, p. 33.

[6] Interpretation of Peace of Treaties, Advisory Opinion, ICJ Reports 1950, p. 65, pp. 74 and 76.

[7] South West Africa (Ethiopia v. South Africa; Liberia v. South Africa), Preliminary Objections, Judgment, ICJ Reports 1962, p. 345.

[8] Pulp Mills on the River Uruguay (Argentina v. Uruguay), ICJ Reports 2010, at p. 64, para. 133; Georgia v. Russia, supra, para. 160.

高，经过几轮或数年谈判或对话，只要一方主张解决不了争端，就不再要求继续谈判了，仲裁庭也有可能不再要求中菲双方进行谈判。

此外，如果像中国所称，在双方协议用谈判的方法解决争端的一二十年里，双方从未开始就争端的解决进行谈判，可能会使仲裁庭对双方用谈判的方法解决争端是否真正达成了一致的意思发生怀疑。从条约法来看，协议需要真诚地履行。协议并非绝对一成不变，如果存在当事方已从行动上破坏了协议的义务，或者缔约当时的情势已发生了根本的变化，〔1〕仲裁庭或许也会裁定协议无效，这不是完全没有可能的。

3. 排除进一步程序

争端当事方事先缔结的国际协定中有些有可能规定，协议的争端解决机制是排他的，即使不能用协议的方法解决争端，也不能诉诸其他解决争端的程序。在这种情况下，《公约》第十五部分第2节的争端解决程序就不能适用。结果可能需要争端各方继续进行谈判协商或搁置争端暂时不予解决。《海洋法公约》的这一规定体现了《公约》尊重争端当事国双方对解决争端方法的选择自由，不强迫争端当事方以双方协议解决争端的方式以外的方式解决争端。

在南方蓝鳍金枪鱼案中，尽管海洋法法庭在规定临时措施时，认定初步看来《保护公约》第16条不排除进一步程序，在该案的管辖权和受理阶段，仲裁庭认为仍有必要审查《保护公约》的条款是否旨在排除《海洋法公约》的强制争端解决程序。〔2〕

日本主张如果国家缔结的条约中没有强制解决争端的条款，就意味着缔约国意在避免强制解决争端的义务，而不是隐含地承诺有这样的义务。当国家意在将《海洋法公约》的程序适用于另一个条约的争端时，他们就会在该条约中如此规定。〔3〕《保护公约》第16条规定了缔约国可以选择的和平解决争端的方式，其中没有写明包括《海洋法公约》第十五部分的强制仲裁方式。〔4〕再者，《保护公约》第16条（2）规定，若有关争议未得

〔1〕《维也纳条约法公约》第60和62条。

〔2〕Southern Bluefin Tuna Case (Australia and New Zealand v. Japan), Award on Jurisdictionand Admissibility of 4 August 2000, para. 37.

〔3〕Southern Bluefin Tuna Case (Australia and New Zealand v. Japan), Award on Jurisdictionand Admissibility of 4 August 2000, para. 38 (i).

〔4〕Southern Bluefin Tuna Case (Australia and New Zealand v. Japan), Award on Jurisdictionand Admissibility of 4 August 2000, para. 39 (a).

到解决，经当事各方同意，应将争议提交国际法院或仲裁解决。日本主张，这一条款排除了不经争端各方的同意进行进一步的程序。[1]

澳大利亚和新西兰认为在《保护公约》或其准备文件中都没有指明该公约旨在减损《海洋法公约》的第十五部分的规定,[2] 即便争议是对《保护公约》的解释或适用。《保护公约》没有排除《海洋法公约》的强制争端解决程序。如果《保护公约》的起草者旨在排除《海洋法公约》强制争端解决程序的适用，就会做明示的规定。[3] 排除任何进一步程序的要求不能仅以暗含来满足，第16条的语言显然没有明确地排除任何进一步程序。[4] 实际上，在该案中，争端各方认为可以适用任何进一步程序或排除任何进一步程序都需要在有关协议中明确表示。

仲裁庭裁定，《保护公约》第16条的条款没有明确地排除任何程序的适用，包括《海洋法公约》第十五部分第2节的程序。[5] 但是，在第16条中没有明确排除任何程序不是决定性的。第16条（1）要求当事国之间以协商、调查、调解、仲裁、司法解决或自行选择的其他和平方法解决争议；在当事国自行选择的该条中所列的解决争议方式未予解决争端时，必须经过各案全体争端当事国的同意才能将争端提交国际法院或仲裁。争端各方的同意是必需的。没有争端各方都同意，就排除将争端提交《海洋法公约》第十五部分第2节的强制程序。仲裁庭还指出，《保护公约》第16条（3）规定，在将争端提交仲裁时，仲裁庭应按照《保护公约》附件的规定组成，这意味着，该第16条所述的仲裁不是《海洋法公约》第十五部分第2节的强制仲裁，而是《保护公约》附件中规定的有自主权的和协商一致的仲裁。[6] 简言之，该裁决认为，不必在协议中写明排除适用《海

---

〔1〕 Southern Bluefin Tuna Case (Australia and New Zealand v. Japan), Award on Jurisdictionand Admissibility of 4 August 2000, para. 39 (b).

〔2〕 Southern Bluefin Tuna Case (Australia and New Zealand v. Japan), Award on Jurisdictionand Admissibility of 4 August 2000, para. 41 (g).

〔3〕 Southern Bluefin Tuna Case (Australia and New Zealand v. Japan), Award on Jurisdictionand Admissibility of 4 August 2000, para. 41 (b).

〔4〕 Southern Bluefin Tuna Case (Australia and New Zealand v. Japan), Award on Jurisdictionand Admissibility of 4 August 2000, para. 41 (i).

〔5〕 Southern Bluefin Tuna Case (Australia and New Zealand v. Japan), Award on Jurisdictionand Admissibility of 4 August 2000, para. 56.

〔6〕 Southern Bluefin Tuna Case (Australia and New Zealand v. Japan), Award on Jurisdictionand Admissibility of 4 August 2000, para. 57.

洋法公约》第十五部分第2节的强制程序，可以从协议的规定中分析推论出该协议是否排除了进一步的程序。

对于这个有关争端解决的规定无需明示排除进一步程序的裁决有一些争议和批评。[1] 南方蓝鳍金枪鱼案的基思（Keith）法官在其个别意见中认为，《海洋法公约》第281条（1）的规定所设想的是，争端当事方在他们同意采取的一个特定程序中，也可以指定该程序应是排他的，争端当事方不可以诉诸其他的程序，包括《海洋法公约》第十五部分的程序。鉴于在国际司法实践和一般条约法中存在平行和重叠的和平解决争端程序，他认为，当事国如果意在协议中排除其他程序，在协议中必须有明确的表示。[2] 该裁决后不久，在英国和爱尔兰之间的混氧燃料工厂案中，沃尔夫鲁姆（Wolfrum）法官在他的个别意见中也与基思（Keith）法官表示了同样的观点：《海洋法公约》第十五部分主要赋予《海洋法公约》第287条所指的机构决定解释和适用本公约争议的功能，除非争议各方另有约定。如果考虑该第十五部分的目的，争端当事方之间的协议是不能被推测的。意在将《公约》的解释或适用的争端提交其他机构解决，该意图在各自的协议中必须明确予以表示。[3] 这两名法官的观点与南方蓝鳍金枪鱼案中所持的“没有明确排除任何程序不是决定性的”观点截然相反。因此，有学者认为，如果以后出现有关第281条的协议的问题，法院或法庭决定此问题时可能会背离南方蓝鳍金枪鱼案裁决的推理，而根据明确表示的理论予以裁决。[4] 即只有在争端当事方有关解决争端的协议中明确规定排除进一步程序，争端才不能被提交《海洋法公约》的强制解决程序。

在中菲仲裁案中，中国主张，1995年8月10日《中菲联合声明》第三点指出双方承诺循序渐进地进行合作以期最终谈判解决双方争议，显然在强调谈判是双方唯一的争端解决方式，双方没有意向选择第三方争端解

---

〔1〕 David A. Colson, Peggy Hoyle, “Satisfying the Procedural Prerequisites to the Compulsory Dispute Settlement Mechanisms of the 1982 Law of the Sea Convention: Did the Southern Bluefin TunaTribunal Get It Right?”, 34 *Ocean Dev. & Int’l L.* 59, 2003, p. 69.

〔2〕 Southern Bluefin Tuna Case (Australia and New Zealand v. Japan), Award on Jurisdiction and Admissibility of 4 August 2000, Separate Opinion of Justice Sir Kenneth Keith, para. 18.

〔3〕 MOX Plant Case, (Ireland v. United Kingdom), Provisional release, Order, 3 Dec. 2001, Separate Opinion of Judge Wolfrum, p. 2.

〔4〕 Anne Sheehan, “Dispute Settlement under UNCLOS: The Exclusion of Maritime Delimitation Disputes”, *University of Queensland Law Journal*, 2005, Vol. 24, No. 1, available at http://www.austlii.edu.au/au/journals/UQLawJl/2005/7.html.

决程序。中菲双边文件和《南海宣言》第4条反复重申以谈判方式和平解决南海争端，并且规定必须在直接有关的主权国家之间进行，显然排除了第三方争端解决程序，虽然没有明文使用“排除其他程序”的表述，但正如南方蓝鳍金枪鱼仲裁案裁决所称：没有明示排除任何程序不是决定性的。“因此，对于中菲在南海的争端的所有问题，包括菲律宾提出的仲裁事项，双方同意的争端解决方式只是谈判，排除了其他任何方式。”[1]

菲律宾在听证会上所采取的立场是，意图排除《海洋法公约》规定的进一步程序必须从协议本身的条款看是明显的。[2] 菲律宾指出《南海宣言》里不但没有排除任何程序，而且还包括了《海洋法公约》的程序。菲律宾还援引了南方蓝鳍金枪鱼案基思法官的意见：《保护公约》第16条没有说不能将争端提交任何法庭或第三方解决，它就不能排除争端的进一步解决。[3] 有些支持菲律宾的学者也认为，即使仲裁庭认定《南海宣言》是一个常规的、正式的协议，对签约国有拘束力，且谈判是解决争端的唯一方式，《南海宣言》中也不包含任何条款排除进一步的程序，因此，菲律宾可能不会仅限于以谈判解决这一争端。法庭可能会裁定，菲律宾可合法行使将争议提交第十五部分第2节程序的权利。[4] 仲裁庭是采纳排除《海洋法公约》第十五部分的程序不必须明确规定在协议中的标准而支持中国的主张，还是采纳排除《海洋法公约》第十五部分的程序必须明确规定在协议中的标准而支持菲律宾的观点，只能留待仲裁庭决定。

三、结 论

《海洋法公约》第281条和第283条的规定是争端一方将争端提交第十五部分第2节程序的两个前提条件。第283条规定的交换意见的义务，是指争端当事国就争端的解决方式交换意见，当然也有可能在交换意见中就解决了不太严重的争端。需要正本清源的是，该条规定本身并不要求争端当事国必须用谈判的方式解决他们的争端。从国际实践来看交换意见的

---

[1] 中国立场文件，第40—41段。

[2] Arbitration between the Republic of the Philippines and the People's Republic of China, Transcript of Day 2 Hearing on Jurisdiction and Admissibility, 8 July 2015, p. 14.

[3] Arbitration between the Republic of the Philippines and the People's Republic of China, Transcript of Day 2 Hearing on Jurisdiction and Admissibility, 8 July 2015, pp. 15 - 16.

[4] Emma Kingdon, "A Casefor Arbitration: The Philippines' Solution for the South China Sea Dispute", 156 *Boston College International & Comparative Law Review*, Vol. 38, 129.

义务是比较容易满足的。经过交换意见就用以解决争端的方式达不成协议，海洋法法庭或仲裁庭不要求相关国家无限期地继续就此问题交换意见。

《海洋法公约》第281条规定的适用《海洋法公约》强制解决争端程序的条件是，争端当事国之间用协议解决争端的方法不能解决争端，而且该协议不排除使用其他程序解决争端。中菲双方对其争端和争端的解决不乏交换意见，至于是否达成了用谈判解决有关中菲仲裁案中争端的方式的协议，双方持对立的观点。这是仲裁法庭在裁定第281条的条件是否得到满足时首先要解决的问题。在分析了《1995年联合声明》和《南海宣言》后，本文认为中国的主张有一定的欠缺，并不完全对中国有利。即便谈判是双方同意的解决争端的方式，国际实践也曾再三指出，当谈判失败，或当谈判已成为无用的或陷入僵局，或不存在进一步的谈判达成和解的可能，就不要求当事方继续谈判。当然，谈判解决争端是中国一贯的政策和立场，如果仲裁庭支持中国的主张，裁定双方应该履行其谈判义务，那是最理想的结果。但是也需要分析对中国的主张存在的不利方面，预见可能出现的其他结果。

关于争端当事方之间的协议是否排除其他程序，在国际实践中有两种标准或理论，一种是排除其他程序的意思不必明确规定在协议中，但可以根据协议的具体规定推导出，中国持此种观点。另一种是排除其他程序的意思必须明确规定在协议中，菲律宾持此种观点。若仲裁庭裁定中菲双方确有用以解决争端方式的协议，那么就要看在此案中，仲裁庭适用何种标准来裁定是否谈判是用以解决中菲争端的唯一方式。这个裁决可能会进一步澄清应采用哪种标准来确定协议中是否排除了其他解决争端的程序，值得关注。

最后还要提及的是，即便仲裁庭认为适用《公约》第十五部分的强制程序的条件得到满足，该仲裁庭无论如何也是无权和不可能解决中菲之间南海领土的争端的。

4
中国关于《南海仲裁案管辖权问题的立场文件》的法律地位

余民才 *

摘　要：《南海仲裁案管辖权问题的立场文件》是中国陈述南海仲裁庭对菲律宾所提仲裁没有管辖权的主张及其支持证据的书面文件，它不构成该仲裁庭《程序规则》和程序令中的辩诉状。但是，它构成不参与被诉国与一个国际法庭互动所通常采用的一种非正式通知。这份提交南海仲裁庭的非正式通知将为它所接受和考虑。根据《联合国海洋法公约》附件七仲裁庭、国际法院、国际海洋法法庭和国际投资争端解决中心阐述的法理，《南海仲裁案管辖权问题的立场文件》构成《程序规则》第20条对南海仲裁庭管辖权的初步反对意见和第20条第3款中的一个先决问题。《南海仲裁案管辖权问题的立场文件》促成南海仲裁庭在2015年4月第4号程序令中决定分离案件的管辖权问题与实体问题，在7月单独审理管辖权问题。

关键词：南海仲裁案管辖权问题的立场文件　南海仲裁案　非正式通知　初步反对意见　先决问题

2014年12月7日，中国外交部受权发表《中华人民共和国政府关于

* 中国人民大学法学院教授，中国南海研究协同创新中心研究员。

菲律宾共和国所提南海仲裁案管辖权问题的立场文件》（以下简称《南海仲裁案管辖权问题的立场文件》），重申中国不接受、不参与菲律宾所提南海仲裁的严正立场。这是自菲律宾 2013 年 1 月 22 日对中国就双方南海争端提起 1982 年《联合国海洋法公约》（下称《公约》）第十五部分附件七强制仲裁以来，中国第一次正式公开地对在 2013 年 6 月建立完成的仲裁庭（以下简称南海仲裁庭）的管辖权表示反对意见。在中国拒绝参与的情况下，《南海仲裁案管辖权问题的立场文件》在仲裁程序中具有何种法律地位，这是本文讨论的问题。

一、《南海仲裁案管辖权问题的立场文件》构成非正式通知

在《公约》附件七仲裁程序中，争端当事国陈述其主张及其支持证据的书面文件在形式上有确定的名称。诉请国和被诉国在第一轮书面程序中提交的书面文件分别被称为诉状（memorial）和辩诉状（counter - memorial），在第二轮书面程序中提交的书面文件分别被称为答辩状（reply）和复辩状（rejoinder）。[1] 从《公约》附件七仲裁实践来看，对书面程序的这种形式要求可能有四个意义：其一，争端一方的这种书面陈述必须送达争端另一方；其二，仲裁裁决书将援引争端当事国的立场、主张、请求及其法律与事实依据，并对它们做出答复；其三，在仲裁庭指令公开之前，这种书面陈述对公众保密；[2] 其四，这种书面陈述构成案件档案的组成部分。

南海仲裁庭的 2013 年《程序规则》第 20 条和第 22 条以及 2014 年第 2 号程序令规定中国以辩诉状的形式提交对菲律宾诉状的立场、主张及其支持依据。在第 2 号程序令确定不晚于 2014 年 12 月 15 日提交辩诉状的期限内，中国向南海仲裁庭书记官处——常设仲裁法院提交《南海仲裁案管辖权问题的立场文件》。[3] 这份书面文件显然不构成仲裁程序中的辩诉状。外交部条约法律司司长徐宏明确指出：“中国政府的立场文件不是关于仲

〔1〕 See The Republic of Mauritius v. The United Kingdom, http://www.pca - cpa.org/showpage.asp? pag_ id = 1429，访问日期：2014 年 7 月 9 日。

〔2〕 See Rules of Procedure for the Arbitral Tribunal Constituted under Annex VII To the 1982 United Nations Convention on the Law of the Sea between the Philippines and China dated 27 August 2013, 27 August 2013, http://www.pca - cpa.org/showpage.asp? pag_ id = 1529，访问日期：2014 年 2 月 19 日。

〔3〕 See PCA, Third Press Release, 17 December 2014, http://www.pca - cpa.org/showpage.asp? pag_ id = 1529，访问日期：2014 年 12 月 17 日。

裁案的辩诉状，也不是针对仲裁庭的要求作出的回应。"[1] 其中的重要原因之一是这份文件不仅没有采用辩诉状的形式，比如中国没有向仲裁庭提出请求，而且是公开发布的。而按照《程序规则》第16条，仲裁程序中的书面陈述应该由书记官处按仲裁庭的指令公开。中国这种对待菲律宾诉状的做法是中国不参与菲律宾仲裁的一种具体体现，中国自然也无需遵守《程序规则》第12条第2款和第18条第2款的规定将《南海仲裁案管辖权问题的立场文件》送达菲律宾一方。

然而，提交仲裁庭的《南海仲裁案管辖权问题的立场文件》构成仲裁程序中的一种非正式通知。非正式通知是指不参与法律程序的被诉国以一个国际法庭的规约、规则或程序令所没有规定的方式，向该法庭提交其对争议案件的立场、主张及其支持证据的相关书面文件。这是在国际法院的缺席程序中除"1943年从罗马远走货币黄金案"外，其他12个案件中不参与诉讼程序的被诉国普遍采用的做法，[2] 其具体形式有邮件、信函、电报、备忘录、白皮书、评论意见或照会等。比如在美国1986年不参与"在尼加拉瓜和针对尼加拉瓜的军事和准军事活动案"（以下简称"尼加拉瓜案"）的实体问题程序中，美国国务院在国际法院举行口述程序前一天向法院书记官处提交一份由一百多页组成的题为《我们边界之外的革命——桑地诺干涉中美洲》白皮书，并在其后将其作为一份联合国正式文件向会员国散发。[3] 这种做法为俄罗斯在2013年不参与荷兰对它提起《公约》附件七"极地曙光号船案"仲裁及其国际海洋法法庭指示临时保全程序中所仿效。俄罗斯通过向附件七仲裁庭和国际海洋法法庭提交照会，声明它拒绝参与仲裁程序，反对国际海洋法法庭给予国际绿色和平组

[1] "针对菲律宾单方面就中菲有关南海问题提起国际仲裁，外交部条约法律司司长表示——中国不接受、不参与仲裁的严正立场不会改变"，载《人民日报》2014年12月8日，第21版。

[2] 它们是：1995年"请求根据1974年12月20日法院关于核试验案（新西兰诉法国）的判决书第63段审查局势案"、1986年"在尼加拉瓜境内和针对尼加拉瓜的军事和准军事活动案"、1979年"德黑兰人质案"、1976年"爱琴海大陆架案"、1972年"捕鱼管辖区案"、1973年"核试验案"、1973年"审判巴基斯坦战俘案"、1952年"诺特波姆案"、1951年"英伊石油公司案"和1949年"科孚海峡案"。

[3] See Military and Paramilitary Activities in and against Nicaragua (Nicaragua v. US), I. C. J. Reports, 1986, p. 44.

织以出庭资格。[1] 同样，在1974年“凯撒铝土公司诉牙买加案”中，不参与被诉国牙买加通知国际投资争端解决中心，声称根据1965年《关于解决各国和其它国家国民之间投资争端的公约》第25条，涉及矿产或其他自然资源投资所引起的任何法律争端不属于该中心的管辖范围。[2]

中国向南海仲裁庭提交非正式通知有两方面意义：一是维持其不接受、不参与菲律宾仲裁的既定立场。《南海仲裁案管辖权问题的立场文件》开宗明义：“本立场文件不意味着中国在任何方面认可菲律宾的观点和主张，无论菲律宾有关观点或主张是否在本立场文件中提及。本立场文件也不意味着中国接受或参与菲律宾提起的仲裁。”[3] 二是中国仍然以非正式方式与仲裁庭互动。在国际法律缺席程序中，没有一个案件的被诉国不以某种非正式方式与一个国际法庭合作。[4]

《南海仲裁案管辖权问题的立场文件》尽管不是正式的书面陈述，但是南海仲裁庭应该予以接受和考虑。考虑不参与被诉国提交的非正式通知是在所有国际法律程序中适用的既定国际法理。在“尼加拉瓜案”中，国际法院指出，有关当事国尽管正式不参与程序，但是，它通常以《法院规则》所没有规定的方式向法院提交信函和文件。让法院了解不出庭一方的观点是有价值的，无论这些观点是以何种方式表达出来的。“法院知法”原则的意义是，法院在适用法律方面不能仅仅依赖出庭一方的观点，而无视缺席一方的影响。[5] 国际海洋法法庭在“极地曙光号船案”中说道：“它将考虑争端一方在听证结束之前可能向它提出的任何意见”[6]。附件

---

〔1〕 See The Arctic Sunrise case (Netherlands v. Russia), ITLOS, Order for request for provisional measures, 22 November 2013, p. 15, http://www.itlos.org/fileadmin/itlos/documents/cases/case_no.22/Order/C22_Ord_22_11_2013_orig_Eng.pdf, 访问日期：2013年12月7日；Note Verbale from the Russian Federation to the PCA dated 27 February 2014, http://www.pca-cpa.org/showpage.asp?pag_id=1556, 访问日期：2014年12月8日。

〔2〕 See Thomas H. Webster, *Handbook of Investment Arbitration*, Sweet & Maxwell, p. 580.

〔3〕《中华人民共和国政府关于菲律宾共和国所提南海仲裁案管辖权问题的立场文件》，2014年12月7日，http://www.mfa.gov.cn/mfa_chn/zyxw_602251/t1217143.shtml，访问日期：2014年12月7日。

〔4〕 See Stanimir A. Alexandrov, "Non-Appearance before the International Court of Justice", 33 *Columbia Journal of Transnational Law*, 1995, p. 55, note 57.

〔5〕 See Military and Paramilitary Activities in and against Nicaragua (Nicaragua v. US), I. C. J. Reports, 1986, pp. 24-25.

〔6〕 See The Arctic Sunrise case (Netherlands v. Russia), ITLOS, Order for request for provisional measures, 22 November 2013, pp. 5, 13.

七“极地曙光号船案”仲裁庭在决定该案的分离程序时考虑俄罗斯反对其管辖权的信函。[1] 而且，由于中国仍然被视为仲裁程序中的一方，它就仍然享有程序上的权利，因而它可以自由地采取它认为合适的方式与仲裁庭合作。《公约》附件七第6条也要求争端方“用一切可用的方法”“向法庭提供一切有关文件、便利和情报”，以“便利仲裁法庭的工作”。菲律宾外交部发言人对《南海仲裁案管辖权问题的立场文件》也评论道：“中国正在阐述其立场，我认为仲裁庭会予以考虑。”[2]

二、《南海仲裁案管辖权问题的立场文件》构成初步反对意见

《南海仲裁案管辖权问题的立场文件》是对菲律宾2014年3月30日诉状的某些回应。由10卷组成、将近四千页的菲律宾诉状载明了菲律宾认为南海仲裁庭对其所有主张具有管辖权和可接受性的法律理由、它所寻求的具体救济以及包括四十多幅地图在内的支持证据。[3] 《南海仲裁案管辖权问题的立场文件》阐明了中国反对南海仲裁庭管辖权的立场及其理由，明确指出：“仲裁庭对菲律宾提起的仲裁明显没有管辖权。”[4] 这种在一份非正式通知中提出的反对管辖权主张是否构成《程序规则》第20条的初步反对意见，是由此引起的另一个问题。

初步反对意见通常是指一个案件的被诉国对一个国际法庭是否有权就案件的是非曲直（即争端的实体问题）作出判决或裁决提出质疑。被诉国提出这种反对主张的目的是要阻止程序的继续进行，以免面临不利判决或裁决。在南海仲裁案之前，由于没有一个案件的被诉国拒绝参与附件七仲

---

〔1〕 See The Arctic Sunrise Arbitration Arbitral Tribunal, Procedural Order No. 4 (Bifurcation), 21 November 2014, http: //www. pca - cpa. org/showpage. asp? pag_ id = 1556，访问日期：2014 年 12 月 8 日。

〔2〕 Pia Lee - Brago, “Phl to answer questions from UN tribunal on sea row”, 12 December 2014, http: //www. philstar. com/headlines/2014/12/12/1401731/phl - answer - questions - un - tribunal - sea - row，访问日期：2014 年 12 月 12 日。

〔3〕 See Statement of Secretary Albert F. del Rosario on the Submission of the Philippines' Memorial to The Arbitral Tribunal, 30 March 2014, https: //www. dfa. gov. ph/index. php/2013 - 06 - 27 - 21 - 50 - 36/dfa - releases/2460 - statement - of - secretary - albert - f - del - rosario - on - the - submission - of - the - philippines - memorial - to - the - arbitral - tribunal，访问日期：2014 年 3 月 30 日。

〔4〕《中华人民共和国政府关于菲律宾共和国所提南海仲裁案管辖权问题的立场文件》，2014 年 12 月 7 日，http: //www. mfa. gov. cn/mfa_ chn/zyxw_ 602251/t1217143. shtml，访问日期：2014 年 12 月 7 日。

裁程序，因此缺乏附件七仲裁庭如何对待不参与国在非正式通知中所提反对意见的法理。但是，国际法院不乏处理这种情况的做法。由于《公约》附件七规范不参与程序的第9条直接源于《国际法院规约》规范不参与程序的第53条，因此，国际法院发展起来的这方面法理同样适用于《公约》附件七仲裁。〔1〕

国际法院在其实践中并没有明文将不出庭一方提交的非正式通知定性为其规约和规则中的初步反对意见。尽管如此，国际法院却通常是这样对待的，因为被诉国不参与程序主要是它们反对法院的管辖权。比如在危地马拉不参与的“诺特鲍姆案”中，国际法院说道，虽然危地马拉政府在规定时限内没有提交辩诉状，但是，危地马拉外交部部长在该时限届满之前提交了一封日期为1952年9月9日编号为12580号的通知，该通知宣称法院对有关危地马拉的案件没有管辖权。鉴于这个事实，法院确定了列支敦士登对危地马拉的通知提交书面意见的时间表。〔2〕

国际法院的法官在缺席案件中所发表的个人意见很少对国际法院的上述做法表示不同意见，只有极少数法官在个别案件中曾经这样做。即便如此，他们也承认符合某种条件的非正式通知构成初步反对意见。在冰岛不参与的“渔区管辖权案”中，本格宗法官和希门尼斯·德·阿雷查加法官在其联合反对意见中认为，冰岛外交部部长于1972年5月29日提交的一封信函不能被视为构成初步反对意见。但是，这不意味着这两位法官否认适时提交的信函构成初步反对意见，因为他们的不同观点是基于这封信函是冰岛在法院规定英国或德国提交诉状的时限之前而非之后提交的。在两位法官看来，初步反对意见必须是在法院所规定提交辩诉状的时限内提交的。也就是说，初步反对意见必须在诉请国提交诉状之后而非之前提交。只有在诉状提交之后所提交的反对意见才具有《国际法院规则》第62条第3款规定的暂停实体问题程序的效果。〔3〕在土耳其不参与的“爱琴海大陆架案”中，史塔辛诺波洛斯专案法官在其反对意见中指出，根据《国际法院规则》第67条所规定的形式，土耳其于1976年8月25日和1978年4月24日提交的两封信函不构成初步反对意见。尽管如此，他认为这些形式

〔1〕 See Alain Pellet, “The Case Law of the ICJ in Investment Arbitration”, 28 *ICSID Review*, 2013, p. 227.

〔2〕 See Nottebohm case (Liechtenstein v. Guatemala), I. C. J. Reports, 1953, pp. 7 – 8.

〔3〕 See Fisheries Jurisdiction (United Kingdom v. Iceland), Order of 18 August 1972, I. C. J. Reports 1972, Joint Dissenting Opinion of Judges Bengzon and Jiménez de Aréchaga, pp. 184 – 185.

仍然应该予以考虑。[1] 更重要的是，1972年《国际法院规则》第67条没有要求初步反对意见必须以辩诉状的形式提出，而只是要求以书面形式提出。

上述国际法院的实践和国际法院法官的个别意见表明，不参与程序的被诉国在如下两种情况下提交的非正式通知应该被视为初步反对意见：①在法院对案件管辖权问题采取进一步行动之前；②在被诉国提交辩诉状的时限内。《南海仲裁案管辖权问题的立场文件》是中国在《程序规则》第20条第2款和南海仲裁庭第2号程序令规定中国提交辩诉状的时限内提交的，它自然应该被视为《程序规则》第20条的初步反对意见，辩诉状的形式不是决定性的。而且，根据该第20条，中国有权提出初步反对意见，中国在规定时限内提出的关于仲裁庭没有管辖权的主张构成初步反对意见。这一点可被附件七"极地曙光号船案"仲裁庭的意见所进一步证明。该仲裁庭认定，俄罗斯在2013年10月22日照会中所作声明构成对其管辖权的反对意见，《程序规则》第20条第3款应予适用。[2]

三、《南海仲裁案管辖权问题的立场文件》构成一个先决问题

《南海仲裁案管辖权问题的立场文件》构成仲裁程序中的初步反对意见引起了一个重要后果，即它是否构成《程序规则》第20条第3款中的一个先决问题。在国际法律程序中，先决问题是指一个国际法庭将被诉国对其管辖权或案件可接受性的反对意见视为一个必须在程序的初步阶段予以解决的问题。如果中国反对管辖权的意见构成一个先决问题，南海仲裁庭就必须对本案件的管辖权问题与实体问题分离，首先单独裁决前一个问题。反之，如果中国的反对意见不构成一个先决问题，南海仲裁庭则将它合并入案件实体问题。这种在一个单独程序中裁决案件的管辖权问题与在一个合并程序中裁决案件的管辖权问题相比，对中国具有完全不同的法律意义和后果。

在单独管辖权程序中，南海仲裁庭将暂停审议菲律宾的实体请求，只审议对本案件的管辖权问题。如果它确认中国的反对意见，则将裁决对本

---

〔1〕 See Aegean Sea Continental Shelf (Greece v. Turkey), Judgment, I. C. J. Reports 1978, Dissenting Opinion of Judge Stassinopoulos, p. 74.

〔2〕 See The Arctic Sunrise Arbitration Arbitral Tribunal, Procedural Order No. 4 (Bifurcation), 21 November 2014, http://www.pca-cpa.org/showpage.asp? pag_id=1556，访问日期：2014年12月8日。

案件没有管辖权，并因此终止仲裁程序。例如在 1999 年“南方南鳍金枪鱼案”关于管辖权和可接受性程序中，日本对附件七仲裁庭的管辖权提出十多项反对意见。仲裁庭经审查后接受日本提出的一项反对意见，从而裁决它对澳大利亚和新西兰提起的争端缺乏管辖权，并据此终结案件。[1] 而在合并程序中，南海仲裁庭可能在考虑菲律宾的各项实体请求时审查对它们的管辖权问题。如果它裁定对一项实体请求具有管辖权，则将继续就该项请求做出裁决，反之则不对该项请求做出裁决。因而在将管辖权问题合并入案件实体问题的程序中，可能出现仲裁庭对菲律宾的某些实体请求做出裁决而对其他实体请求不做出裁决的局面。比如在 2004 年“海洋划界及相关事项案”的合并程序中，附件七仲裁庭裁定它对圭亚那关于海洋划界、苏里南非法使用武力和违反《公约》第 74 条与第 83 条共同第 3 款的请求具有管辖权，并对这些请求做出裁决。但是，仲裁庭驳回了圭亚那关于指令苏里南不得再次使用武力威胁和损害赔偿的请求。[2]

根据《程序规则》第 20 条，初步反对意见构成一个先决问题需要符合两个条件：一是中国关于仲裁庭没有管辖权的主张必须在提交辩诉状的时限内提出（第 2 款）；二是中国的反对意见具有“纯属初步的性质”（第 3 款）。第一个条件已如上所述得到满足，第二个条件同样也得到满足。

按照“海洋划界及相关事项案”仲裁庭的意见，纯属初步的性质是指那些用于支持其反对管辖权的事实和根据在本质上不同于案件实体问题所依据的那些事实和根据。[3] 换言之，初步反对意见在本质上涉及案件管辖权问题而非案件实体问题。南海仲裁案的实体问题是菲律宾请求仲裁庭确认它在南海的海洋权利主张，包括：宣布中国在南海基于“九段线”的海洋主张非法无效；宣布黄岩岛、赤瓜礁、华阳礁和永暑礁是《公约》第 121 条第 3 款中只拥有 12 海里领海的岩礁而非第 2 款中拥有专属经济区和

---

〔1〕 See Southern Bluefin Tuna Case (Australia and New Zealand v. Japan), Award on Jurisdiction and Admissibility, 4 August 2000, (2006) XXIII *Reports of International Arbitral Awards*, pp. 22 – 27, 40 – 46.

〔2〕 See Award in the Arbitration regarding the Delimitation of the Maritime Boundary between Guyana and Suriname, Award of 17 September 2007, (2012) XXX *Reports of International Arbitral Awards*, pp. 42, 71 – 111, 128 – 139.

〔3〕 See in the Matter of an Arbitration between Guyana and Suriname, Order No. 2 of 18 July 2005, Preliminary Objections, http://www.pca – cpa.org/showpage.asp? pag_ id = 1147，访问日期：2013 年 6 月 5 日。

大陆架的岛屿；宣布中国“非法占领”构成菲律宾大陆架之一部分的美济礁、西门礁、南薰礁、渚碧礁和仁爱礁。[1] 中国关于管辖权的主张无关菲律宾的实体请求，因为中国的反对主张基于如下两个理由：其一，“菲律宾提请仲裁事项的实质是南海部分岛礁的领土主权问题，超出《公约》的调整范围，不涉及《公约》的解释或适用；……即使菲律宾提出的仲裁事项涉及有关《公约》解释或适用的问题，也构成中菲两国海域划界不可分割的组成部分，而中国已根据《公约》的规定于2006年作出声明，将涉及海域划界等事项的争端排除适用仲裁等强制争端解决程序”。其二，“以谈判方式解决有关争端是中菲两国通过双边文件和《南海各方行为宣言》所达成的协议，菲律宾单方面将中菲有关争端提交强制仲裁违反国际法”。[2]

中国的上述两项反对意见具有纯属初步的性质为国际法理所支持。首先，在“领土与海洋争端案”中，尼加拉瓜和哥伦比亚对加勒比海中的海上地物——阿尔布开克礁群、东南-东礁群、基塔苏埃尼奥礁、龙卡多尔礁、塞拉纳礁、塞拉尼亚礁和新低地——的主权存在争端，对它们的法律地位是《公约》第121条中的岛屿还是岩礁也存在分歧。国际法院在确定它们的法律地位之前，首先审查并裁决它们的主权归属。[3] 这意味着，菲律宾所诉请海上地物的法律地位问题首先是一个菲中双方所争议的主权问题；而要裁决它们的岛礁地位问题，南海仲裁庭必须首先确定它们的主权归属。国际法院的判决和国际仲裁庭的裁决也再三确认，一个海上地物是岛屿还是岩礁的地位问题总是与它对划界区域边界线的影响有关。比如在1977年“英法大陆架划界案”中，对于英国和法国关于英吉利海峡中伊迪斯通礁是岛屿还是低潮高地的争议，仲裁庭裁定，它在本案中所要做的不是决定伊迪斯通礁作为岛屿的一般法律地位问题，而是其在英法之间英吉

---

〔1〕 See Notification and Statement of Claim on West Philippines Sea, 22 January 2013, pp. 12-14, 17-19, http://www.dfa.gov.ph/index.php/newsroom/dfa-releases/7300-statement-by-secretary-of-foreign-affairs-albert-del-rosario-on-the-unclos-arbitral-proceedings-against-china-to-achieve-a-peaceful-and-durable-solution-to-the-dispute-in-the-wps，访问日期：2013年1月23日。

〔2〕《中华人民共和国政府关于菲律宾共和国所提南海仲裁案管辖权问题的立场文件》，2014年12月7日，http://www.mfa.gov.cn/mfa_chn/zyxw_602251/t1217143.shtml，访问日期：2014年12月7日。

〔3〕 See Territorial and Maritime Dispute (Nicaragua v. Colombia), I.C.J. Reports, 2012, pp. 645-662.

利海峡中对划定中间线的意义。[1] 菲律宾从总统到外交部部长再到案件代理人，均承认本仲裁是为了解决菲中南海领土问题和海洋划界问题。[2] 菲律宾在其诉状中所附四十多幅地图的目的也在于显示菲律宾对所宣称岛礁的主权和海洋权利范围。因为在国际判例中，地图要么是被用于证明对争议土地的主权，要么是被用于证明存在一个海洋边界线。[3]

因此，不管菲律宾诉状如何包装，菲中南海争端的实质是双方围绕南海部分岛礁的主权及其海域划界的争端。而领土主权问题不属于《公约》的解释和适用问题，并且中国2006年依据《公约》第298条第1款发表声明，将岛礁主权问题和海洋划界问题排除在强制仲裁之外。《公约》第299条第1款规定，以一项按照第298条发表的声明予以排除，不依第2节所规定的解决争端程序处理的争端，只有经争端各方协议，才可提交这种程序。自2012年黄岩岛事件发生以来，中国从未与菲律宾达成这种协议。

其次，根据《公约》第281条第1款，如果争端当事方已协议用自行选择的"排除任何其他程序"的和平方法解决争端，则不得将该争端提交《公约》附件七仲裁。菲中双方在2002年《南海各方行为宣言》中自行选择了排除任何第三方的直接谈判解决争端方法。该宣言第4条规定，有关南海的"领土和管辖权争议""由直接有关的主权国家通过友好磋商和谈判……解决"。这种具有排斥仲裁庭管辖权效果的谈判解决方法不因该宣言本身不是一个条约而受到影响。根据国际法理，《公约》第281条第1

---

〔1〕 See Delimitation of the Continental Shelf (UK/France), (1977) XVIII *Reports of International Arbitral Awards*, p. 72; Maritime Delimitation in the Black Sea (Romania v. Ukraine), I. C. J. Reports, 2009, pp. 120, 121, 122 – 123.

〔2〕 See Statement of President Aquino during the press conference with U. S. President Obama, 28 April 2014, http: //www. gov. ph/2014/04/28/statement – of – president – aquino – during – the – press – conference – with – u – s – president – obama – april – 28 – 2014，访问日期：2014年4月28日；Hon. Secretary Albert F. del Rosario, "Managing the South China Sea and other Regional Security Issues", 9 July 2013, https: //www. dfa. gov. ph/index. php/2013 – 06 – 27 – 21 – 50 – 36/dfa – releases/306 – managing – the – south – china – sea – and – other – regional – security – issues，访问日期：2013年7月26日；Mario J. Mallari, "PCG disputes Gazmin's 'white – on – white' option", 28 February 2014, http: //www. tribune. net. ph/headlines/pcg – disputes – gazmin – s – white – on – white – option，访问日期：2014年2月28日。

〔3〕 See Case Concerning the Temple of Preah Vihear (Cambodia v. Thailand), I. C. J. Reports, 1962, p. 6; In the Matter of the Bay of Bengal Maritime Boundary Arbitration Between the People's Republic of Bangladesh and the Republic Of India, Award of 7 July 2014, pp. 31 – 39, http: //www. pca – cpa. org/showpage. asp? pag_ id = 1376，访问日期：2014年7月9日。

款中排除强制程序的协议没有任何形式上的限制，或者说，这种协议不以条约为唯一的表现形式。“南方南鳍金枪鱼案”仲裁庭在讨论 1993 年《养护南方南鳍金枪鱼公约》第 16 条（争端解决条款）与《公约》第 281 条第 1 款之间的关系时说道：“许多国际协议通过明确要求争端通过相互同意的程序来解决，无论通过谈判和协商或者经争端当事方同意的其他方式来加以排除。”[1] 该案的日本顾问、著名国际法学家劳特派特教授评论道：“第 281 条涉及当事方以任何协议自行选择的不具有强制性的和平解决争端方法，无论是以条约的形式还是其他形式。”[2] 附件七“专属经济区和大陆架划界案”仲裁庭指出：第 281 条主要涉及当事方对所出现的特定争端所应采取的解决方法达成临时协议的情形。只要这种协议排除任何其他程序，所涉争端就不得诉诸《公约》第十五部分的强制程序。[3] 国际海洋法法庭在“柔佛海峡填海案”中谈到第 281 条时说道，“鉴于马来西亚和新加坡同意本次会议及其后续会议不妨碍马来西亚根据公约附件七进行仲裁的权利”，“因此，本法庭认为，公约第 281 条在本案情形下不适用。”[4] 换言之，如果马来西亚和新加坡在这些会议上同意只能以谈判方式解决相互之间的争端，则不得诉诸附件七强制仲裁。

菲律宾致力于与中国直接谈判解决南海争端的承诺从未失去效力。中菲双方在《南海各方行为宣言》之后签署的系列双边文件，包括 2011 年《中菲联合声明》反复重申双边直接谈判解决南海争议的原则。即使在提起仲裁程序之后，菲律宾仍然在各种场合承认《南海各方行为宣言》的有

〔1〕 See Southern Bluefin Tuna Case (Australia and New Zealand v. Japan), Award on Jurisdiction and Admissibility, 4 August 2000, (2006) XXIII *Reports of International Arbitral Awards*, pp. 45 – 46.

〔2〕 Questions Of The Arbitral Tribunal For The Parties, Answers by Japan, Question #6, p. 8, https://icsid.worldbank.org/ICSID/FrontServlet? requestType = ICSIDPublicationsRH&actionVal = ViewAnnouncePDF&AnnouncementType = archive&AnnounceNo = 7_9.pdf, 访问日期：2013 年 3 月 14 日。

〔3〕 See Arbitration between Barbados and the Republic of Trinidad and Tobago, relating to the delimitation of the exclusive economic zone and the continental shelf between them, decision of 11 April 2006, (2008) XXVII *Reports of International Arbitral Awards*, p. 205.

〔4〕 Case Concerning Land Reclamation by Singapore in and around the Straits of Johor (Malaysia v Singapore), ITLOS Order for Provisional Measures, 8 October 2003, paras. 53, 55 – 57, https://www.itlos.org, 访问日期：2014 年 5 月 7 日。

效性，[1] 这自然也意味着该宣言所载直接谈判解决方式的继续有效性。该宣言第4条没有包含“排除任何其他程序”措辞不重要。在“南方南鳍金枪鱼案”中，附件七仲裁庭认为，《养护南方蓝鳍金枪鱼公约》第16条缺乏明示排除任何程序的词语不是决定性的。该条第2款第一句明确要求用“自行选择”的任何一种和平方法未能解决的争端只有“经争端所有当事方的同意”才能提交“国际法院或仲裁”解决，这些词语的通常意义是争端不能“经争端任何一方请求”即可提交国际法院或仲裁审理。在每个案件中，将争端提交国际法院或仲裁都需要争端所有当事方的同意。因此，第16条在《公约》第281条第1款所规定的范围内“排除任何其他程序”。[2] 依此原理，《南海各方行为宣言》第4条中“由直接有关的主权国家……解决”词语明确排除了南海仲裁庭强行介入解决菲中南海争端。

因此，中国反对南海仲裁庭管辖权的意见构成仲裁庭在《程序规则》第20条第3款中应予首先裁决的一个先决问题，国际判例为这一点进一步提供国际法基础。《南海仲裁案管辖权问题的立场文件》共93个段落，将近两万字，它仅仅阐明中国对于仲裁庭没有管辖权的主张及其法律根据与事实，没有“就菲律宾提请仲裁事项所涉及的实体问题发表意见”。[3] 依据国际法院在“领土与海洋争端案”中阐述的法理，南海仲裁庭目前掌握“对所提反对问题做出决定所必要的一切事实”，它就必须在程序的初步阶段对这些反对意见做出答复。[4] 而且，与本案件具有相似性的“极地曙光号船案”已经树立了一个先例。在该案中，仲裁庭在2014年11月21日第4号程序令（分离程序）中认为仅有2页的俄罗斯2013年10月22日照会

---

〔1〕 See Speech of Secretary Albert F. del Rosario on the occasion of the 2014 Annual Spring Summit Asia Pacific Council of American Chambers of Commerce, 21 March 2014, https: //www. dfa. gov. ph/index. php/2013 -06 -27 -21 -50 -36/dfa - releases/2393 - speech - of - secretary - albert - f - del - rosario - on - the - occasion - of - the - 2014 - annual - spring - summit - asia - pacific - council - of - american - chambers - of - commerce，访问日期：2014年3月21日。

〔2〕 See Southern Bluefin Tuna Case (Australia and New Zealand v. Japan), Award on Jurisdiction and Admissibility, 4 August 2000, (2006) XXIII *Reports of International Arbitral Awards*, pp. 48, 59, 76, 97, 98 -99, 100, 103 -104, 111.

〔3〕《中华人民共和国政府关于菲律宾共和国所提南海仲裁案管辖权问题的立场文件》，2014年12月7日，http: //www. mfa. gov. cn/mfa_ chn/zyxw_ 602251/t1217143. shtml，访问日期：2014年12月7日。

〔4〕 Territorial and Maritime Dispute (Nicaragua v. Colombia), Preliminary Objections, Judgment, I. C. J. Reports, 2007, p, 852.

所述对反对其管辖权的主张具有纯属初步的性质，并决定将俄罗斯关于案件管辖权的主张作为一个先决问题来裁决。[1] 托马斯·门萨（第一任国际海洋法法庭庭长和法官）作为“极地曙光号船案”仲裁庭和南海仲裁庭的共同庭长，没有理由不将中国反对管辖权的主张也作为有一个先决问题来对待。

此外，将不参与国在非正式通知中表达的反对管辖权主张视为一个先决问题是国际法院在缺席程序中的最常见做法。在涉及管辖权的10个缺席案件中，国际法院在其中9个案件中都开始一个初步问题程序。[2] 比如在“渔区管辖权案”中，冰岛在1972年5月27日信函和1972年7月28日及8月11日电报中一再重申国际法院对英国或德国提起的诉讼没有管辖权。鉴于这一事实，国际法院认为它必须首先解决其管辖权问题，因此决定在第一轮陈述中讨论这个问题。[3] 特别是在巴林不参与的“海洋划界与领土问题案”中，国际法院在其历史上第一次进行了两轮管辖权程序。[4] 在1974年“牙买加阿尔科阿矿业公司诉牙买加案”中，国际投资争端解决中心仲裁庭在牙买加拒绝出庭的情况下也决定将对管辖权的反对意见作为一个先决问题来处理。[5]

四、结 论

中国将公开发布的《南海仲裁案管辖权问题的立场文件》提交南海仲裁庭是中国在仲裁程序书面阶段中的一种非正式参与方式。这种参与方式不仅维护了中国不接受、不参与菲律宾仲裁的一贯立场，而且将对南海仲

---

〔1〕 See The Arctic Sunrise Arbitration Arbitral Tribunal, Procedural Order No. 4 (Bifurcation), 21 November 2014, http://www.pca-cpa.org/showpage.asp? pag_ id = 1556, 访问日期：2014年12月8日。

〔2〕 它们是：“海洋划界和领土问题案”、“德黑兰人质案”、“爱琴海大陆架案”、“核试验案”（2个）、“渔区管辖权案”（2个）、“审判巴基斯坦战俘案”和“诺特波姆案”。

〔3〕 See Fisheries Jurisdiction (United Kingdom v. Iceland), Order of 18 August 1972, I. C. J. Reports 1972, Joint Dissenting Opinion of Judges Bengzon and Jiménez de Aréchaga, p. 182. Federal Republic of Germany v. Iceland), Order of 18 August 1972, I. C. J. Reports 1972, p. 189.

〔4〕 See Maritime Delimitation and Territorial Questions Between Qatar and Bahrain, I. C. J. Reports, 1994, p. 112; I. C. J. Reports, 1995, p. 6.

〔5〕 See John T. Schmidt, “Arbitration Under the Auspices of the International Centre for Settlement of Investment Disputes (ICSID): Implications of the Decision on Jurisdiction in Alcoa Minerals of Jamaica, Inc. v. Government of Jamaica”, (1976) 17 *Harvard International Law Journal*, pp. 95-96.

裁庭的后续程序产生重要影响。从法律上说，《南海仲裁案管辖权问题的立场文件》虽然不构成《程序规则》和程序令中的辩诉状，但是它构成国际法律程序中常见的一种非正式通知。这份非正式通知将为南海仲裁庭所接受和考虑。根据《公约》附件七仲裁庭、国际法院、国际海洋法法庭和国际投资争端解决中心阐述的法理，《南海仲裁案管辖权问题的立场文件》构成《程序规则》第 20 条的初步反对意见和第 20 条第 3 款中的一个先决问题，南海仲裁庭应该在后续程序中将本案件的管辖权问题与实体问题分离，暂停审议菲律宾的实体请求，首先单独裁决它对本案件的管辖权问题。

事实上，南海仲裁庭在 2015 年 4 月 21 日第 4 号程序令中决定分离案件的管辖权问题与实体问题，在 7 月单独审理管辖权问题。[1] 仲裁庭的这一决定无疑是中国在《南海仲裁案管辖权问题的立场文件》中所述反对其管辖权的结果。南海仲裁庭在中国拒绝参与的情况下开始一个单独的管辖权程序有重要意义。一方面，它挫伤了菲律宾在 2015 年结束仲裁程序的期望，将程序建立在法治的基础上；另一方面，南海仲裁庭将单独回答中国对其管辖权的质疑。经过 7 月 7 日、8 日和 13 日的开庭审理，南海仲裁庭将在年底之前公布的管辖权裁决中支持中国有关菲律宾主张本质上涉及双方有关南海岛礁主权争议与划界争议的那些反对意见，驳回菲律宾本质上涉及这些问题的那些主张，从而缩小菲律宾请求仲裁的范围。因而可以预见，通过南海仲裁庭的管辖权程序，菲律宾妄图借助《公约》附件七仲裁获得一个有关南海岛礁主权的实质性有利裁决的图谋终将落空。

---

〔1〕 PCA, Fourth Press Release, 22 April 2015, http://www.pca-cpa.org/showpage.asp?pag_id=1529，访问日期：2015 年 4 月 23 日。

5
中菲南海仲裁案

朱建庚*

摘　要：2013 年 1 月，针对“与中国就菲律宾在西菲律宾海的海洋管辖权引起的争端”，菲律宾启动了诉中国的南海仲裁案。中国发表了《关于菲律宾共和国所提南海仲裁案管辖权问题的立场文件》，阐明仲裁庭对于菲律宾提起的仲裁没有管辖权，重申中国不接受、不参与该仲裁的立场。五人仲裁庭组成后，确定了仲裁的初步时间表和《程序规则》。2015 年 7 月，仲裁庭就管辖权和可受理性问题进行了开庭审理，同年 10 月 29 日，仲裁庭就此问题做出了裁决，后续的庭审将给予双方就菲律宾诉求的实体部分和管辖权阶段延后审理的问题进行口头辩论和回答问题的机会。

关键词：南海仲裁　管辖权　诉求　立场　进展

一、中菲南海仲裁案的提起

2013 年 1 月 22 日，菲律宾向中国发出将“与中国就菲律宾在西菲律宾海的海洋管辖权引起的争端”提交仲裁的书面通知及权利主张，启动了菲律宾诉中国仲裁案。[1] 根据 1982 年《联合国海洋法公约》（以下简称

---

* 法学博士，中国政法大学国际法学院副教授。

〔1〕 PCA PRESS RELEASE, Arbitration between the Republic of the Philippines and the People's Republic of China: Arbitral Tribunal Establishes Rules of Procedure and Initial Timetable, The Hague, 27 August 2013, available at: http://www.pcacases.com/web/sendAttach/227, visited on Jun 28, 2015.

《公约》）附件七第1条的规定："争端任何一方可向争端他方发出书面通知，将争端提交本附件所规定的仲裁程序。通知书应附有一份关于其权利主张及该权利主张所依据的理由的说明。"菲律宾向中国递交的照会中所附的"通知和权利主张声明"（以下简称《通知和声明》）包括引言、事实背景、菲律宾的权利主张、法庭管辖权、寻求救济、仲裁员的指派、权利保留七部分内容，其中包括提起仲裁程序的请求和主张。[1]

二、菲律宾的仲裁主张

（一）菲律宾关于仲裁管辖权的主张

菲律宾在其《通知和声明》第四部分"法庭管辖权"（第32—40段）中阐述了提交《公约》附件七规定的仲裁的依据。菲律宾和中国都是《公约》的缔约国，据此可认为，双方都同意接受第十五部分有关《公约》的解释和适用的争端解决机制。菲律宾认为启动仲裁程序旨在增进与中国的友好关系，寻求对西菲律宾海[2]争端的和平持久解决。菲律宾在《通知和声明》中通过援引《公约》的规定，证明其启动附件七规定的仲裁程序是有充分法律依据的。

第一，根据《公约》第279条的规定，各缔约国应按照《联合国宪章》，以和平方法解决它们之间的争端；第283条要求争端各方应迅速就以谈判或其他和平方法解决争端一事交换意见。菲律宾在《通知和声明》第25—33段中指出，自1995年以来，中菲就两国南海争端的诸多事项交换了意见，举行了多次外交会议，交换了外交信函，但仍无法解决这些争端，菲律宾认为其已经完全真诚地履行了上述要求，并已穷尽了通过谈判解决争端的可能。两国之间并没有《公约》第281条规定的争端解决方式的协议，所以菲律宾认为可以提交《公约》第十五部分第2节（第286—296条）规定的导致有拘束力裁判的强制程序。

第二，《公约》第287条第1款规定："一国在签署、批准或是加入本公约时，或在其后任何时间，应有自由用书面声明的方式选择下列一个或一个以上方法，以解决有关本公约的解释或适用的争端：（a）按照附件六

---

〔1〕 Statement by Secretary of Foreign Affairs Albert del Rosario on the UNCLOS Arbitral Proceedings against China to Achieve a Peaceful and Durable Solution to the Dispute in the WPS, available at: http: www. dfa. gov. ph/index. ph, visited on Jun 20, 2015.

〔2〕 菲律宾将南海称为西菲律宾海，本文只在援引菲律宾政府文件时使用"西菲律宾海"的名称，其余则使用"南海"。

设立的国际海洋法法庭；（b）国际法院；（c）按照附件七组成的仲裁法庭；（d）按照附件八组成的处理其中所列的一类或一类以上争端的特别仲裁法庭。”第3款规定：“缔约国如为有效声明所未包括的争端的一方，应视为已接受附件七所规定的仲裁。”第5款规定“如果争端各方未接受同一程序以解决这项争端，除各方另有协议外，争端仅可提交附件七所规定的仲裁。”由于菲律宾和中国都没有根据上述做出声明进行选择，根据上述规定，菲律宾认为当然可以将此争端提交附件七规定的仲裁程序进行解决。

第三，《公约》第十五部分第2节关于导致有拘束力裁判的强制程序的适用需要受后面第3节的限制，中国根据《公约》第298条[1]的规定，于2006年8月25日向联合国秘书长提交了书面声明：“关于《公约》第298条第1款（a）、（b）和（c）项所述的任何争端，中国政府不接受《公约》第15部分第2节规定的任何程序。”因此菲律宾在《通知和声明》的第37—40段阐述菲律宾所提的仲裁事项并不包括中国2006年声明排除强制管辖的事项。菲律宾认为中菲两国目前的争端涉及：①中国多次声明主张的“九段线”内的主权权利和管辖权，关于海域、海床和水下地物的相关权利和责任是否受公约第二部分第3—14条、第五部分第55条和第57条、第六部分第76条、第八部分第121条第十六部分第300条的规范；

---

〔1〕《公约》第298条：

1. 一国在签署、批准或加入本公约时或在其后任何时间，在不妨害根据第1节所产生的义务的情形下，可以书面声明对于下列各类争端的一类或一类以上，不接受第2节规定的一种或一种以上的程序：

(a)（1）关于划定海洋边界的第15、第74和第83条在解释或适用上的争端，或涉及历史性海湾或所有权的争端，但如这种争端发生于本公约生效之后，经争端各方谈判仍未能在合理期间达成协议，则作出声明的国家经争端任何一方请求，应同意将该事项提交附件五第2节所规定的调解；此外，任何争端如果涉及同时审议与大陆或岛屿陆地领土的主权或其他权利有关的任何尚未解决的争端，则不应提交这一程序。

（2）在调解委员会提出其中说明所根据的理由的报告后，争端各方应根据该报告以谈判达成协议；如果谈判未能达成协议，经彼此同意，争端各方应将问题提交第2节所规定的程序之一，除非争端各方另有协议；

（3）本项不适用于争端各方已以一项安排确定解决的任何海洋边界争端，也不适用于按照对争端各方有拘束力的双边或多边协定加以解决的任何争端；

(b) 关于军事活动，包括从事非商业服务的政府船只和飞机的军事活动的争端，以及根据第297条第2和第3款不属法院或法庭管辖的关于行使主权权利或管辖权的法律执行活动的争端；

(c) 正由联合国安全理事会执行《联合国宪章》所赋予的职务的争端，但安全理事会决定将该事项从其议程删除或要求争端各方用本公约规定的方法解决该争端者除外。

②中国建立在“九段线”基础上的主张与上述条款是不相符的；③根据《公约》第121条，在南海的岛屿、低潮高地、水下地物等是否可以具有超过12海里的近海区域；④中国是否侵犯了菲律宾在南海的航行权利，侵犯了菲律宾在自己的专属经济区和大陆架上开发生物和非生物资源的权利。因为这些争端和诉求并不涉及中国声明中排除公约争端解决机制适用的与海洋划界有关的《公约》第15条、第76条、第83条的解释和适用问题、历史性海湾或权利问题、军事活动和法律执行活动、联合国安理会执行《联合国宪章》所赋予的职务问题，所以中国2006年的声明不能排除菲律宾提出的南海仲裁的管辖权。

在《通知和声明》第7段，菲律宾强调其不是寻求法庭裁决哪一方对他们主张的岛屿拥有主权，也不是请求法庭划定任何海上界限，所以菲律宾所提的仲裁事项不在中国2006年声明所列的任择性例外之内，所以仲裁庭对本案具有管辖权。

（二）菲律宾的仲裁诉求

菲律宾在最初的《通知和声明》第五部分第41段中列举了13项仲裁请求，按照仲裁庭于2013年8月27日发布的第一号程序令，菲律宾于2014年3月30日提交其诉状，[1] 2015年10月29日仲裁法庭对于管辖权和可受理性问题做出了裁决，裁决第三部分列出了菲律宾的仲裁请求共有15项。[2]

1. 中国在南海的海洋性权利，如菲律宾一样，不能超过《公约》允许的范围；

2. 中国主张的对“九段线”范围内的南海海域的主权权利和管辖权以及“历史性权利”与《公约》相违背，这些主张在超过《公约》允许的中国海洋权利的地理和实体限制的范围内不具有法律效力；

3. 黄岩岛不能产生专属经济区或者大陆架；

4. 美济礁，仁爱礁和渚碧礁为低潮高地，不能产生领海，专属经济区或者大陆架，并且为不能够通过先占或其他方式取得的地形；

5. 美济礁和仁爱礁为菲律宾专属经济区和大陆架的一部分；

---

〔1〕 PCA PRESS RELEASE：Arbitration between the Republic of the Philippines and the People’s Republic of China：The Arbitral Tribunal Sets Further Proceedings，The Hague，3 June 2014，available at：http：//www. pcacases. com/web/sendAttach/227，visited on Jun 26，2015.

〔2〕 Award on Jurisdiction and Admissibility，Para 101，available at：http：//www. pcacases. com/web/view/7，visited on Nov 2，2015.

6. 南薰礁和西门礁（包括东门礁）为低潮高地，不能产生领海，专属经济区或者大陆架，但是它们的低潮线可能可以作为分别测量鸿庥岛和景宏岛的领海宽度的基线；

7. 赤瓜礁，华阳礁和永暑礁不能产生专属经济区或者大陆架；

8、中国非法地干扰了菲律宾享有和行使对其专属经济区和大陆架的生物和非生物资源的主权权利；

9. 中国非法地未曾阻止其国民和船只开发菲律宾专属经济区内的生物资源；

10. 通过干扰其在黄岩岛的传统渔业活动，中国非法地阻止了菲律宾渔民寻求生计；

11. 中国在黄岩岛和仁爱礁违反了《公约》下保护和保全海洋环境的义务；

12. 中国对美济礁的占领和建造活动：

（1）违反了《公约》关于人工岛屿，设施和结构的规定；

（2）违反了中国在《公约》下保护和保全海洋环境的义务；

（3）构成违反《公约》规定的试图据为己有的违法行为；

13. 中国危险地操作其执法船只给在黄岩岛附近航行的菲律宾船只造成严重碰撞危险的行为违反了其在《公约》下的义务；

14. 自从 2013 年 1 月仲裁开始，中国非法地加剧并扩大了争端，包括：

（1）干扰菲律宾在仁爱礁海域及其附近海域的航行权利；

（2）阻止菲律宾在仁爱礁驻扎人员的轮换和补充；

（3）危害菲律宾在仁爱礁驻扎人员的健康和福利；

15. 中国应当停止进一步的违法权利主张和活动。

三、中国的反应和立场

（一）对仲裁不接受、不参与

2013 年 1 月 22 日，菲律宾共和国外交部向中国驻菲律宾大使馆发出了提起强制仲裁的照会。2013 年 2 月 19 日，中国驻菲律宾大使马克卿约见菲律宾外交部官员，表示中方对菲方就中菲南海争议提请国际仲裁的照会及所附通知不予接受并将其退回。[1]

2014 年 5 月 14 至 15 日，仲裁庭在海牙和平宫召开第二次仲裁庭会议之后，发布了第二号程序令，要求中国在 2014 年 12 月 1 日提交其回应菲律宾诉状的辩诉状。[2] 中国政府多次郑重声明，中国不接受、不参与菲律宾提起的仲裁，[3] 当然不会提交辩诉状。

（二）《立场文件》的发表

2014 年 12 月 7 日，外交部受权发表《中华人民共和国政府关于菲律宾共和国所提南海仲裁案管辖权问题的立场文件》，重申中国不接受、不参与该仲裁的严正立场。《立场文件》旨在阐明仲裁庭对于菲律宾提起的仲裁没有管辖权，不就菲律宾提请仲裁事项所涉及的实体问题发表意见。《立场文件》不意味着中国在任何方面认可菲律宾的观点和主张，无论菲律宾有关观点或主张是否在本文件中提及，也不意味着中国接受或参与菲律宾提起的仲裁。

《立场文件》共分为六部分：

1. 引言。

2. 菲律宾提请仲裁事项的实质是南海部分岛礁的领土主权问题，不涉及《公约》的解释或适用。

3. 通过谈判方式解决在南海的争端是中菲两国之间的协议，菲律宾无权单方面提起强制仲裁。

4. 即使菲律宾提出的仲裁事项涉及有关《公约》解释或适用的问题，也构成海域划界不可分割的组成部分，已被中国 2006 年声明所排除，不得提交仲裁。

5. 中国自主选择争端解决方式的权利应得到充分尊重，中国不接受、不参与菲律宾提起的仲裁具有充分的国际法依据。

6. 结论。

（三）《立场文件》对仲裁事项管辖权问题的主张

《立场文件》中第二和第四部分主要是涉及仲裁事项的管辖权问题。

---

〔1〕“中方退回菲律宾就中菲南海争议提请国际仲裁的通知”，http：//www. chinadaily. com. cn/hqzx/2013 －02/19/content_ 16237588. htm，访问日期：2015 年 7 月 26 日。

〔2〕 PCA PRESS RELEASE：Arbitration between the Republic of the Philippines and the People's Republic of China：The Arbitral Tribunal Sets Further Proceedings，The Hague，3 June 2014，available at：http：//www. pcacases. com/web/sendAttach/227，visited on Jun 26，2015.

〔3〕《立场文件》第 1 段。

第二部分在开篇第4—7段中首先阐明，中国对南海诸岛及其附近海域拥有无可争辩的主权。20世纪70年代之前，菲律宾的法律[1]对其领土有明确限定，没有涉及中国的南海岛礁，却在20世纪70年代之后，非法侵占了中国南沙群岛的大量岛礁，非法从事资源开发等活动。

接下来《立场文件》针对菲律宾所提的三类仲裁事项进行了阐述。关于菲律宾提出的第一类仲裁事项，菲律宾主张的核心是中国南海的海洋权利主张超出了《公约》允许的范围，但《立场文件》第10—14段认为只有首先确定中国在南海的领土主权，才能判断中国在南海的海洋权利是否超出《公约》的范围。菲律宾也清楚，根据《公约》第287条和附件七组成的仲裁庭对于领土争端没有管辖权，所以为绕过这一法律障碍，蓄意对自己提请仲裁的实质诉求进行了精心包装。尽管菲律宾一再表示自己不寻求仲裁庭判定哪一方对两国均主张的岛礁拥有主权，只要求仲裁庭对中国在南海所主张的海洋权利是否符合《公约》规定进行判定，使仲裁事项看起来好像只是关于《公约》的解释或适用问题，但这种包装无法掩饰其提请仲裁事项的实质就是南海部分岛礁的领土主权问题。

菲律宾提出的第二类仲裁事项，中国依据南海若干岛礁、低潮高地和水下地物提出的200海里甚至更多权利主张与《公约》不符。《立场文件》第15—22段认为南海部分岛礁的性质和海洋权利问题与主权问题不可分割。只有先确定岛礁的主权，才能确定基于岛礁的海洋权利主张是否符合《公约》。菲律宾要求仲裁庭先行判断中国的海洋权利主张是否符合《公约》的规定，是本末倒置。任何国际司法或仲裁机构在审理有关岛礁争端的案件中，从未在不确定有关岛礁主权归属的情况下适用《公约》的规定先行判定这些岛礁的海洋权利。而且，菲律宾在仲裁诉求中对南沙群岛进行“切割”，只要求对其声称的“中国占领或控制的”岛礁的海洋权利进行判定，刻意不提南沙群岛中的其他岛礁，包括至今仍被菲律宾非法侵占或主张的岛礁，还将中国台湾驻守的南沙群岛最大岛屿——太平岛排除在“中国占领或控制”的岛礁之外，侵犯了中国的主权和领土完整。至于低潮高地能否被据为领土，明显也是一个领土主权问题，不是有关《公约》的解释和适用问题，所以第二类仲裁事项的实质仍然是中菲有关领土主权的争端。

菲律宾提出的第三类仲裁事项，中国在南海所主张和行使的权利非法

---

〔1〕 1935年《菲律宾共和国宪法》、1961年《关于菲律宾领海基线的法案》。

干涉了菲律宾基于《公约》所享有和行使的主权权利、管辖权以及航行权利和自由。《立场文件》在第26—28段认为中国一贯尊重各国依据国际法在南海享有的航行自由和飞越自由，菲律宾主张的前提是菲律宾管辖海域是明确而无争议的，中国的活动进入了菲律宾的管辖海域。但事实是中菲尚未进行海域划界，对菲律宾这一主张进行裁定之前，首先要确定相关岛礁的领土主权，并完成相关海域划界。显然这些也并不在仲裁庭的管辖权范围内。

综上，中国认为仲裁庭对本案明显没有管辖权。[1]

《立场文件》第四部分在第57—75段中详细阐述了“即使菲律宾提出的仲裁事项涉及有关《公约》解释或适用的问题，也构成海域划界不可分割的组成部分，已被中国2006年8月25日的声明（以处简称2006年声明）排除，不得提交仲裁。”

由于中菲有关岛礁的领土争端悬而未决，两国开始为最终划界创造条件，但尚未进行正式的海域划界谈判，为了绕过中国2006年声明，菲律宾将海域划界进行拆分，抽取其中几个事项作为孤立的问题提交仲裁，要求仲裁庭分别进行所谓“法律解释”。菲律宾提出的各项仲裁事项，包括海洋权利主张、岛礁性质和海洋权利范围、海上执法活动等，均是国际司法或仲裁机构在其受理的海域划界案中所审理的主要问题，也是国家间海域划界实践中需要处理的问题，都是海域划界中不可分割的组成部分，属于中国2006年声明中排除的事项。

菲律宾试图绕过中国的排除性声明提出强制仲裁滥用了《公约》规定的争端解决程序，中国作为《公约》的缔约国，根据《公约》第298条做出的声明理应受到尊重。尽管菲律宾认为其所提仲裁事项不属于中国2006年声明所涵盖的范围，也应该先行与中国解决该问题。按照菲律宾的逻辑，任何国家只要单方面声称有关争端不是另一国排除性声明所排除的争端，即可单方面启动强制仲裁保育，那么《公约》第298条的规定就变得毫无意义了。

（四）《立场文件》对于南海争端解决方式的主张

《立场文件》第三和第五部分就南海争端的解决方式进行了阐述。

第三部分在第30—44段中阐明中国在涉及领土主权和海洋权利的争端上，一贯坚持由直接有关国家通过谈判的方式和平解决，中菲之间就通过

---

〔1〕《立场文件》第29段。

友好磋商和谈判解决两国在南海的争端早有共识，这些在若干法律文件中有所规定和体现：如1995年《中菲关于南海问题和其他领域合作的磋商联合声明》、1999年《中菲建立信任措施工作小组会议联合公报》、2000年《中菲政府关于21世纪双边合作框架的联合声明》、2002年《南海各方行为宣言》（以下简称《宣言》），等等。[1]其中《宣言》第4条规定："有关各方承诺根据公认的国际法原则，包括1982年《联合国海洋法公约》，由直接有关的主权国家通过友好磋商和谈判，以和平方式解决它们的领土和管辖权争议，而不诉诸武力或以武力相威胁。"上述文件在提及以谈判方式解决有关争端时反复使用了"同意"、"承诺"，为当事方创设了具有拘束力的权利和义务，构成中菲两国之间的协议，两国据此承担了通过谈判方式解决争端的义务，也没有为谈判设定任何期限，这与《公约》第280条、第281条第1款规定是相符的。[2]因此排除了其他的争端解决方式，《公约》第十五部分第2节的强制争端解决程序当然也不适用。

《立场文件》第45—50段指出，菲律宾声称，1995年之后中菲两国就菲律宾仲裁请求中提及的事项多次交换意见，这些事项是关于《公约》的解释或适用的问题，但未能解决争端；菲律宾有正当理由认为继续谈判已无意义，因而有权提起仲裁。《立场文件》则指出："事实上，迄今为止，中菲两国从未就菲律宾所提仲裁事项进行过谈判。"中菲之间就有关争端交换意见，主要是应对在争议地区出现的突发事件，围绕防止冲突、减少摩擦、稳定局势、促进合作的措施而进行的。即使按照菲律宾列举的证据，这些交换意见也远未构成谈判。中菲围绕南海问题所进行的交换意见，也并非针对菲律宾所提的仲裁事项，更不是关于《公约》的解释或适用问题，交换意见的核心依然是主权问题。

然而，中国多次向菲律宾提出建立"中菲海上问题定期磋商机制"的建议，一直未获菲律宾的答复。[3]菲律宾声称，由于中国严重违反了《宣言》的规定，所以无权援引《宣言》第4条的规定来排除仲裁庭对本案的

---

〔1〕 具体参见《立场文件》第31—37段。

〔2〕《公约》第280条："本公约的任何规定均不损害任何缔约国于任何时候协议用自行选择的任何和平方法解决它们之间有关本公约的解释或适用的争端的权利。"

《公约》第281条："1. 作为有关本公约的解释或适用的争端各方的缔约各国，如已协议用自行选择的和平方法来谋求解决争端，则只有在诉诸这种方法而仍未得到解决以及争端各方间的协议并不排除任何其他程序的情形下，才适用本部分所规定的程序。"

〔3〕《立场文件》第48段。

管辖权。事实上，在黄岩礁、仁爱礁等问题上，中国为了对抗菲律宾的违法挑衅行为，被迫采取了必要的措施。[1]《立场文件》在第54—56段中，还强调了《宣言》对通过谈判解决南海问题的重要性，希望菲律宾能够遵守并履行。

《立场文件》第五部分在第76—85段，结合《公约》第十五部分和相关的国际法理论与实践，阐述了中国自主选择争端解决方式的权利应得到充分尊重，中国不接受、不参与菲律宾提起的仲裁是有充分的国际法依据的。

四、仲裁的进展

（一）仲裁庭的组建

《公约》附件七“仲裁”第3条是关于“仲裁法庭组成”的规定，[2]

---

〔1〕《立场文件》第51段。

〔2〕附件七第3条：为本附件所规定程序的目的，除非争端各方另有协议，仲裁法庭应依下列规定组成：

(a) 在 (g) 项限制下，仲裁法庭应由仲裁员五人组成。

(b) 提起程序的一方应指派一人，最好从本附件第2条所指名单中选派，并可为其本国国民。这种指派应列入本附件第1条所指的通知。

(c) 争端他方应在收到本附件第1条所指通知30天内指派一名仲裁员，最好从名单人选派，并可为其国民。如在该期限内未作出指派，提起程序的一方，可在该期限届满两星期内，请求按照 (e) 项作出指派。

(d) 另三名仲裁员应由当事各方间以协议指派。他们最好从名单中选派，并应为第三国国民，除非各方另有协议。争端各方应从这三名仲裁员中选派一人为仲裁法庭庭长。如果在收到本附件第1条所指通知后60天内，各方未能就应以协议指派的仲裁法庭一名或一名以上仲裁员的指派达成协议，或未能就指派庭长达成协议，则经争端一方请示，所余指派应按照 (e) 项作出。这种请示应于上述60天期间届满后两星期作出。

(e) 除非争端各方协议将本条 (c) 和 (d) 项规定的任何指派交由争端各方选定的某一人士或第三国作出，应由国际海洋法法庭庭长作出必要的指派。如果庭长不能依据本项办理，或为争端一方的国民，这种指派应由可以担任这项工作并且不是争端任何一方国民的国际海洋法法庭资深法官作出。本项所指的指派，应于收到请示后30天期间内，在与当事双方协商后，从本附件第二条所指名单中作出。这样指派的仲裁员应属不同国籍，且不得为争端任何一方的工作人员，或其境内的通常居民或其国民。

(f) 任何出缺应按照原来的指派方法补缺。

(g) 利害关系相同的争端各方，应通过协议共同指派一名仲裁员。如果争端若干方利害关系不同，或对彼此是否利害关系相同，意见不一致，则争端每一方应指派一名仲裁员。由争端各方分别指派的仲裁员，其人数应始终比由争端各方共同指派的仲裁员少一人。

(h) 对于涉及两个以上争端各方的争端，应在最大可能范围内适用 (a) 至 (f) 项的规定。

仲裁庭由五个仲裁员组成。菲律宾在2013年向中国发出的通知和声明中，就附上了其指定的仲裁员名单：德国籍法官、前国际海洋法法庭（以下简称ITLOS）庭长吕迪格·沃尔夫鲁姆（Rüdiger Wolfrum）。[1]

中国在收到2013年1月22日菲律宾提起仲裁的通知30天内没有指派仲裁员。2013年2月22日，菲律宾通过该国代理人兼副总检察长致函ITLOS，请求庭长根据《公约》附件七第3条（c）项和（e）项任命一名仲裁法庭成员。庭长柳井俊二与当事双方协商后，任命波兰籍法官斯坦尼斯拉夫·帕夫拉克（Stanislaw Pawlak）为该仲裁程序的仲裁员。2013年3月5日，菲律宾代理人兼副总检察长致函法庭，请求庭长任命另外三名仲裁员，包括仲裁法庭庭长。2013年4月24日，庭长任命法国籍法官让·皮埃尔·科特（Jean Pierre Cot）、斯里兰卡籍法官克里斯·平托（Chris Pinto）和荷兰籍人阿尔弗莱德·松斯（Alfred H. A. Soons）[2]为仲裁员，并任命平托先生为仲裁法庭庭长。平托先生因为妻子是菲律宾人提出辞职后，法庭庭长于2013年6月21日任命加纳籍法官托马斯·门萨（Thomas A. Mensah）为仲裁法庭成员和庭长。[3]

（二）程序规则的确立

2013年7月11日，仲裁庭在海牙和平宫召开第一次仲裁庭会议，发布第一号程序令，[4]选定常设仲裁法院作为该案的书记官处，确定了仲裁初步时间表并通过了《程序规则》。[5]《程序规则》共33条，分为引言、仲裁庭的组成、程序、判决四个部分。

程序规则是对公约附件七规则的补充，规定了适用于通讯、语言、公开度、庭审管理、对仲裁庭管辖权异议的审议、临时措施的请求、指定专家协助仲裁庭等事项的程序。该程序规则同时也规定了仲裁庭在当事一方不参与程序的情况下应采取的措施。

---

〔1〕《通知和声明》第42段。

〔2〕政府间海洋委员会海洋法顾问团专家。

〔3〕《国际海洋法法庭2013年度报告》，第70段，SPLOS/267，http：//www. un. org/Depts/los/meeting_ states_ parties/meeting_ states_ parties. htm，访问日期：2015年7月26日。

〔4〕See PCA PRESS RELEASE，Arbitration between the Republic of the Philippines and the People's Republic of China：Arbitral Tribunal Establishes Rules of Procedure and Initial Timetable，The Hague，27 August 2013，available at：http：//www. pcacases. com/web/sendAttach/227，visited on Jun 28，2015.

〔5〕全文可登录http：//www. pcacases. com/web/view/7查阅。

在《程序规则》和时间表通过之前，仲裁庭提供给当事双方对《程序规则草案》提交意见的机会。2013 年 7 月 31 日，菲律宾于提交了其对草案的意见。针对仲裁庭提供给当事双方对时间表和第二号程序令草案提交意见的机会，菲律宾于 2014 年 5 月 29 日提交了其意见。因为中国一直坚持“不接受菲律宾提起的仲裁”的立场，同时也阐明中国未参与仲裁程序，所以也就未对前述草案提出任何意见。[1]

（三）双方法律文件的提交

2014 年 3 月 30 日，菲律宾按照第一号程序令向仲裁庭提交了诉状，阐述了仲裁庭管辖权、菲律宾诉求的可受理性以及争议的实体问题。2014 年 5 月 21 日，中国向仲裁庭发送照会，重申其“不接受菲律宾提起的仲裁”的立场以及该照会“不应被视为中国接受或参与了仲裁程序”。中国也未在仲裁庭规定的最后时间 2014 年 12 月 15 日之前提交回应菲律宾诉状的辩诉状。[2]

不过仲裁庭收到了中国于 2014 年 12 月 7 日发布的《中华人民共和国政府关于菲律宾共和国所提南海仲裁案管辖权问题的立场文件》，但中国政府向书记官处表明“转交上述立场文件不得被解释为中国接受或参与仲裁”。[3] 在征求当事双方意见之后，仲裁庭在第四号程序令中决定将中国通信（包括《立场文件》）视为《程序规则》第 20 条中所谈及关于仲裁庭管辖权的抗辩。[4] 菲律宾被邀请对中国政府就本争端发表的公开声明做出

---

〔1〕 See PCA PRESS RELEASE, Arbitration between the Republic of the Philippines and the People's Republic of China: Arbitral Tribunal Establishes Rules of Procedure and Initial Timetable, The Hague, 27 August 2013, available at: http://www.pcacases.com/web/sendAttach/227, visited on Jun 28, 2015.

〔2〕 See PCA PRESS RELEASE, Arbitration between the Republic of the Philippines and the People's Republic of China: The Arbitral Tribunal Requests Further Written Argument from the Philippines, The Hague, 17 December 2014, available at: http://www.pcacases.com/web/sendAttach/227, visited on July 10, 2015.

〔3〕 See PCA PRESS RELEASE, Arbitration between the Republic of the Philippines and the People's Republic of China: The Arbitral Tribunal Requests Further Written Argument from the Philippines, The Hague, 17 December 2014, available at: http://www.pcacases.com/web/sendAttach/227, visited on July 10, 2015.

〔4〕 See PCA PRESS RELEASE, Arbitration between the Republic of the Philippines and the People's Republic of China: The Arbitral Tribunal Sets Dates for Hearing on Jurisdiction and Admissibility, The Hague, 22 April 2015, available at: http://www.pcacases.com/web/sendAttach/227, visited on July 2, 2015.

其认为适当的回应。[1]

《公约》附件七第9条[2]规定，若“争端一方不出庭或对案件不进行辩护”，程序继续进行。由仲裁庭通过的《程序规则》第25条第2款进一步规定：“若争端一方不出庭或对案件不进行辩护，仲裁庭将邀请出庭一方就仲裁庭认为其提交的诉状中尚未被阐述或阐述不充分的具体问题提交书面论证，或由仲裁庭就这些问题提问。出庭一方应在邀请之日起三个月内就仲裁庭指定的问题提交补充书面陈述。出庭一方的补充陈述应传达给缺席一方供其评论，该评论应在补充陈述传达之日起三个月内作出。在公约及其附件七以及本规则授权范围内，仲裁庭可以采取其认为必要的任何其他措施赋予争端各方提出其主张的充分机会。”

依据上述条款及仲裁庭于2014年12月17日发布的第三号程序令，[3]菲律宾在2015年3月15日之前按仲裁庭要求提交了补充书面陈述，就仲裁庭的管辖权和双方争议实体问题的具体问题做进一步的书面论证。

（四）仲裁庭就管辖权和可受理性问题的开庭审理[4]

2015年7月7日，仲裁庭于就管辖权和可受理性问题在海牙和平宫进行开庭审理。庭审不对公众开放，但在收到有关当事人书面请求并征求当事人意见后，仲裁庭允许马来西亚、印度尼西亚、越南、泰国和日本派小

---

[1] See PCA PRESS RELEASE, Arbitration between the Republic of the Philippines and the People's Republic of China: The Arbitral Tribunal Requests Further Written Argument from the Philippines, The Hague, 17 December 2014, available at: http://www.pcacases.com/web/sendAttach/227, visited on July 10, 2015.

[2] 附件七第9条：不到案。

如争端一方不出庭或对案件不进行辩护，他方可请示仲裁法庭继续进行程序并做出裁决。争端一方缺席或不对案件进行辩护，应不妨碍程序的进行。仲裁法庭在做出裁决前，必须不但查明对该争端确有管辖权，而且查明所提要求在事实上和法庭上均确有根据。

[3] See PCA PRESS RELEASE, Arbitration between the Republic of the Philippines and the People's Republic of China: The Arbitral Tribunal Requests Further Written Argument from the Philippines, The Hague, 17 December 2014, available at: http://www.pcacases.com/web/sendAttach/227, visited on July 10, 2015.

[4] See PCA PRESS RELEASE, Arbitration between the Republic of the Philippines and the People's Republic of China: The Arbitral Tribunal Concludes Hearing on Jurisdiction and Admissibility, The Hague, 13 July 2015, available at: http://www.pcacases.com/web/sendAttach/227, visited on July 18, 2015.

型代表团作为观察员参加庭审。[1]

菲律宾代表团由约六十名出席者组成，包括担任菲律宾代理人的总检察长、外交部部长、司法部部长、国防部部长，来自最高法院与下议院的成员，以及大使、政府律师、官员、法律顾问、顾问、技术专家和助理。

菲律宾代理人、总检察长 Florin T. Hilbay 和外交部部长 H. E. Albert Ferreros delRosario 首先对本案的管辖权和可受理性进行了阐述，主要集中在下面五个问题：

1. 国在《公约》规定的权利范围之外，对特定水域、海床和底土所主张“历史性权利”，与《公约》不符；

2. 中方所称“九段线”在国际法中没有任何赋予其所主张“历史性权利”的依据；

3. 中国在南海中借以主张其权利的岛礁并非能够产生专属经济区和大陆架权利的岛屿。相反，有些是《公约》第121条第3款所指的“岩礁”，另一些是低潮高地，还有一些是水下地物。因此，其中没有能产生12海里甚至更多的权利主张的岛礁，一些则完全不能产生权利。中国近期的大规模填海工程并不能合法地改变这些岛礁原本的性质和特点；

4. 中国干涉菲律宾行使主权权利和管辖权的行为违反了公约；

5. 中国已不可逆地破坏区域海洋环境，其在南海中，包括菲律宾［专属经济区］范围内毁坏珊瑚礁的行为，其破坏性和危险的捕鱼方法和其对濒危物种的捕获，是违反《公约》的。del Rosario 部长最后仍然强调，菲律宾并非请求仲裁庭就与中国争端的领土主权方面的问题作出判决，提起仲裁是为了确认菲律宾在南海的海洋权利，关于这个问题仲裁庭是有管辖权的。

随后，菲方律师 Paul S. Reichler 先生、Philippe Sands QC 教授、Lawrence H. Martin 先生、Bernard H. Oxman 教授以及 Alan Boyle 教授阐述了菲方的法律论证。主要有以下几点：

（1）菲方所提交仲裁的事项是否包含了中菲双方之间的法律争议？根据菲方的观点，中菲双方的权利和义务就是《公约》中所制定的，《公约》

[1] See PCA PRESS RELEASE, Arbitration between the Republic of the Philippines and the People's Republic of China: The Arbitral Tribunal Commences Hearing on Jurisdiction and Admissibility, The Hague, 7 July 2015, available at: http: //www. pcacases. com/web/sendAttach/227, visited on July 16, 2015.

中关于海域划分的条款充分适用于缔约国之间。其据此认为，“中国根据一般国际法主张的所谓的‘历史性权利’究竟是与《公约》条款相违背，抑或是受其保护，这个问题明显地属于对《公约》的解释和适用问题”。与此相类似，菲律宾辩称其陈述中涉及的岛礁的法律地位和中国在南海的行为均涉及《公约》中相关条款的适用，因此对这些问题仲裁庭具有管辖权。

菲方律师随后回应中方立场文件，就菲律宾在本仲裁案中所提出的事项与菲律宾对南海中岛礁的主权声明两者之间的关系做出了论证。律师们认为，《条约》中关于岛礁的状态和海域的确权属性并不取决于事先确定该岛礁主权归属于哪个国家。因为不论哪一个国家对该岛礁享有主权，该岛礁的状态都不会发生变化，因此仲裁庭在对菲律宾所提出事项作出决定时不需要就主权问题进行审议。另外，菲律宾认为，尽管并不对整个争端中所有问题享有管辖权，法庭可以对一个多面问题的一部分行使管辖权，这是国际法中确立的原则。

（2）2002 年《南海各方行为宣言》或者 1976 年《东南亚友好合作条约》是否构成了双方之间关于放弃《公约》赋予以仲裁方式解决争端的权利的协定？菲方律师认为，如中国在诸多场合认可的，2002 年《宣言》并非在法律上有约束力的协定。另外，菲方提出，2002 年《宣言》中没有任何条款可以被解读为排除通过仲裁进行救济的可能，并且在《宣言》中关于争端解决的条款本身则参考《公约》。与此相类似，菲律宾认为，《东南亚友好合作条约》在缔约方之间具有约束力，但其明示保护缔约方之间通过其他方式解决争端的可能性。最后，菲律宾称其已经履行了《公约》中所规定的与中国就双方争议交换意见的义务，该条款仅仅对发生争议国家施加“适度的负担”，并且已经通过中菲两国之间的外交信函被充分履行。

（3）管辖权的例外问题。菲方律师接着就《公约》中规定管辖权的例外这一事项作出论证，这种例外在中方《立场文件》亦有提及。中方认为，菲律宾所提出的仲裁事项构成中菲两国海域划界不可分割的组成部分，根据《公约》第 298 条规定，仲裁庭不具有管辖权。菲方认为，“只有在沿海国权利重叠的情况下，海域划界问题才会出现”，中国的反对意见实质上是混淆了海域的权利问题与这些区域在重叠的情况下如何划分的问题。菲律宾认为《公约》的首要成就是确定了沿海国的海洋权利，并在就其性质与范围的问题上出现争端时提供了争议解决的可能性。因此，菲律宾认为，虽然存在法庭对海洋划界问题没有管辖权的可能，但是本案仲裁庭针对菲律宾所提出的确认此种权利存在的事项是拥有管辖权的。

关于《公约》第298条涉及“历史性海湾或所有权”争端的排除性规定，菲方律师辩说，中国所主张的“历史性权利”与《公约》中所称的“历史性所有权”是不同的。菲方通过评析中文版《公约》及其他五种语言的官方版本，[1] 认为“历史性海湾和所有权”仅限于主权国家对于与陆地相毗邻的近岸海域权利的主张。另外，据菲律宾称，中国从未在声明与外交信函中使用过以上词汇用来描述其在南海主张的“历史性权利”。

针对军事和执法活动对管辖权的例外规定，菲律宾认为执法活动例外适用范围有限，只在与海洋科研或生物资源管理有关时适用（以上两种事项均不适用于强制争端解决）。因此，菲律宾不认为其所主张的事项涉及执法活动这一例外。至于军事活动例外，菲律宾认为某项活动的军事属性取决于其目的，中国掌握着对于其在南海从事的活动的性质和目的的相关信息，并非菲律宾。然而，菲律宾注意到中国并不愿认定其行为的军事性质，在立场文件中也没有引用这项例外。另外，菲律宾提出“许多国家，至少在某些时间里，使用舰艇用作执法活动”，而且“调用军事人员进行建造与填海活动并不一定意味着该活动的性质是军事的”。

关于在专属经济区内的生物资源引发争端的管辖权例外在菲律宾所提关于环境破坏和濒危物种相关事项中是否适用的问题，菲方称，该例外在本案中不适用，因为中方的违法行为或是在斯卡伯勒礁（黄岩岛）周围的领海，或是在只有菲律宾享有专属经济区权利的汤姆斯第二滩（仁爱礁）和美济礁附近，上述情况下仲裁庭的管辖权不受限制。菲方还明确指出，其陈述涉及《公约》中关于海洋环境的部分，并不提出单独的违反《生物多样性公约》的指控。

在开庭审理的最后一天，菲律宾针对仲裁庭的提问，就以下方面提出了进一步的论证：

（1）菲律宾陈述中所提及的各事项均有法律争端存在；

（2）仲裁庭针对菲律宾陈述中所可能涉及的关于领土主权的次要问题的附加管辖权的范围；

（3）禁止反言原则对于2002《南海各方行为宣言》的适用；

（4）菲律宾是否有义务根据2002《宣言》或者1976《东南亚友好合作条约》来尝试解决缔约方之间的争端；

---

[1] 英语、法语、俄语、西班牙语、阿拉伯语。

（5）《公约》中规定的关于军事活动例外的范围与含义；

（6）菲律宾所提及的任何的事项中，是否有不具有“完全初步性质”、需要仲裁庭先行就菲方所述及实体问题中一项或者多项做出决定的。

（五）仲裁庭就管辖权和可受理性问题的裁决

2015 年 7 月 13 日，仲裁庭结束了就管辖权和可受理性问题的开庭审理。7 月 20 日之前，中菲双方可就针对管辖权和可受理性问题的开庭审理笔录进行检阅并提交更正。按照仲裁庭的第六号程序令，菲律宾在 7 月 23 日之前，针对仲裁庭于开庭审理时所提的问题，提交进一步的书面回答。[1]

根据公约附件七第 5 条[2]的规定，仲裁庭要求中方在 2015 年 8 月 17 日之前，以书面形式对本次针对管辖权和可受理性问题开庭审理中所做出的任何陈述提交其意见，毫无疑问，中国不会提交。

2015 年 10 月 29 日，仲裁庭就此问题做出了裁决。裁定中国和菲律宾均为《公约》的缔约国，需遵守《公约》关于争端解决的规定。中国不参与这些程序的决定不会剥夺仲裁庭的管辖权，菲律宾单方面提起仲裁的决定也不构成对《公约》争端解决程序的滥用。在审议了菲律宾提出的请求之后，仲裁法庭不接受中国《立场文件》中提出的双方争端实质上为仲裁庭管辖权以外的南海岛屿主权争端的观点，也不接受中国立场文件中提出的双方争端实质上为被中国 2006 年声明所排除出仲裁庭管辖权之外的海洋划界问题的观点。相反，仲裁庭裁定菲律宾的每一项诉求反映了两国之间关于《公约》解释和适用的争端。仲裁庭裁定没有其他国家为此仲裁程序的必要第三方。具体裁决如下：

1. 裁决仲裁庭根据《公约》附件七的规定合法组成；
2. 裁决中国在程序中的不出庭并不剥夺仲裁庭的管辖权；
3. 裁决菲律宾启动本次仲裁的行为不构成程序滥用；
4. 裁决不存在其缺席将剥夺仲裁庭的管辖权的必要第三方；
5. 裁决根据《公约》281 或者 282 条之规定，2002 中国—东盟《南海

---

〔1〕 See PCA PRESS RELEASE, Arbitration between the Republic of the Philippines and the People's Republic of China: The Arbitral Tribunal Concludes Hearing on Jurisdiction and Admissibility, The Hague, 13 July 2015, available at: http: //www. pcacases. com/web/sendAttach/227, visited on July 18, 2015.

〔2〕 附件七第 5 条“程序”，除非争端各方另有协议，仲裁法庭应确定其自己的程序，保证争端每一方有陈述意见和提出其主张的充分机会。

各方共同行为宣言》，本裁决第 231 和 232 段援引的争端双方的联合声明，《东南亚友好合作条约》，以及《生物多样性公约》不排除《公约》第十五部分第二节下强制争端解决程序的适用；

6. 裁决争端双方已经根据《公约》283 条之规定交换了意见；

7. 裁决仲裁庭在第400、401、403、404、407、408 和410 段的条件限制下，对菲律宾第 3、4、6、7、10、11 和 13 项诉求具有管辖权；

8. 裁决关于仲裁庭对菲律宾第 1、2、5、8、9、12 和 14 项诉求是否有管辖权的决定将涉及不具有完全初步性质的问题的审议，因此保留其对第 1、2、5、8、9、12 和 14 项诉求的管辖权问题的审议至实体问题阶段；

9. 指令菲律宾对其第 15 项诉求澄清内容和限缩其范围，并保留对第 15 项诉求的管辖权问题的审议至实体问题阶段；

10. 保留对本裁决中未裁决的问题进行进一步审议和指令。

2015 年 10 月 30 日，中国外交部发表了《中华人民共和国外交部关于应菲律宾共和国请求建立的南海仲裁案仲裁庭关于管辖权和可受理性问题裁决的声明》。声明指出，中国对南海诸岛及其附近海域拥有无可争辩的主权，在领土主权和海洋权益问题上，中国不接受单方面诉诸第三方的争端解决办法。菲律宾单方面提起南海仲裁，是对《公约》强制争端解决机制的滥用。声明重申中国政府的《立场文件》中已指出仲裁庭对菲律宾所提出的仲裁明显没有管辖权，中国不接受、不参与仲裁的立场清晰明确，不会改变。中国享有自主选择争端解决方式和程序的权利，包括《南海各方行为宣言》的系列文件表明，中国与菲律宾早已选择通过谈判和协商解决双方在南海的争端。菲律宾违背这一共识，损害了国家之间互信的基础。菲律宾和仲裁庭无视仲裁案的实质是领土主权和海洋划界及其相关问题，恶意规避中国于 2006 年根据《公约》第 298 条有关规定做出的排除性声明，否定中菲双方通过谈判和协商解决争端的共识，滥用程序，强行推进仲裁，严重侵犯了中国作为《公约》缔约国的合法权利，完全背离了《公约》的宗旨和目的，损害了《公约》的完整性和权威性。中国敦促菲律宾遵守自己的承诺，尊重中国依据国际法享有的权利，回到通过谈判和协商解决南海有关争端的正确道路上来。

2015 年 10 月 31 日，台湾地区针对南海仲裁案管辖权的裁决，发表其对南海议题的立场，即对其裁决既不承认，也不接受。11 月 2 日，中国外交部发言人华春莹在其主持的例行记者会上，就此强调，海峡两岸的中国人有责任、有义务共同维护国家领土主权和海洋权益。[1]

（六）后续的程序

下一次的庭审将由双方就菲律宾诉求的实体部分和管辖权阶段延后审理的问题进行口头辩论和回答问题。庭审仍然不会对公众开放。仲裁庭已经就庭审时间初步征询了当事方意见，并将稍后确认下一次庭审的时间表。仲裁庭会将庭审时间告之派遣了小型代表团作为观察员参加管辖权和可受理性庭审的国家（马来西亚、印度尼西亚、越南、泰国及日本）。与管辖权和可受理性问题的庭审相同，在收到有关国家的书面请求并征求当事方意见后，仲裁庭将审议允许相关国家派小型代表团作为观察员参加庭审。[2]

---

〔1〕“2015 年 11 月 2 日外交部发言人华春莹主持例行记者会”，载于 http://www.fmprc.gov.cn/web/fyrbt_673021/jzhsl_673025/t1311150.shtml，访问日期：2015 年 11 月 2 日。

〔2〕See PCA PRESS RELEASE, Arbitration between the Republic of the Philippines and the People's Republic of China: The Tribunal Renders Award on Jurisdiction and Admissibility; Will Hold Further Hearings, The Hague, 29 October 2015, available at: http://www.pcacases.com/web/view/7, visited on Nov 2, 2015.

6
我国海洋权益面临的挑战及其对策研究

林灿铃 *

摘　要：我国自古以来就是海洋大国，拥有1.8万多公里的大陆海岸线，六千五百多个沿海岛屿，300万平方公里管理海域，大约有65%的人口生活在沿海地区。回顾我国历史上遭遇列强海上入侵的史实，我国几乎所有的重要港口、港湾和岛屿都遭受过外敌蹂躏。这让我们深刻认识到：无力保护自己海洋权益的国家，即使是大国也不可能成为强国。但由于长期以来重陆轻海的地缘战略思想的影响根深蒂固，再加上捍卫与强化海洋安全的努力起步较晚，导致我国海洋权益面临来自各方面的挑战。面对严峻的海洋权益挑战，维护我国海洋权益已成为当务之急。本文以定义海洋权益为出发点，以《联合国海洋法公约》为基础界定海洋权益之内涵，总结现阶段我国海洋权益面临的挑战并提出应对策略。

关键词：国际法　海洋权益　挑战　对策

无力保护自己海洋权益的国家，即使是大国也不可能成为强国。于我国而言，海权操之在我则存，操之在人则亡。

---

* 中国政法大学教授、博士生导师、国际环境法研究中心主任，国家领土主权与海洋权益协同创新中心研究员。

我国自古以来就是海洋大国，拥有大陆海岸线 1.8 万多公里，管辖海域面积近三百万平方公里（按照《联合国海洋法公约》的相关规定），数千个沿海岛屿。但由于重陆轻海的地缘战略思想影响根深蒂固，导致如今海洋权益面临来自各方的严峻挑战。尤其是冷战结束后，美日等国试图通过岛链封锁和控制我国以实现其对我国的战略包围。于此同时，海上恐怖活动、海盗、海上走私贩毒、贩运人口、海洋污染等海上犯罪对我国海洋权益也造成严重威胁。可见，我国面临的威胁与挑战来自海上，我国之国家崛起、民族复兴的机遇亦在海上。维护海洋权益已成为我国的当务之急。

一、海洋权益的界定

1982 年通过的《联合国海洋法公约》所建立的海洋法律制度第一次对海洋权益进行了全面而系统的规定，从而使各国开发和利用海洋走上了规范化的道路。其主要内容有两方面：一方面是对传统的基本海洋法律制度如领海、毗连区、大陆架和公海等进行了细化和完善；另一方面是制定了全面的海洋法律制度，例如专属经济区、用于国际航行的海峡、群岛国、岛屿、国际海底区域、海洋科学技术、海洋环境保护等制度，极大地拓展了沿海国在海洋上的管辖范围。《联合国海洋法公约》实质上是对海洋归属和管辖的一次重新调整，是海洋资源和权利的一次再分配，是当代国际社会关于海洋权益和海洋秩序的基本文件，标志着新的海洋国际秩序的建立。[1] 我国于 1996 年 5 月 15 日批准了该公约。

可见，海洋权益是一个法的概念，是国家基于《联合国海洋法公约》的规定而享有的各项权利、利益的总称，属于国家主权及其派生权利的范畴，与海洋保护义务相对应，与国家的生存发展休戚相关，其主要包括领土主

〔1〕 陈万平："我国海洋权益的现状与维护海洋权益的策略"，载《太平洋学报》2009 年第 5 期，第 68 页。

权、[1] 司法管辖权、海洋通行权、[2] 海洋资源开发权、海洋空间利用权、[3] 海洋污染管辖权以及海洋科学研究权等。依据不同海域的法律地位，海洋权益不仅包括国家的领海主权，也包括国家在毗连区、专属经济

---

〔1〕《联合国海洋法公约》第2条规定："1. 沿海国的主权及于其陆地领土及其内水以外邻接的一带海域，在群岛国的情形下则及于群岛水域以外邻接的一带海域，称为领海。2. 此项主权及于领海的上空及其海床和底土。3. 对于领海的主权的行使受本公约和其他国际法规则的限制。"此外，还包括《联合国海洋法公约》第17条规定的无害通过权："在本公约的限制下，所有国家，不论为沿海国或内陆国，其船舶均享有无害通过领海的权利。"以及第33条规定的毗连区内的权利："1. 沿海国可在毗连其领海称为毗连区的区域内，行使为下列事项所必要的管制：(a) 防止在其领土或领海内违犯其海关、财政、移民或卫生的法律和规章；(b) 惩治在其领土或领海内违犯上述法律和规章的行为。"

〔2〕如《联合国海洋法公约》第38条规定："1. 在第37条所指的海峡中，所有船舶和飞机均享有过境通行的权利，过境通行不应受阻碍；但如果海峡是由海峡沿岸国的一个岛屿和该国大陆形成，而且该岛向海一面有在航行和水文特征方面同样方便的一条穿过公海，或穿过专属经济区的航道，过境通行就不应适用。2. 过境通行是指按照本部分规定，专为在公海或专属经济区的一个部分和公海或专属经济区的另一部分之间的海峡继续不停和迅速过境的目的而行使航行和飞越自由。但是，对继续不停和迅速过境的要求，并不排队在一个海峡沿岸国入境条件的限制下，为驶入、驶离该国或自该国返回的目的而通过海峡。3. 任何非行使海峡过境通行权的活动，仍受本公约其他适用的规定的限制。"

〔3〕如《联合国海洋法公约》第142条规定："1.'区域'内活动涉及跨越国家管辖范围的'区域'内资源矿床时，应适当顾及这种矿床跨越其管辖范围的任何沿海国的权利和合法利益。2. 应与有关国家保持协商，包括维持一种事前通知的办法在内，以免侵犯上述权利和利益。如'区域'内活动可能导致对国家管辖范围内资源的开发，则需事先征得有关沿海国的同意。3. 本部分或依其授予或行使的任何权利，应均不影响沿海国为防止、减轻或消除因任何'区域'内活动引起或造成的污染威胁或其他危险事故使其海岸或有关利益受到的严重迫切危险而采取与第十二部分有关规定相符合的必要措施的权利。"第143条规定："1.'区域'内的海洋科学研究，应按照第十三部分专为和平目的并为谋全人类的利益进行。2. 管理局可进行有关'区域'及其资源的海洋科学研究，并可为此目的订立合同。管理局应促进和鼓励在'区域'内进行海洋科学研究，并应协调和传播所得到的这种研究和分析的结果。3. 各缔约国可在'区域'内进行海洋学研究。各缔约国应以下列方式促进'区域'内海洋科学研究方面的国际合作：(a) 参加国际方案，并鼓励不同国家的人员和管理局人员合作进行海洋科学研究；(b) 确保在适当情形下通过管理局或其他国际组织，为了发展中国家和技术较不发达国家的利益发展各种方案，以期：(1) 加强它们的研究能力；(2) 在研究的技术和应用方面训练它们的人员和管理局的人员；(3) 促进聘用它们的合格人员，从事'区域'内的研究；(c) 通过管理局，或适当时通过其他国际途径，切实传播所得到的研究和分析结果。"

区、大陆架的权利及各项管辖权。[1] 同时，国际海峡的过境通行权、公海自由权、国家在公海上的管辖权以及国家在开发“区域”时享有的权利及进行科学研究的权利，都是海洋权益的重要组成部分。此定义体现了：其一，海洋利益的维护和获得需要在国际法的框架下进行；其二，追求和维护合法的海洋利益是每一个国家的基本权利；其三，获得海洋利益需要承担相应的海洋保护义务。[2]

如同海洋的广袤浩瀚一样，海洋权益所涉广泛，包括了国家的领土主权、国际海峡通行权、专属经济区内的权利、对大陆架享有的权利、公海自由原则赋予的权利及国家在公海上的管辖权、国家在开发“区域”时享有的权利及进行科学研究的权利、各国开发其自然资源的主权权利、进行海洋科学研究的权利、海洋技术发展和转让的促进合作过程中的合法利益以及解决海洋争端时争端各方议定程序的权利，等等。可谓牵一发而动全身。因此，海洋成了各国利益愈演愈烈的争夺焦点。

二、我国海洋权益面临的挑战

我国的海洋权益面临多元威胁和挑战。既有捍卫国家领土问题，又有海上战略交通安全问题；既有岛屿归属与海洋划界之争，又有海洋资源掠夺与反掠夺之争；既有随时可能激化的传统安全问题，又有日益突出的非传统安全问题。在林林总总的威胁中，有的损害我国现实利益，有的可能威胁我国长远发展；有些直接针对我国，还有些产生间接影响；有的是现

---

〔1〕 如《联合国海洋法公约》第56条规定：“1. 沿海国在专属经济区内有：(a) 以勘探和开发、养护和管理海床上覆水域和海床及其底土的自然资源（不论为生物或非生物资源）为目的的主权权利，以及关于在该区内从事经济性开发和勘探，如利用海水、海流和风力生产能等其他活动的主权权利；(b) 本公约有关条款规定的对下列事项的管辖权：(1) 人工岛屿、设施和结构的建造和使用；(2) 海洋科学研究；(3) 海洋环境的保护和保全；(c) 本公约规定的其他权利和义务。2. 沿海国在专属经济区内根据本公约行使其权利和履行其义务时，应适当顾及其他国家的权利和义务，并应以符合本公约规定的方式行事。3. 本条所载的关于海床和底土的权利，应按照第六部分的规定行使。”《联合国海洋法公约》第77条规定：“1. 沿海国为勘探大陆架和开发其自然资源的目的，对大陆架行使主权权利。2. 第1款所指的权利是专属性的，即：如果沿海国不勘探大陆架或开发其自然资源，任何人未经沿海国明示同意，均不得从事这种活动。3. 沿海国对大陆架的权利并不取决于有效或象征的占领或任何明文公告。4. 本部分所指的自然资源包括海床和底土的矿物和其他非生物资源，以及属于定居种的生物，即在可捕捞阶段海床上或海床下不能移动或其躯体须与海床或底土保持接触才能移动的生物。”

〔2〕 娄成武、王刚：“海权、海洋权利与海洋权益概念辨析”，载《中国海洋大学学报（社会科学版）》2012年第5期，第47页。

实的威胁，有的是潜在的威胁；有的在近海，有的在远洋。总之各种利害交织存在，使得我国的海洋权益面临着前所未有的挑战。

（一）海域划界矛盾重重

我国濒临黄海、东海和南海，在濒临的三个海域，我国与周边国家皆存在海域划界问题。

1. 黄海海域的相关争议

黄海位于我国大陆与朝鲜半岛之间，是太平洋西部的边缘海。黄海南北长约四百七十海里，东西宽约三百海里，总面积约三十八万平方公里。在黄海南部，东起韩国济州岛，西至我国长江口一线是黄海与东海的分界线；在黄海北部，我国威海与大连的连线是黄海与渤海的分界线。主要海湾包括西朝鲜湾和我国的海州湾、胶州湾。黄海地势平坦，资源丰富，全部属于大陆架，黄海宽度普遍小于三百海里，按照《联合国海洋法公约》所确定的200海里专属经济区的界限，我国与朝鲜和韩国的专属经济区重叠。在大陆架划界方面，我国与朝鲜是相邻共架国，与韩国是相向共架国，由于各自主张的划界方法不同，三国在黄海大陆架划界上存在争议。

对于和我国重叠海域边界划分，朝鲜单方宣布200海里专属经济区，主张以“海洋半分线”原则与我国划分黄海的边界。这一主张与我国坚持的公平原则，即以中间线来划分黄海海域专属经济区的立场不一致。1977年6月21日，朝鲜颁布了《中央人民委员会关于建立朝鲜民主主义共和国经济水域的政令》，宣称在中朝领海主张范围重叠的专属经济区内，不能划至200海里的海域作为半分线，而要以纬度等分线为划界依据，这明显与我国的主张背道而驰。因此，从1997年开始，我国与朝鲜双方举行了四轮非正式磋商，两轮海域划界事务级和渔业问题专家级磋商，主要就海域划界及渔业问题交换意见。但是结果不尽如人意，相关海域的划界尚未达成协议。尽管如此，值得肯定的是两国政府于2005年12月签署了《中朝政府间关于海上共同开发石油的协定》，为促进中朝两国达成海域划分协议创造了一定的条件。

韩国位于亚洲大陆东北朝鲜半岛的南半部，北部以军事分界线与朝鲜相邻，东临日本海，西面与我国山东省隔海相望，三面被黄海、朝鲜海峡和日本海所环抱。1970年1月韩国颁布的《海底矿物资源开发法》，指明韩国海域划界使用混合标准，即中间线和自然延伸原则相结合的标准，自行划定了大陆架边界：在黄海和朝鲜海峡按中间线，在东海以自然延伸原则划定。单方面划定其大陆架的坐标，其中对我国一侧采用中间线原则，对日本一侧采用大陆自然延伸原则划定其大陆架外部界限。由于黄海最窄的海区不足二百海里，再加上中韩在黄海南部的海岸相向，因此，在不足二百海里的专属经济区内，就需要两国进行协商划界。然而，中韩两国的划界标准存在差异，由于划界原则无法一致，使中韩双方间产生了6万平方千米的争议海区。

2. 东海海域的相关争议

东海比黄海相对开阔，但不足四百海里。东海平均水深349米，约有三分之二的面积为大陆架位于我国、日本和韩国之间。其中冲绳海槽构成我国东海大陆架和琉球岛架的自然分界线。

东海大陆架最大宽度为325海里，最小宽度为167海里。[1] 在此区域内，中日双方为了维护各自海洋利益，对于大陆架划分有着严重分歧。1974年1月30日，日本与韩国签订了所谓的《共同开发大陆架协定》，擅自划定8.2万平方千米的我国东海大陆架作为“共同开发区”。对此，我国外交部先后于1974年、1977年、1978年和1980年发表声明抗议日本和韩国的这种行为，并指出：根据大陆架是陆地领土自然延伸的基本原则，我国对东海大陆架拥有不容侵犯的主权权利。同时，在东海区域渔业、油气资源开发利用的过程中，美国和韩国势力不断渗透介入，致使中日东海划界问题日趋复杂化、国际化，成为影响中日两国关系发展的最敏感问题之一。此外，中日两国的东海之争还涉及钓鱼岛主权归属问题。

中韩两国在东海区域的专属经济区尚未明确划分，双方已经多次就东海划界问题进行会晤，由于分歧太大而未果。其主要争议点在于苏岩礁的归属问题。2001年，韩国测绘管理机构——国家地理院正式将苏岩礁更名为离於岛（Ieodo）。2003年，韩国海洋研究院在苏岩礁建成了所谓的“韩国离於岛综合海洋科学基地”，形成了一座拥有生活设施、停机坪、卫星雷达、灯塔和码头的人工建筑物，有8名常驻研究人员。此后，韩国方面开始不断地在附近海域开展所谓的资源勘探活动，并定期派出飞机、舰艇等开展巡视活动。2007年、2008年和2012年，济州岛地方议会三次推动设立了“离於岛日”，试图将划定“李承晚线”的1月18日确定为“离於

[1] 陆伟、周德江：“国际法视角下的中日东海争端”，载《中国海洋大学学报》2007年第5期，第17页。

岛日”。[1] 在韩国看来“离於岛海域距离韩国领土更近，很明显，韩国具有拥有权”。即使是中韩两国达成了协议，明确了无论苏岩礁在哪一方的专属经济区范围内，这一方拥有的也只是管辖权而不是所有权。因为管辖权专指管理权和处置权，偏重管理职能；而所有权专指占有、使用、收益、处分等权利，强调归属职能。因此，韩国所采取的这些措施，实际上是以一种模棱两可的态度，宣扬其对苏岩礁的“主权拥有”，并沿用了对独岛（竹岛）的“先占”经验，某种程度上是在实施缓慢、渐进的“先占政策”。[2]

可见，在东海海域的划界问题上，我国不仅与日本、韩国存在着专属经济区、大陆架划界的原则分歧，而且在实际利益上还涉及钓鱼岛、苏岩礁及其相关海域的权利归属问题。此外，东海还有著名的被称为海洋鱼类宝库的舟山渔场以及东海海底蕴含的丰富的油气资源。随着陆域资源的过度使用，海洋资源及其战略价值愈加重要，这也是导致中日韩三方之间海域纷争态势恶化的主要原因。

3. 南海海域的相关争议

作为我国最大的海域，南海占我国海域面积的一半左右。南海平均水深1140米，大陆架占南海面积的一半以上，主要在南海海域的北部、西北部和南部，由西北向东南倾斜。南海的自然资源、地理位置、交通和贸易的重要地位，使其不仅对该区域的国家意义重大，而且对参与全球贸易的国家都意义非凡。南海争议涉及两大类问题，即南海周边各国对南海岛礁的主权归属及南海水域的权利归属。

针对南海问题，我国的九条断续国界线（简称九段线）主张遭到周边所有国家反对。2009 年 5 月 6 日马来西亚及越南向联合国大陆架界限委员会（以下简称 CLCS）作出外大陆架界线联合提案。同年 5 月 7 日越南单方向 CLCS 作出提案。作为回应，我国政府于 2009 年 5 月 7 日向联合国提出两份内容相同的第三国照会，声明：“中国对于南海诸岛及其附近海域拥有无可争辩的主权，并对相关海域及其海床和底土享有主权权利和管辖权。中国政府的这一一贯立场为国际社会所周知。”此外，还有三组国家

---

〔1〕 1952 年 1 月 18 日，时任韩国总统李承晚单方面在中韩、日韩之间的东海、日本海及公海海域上划定一条界线，并禁止外籍渔船闯入。这条界线并没有得到任何国家的承认，并于 1961 年被韩国政府最终取消。

〔2〕 郭锐、王箫轲：“中韩海洋权益纠纷问题与我国的应对之策”，载《国际关系研究》2013 年第 2 期，第 137 页。

彼此之间存在着海疆划界争议，一是马来西亚与我国对于南海的南部，有单纯的重叠海域划界争议；二是菲律宾及越南针对越南东方海域的北部区域，有重叠海域的划界争议；三是马来西亚及越南在其联合提案当中，显示此二国的外大陆架重叠，而有划界之争端。[1]

总之，南海具有自然资源、地理位置、交通和贸易上的重要地位，南海争议主要涉及两大类，即南海周边各国对南海岛礁的主权归属及南海水域的权利归属。南海诸岛的主权归属属首要问题，其次是附属于这些岛礁的海洋权利问题（即领海、专属经济区和大陆架及其自然资源的归属问题）。

（二）岛礁之争

我国与周边国家存在诸多岛礁归属争议。中日东海钓鱼岛，中韩黄海苏岩礁，我国与越南、菲律宾等东盟国家的南沙群岛主权之争，等等，使我国岛礁和领海面临被瓜分的危机。尤其甚者，在东海我国固有的钓鱼岛被日本非法占有，其极度罔顾历史事实，拒不承认我国对钓鱼岛的主权，不惜派出战机监视和拦截我国船舶接近钓鱼岛。此外，作为扼太平洋至印度洋海上交通要冲的南沙群岛之大多数岛屿被越南、菲律宾等国侵占，我国实际控制的寥寥无几，更遑论南沙海域极其丰富的海洋资源。

钓鱼岛及其附属岛屿称为钓鱼岛群岛，位于我国台湾省基隆市东北约九十二海里的东海大陆架上，属于台湾省的附属岛屿。距离琉球群岛约七十三海里，隔冲绳海槽与琉球群岛相望，距冲绳首府那霸 230 海里。钓鱼岛列岛主要由钓鱼岛、黄尾岛、赤尾岛、南小岛、北小岛、大南小岛、大北小岛和飞獭岛等岛屿和一些岛礁如冲北岩、冲南岩等组成，总面积约七平方千米。钓鱼岛自古以来就是我国领土，是我国最早发现、命名，并行使主权的。我国对钓鱼诸岛及其附近海域拥有无可争辩的主权，对于这一立场我国拥有充分的历史和法律依据。虽然钓鱼岛面积不大，但是钓鱼岛的归属权，将会成为左右东海划界的风向标。由于钓鱼岛及其附近的海域不仅资源储量丰富，而且还具有极其重要的军事及经济战略价值，所以不能轻视钓鱼岛对东海划界的影响力。

苏岩礁地处于公海水域，位于中韩专属经济区重叠的区域。苏岩礁在低潮时仍处在水面以下，距离海面最浅处达 4.6 米。它距离我国舟山群岛

---

〔1〕 高圣惕："论南海争端与其解决途径"，载《比较法研究》2013 年第 6 期，第 23—25 页。

最东侧的童岛约一百三十二海里，距离韩国济州岛南端约八十二海里。可以看出，苏岩礁距离韩国更近一些，所以，韩国根据其在1996年颁布的《专属经济区法》，主张与邻国适用中间线划界原则，[1] 从而将苏岩礁列入到韩国的主权管辖范围之内。但事实上其并不在韩国领海范围以内。[2]《联合国海洋法公约》第121条规定："岛屿是四面环水并在高潮时高于水面的自然形成的陆地区域。"按照这一岛屿认定原则，苏岩礁显然不属于岛屿。更不是某个国家的领土。中韩两国均是《联合国海洋法公约》的缔约国，因此苏岩礁问题不属于领土问题，这是中韩两国处理该问题的基本前提和重要共识，两国领导人和外交部门也曾多次进行过公开表态。目前，中韩两国对苏岩礁的解读各执一词，其背后隐含的是两国对海洋划界问题的巨大分歧。一般而言，海洋划界主要包括海岸相邻或相向国家之间的领海、大陆架和专属经济区（以及渔区）的划界。这不仅要按照自然界限来划分，同时还要按照政治、法律所确定的规则来划界，因此在长期的实践中形成了公平原则、自然延伸原则和等距离中间线原则这三大主要原则。我国是典型的大陆国家，拥有漫长的大陆架，自然认为苏岩礁是中国大陆架上的一个丘陵，理当在中国的主权管辖范围之内。同时，我国相关法律也规定，"与海岸相邻或者相向国家专属经济区和大陆架的主张重叠的，在国际法的基础上按照公平原则以协议划定界限"。[3] 韩国作为欧亚大陆东端的半岛国家，其在苏岩礁所处的西南海域并不存在大陆架。

（三）海上通道的潜在威胁

我国的海运航线已经遍及世界各大洋，且经过一些重要的咽喉要道。从我国战略的整体性和海上利益发展的长远性看，我国海上战略通道主要分布于西太平洋、南太平洋以及北印度洋三个海区，具体来说就是贯通从黄海、东海和南海进出西太平洋和东印度洋的海上通道。[4] 这些海上通道不仅承担着贸易运输的重担，还是捍卫我国海上安全的重要防线。随着我国经济的高速增长和对外贸易的增多，我国对海上战略通道安全的依赖越来越大。海上战略通道成为大国利益争夺的焦点，也成为亚太地区一些相

---

〔1〕 李军、王传剑："中韩相邻海洋权益问题研究"，载《太平洋学报》2010年第12期，第7页。

〔2〕 郭锐、王箫轲："中韩海洋权益纠纷问题与我国的应对之策"，载《国际关系研究》2013年第2期，第136页。

〔3〕 参见《中华人民共和国专属经济区和大陆架法》第2条。

〔4〕 梁芳：《海上战略通道论》，时事出版社2011年版，第252页。

关国家用来平衡和制约我国的一个筹码。

我国与所有海上邻国存在海域划界问题的同时，马六甲困局和岛链封锁更是对我国国家安全和战略利益构成了重大威胁。美国基于战略考虑而将南海纳入其全球战略之中，马六甲海峡被美国列为需要控制的海洋咽喉要道之一。冷战结束后，美国更是将矛头集中指向中国，试图通过岛链封锁线上设置的防御圈和军事基地，封锁和控制中国通往太平洋和印度洋的海上通道，实现对中国的战略包围。美国对南海问题的政策已由“消极中立”转变为“积极中立”，并且宣称钓鱼岛在美日联合安保范围之内。日本历来视南海为其传统势力范围，南海的交通线被视为日本的生命线，因此，日本以“确保海上航行自由”、“反对使用武力”为借口，干涉中国南海事务。近年来，美日两国以打击“海盗”和维护国际航道为由，试图控制被称为中国海上生命线的马六甲海峡。这些对我国的社会经济发展和国家安全无疑造成了严重威胁。此外，海上恐怖主义、海盗活动、海上走私、海上贩毒及贩运人口、海上环境污染、海上有组织犯罪等对我国海上战略通道安全造成的威胁也日渐严重。

毋庸置疑，海洋不仅是经济大动脉也是最方便快捷的军事交通线和最广阔的战略机动空间，海上战略通道是国民经济和社会发展的重要命脉。因此，谁能掌控海洋谁就掌控了巨大的政治和经济权利。

（四）非传统安全挑战

冷战结束后，世界多极化和经济全球化成为社会发展的主流趋势。与此同时，国际恐怖主义、疫病、经济危机、资源短缺、非法移民、走私贩毒、海盗、洗钱等各种非传统安全问题也日益突出。非传统安全是除军事、政治和外交冲突以外的其他对主权国家及人类整体生存与发展构成的威胁，是政治安全、军事安全、经济安全和社会安全等方面问题相互交织，相互影响的结果。

相对于传统安全而言，非传统安全的内涵更广泛和复杂，涉及政治、经济、军事、文化、科技、信息、环境等领域。其主要特点是跨国性、不确定性、转化性、动态性等。当今，非传统安全挑战主要来自金融、环境、信息、疾病、人口等领域以及民族分裂主义、宗教极端势力、暴力恐怖势力等的威胁。而这些都可能从海上输入导致沿岸国受到严重危害。

（五）海洋资源被掠夺

在全球面临人口膨胀、陆地资源短缺的今天，保护自己的海洋权益不受侵害，开发自己的海洋资源，正在成为世界各国谋求生存与发展的重要途径。于我国而言，海洋资源是未来可持续发展的重要支撑。我国人口基数大，陆地资源相对匮乏。由于过度开采，许多矿产资源已经面临枯竭。进入21世纪以后，与我国国民经济发展密切相关的数十种主要矿种已有一半不能满足需求，我国的可持续发展急需拓展新的战略空间。与陆地相连的海洋是最好的选择。近年来，国土资源部、中国地质调查局在我国的南海北部西沙海槽发现了储量巨大的可燃冰。据估算整个南海可燃冰的资源总量达到了四万多立方米，相当于700亿吨石油的能量，是我国常规油气资源的一半。此外还有潮汐能、波浪能、温差能和盐差能等，可以通过现代科学技术将其转化为现实的电能加以利用。〔1〕海洋所蕴藏的丰富资源将成为我国经济发展的重要支撑，也是我国实现可持续发展必不可少的资源储备。

毫无疑问，与岛屿主权归属及海域划界的争端相伴而生的是以资源为核心的各种矛盾。以南海为例，南海周边的国家与地区目前在南沙海域投入开采的油井超过一千口，这些油井绝大部分位于南海断续线中国一侧的海域，每年开采的石油超过几千万吨。此外，我国从1999年开始在南海实行夏季休渔制度，但有的国家不但说中国“无权宣布休渔”，而且还趁我国休渔之际大肆捕捞。日本、越南、菲律宾还一再肆意抓捕我国渔船和渔民。这实在是有违基本的国际关系准则。

三、应对策略

人类社会进入以海洋为主题的新纪元，和谐海洋是和谐世界中不可或缺的一部分。因此，各沿海国家有必要相互协作以解决面临的各种海域问题，以求达到共赢目的。中国作为联合国安理会的重要成员，须履行自己的国际义务，恪守国际法准则，在捍卫国家主权的同时，为维护世界和平与安全做出自己的贡献。

（一）国家核心利益不可谈判

领土是指国家主权管辖和支配下的地球的特定部分，是国家存在的物质基础，是国家行使权力的空间。领土主权最大的特征就是排他管辖。国

〔1〕刘锦红：“略论海洋权益对我国未来发展的重要意义”，载《法制与社会》2013年第11期，第170页。

家的核心利益[1]主要就是指国家主权和国家的领土完整。

西班牙曾凭借其无敌舰队攫取了滚滚财富，大不列颠的坚船利炮也为它打开了世界上几乎所有的门户，如今，悬挂着星条旗的舰队随时都会出现在其认为与美国利益相关的世界任何一个角落。每个有作为的民族都不会对此无动于衷。国家核心利益不能谈判亦无需谈判。如今，可在倡廉反腐的同时拔擢清廉能吏，开启民智，进一步凝聚民心，使寰宇焕然清新，改变国家形象，同仇敌忾，远交近攻，以仗势嚣张之无知鼠辈小试牛刀，杀鸡儆猴，扬我国威！

（二）加强研究，创新理论

理论引导，师出有名。

海洋权益的维护要充分利用法律、政治、外交、经济、科研、文化、旅游等各个领域的有机配合。加强相关领域的理论研究，在现有立法基础上进一步完善立法，做好理论准备。只有深入研究，具备深厚的理论储备才能在应对中进行理论创新，出奇制胜。如2005年11月松花江污染事件引发的国际索赔诉求的有效处理，即取决于国际法新理论的创立，没有国际法的“跨界影响”理论就无法打破外交僵局走出困境。

于此同时，在理论研究中，可充分发挥非营利民间组织和个人的作用。如法定公民职责：凡出国者，无论出行目的回国即向规定机构提交两条目的地国家信息，信息内容不限可包罗万象，如山川河流特征、建筑风格布局、道路桥梁所在、传统习惯文化，等等。

（三）结束九龙闹海，集中出击优势

维护海洋权益必须依靠自身实力，特别是在维护核心利益时，绝不能寄希望于他人。当前所有涉及海洋事务的政府机构，管理职能局限，管理范围交叉重叠，难于形成合力，极其不利于海洋权益的维护。当完善立法，理顺关系，各司其职。如此，才能集中力量，重拳出击。

首先是完善我国海洋权益的法律、政策体系，整肃涉海部门权利交叉重叠现象。我国现行的海洋政法管理部门包括中国海监总队、中国海事局、中国渔政局、中国海关缉私警察、中国公安边防海警部队等，极其混杂。如此不利于提高管理效力，亦缺乏统一调度和指挥，对此应进行协调

---

[1] 中国的国家核心利益包括国家主权、国家安全、领土完整、国家统一、中国宪法确立的国家政治制度和社会大局稳定、经济社会可持续发展的基本保障。参见国务院新闻办公室：《中国的和平发展白皮书》，2011年9月6日。

归并，形成海军、海警、海监三支队伍立体式的集中统一管理模式。

其次，注重发展必要的国际战略联系，建立远交近攻的统一战线。积极参与国际海洋新秩序的重建。这既能更有效地开展海洋活动和保护海洋权益，又有利于营造更为有利的海洋战略环境。

最后是强军。建立一支强大的海军一直是炎黄子孙的愿望。看看世界各主要国家，无论是美国、俄罗斯，还是野心勃勃的英国、印度，无不拥有庞大的海军。更为重要的是，21 世纪作为一个人类文明发展的重要时代，各国无不把海洋作为可持续发展的空间，海洋权益的竞争已成为国家实力的标志。这就要求我们必须一改以往重陆轻海观念，进一步唤起国人的海洋国土意识，建设一支强大的人民海军，为保障我国海洋权益奠定最最基本的力量之基。

（四）加强信息情报工作，强调非传统安全观念

维护海洋权益无疑是保障国家安全的重要内容。

当今世界和平与发展虽是时代的主题，但霸权主义和强权政治依然存在，传统安全威胁和非传统安全威胁相互交织。中、美、俄、日、欧盟、印度、澳大利亚、东盟等世界性大国、重要的地区大国或国家集团均在亚太地区拥有重要的战略利益。世界上的主要宗教汇集于本地区，不同社会制度与文化传统的国家共存于本地区，世界主要战略力量在本地区碰撞交汇，战略利益交错。亚太地区可以说是整个世界政治力量、军事力量博弈与抗衡的缩影。故而我国海洋权益的保障，既是对国家海洋权益的维护，更是保障国家安全必不可少的有机组成部分。

鉴于我国周边严峻的安全形势，特别是严峻的海上安全形势，除建立海上防空识别区外，更要多管齐下。加强海洋科学研究，不仅在政治、外交、军事领域，更要在法律、经济、科技、文化、宗教、旅游、环境、医疗等各个领域与海洋国家形成常态交流，有效渗透。此外，在立法保障的前提下对科研机构、非政府组织、非营利团体以及公民个人加以引导充分发挥、挖掘其潜在作用，使中华民族的每一分子都为民族的伟大复兴尽力。

（五）积极参与国际事务，创设海洋新秩序

当今世界，海洋权益之争深刻地影响着世界政治、经济格局。对于我国所面临的挑战，可以《联合国海洋法公约》为基点，积极参与国际事务以达成我们的目的。正如为解决“索马里海盗”而出台联合国安理会 1816 号决议一般。

1816号决议的通过，证明海权大国、贸易大国可以用同样的权威及途径，调整《联合国海洋法公约》或其它相关国际公约并因此开创设立新的对其有利的习惯国际法的机会，1816号决议不过是个开端。调整、弱化《联合国海洋法公约》第19条，对沿海国领海主权、领土完整、政治独立带来了严重影响，可以预见，此种状况将来可能不只发生在专属经济区，可能延伸至原本在《联合国海洋法公约》法理结构中能维持法理平稳，权力、利益稳固的毗连区、领海，沿海国的主权和管辖权都将因联合国安理会1816号决议的通过及建立起可以调整《联合国海洋法公约》的权威面临严重的威胁和挑战。“海盗”影响了国际法的作为与发展，包括联合国安理会的维和行动和《联合国海洋法公约》第100条的“普遍管辖权”的行使。“海盗”足以改变一个区域的国家实力排序，也是打破区域势力均衡最好的方法，为了解决索马里海盗问题却反而制造出弱化《联合国海洋法公约》及沿海国主权的结果。且是《联合国海洋法公约》下合法的运作，可以“使用国际法对抗国际法”。惊人的事实是，安理会2008年6月通过的1816号决议与2007年10月美国布什总统发布的《海上安全政策》，对印度洋—太平洋海域、马六甲海峡及其周边海域的定位、论述竟一致到如出一辙，尽管一个是为解决海盗问题的具有国际法律效力的国际法律文件，一个仅仅是一国的海洋政策。

海盗是一个“战略机会”，一个曾造就葡萄牙、西班牙、荷兰、美国、法国的全球殖民和晋升工业大国、经济大国、贸易大国、海权大国的机会。作为战略包装，美国即以“索马里海盗”为“重返亚太”的机会。美国的“海盗链接恐怖行为理论”认为海盗与恐怖分子一旦链接起来，就会造成马六甲海峡或外围水域发生大规模海盗事件的机会和风险，也会带来闭锁马六甲海峡的可能。如此，亚太地区既有的格局可能被打破而进入列强竞逐亚洲利益的时代，美国、日本可能乘机直接介入海峡防务而实质控制马六甲海峡，我国海上能源运输链的最大弱点将会更加突显，是否能够顺利安全获得所需能源供应，是我国不能不认真思考的一个大问题。

四、结 语

维护海洋权益是保障国家安全的重要内容。当今世界和平与发展虽是时代的主题，但霸权主义和强权政治依然存在，局部冲突和热点问题此起彼伏，传统安全威胁和非传统安全威胁相互交织。客观上，我国所处的亚太地区是世界上形势最为复杂的地区。中、美、俄、日、欧盟、印度、澳大利亚、东盟等世界性大国、重要的地区大国或国家集团均在亚太地区拥有重要的战略利益。世界上的主要宗教汇集于本地区，不同社会制度与文化传统的国家共存于本地区，世界主要战略力量在本地区碰撞交汇，战略利益交错。亚太地区可以说是整个世界政治力量、军事力量博弈与抗衡的缩影。故而我国海洋权益的保障既是对国家正当海洋利益的维护，更是保障国家安全必不可少的一个部分。

我国民主革命先行者孙中山先生曾在《建国方略》中明确提出："自世界大势变迁，国力之盛衰强弱，常在海而不在陆，其海上权力优胜者，其国力常占优胜。"我国自古以来就是海洋大国，经略海洋战略、维护国家海洋权益历来都是我国仁人志士的努力奋斗目标。进入21世纪，海洋对于我国的意义和重要性随着世界格局的变化愈发突显，我国作为《联合国海洋法公约》的缔约国，在《联合国海洋法公约》框架下维护自己的海洋权益不仅是国家经济发展的需求，更是为世界和平与稳定发展做出自己的表率。

7
论南海问题中的中美博弈[*]

刘长敏[**]

摘　要：2009年以来，美国对于中国与周边一些国家的南海领土主权和海洋权益之争，由最初采取的“中立”、“不介入”政策，发展为后来间接和直接“干预”政策，导致南海安全形势进一步复杂化。美国调整南海政策是为了确保南海海上航行自由与安全；配合战略重心向亚太地区转移的现实需要；以南海争端为契机，密切与传统盟国的关系，发展新的伙伴，以遏制中国日益增长的政治和经济影响；在南海地区创建新的国际规范和海洋制度霸权，以限制和遏制中国的南海开发战略。对此中国应该采取有效措施沉着应对，包括：继续加强中美之间的战略沟通，有效管控可能出现的冲突和危机；在国际法框架下明确权益主张，坚定表达维护国家领土主权的决心和意志；准确把握美国战略意图，妥善处理与相关国家的关系，在中美博弈中争取更多的主动权。

关键词：南海问题　中美关系　力量博弈

---

* 本文系教育部人文社科研究一般项目“中美合作机制与新型大国关系构建研究”的阶段性研究成果，项目编号：13YJAGJW004。

** 中国政法大学政治与公共管理学院国际政治系教授、博士生导师，中国政法大学中国周边安全研究中心主任，国家领土主权与海洋权益协同创新中心研究员。

近年来，部分南海周边国家蚕食侵占了南沙部分岛礁，引发了与中国的海洋领土主权和权益争端。随着事态的发展，一些大国也开始卷入这些争端，特别是美国，由最初的不介入、中立逐步发展为表示关切、公开干预，导致了南海安全形势的复杂化。今天的南海，美国和中国俨然已经成为了较力的主角。如果将中国南海海洋领土权益争端看做是一盘棋，那么美国正在努力扮演操盘手的角色，通过发表言论、官方访问、联合军演等形式，支持和鼓励与中国存在南海争端的国家，公开与中国进行抗衡。中美双方在构建新型大国关系的大背景下，在南海地区却面临一场暗流涌动的遭遇战，涉及的内容也已经由最初关于南海航道航行自由的对话，升级到集地缘政治利益的岛礁主权、南海断续线的法律地位、海权和航行制度、海洋权益和资源开发等多个领域，形成了一种全面博弈的势态。

一、美国南海战略的调整与演变

冷战结束以来美国的南海政策，大致经历了“基本中立”、“加强关注”和“逐步选边站”的发展阶段，从所谓“观察”为主渐渐调整为不断“干预”。从时间上划分，2000 年以前基本持中立立场。具体表现为 1974 年 1 月，当中国通过自卫反击战将越南军队赶出西沙群岛时，美国保持沉默，并没有把南海岛屿争端看做是一个安全问题。1992 年 2 月 25 日，中国宣布对所有南沙群岛拥有主权，美国东亚事务助理国务卿理查德·所罗门反应说，这是中国的长期立场，美国对南沙群岛不负有特殊责任。时任副国务卿罗伯特·佐利克申明，美国在南海问题上的立场没有改变，仍然是不对领土要求的合法性作出判断，只是要求维护航行自由和用和平手段解决领土纠纷。[1] 1995 年中国和菲律宾关于南海美济礁的争端发生后，美国南海政策有所变化，对南海的关注度明显加深。是年 5 月 10 日，当中菲美济礁之争激化时，美国国务院发言人宣读了一份美国关于南海问题的正式声明，它包括了现在人们所熟知的美国的一些基本原则：美国反对使用武力解决领土争端；美国在维持亚太地区和平与稳定方面有始终不变的利益；维护航行自由和符合国际法的海上行动自由是美国的根本利益；美国对相互竞争的领土要求的法律优劣不持立场。美国国务院发言人表示，如果说这份声明中有什么新意的话，那就是，这是一份“更为强烈的声

〔1〕 Susumu Awanohara, “Washington’s Priorities: US Emphasizes Freedom of Navigation”, *Far Eastern Economic Review*, Vol. 155, No. 32, August 13, 1992, p. 18.

明”，“更为强烈地表达了我们的担忧”。[1]

其实，此前美国国务院东亚与太平洋事务局就南海政策曾经进行了激烈辩论。“有一种意见认为，美国的政策过于被动，基本上只是对中国的行动做出反应，而且美国在过去的十年从来没有认真地重新考虑其南海政策。但同时，随着冷战的结束，美国却于1992年撤出了在菲律宾的军事基地。主张美国应更多地鼓励在东盟和中国之间制定行为准则，并建议对中国做出态度鲜明的指责。但是，当时负责亚太事务的助理国务卿温斯顿·洛德并没有接受这种观点。他认为，美国同中国之间有太多的利益交错，美国在许多方面需要中国的合作。如果国务院发表一份谴责中国的声明，一定会给中美关系带来冲击，从而损害美国的国家利益。”[2] 1998年，菲律宾政府挑起了第二次美济礁事件。[3] 12月，一名美国众议员在菲律宾政府的安排下，搭乘菲律宾空军的飞机巡视了美济礁，之后展示了他拍摄到的中国军舰和中国在美济礁修建永久性设施的照片。但是，包括美国在内的国际社会并没有公开表示支持菲律宾。1999年2月11日，美国国务院发言人在一次新闻发布会上表示，虽然中国在有主权争议的岛屿上进行建设是潜在的单边挑战行为，但这种做法远没有阻碍航行自由。“美国敦促中国和其他有领土主权要求的国家运用所有适当的外交手段来解决争端。”[4] 此时美国的态度是明确的，只要不影响国际航行自由，美国并不准备认真介入南海诸国的争端。正如2000年1月美国亚太事务助理国务卿斯坦利·罗斯强调的那样，虽然在南沙群岛建设军事设施令美国担忧，但它还没有构成对航行自由的阻碍和威胁，因为所有各方都表示它们不试图阻止国际航行自由。[5]

---

〔1〕“State Department Regular Briefing”, http: //www. nexis. com. 访问日期：2014年1月5日。

〔2〕周琪：“冷战后美国南海政策的演变”，载《当代世界》2014年第7期。

〔3〕美济礁位于中国南海的南沙群岛中东部海域，由中国驻守。1995年5月13日，菲律宾挑起第一次美济礁事件，菲政府组织了38名本国与外国记者，分别用船只和直升飞机载运到美济礁进行所谓的“采访”，企图使美济礁事件引起国际上的关注，最终在中国渔政船拦截及全体守礁人员的保卫下宣告失败。1998年10月，菲律宾再次挑起美济礁事件。他们拍了一组中国船在原建筑旁卸货的空中侦察照片，公开指责中国在美济礁扩大“军事建筑”。

〔4〕James Foley, “State Department Regular Briefing”, http: //www. nexis. com. 访问日期：2014年1月5日。

〔5〕Stanley O. Roth, “State Department Foreign Press Center Briefing”, http: //www. nexis. com. 访问日期：2014年1月6日。

“9·11”恐怖袭击一方面带给中美关系带来积极后果，两国关系全面得到改善，另一方面，也给亚太地区带来了一些新的影响，如美国加强了在南海的军事存在，实现了在中亚的军事存在，并深化了同印度的军事关系。与此同时，美国也加强了同菲律宾、泰国以及其他一些友好国家（如新加坡）的关系，改善了同越南和马来西亚的关系等等，战略重心明显倾斜。

2009年后美国亚太战略进行总体调整，在南海问题上的态度和立场逐渐发生变化，特别是“无瑕号事件”爆发之后，南海问题在美国全球事务和亚太事务中的优先层级迅速提升。美国重要官员关于南海政策的讲话、国务院新闻发布会、国会听证会急剧增多。而对南海问题关注的天平，也从南海领土争端的和平解决向美国在南海的航行自由倾斜。2009年7月15日东亚事务助理国务卿帮办斯科特·马西尔在参议院外交事务委员会上强调，美国在南海岛屿归属问题上不选边。但他同时表示，美国对“领海”或任何非陆地的海洋区域的主权要求存在担忧，因为中国对南海主权的要求存在相当大的模糊性。在战略层面上，中国的这些做法旨在凸显自己在海洋权利上日益增长的强势，而美国“在某些情况下不能同意，甚至不能理解中国对海洋法的解释”。

美国南海政策的着眼点是清楚的，一是要确保南海不受任何干扰的航行自由，中国的态度和举动使得美国担忧加剧；二是反对任何威胁南海和平稳定的行动，反对任何一方使用武力解决领土争端。2010年7月23日举行的第17次东盟地区论坛（ARF）部长会议期间，美国国务卿希拉里·克林顿发表了关注南海问题的讲话，她将国际航行自由与美国的国家利益划等号，正式提出了美国在南海的“国家利益”：“和所有国家一样，美国拥有之国家利益包括航行自由、亚洲海洋公域的使用开放、在南海尊重国际法。”〔1〕 由于美国事先做了工作，出席东盟地区论坛的27个国家和国际组织中的11个，包括文莱、马来西亚、菲律宾、越南、印度、印度尼西亚、新加坡、澳大利亚、欧盟、日本和韩国等都对希拉里的讲话都做出响应，同美国一起表示对南海问题的关注。希拉里的讲话不仅标志着美国政策的改变，由持中立立场的“观察者”演变成实际的“干预方”，而且标志着

〔1〕 Remarks at Press Availability, Hillary Rodham Clinton, Secretary of State, National Convention Center, Hanoi, Vietnam, July 23, 2010, http: //www. state. gov/secretary/20092013clinton/rm/2010/07/145095. htm.

中美在南海问题上冲突的开始。美国的做法鼓励了一些对南海岛屿有主权要求的东盟国家，他们对华态度也更加强硬。在美国“再平衡”战略的背景下，南海问题开始成为中美之间争执的焦点之一。

紧接着，2012 年 5 月，美国参议院对外关系委员会启动了批准《联合国海洋法公约》的审议程序，讨论该公约通过将对美国的经济、国家安全和主权产生的影响。23 日，国务卿希拉里在对外关系委员会上作证时，强烈呼吁国会批准《联合国海洋法公约》。她强调，“我们的航行权利和挑战其他国家的能力应建立在最牢固和最有说服力的法律基础之上，包括在诸如南海这样的关键地区。成为《联合国海洋法公约》的加入国，将使我们在援引公约规则方面有更多的信誉和更大的执行能力”。[1]

2013 年 5 月，美国亚太事务代理助理国务卿约瑟夫·云在美国战略与国际研究中心有关南海问题的会议上做主旨发言，阐述了美国在南海问题上奉行的五项原则：一是美国对相互竞争的领土主权要求不持立场；二是这些领土要求必须建立在国际法的基础之上，必须与国际法，包括《联合国海洋法公约》相一致；三是对南海海域和领空的主权要求必须来自于对岛礁的主权要求，必须证明这些要求是合法的；四是美国在如何处理争端和解决争端方面有巨大的利益，包括在全球公共领域里应有航行自由；美国在南海合法的石油和天然气开发活动不应受领土主权归属的限制；五是应通过和平手段解决领土争端，可以是外交谈判，也可以是通过第三方的国际仲裁，如国际海洋法法庭。不应试图单方面改变领土现状，各方应努力建立南海行为准则。[2]

2014 年 2 月 5 日，美国亚太事务助理国务卿丹尼尔·拉塞尔在众议院关于东亚海洋争端的听证会上作证。拉塞尔使用了更具有指向性、更严厉的措辞，批评中国在南海基于“九段线”的领土要求缺乏明确性，因而造成了这一地区的不安全性和不稳定性。拉塞尔表示，为了与美国长期坚持

---

〔1〕 Secretary of State Hillary Clinton's Written Testimony on Accession to the 1982 Law of the Sea Convention and Ratification of the 1994 Agreement Amending Part XI of the Law of the Sea Convention before the Senate Foreign Relations Committee, http: //www. virginia. edu/colp/pdf/Clinton – LOS – testimony – 2012. pdf，访问日期：2014 年 5 月 20 日。

〔2〕 State Department Briefing, Keynote Address by Acting Assistant Secretary of State for East Asian and Pacific Affairs Joseph Yun at the Third Annual Center for Strategic and International Studies (CSIS) South China Sea Conference, Washington, D. C., http: // www. nexis. com，访问日期：2014 年 1 月 6 日。

的航行自由计划保持一致，美国继续反对妨碍对海洋合法利用的主权要求。他说："我们已经反复申明航行自由体现在国际法中，而不是大国对其他国家的恩惠。"[1]美国公开质疑中国的领土要求不符合国际法，不具有合法性，但是对其他国家的领土要求是否符合国际法未做表态。美国认为中国在南海的主权要求妨碍了国际航行自由，而这是美国长期追求的目标。12 月5 日，美国出台了《海洋界限第143 号报告——中国在南中国海的海洋主张》，首次公布了美国对"断续线"的官方解读，非常明确地指出可以接受的底线："除非中国澄清其断续线仅是一种对线内岛屿以及那些地物所衍生出的符合国际海洋法（如海洋法公约所规定）的所有海洋区域的主张，否则中国的断续线主张即与国际海洋法不相符合。"[2]

2015 年事态越发升级，5 月，美国一架侦察机突然飞越中国正在开展建设活动的南海岛礁上空进行侦查活动，遭到中国海军的8 次警告。[3] 刚刚出任美国太平洋舰队司令的海军上将斯科特·斯威夫5 月访问菲律宾时对媒体说，美国海军可能将向该地区部署超过4 艘濒海战斗舰，一旦出现任何偶发事件，美军会准备作出应对，他还"亲自"乘坐侦察机到南海空域巡视。[4] 所有这些迹象表明，美国政府内部已经就美国在南海问题上对中国采取更加强硬的立场达成了共识。

二、美国调整南海政策的原因分析

从地缘政治学的角度观察，南海地理位置极其重要。它是中国通往南亚、非洲、中东和欧洲的海上必经之路，也是多个国家的"海上生命线"。据悉，经马六甲海峡进入南海的油轮是经过苏伊士运河进入的油轮数量的3 倍、巴拿马运河的5 倍，经过南海运输的液化天然气占全世界液化天然气总贸易量的2/3。每年全世界一半以上的大型油轮及货轮均航行经过此

---

〔1〕 Assistant Secretary Russel's Congressional Testimony on Maritime Disputes in East Asia, http: //www. cfr. org/territorial - disputes/assistant - secretary - russels - congressional - testimony - maritime - disputes - east - asia/p32343/, 访问日期：2014 年2 月6 日。

〔2〕 Office of Ocean and Polar Affairs, Bureau of Oceans and International Environmental and Scientific Affairs, U. S. Department of State, Limits in the Seas No. 143, China: Maritime Claims in the South China Sea, December 5, 2014, p. 24, http: //www. state. gov/documents/organization/234936. pdf.

〔3〕 美媒：美侦察机飞越南海岛礁遭中国海军8 次警告，载环球网，http: //world. huanqiu. com/exclusive/2015 -05/6491122. html，访问日期：2015 年5 月21 日。

〔4〕 黄子娟、何天天："美将领乘军机巡视南海 专家：发生冲突他国占不到便宜"，载人民网 - 军事频道 military. people. com. cn. . . 886. htm，访问日期：2015 年07 月20 日。

水域，来往的大小船舶总计在四万艘以上。[1] 因此，控制南海制海权，就控制了南海地区的重要航道，也控制了南海地区各国的经济命脉。历来尊崇“海权论”的美国自然高度关注这一地区的形势变化和力量对弈，高调介入南海问题的原因也是十分明显的。

首先，是为了确保南海海上航行自由与安全。根据世界海运理事会统计，作为世界上第二大海上航道，全球有25%的海上航运量要经过南海运往各大洲，美国从亚太地区进口的各种重要原料90%要经过南海航道运回北美。因此，从战略高度审视南海问题，是确保美国海上运输安全和全球战略顺利实施的现实需要。2007年，美国海军提出了新的海洋战略，即《21世纪海权合作战略》。文件按照实施计划把六条战略保障分成两大类：第一类战略保障包括以下三个方面：减少和有前沿部署、果敢的海上强国控制地区之间的冲突；避免同强国交战；打赢本国民族战争。第二类战略保障包括以下三个方面：全身心投入国土防卫任务；培养、维系与更多国际伙伴的合作关系；阻止、限制地区战争，以防其影响全球。[2] 该战略认识到，一个相互联系的全球经济体系有赖于海上公共领域之间的行动自由。美国必须通过把海上兵力集中在某些地区和前沿部署，来防止和威慑冲突与战争，保障海上联络和商业航行的畅通。

2010年，美国海军又出台一份《2010年海军行动概念：执行海上战略》的报告。此报告提出了海上基地的概念，并且指出对海上基地的挑战可能来自沿海国家，它们基于对自身环境、保护区、移民、卫生、安全、习惯法或海上治安的担忧，颁布对航行自由的限制。一旦得到指示，美国海军将根据国际法，挑战任何超越海洋国家合法权威的限制。[3] 2011年，美国海军军法署署长詹姆斯·霍克在一次国际会议上公开批评一些国家过分的海洋要求，特别是出于安全或环境的考虑，把专属经济区当作领海限制他国行动的行为。显然，“美国探测船在南海中国专属经济区内的遭遇，引起了美国的警觉，被它看作是美国未来可能遇到海洋准入问题或海洋活

〔1〕“David Rosenberg Environmental Pollution around the South China Sea: Developing a Regional Response”, *Contemporary Southeast Asia*, 1999 (1), 120.

〔2〕约翰·恩尼斯（Lieutenant John Ennis）：“美制定《21世纪海权合作战略》将指导未来政策”，知远、张莉莉译，载中国网，http://www.china.com.cn/military/txt/2010-05/13/content_20033879.htm，访问日期：2010年5月13日。

〔3〕“Department of the Navy. Naval Operations Concept 2010: Implementing the Maritime Strategy. Joint publication of the US Marine Corps”, *The US Navy and the US Coast Guard*, 2010, p. 95, p. 28.

动受到限制的先兆，因此美国需要采取预先防范。”[1]

其次，随着美国战略重心向亚太地区转移，南海战略地位上升。2011年11月，在APEC非正式首脑会议上，奥巴马正式提出“亚太再平衡”战略。[2] 2012年1月，美国发布《维持美国的领导地位：21世纪国防的优先任务》报告，着重强调“我们有必要向亚太地区再平衡。”[3] 2012年6月，美国防部长帕内塔发表了“美国对亚太的再平衡”的演讲，表示美国将加强对亚太地区的军事投入，并将亚太地区作为美国政策的优先级。[4]美国国家安全顾问汤姆·多尼隆指出，21世纪美国的成功与亚太的成功紧密相连。[5] 2013年4月，克里访问日本时重申美国将推进“亚太再平衡”战略，并认为这是一个极大的机遇。[6] 2013年11月，国家安全事务助理苏珊·赖斯进一步指出，美国将“继续坚定推进再平衡战略”，“亚太再平衡仍旧是奥巴马政府外交政策的基石，不管世界其他地方有多少热点问题，我们都将继续深化对这一重要地区的承诺”。[7] 2014年4月，奥巴马提出，加深美国亚太地区的“同盟关系部分是从更宽的视野着眼于亚

---

〔1〕 周琪：“冷战后美国南海政策的演变”，载《当代世界》2014年第7期。

〔2〕 Remarks By President Obama to the Australian Parliament, November 17, 2011, http: //www. white? house. gov/the – press – office/2011/11/17/remarks – president – obama – australian – parliament.

〔3〕 Sustaining U. S. Leadership: Priorities for 21th Century Defense, p. 2, http: //www. public. navy. mil/fcc – c10f/Strategies/Navy_ Cyber_ Power_ 2020. pdf.

〔4〕 Leon Panetta . The US Rebalance Towards the Asia – Pacific, http: //www. iiss. org/en/events/shangri% 20la% 20dialogue/archive/sld12 – 43d9/first – plenary – session – 2749/leon – panetta – d67b.

〔5〕 National Security Advisor Tom Donilon. As Prepared for Delivery, November 15, 2012, http: //www. white? house. gov/the – press – office/2012/11/15/remarks – national – security – advisor – tom – donilon – prepared – delivery.

〔6〕 Remarks on a 21st Century Pacific Partnership, April 15, 2013, http: //www. state. gov/secretary/remarks/2013/04/207487. htm.

〔7〕 Remarks As Prepared for Delivery by National Security Advisor Susan E. Rice, November 20, 2013, http: //www. whitehouse. gov/the – press – office/2013/11/21/remarks – prepared – delivery – national – security – advisor – susan – e – rice.

太地区",[1]并强调"美国是一个太平洋国家"。[2] 2015 年 2 月美国发布《国家安全战略报告》，再次强调美国的太平洋国家身份和亚太地区的重要性，声称要继续推进美国的亚太再平衡战略。[3]

美国亚太战略调整的深层次原因是 20 世纪 90 年代以来亚太地区实力格局的变化。仅就区域经贸关系看，中国已取代美国成为东亚地区的第一贸易大国。2009 年中国成为东盟最大的贸易伙伴国，2013 年双边贸易进出口额达到 4436.11 亿美元，同比增长 10.88%。[4] 同年中韩双边贸易额达到 2289 亿美元，而美韩双边贸易额仅为 1018 亿美元。[5]为了进一步稳固美国的霸权地位，对冲和平衡由于实力变化带来的不安全感，美国需要通过战略调整加大在亚太的投入，通过强化美日同盟关系，利用价值观外交组建囊括美、日、澳、印等国的"价值观联盟"等手段，以"再平衡"中国的快速崛起。从而证明"美国是一个不可或缺的国家，这是上一个世纪的事实，也将是下一个世纪的事实"[6]。

再次，以南海争端为契机，密切与传统盟国的关系，发展新的伙伴，以遏制中国日益增长的政治和经济影响。在 2011 年秋季的《外交》杂志上，国务卿希拉里克林顿发表了题为"美国的太平洋世纪"的文章，她提出：随着伊拉克战事的结束以及从阿富汗撤军逐渐临近，美国正处于一个关键的转折点上。过去十年，美国在两场战争上投入过多，未来十年，美国在选择时间与精力的投向时需要更为明智和系统化，唯其如此美国才能更好地维持其领导地位，确保利益安全，提升价值观念。[7] 鉴于亚太地区

---

〔1〕 Remarks by President Obama to Filipino and U. S. Armed Forces at Fort Bonifacio, Fort Bonifacio, Manila. The Philippines, http://www.whitehouse.gov/the-press-office/2014/04/28/remarks-president-obama-filipinoand-us-armed-forces-fort-bonifacio.

〔2〕 Remarks by President Obama at Young Southeast Asian Leaders Initiative Town Hall University of Malaya, http://www.whitehouse.gov/the-press-office/2014/04/27/remarks-president-obama-young-southeast-asian-leaders-initiative-town-ha.

〔3〕 National Security Strategy, February 2015, p. 24. http://www.whitehouse.gov/sites/default/files/docs/2015_national_security_strategy.pdf.

〔4〕 数据来源：中国商务部，http://yzs.mofcom.gov.cn/article/g/date/thirteen/201402/20140200490994.shtml.

〔5〕 数据来源：韩国外交通商部，http://www.mofa.go.kr/ENG/countries/asiapacific/countries/20070730/1_24408.jsp? menu=m_30_10.

〔6〕 George Bush. Address Before a Joint Session of the Congress on the State of the Union [R/OL]. January 29, 1991. http://www.presidency.ucsb.edu/ws/index.php? pid=19253.

〔7〕 Hillary Clinton, "America's Pacific Century", *Foreign Policy*, Nov. 2011.

正成为全球政治的关键驱动战略以及全球经济的引擎，该地区有美国的一些重要盟友和重要的新兴大国，对这一地区的承诺和介入，将有助于帮助塑造新的经济及安全结构，有利于维持美国的领导地位。美国国防部确定推进转向亚太的具体措施，通过军力的广泛部署，增强伙伴能力，加强与盟国和新伙伴的培训、联合行动等方式，保护集体行动能力和维护共同利益的能力。[1]

一方面，美国巩固、加强与日本、韩国、菲律宾等传统盟友的关系，在推动美日、美韩联合军演的同时，建立美日韩三边合作机制，并提议美日韩导弹防御体系的并轨，构建地区导弹防御体系。[2] 在与菲律宾关系上，美国借全球反恐之机，逐渐恢复了两国军事合作，两国的联合军演不定期进行，争取获得使用菲国军事设施的机会。与泰国军事合作方面，“金色眼镜蛇”演习作为东南亚地区最广泛的多边演习，一直在泰国组织实施。[3] 另一方面，美国高层在多种场合不断强调“印太”（Indo - pacific vision）的重要性，发展从印度洋到马六甲海峡、南海这一重要战略通道上的新伙伴关系。例如，借南海领土主权争端加强与菲律宾、新加坡的同盟关系和军事合作；强化与澳大利亚的军事合作关系，实现美军驻澳永久化。不仅如此，美国还与印度、越南等和中国存在领土争端的国家，以及印尼、马来西亚建立了军事伙伴关系，不断扩大和提升军事合作的范围和水平。在这些国家中，菲律宾和越南是同中国在南海有领土争端的国家。对于美国来说，在南海问题上适当选边站，不仅可以得到一些东南亚国家对美国的好感，而且可以减轻这些国家面对中国快速崛起引发的焦虑和担忧。这样就“实现了以美国为中心的传统的‘轮毂+轮辐’（美国+盟友）的安全架构向以美国为中心的网络状安全架构的转变”。[4] 美国“GROUND REPORT”网站2013年8月6日刊文称，美国正在努力与几乎中国周围所有国家加强军事联系，以图遏制中国，达到在亚洲建立“支

---

〔1〕 Department of Defense, Sustaining U. S. Global Leadership: Priorities for 21st Century Defense, January 2012.

〔2〕 张威威：“美日、美韩军事同盟的同步强化及其影响”，载《世界经济与政治论坛》2011年第3期。

〔3〕 刘红良：“联盟体系与伙伴关系——论美国亚太再平衡战略的安全支点”，载《江南社会学院学报》2014年9月刊，第4—5页。

〔4〕 吴心伯：“美国亚太再平衡战略：有限制衡 有限同盟”，载《中国社会科学报》2015年3月12日，http://www.cssn.cn/sjs/sjs_rdjj/201503/t20150312_1542400.shtml.

点”的目标。[1]

最后，在南海地区创建新的国际规范和海洋制度霸权，以限制和遏制中国的南海开发战略。在当前中国快速崛起，冲击亚太地缘政治经济格局的大背景下，美国高度重视海洋制度霸权的维系，并试图在南海塑造与之有利，约束中国的规范制度。2014 年 2 月，美负责东亚和太平洋事务的助理国务卿拉塞尔指出："第二次世界大战结束以来，基于国际法、促进航行自由、保障合法使用海洋的海洋机制，促进了亚洲经济的快速增长。美国凭借其同盟体系、安全伙伴以及强有力的军事存在，一直致力于维系上述海洋机制，并提供有助于地区国家繁荣的安全保障。作为拥有全球贸易网络的海洋国家，海上航行自由与不受阻挠的合法贸易，符合美国的国家利益。"[2] 美国在南海问题上强化其规则制度霸权的主要措施有：一是指责断续线不合法。2014 年 2 月 5 日，美国助理国务卿拉塞尔在国会听证会上表示，中国南海主张“缺乏基于国际法的任何清晰解释或依据”，中国断续线主张“不符合国际法”[3]，试图以断续线为抓手彻底推翻中国在南海的主权诉求。美国一些与决策层关系密切的专家学者也相继发声，主张将断续线作为抨击中国南海主张的突破口。此外，美国官方和学界都敦促台湾尽快澄清其在断续线上的立场，试图利用“中华民国”是断续线首倡者的身份对大陆进行施压。二是鼓噪以国际法为准绳解决南海争端，欲将中国置于“违背国际法”的道德低地。2013 年初，菲律宾将中菲南海争议提交国际仲裁，美表示“充分支持菲寻求国际仲裁和根据国际法和平解决争端”，呼吁中方同意以国际仲裁的方式与菲律宾解决南海纠纷。[4] 2014 年 3 月 30 日，菲律宾将南海争端提交国际仲裁后，美国务院声明表示支

〔1〕 马风书：“美国新亚太战略背景下的中国地缘战略选择”，载《山东大学学报》2014 年第 6 期。

〔2〕 Russel D R. Maritime disputes in east Asia, testimonybefore the house committee on foreign Affairs subcommitteeon Asia and the pacific (2014 - 02 - 05) [2014 - 02 - 08]. http: / /www. state. gov /p /eap /rls /rm/2014 /02 /221293. htm.

〔3〕 Russel D R. Maritime disputes in east Asia, testimonybefore the house committee on foreign Affairs subcommitteeon Asia and the pacific (2014 - 02 - 05) [2014 - 02 - 08]. http: / /www. state. gov /p /eap /rls /rm/2014 /02 /221293. htm.

〔4〕 U. S. Assures phl of full support in arbitration bid, Phillipine Star, 2013 - 04 - 03 (4).

持，并称“相关国家不用担心遭到报复，包括恐吓和胁迫”[1]。5 月中越海上对峙后，越方表示要效仿菲律宾起诉中国，美国立即予以支持肯定。三是批评中国加剧地区紧张局势，推动签订《南海行为准则》。中菲黄岩岛对峙之后，美国明显加强推动构建南海行为准则的力度，部分原因是担心局势失控，部分原因是希望借此束缚中国行为，并推动南海问题国际化、多元化。2014 年初，中国海南省执行捕鱼新规，起初并未引起越、菲等反对，但美国国务院发言人却称新规是“具有挑衅性、可能引发危险的举动”，“新规适用中方所谓的断续线范围内海域，但并未做出任何说明，也未提出任何国际法上的根据”。[2] “海洋石油 981”事件后，美国指责中国在争议海域安放钻井平台系“单方面挑衅”，“这种单方行为反映了中国推动其对争议领土主张的模式，损害地区和平与稳定”[3]。2014 年 7 月，美国助理国务卿帮办福克斯抛出“冻结”倡议，即：各方不再夺取岛礁与设立前哨站；不改变南海的地形地貌；不采取针对他国的单边行动，并成为国务卿克里在 2014 年 8 月东盟地区论坛上的主打牌。正如拉塞尔所言：“美国继续支持中国和东盟尽快签署有效的行为准则。一份有效的行为准则将促进基于规则的框架，有助于管理和规范相关各方在南海的行为。”[4]

鉴于海上航行自由对于美国执行其全球战略的重要性及美国南海政策的演变趋势，可以预料，未来美国在南海问题上的立场会日趋强硬，更加坚决地要求中国澄清九段线的依据，强调对海洋的主权要求必须建立在对岛礁的主权要求之上。美国南海政策的发展趋势以及在南海问题上介入程度的加深，不仅会影响南海局势，而且会深刻影响中国的周边环境和亚太地区的国际关系，中国需要对此做出审慎的政策选择和充分的应对准备。

---

〔1〕 HARF M. Philippines: South China sea arbitration case filing, press statement, US State Department (2014-03-30) [2014-04-02]. http://www.state.gov/r/pa/prs/ps/2014/03/224150.htm.

〔2〕 RUSSEL D R. Maritime disputes in east Asia, testimony before the house committee on foreign Affairs subcommitteeon Asia and the pacific (2014-02-05) [2014-02-08]. http://www.state.gov/p/eap/rls/rm/2014/02/221293.htm.

〔3〕 PSAKI J. Chinese oil rig operations near the paracel Islands, press statement, US State Department (2014-05-07) [2014-06-02]. http: www.state.gov/r/pa/prs/ps/2014/05/225750.htm.

〔4〕 Russel D R. Maritime disputes in east Asia, testimonybefore the house committee on foreign Affairs subcommitteeon Asia and the pacific (2014-02-05) [2014-02-08]. http://www.state.gov/p/eap/rls/rm/2014/02/221293.htm.

三、处理南海问题中美博弈的几点思考

南海总面积三百五十多万平方公里，其中中国拥有的海域超过二百六十万平方公里。从军事战略意义上看，南海扼太平洋、印度洋要冲，素有“亚洲地中海”之称，与“亚洲门户”马六甲海峡仅一水之隔，是中国海军战略前出重要通道，可增加中国海防纵深上千公里。从经济和能源安全角度看，我国与东南亚、南亚、西亚、非洲以及欧洲等地来往的海上航线都经过南海诸岛海域，通往国外的 39 条航线中，有 21 条通过南沙群岛海域，60% 的外贸运输从南沙经过。因此，对于美国对南海问题的深度介入和干预，我们必须沉着应对，以最大限度地保护中国的国家利益。

首先，应继续加强中美之间的战略沟通，有效管控可能出现的冲突和危机。海权是美国维持全球霸权的重要支柱之一，“在 21 世纪继续保持对海洋的绝对控制仍将是美国大战略的一个核心要素，这种控制同时也将是在相当程度上赋予美国在世界范围内实施其影响力（尤其是其他大国）的重要手段”〔1〕。具体到南海地区，“马六甲海峡是美国海军进入印度洋的主要通道，而且，美国在亚洲的基地与在印度洋和波斯湾的基地之间的军事调动与装备运输也要以南海为枢纽，这就使得南海主权归属中国及该地区的任何军事冲突都将危及美国的战略利益。保持南海地区海上通道畅通与航行安全，是美国的重要战略考虑”〔2〕。美国希望对中国进行战略制衡或者制度规范，“将维护海洋霸权与制衡中国崛起相挂钩，希望借助插手南海争端，挑起中国与其他南海声索方的矛盾，实现拖累中国崛起步伐与维护自身海上霸权的双重目标”〔3〕。然而，美国对华政策兼具竞争与合作、制衡与接触，结构性的两面特征明显。“中美在南海并不存在根本的利害冲突，美国同一些南海争端国的利益也有很大差异，中美之间仍然存在着广泛的共同利益和合作空间。”〔4〕

2013 年习近平主席访问美国，双方领导人就中美共建新型大国关系达

〔1〕 吴征宇：《霸权的逻辑：地理政治与战后美国大战略》，中国人民大学出版社 2010 年版。

〔2〕 何志工、安小平：“南海争端中的美国因素及其影响”，载《当代亚太》2010 年第 1 期，第 132—145 页。

〔3〕 楼春豪：“美国南海政策新动向及其政策两难”，载《河海大学学报》（哲学社会科学版）2015 年第 2 期，第 77 页。

〔4〕 刘建飞：“美国战略重心东移背景下的南海局势与中美关系”，载《国际关系学院学报》2012 年第 4 期，第 93—98 页。

成共识。一年来，两国在海洋安全领域的对话取得了可喜的成绩。中美第六轮战略与经济对话达成8大方面共识共116项重点成果，其中在海洋安全方面，双方重申，将致力于发展中美新型军事关系，深化在反海盗、海上搜救、人道主义援助、减灾等涉及双方共同利益领域的交流合作，支持中国海警局、中国海事局和美国海岸警卫队之间的合作，继续推进“中美海事安全对话机制”。在双方共同努力下，中美两国还正式签署了“建立重大军事行动相互通报信任措施机制谅解备忘录”和“海空相遇安全行为准则谅解备忘录”，对于推动中美新型军事关系的发展具有重要意义。

但是，必须清醒地认识到，中美之间在战略方面建立互信仍任重道远。为落实美国亚太“再平衡”战略，美国近年来明显加大了在中国与周边国家岛礁主权和海洋争端问题上的介入力度，在南海动作频频。2014年美国与菲律宾正式签署强化防务合作协议，部分解除对越南武器禁运等行为都助长了南海相关国家与中国争斗的底气和砝码，对地区海洋安全形势产生了消极影响。除了介入中国与周边国家的主权和海洋权益争端，美国还持续对中国进行海空侦察。2014年8月19日，美国海军一架P－3反潜机和一架P－8巡逻机飞抵海南岛以东220公里附近空域进行抵近侦察，中国海军航空兵一架歼－11飞机起飞进行例行性识别查证，引发了中美军机“异常接近”事件。2014年12月，美国总统奥巴马签署了美国国会有关授权美总统售台4艘“佩里级”导弹护卫舰的议案，严重损害中国主权和安全利益。美国对华政策的两面性，对中国的海洋安全利益带来了严重的影响，增加了中国周边海洋安全形势的不确定性。

其次，中国须在国际法框架下明确权益主张，坚定表达维护国家领土主权的决心和意志。南海历来是中国的领土主权，“中国在断续线内的权利是一种历史性权利。这种历史性权利的内涵一是领土主权，二是非专属的历史性权利”[1]。尽管近几十年来周边国家不断以各种借口对它进行侵犯，也以种种手段非法占领南海部分岛屿，但南海主权属于我国这一事实是不容改变的。中国政府尚未就南海断续线问题系统、明确地阐述立场，但外交部长的讲话、外交部发言人的表态和答记者问等表述，已经显露出中国在这个问题上的立场的脉络。[2]

---

〔1〕 贾宇：“南海问题的国际法理”，载《中国法学》2012年第6期，第33页。

〔2〕 参见杨洁篪外长2011年7月23日在第18届东盟地区论坛外长会上的发言，以及2011年9月16日外交部新闻发布会姜瑜答记者问。

1994 年《公约》生效以后，对南海断续线的质疑之声时有耳闻。周边当事国主要聚焦在以下两个问题上，一是断续线与《联合国海洋法公约》的关系问题；二是断续线内的权利主张与国际航行自由的关系问题。2009 年以来，越、菲等国多次在联合国、东盟等国际场合，以外交照会、大会发言等方式，否定或反对中国的断续线。2010 年 7 月和 2011 年 4 月，印度尼西亚和菲律宾分别向联合国秘书长提交照会，指责中国的断续线不符合国际法。2011 年 5 月东盟峰会上，菲律宾与越南再次质疑断续线。2011 年 6 月 20 日，新加坡外交部发表声明，敦促中国澄清在南海的领土主权范围，并强调新加坡作为主要贸易国，对可能影响南海航行自由的事件都极为关注。[1] 因此，中国需要围绕这些问题旗帜鲜明地阐明自己的观点和立场。包括：①中国政府通过发布地图的方式，将历史上已经确定的南海领土范围具体化并以断续线的方式清楚地标绘出来，再次明确了对线内岛礁滩沙（及领海）的领土主权。[2] 许多国家都承认断续线内的岛屿是中国领土，所出版的地图均据此标绘中国疆域。[3] ②南海断续线作为历史性权利线是有国际法依据的，历史性权利是一般国际法的基本命题，对历史性权利的承认与尊重是国际法的一贯精神，国际法的发展史体现着历史性权利的轨迹。从 20 世纪初领海宽度和领海外部界限的确定，[4] 到 1951 年英挪渔业案，[5] 再从 1957 年联合国《历史性海湾备忘录》（Historic Bay: Memo-

---

〔1〕 MFA Spokesman's Comments on Visit of Chinese Maritime Surveillance Vessel Haixun 31 to Singapore, See: http://www.mfa.gov.sg/content/mfa/overseasmission/phnom_penh/press_statements_speeches/embassy_news_press_releases/2011/201106/press_201106_5.html.

〔2〕 1947 年 12 月，内政部方域司编绘、国防部测量局代印了“南海诸岛位置图”，以国界线的标绘方式，在南海诸岛周围画出了十一段断续线。该线西起中越边界北仑河口、南至曾母暗沙、东至台湾东北，南海诸岛全部位于线内。1949 年以后，中华人民共和国出版的地图沿用 1948 年“南海诸岛位置图”上标绘的断续线，在管辖南海的过程中对断续线进行了适当调整，但总体位置和走向没有发生实质变化，逐步形成了南海九段、台湾岛东侧一段的基本格局。

〔3〕 这些地图包括但不限于：法国拉鲁斯书店分别于 1956 年、1969 年出版的《拉鲁斯世界政治与经济地图集》、《拉鲁斯现代地图集》，1970 年法兰西普通书店出版的《袖珍世界地图集》；等日本外务大臣冈崎胜男签字推荐的日本全国教育图书公司 1952 年版《标准世界地图集》，1973 年日本平凡社出版的《中国地图集》等；1960 年越南人民军总参地图处编绘的《世界地图》，1972 年越南总理府测量和绘图局印制的《世界地图集》等；1946 年美国纽约哈蒙德公司出版的《哈蒙德世界地图集》；1954 年至 1975 年苏联政府部门出版的《世界地图集》等。

〔4〕 参见 1910 年国际常设仲裁法院对英美关于北大西洋渔业纠纷的裁决（The North Atlantic Coast Fisheries Case）。

〔5〕 See *Fisheries Case* (*U. K. v. Norway*), Judgment, ICJ Report 1951.

randum)，[1] 到1962年联合国国际法委员会关于历史性水域法律制度的报告（*Juridical Regime of Historic Waters, including Historic Bays by the Secretariat of the United Nations*），[2] 历史性权利的概念得到学术机构和国际社会的基本认同和接受。③关于美国等国最为担忧的航行自由问题。中国政府多次发表声明，表示中国在南海的权利主张并“不影响外国船舶和飞机按照国际法通过南海国际航道的航行、飞行自由和安全”。中国并未将断续线内的水域认定为中国的内水或领海，也不会将断续线内的全部海域纳入中国的领土组成部分，各国在其水域内的自由航行并没有收到任何限制。前两个问题，涉及的是南海岛礁主权的争端、海洋划界争议，关系到海洋领土主权问题；后一个问题涉及的是南海航行自由问题，可依据国际法予以保障，二者的性质完全不同。美国表面上是强调和关注后一个问题，实际上质疑的却是前两个问题。针对美国国务卿希拉里在东盟地区论坛上强调南海的自由航行受到了影响，利用南海问题对中国的发难。[3] 时任中国外长杨洁篪给予明确反击：“南海地区国际航行自由和安全出问题了吗？显然没有。”[4] 所以，美国是在通过制造问题，近而介入问题并主导问题的行为模式，欲盖弥彰，达到制约中国，维护霸权地位的目的，其醉翁之意不在酒，我们要高度警惕并据理力争。

第三，准确把握美国战略意图，妥善处理与相关国家的关系，在中美博弈中争取更多的主动权。几年来，中国在南海主权争议的斗争中逐步扭转了被动反应的态势。在南海一些实际控制的岛礁增加战略性投入，增大开发的力度。2013年底中国开始执行的填海造岛作业取得重大进展。永暑岛主岛（原永暑礁）的面积已经达到了大约一平方公里，不仅成为中国大陆实际控制的最大南沙岛屿，而且取代台湾地区控制的太平岛成为南沙群岛第一大岛。此外包括赤瓜礁、华阳礁、南薰礁在内的大批岛礁也在积极施工过程中。这些坚定、扎实、具实质性的举措，为中国未来在南海以谈判解决争端，实行经济性开发奠定了坚实的基础。

---

〔1〕 See UN Doc. A/CONF. 13/1 (September 30, 1957).

〔2〕 See UN Doc. A/CN. 4/143, p. 6.

〔3〕 2010年7月23日希拉里在东盟地区论坛记者会上的讲话，详见美国国务院网站。“杨洁篪外长驳斥南海问题上的歪论”，2010年7月26日，载外交部网站，http://www.state.gov/secretary/20092013clinton/rm/2010/07/145095.htm.

〔4〕 “杨洁篪外长驳斥南海问题上的歪论”，2010年7月26日，载外交部网站，www.state.gov/secretary/20092013clinton/rm/2010/07/145095.htm.

中国维护海洋权益的坚决行动不可避免地导致了与一些周边国家关系的紧张。由于黄岩岛、仁爱礁等南沙岛礁的争议，中国与菲律宾的关系日益恶化；由于981钻井平台事件，中越两国船只在西沙发生严重冲突，越南爆发了大规模的反华示威活动甚至酿成暴力骚乱。在这种背景下，美国开始扮演裁判官角色。2014年7月10日，美参议院再次就亚太领土主权争议通过决议，要求中国立即撤走981海洋石油钻井平台，并将有关中国舰船撤出争议海域，回到5月1日以前的状态。[1] 11日，美国副助理国务卿福克斯在战略与国际研究中心举办的第四届南海年度会议上发表讲话，指责中国在黄岩岛和仁爱礁的维权行动是“挑衅”，呼吁南海争端方自愿“冻结”争议，做到“三不”，即：各方不再夺取岛礁与设立前哨站；不改变南海的地形地貌；不采取针对他国的单边行动。[2] 公然以“裁判者”的身份，全面主导南海问题。

其实，美国一直希望在东亚出现一个既能与中国抗衡，又与美国保持密切关系的地区组织，并通过参与地区多边机制来获得领导地位，其首要目标就是拉拢东盟。希拉里在谈论美国亚太政策时表示，“我们把东盟视为这个地区正在形成的地区性结构的支点。我们也把它视为诸多政治、经济和战略问题上不可或缺的机构”。[3] 而最好的介入点就是南海问题。从1992年东盟通过南海问题宣言开始，美国就一直希望将南海问题变成中国和东盟之间的问题，因为这样才有利于将东盟打造成与中国抗衡的地区组织。2011年8月，中国和东盟通过“落实《南海各方行为宣言》指针”。美国对此文件感到不满，认为东盟在“双边解决对多边解决”方面有所后退。[4] 于是，2012年9月美国国务卿希拉里访问印尼时，就督促东盟国家在和中国讨论南海问题时要“形成统一阵线”。[5] 其针对中国构建地区

---

〔1〕 113TH CONGRESS 2D SESSION，“S. RES. 412”，APRIL 7，2014.

〔2〕 Deputy Assistant Secretary Michael Fuchs，Remarks on “Fourth Annual South China Sea Conference”，Washington，DC，July 11，2014，http://www.state.gov/p/eap/rls/rm/2014/07/229129.htm.

〔3〕 Secretary of State Hillary Clinton，“America's Engagement in the Asia – Pacific”，address at Kahala Hotel，Honolulu，HI，October 28，2010，http://www.state.gov/secretary/rm/2010/10/150141.htm.

〔4〕 Walter Lohman，“The U.S. Cannot Rely on ASEAN in the South China Sea”，August 5，2011，WebMemo Published by The Heritage Foundation.

〔5〕 Matthew Lee，“Clinton urges ASEAN unity on South China Sea”，September 4，2012，JAKARTA，Indonesia（AP）.

安全架构的政治意图进一步显现。20 世纪 90 年代以来，东盟在亚太区域合作和多边组织互动中，一直与中国保持良好合作关系。进入 21 世纪，随着中国综合国力的提高，东盟国家产生了复杂的情绪。一方面，希望搭乘中国快速发展的便车实现自身的发展；另一方面，对崛起后中国的发展战略产生疑虑，试图联合其他亚太大国平衡中国的影响力。而美国的新亚太战略，特别是奥巴马执政后美国高调"重返亚太"的战略，与东盟一些国家的想法一拍即合，导致彼此之间在南海问题上相互利用。因此，正如许多有识之士所指出的，美国的"亚太再平衡"战略是导致中国与周边一些国家关系紧张的深层背景之一。

其实，在中国与大国、周边国家的关系中，既存在不断扩大交往合作的面，也存在着涉及具体国家利益冲突的点。"在亚太地区，事实上存在着中国、美国、周边邻国三方多边互动，中国不会也不可能搞'联邻制美'，但中国必须防止出现'美邻联手制华'的态势。"〔1〕随着中国持续快速发展和综合国力的提升，中国与周边国家的共同利益越来越多，要善于利用自己的国家实力和国际影响力，在合作的面和矛盾的点中取得平衡。可以通过积极推进中国与东盟多层次合作关系，为地区安全稳定提供更多的公共产品，促进区域安全机制的建设。通过积极参与地区多边对话机制，加强政府或非政府间的各种安全对话渠道增进各国间的相互信任和理解，努力消除"中国威胁论"的影响，展示一个正在崛起、成熟、言而有信的负责任大国形象，以达到有效化解美国战略企图的目的。

结　语

总之，"美国的南海政策是基于其控制西太平洋地区的霸权战略。由于中国维护主权的行动不利于美国对南海的控制地位，这就导致中美在南海问题上产生基本利益冲突"〔2〕。面对上述形势，中国要理性分析，并作出正确的政策选择。起码应该明确以下两点：首先，以中国现有的幅员、规模和实力，除非周边所有国家联合起来与中国对抗，否则对中国的遏制将无法成功，而这种局面也几乎不可能出现，于是中国仍然有足够的战略迂回和政策调整空间。其次，美国新亚太战略的目的并非仅仅遏制中国，

〔1〕 邵峰："中国周边战略透析"，载《中国经济报告》2015 年第 2 期，第 102 页。

〔2〕 时永明："美国的南海政策：目标与战略"，载《南洋问题研究》2015 年第 1 期（总第 161 期），第 7 页。

其主要意图是防止被排挤出局并掌握地区事务主导权，它对中国的遏制是一种有限遏制，所要营造的是局势适度紧张而非失控，尤其是会守住底线，避免与中国发生直接的大规模军事冲突。因此，尽管对美国的南海新战略不可掉以轻心，但也不必惊慌失措，只要我们不犯严重的战略错误，就能不断变被动为主动，使局势朝着有利于中国的方向发展。

8
“一带一路”沿线国家的投资风险及法律保护

张丽英 *

摘　要：在“一带一路”的大背景下，沿线国家的投资风险及法律研究值得更深入的研究。“一带一路”沿线国家在国际评级机构的国家主权信用评级中多数较低。[1] 本文拟通过相关国别风险及数据分析，结合我国海外投资保险的经验及我国在 MIGA、ICSID 和与沿线国家 BIT 的实践，分析我国目前对海外投资保护的不足。最后，本文建议应从建立对外投资保护法律体系、强化我国海外投资保险机构的职能、充分利用多边投资担保途径、修订双边投资协定并强化争端解决机制等方面，加强对我国企业赴“一带一路”沿线国家进行投资的保护。

关键词：一带一路　海外投资风险　海外投资环境　海外投资法律保护

在目前“一带一路”的大背景下，赴沿线各个国家投资的我国企业将有所增加，从投资的领域看，企业的走出去行为需要与国家的战略布局相

* 中国政法大学国际法教授、博士生导师、国际教育学院院长，国际经济法学会常务理事，中国国际经济法学会常务理事，中国法学会世界贸易组织法研究会常务理事，中国海商法协会常务理事。

〔1〕 经济学人智库：“‘一带一路’沿线风险评估”，载 http：//www. 21ccom. net/articles/world/zlwj/20150418123769_ all. html，访问日期：2015 年 7 月 17 日。

契合，“一带一路”的投资领域主要涉及基础设施、交通和能源等几个方面。从基础设施领域看，沿线的中亚、东南亚等国家基础设施较为落后，需要加强这方面的建设。从交通上看，陆路涉及丝绸之路通道上交通设施建设，相关的铁路、公路、管道均需要提升通道能力，水路则涉及港口及跨境通道的建设。在能源和资源上，丝绸之路跨越的中亚及俄罗斯等地，石油、天然气、矿产等资源储量丰富，开发潜力巨大。同时，由于沿线国家涉及的国家经济状况差异大，其中不少是欠发达国家和地区，基础设施、能源资源开发、交通等领域均又存在资金需求量大、投融资期限较长、未来收益不确定等投资风险，为了避免风险，海外投资保险是必不可少的。因此，有必要了解“一带一路”沿线国家的投资环境与投资风险，并从宏观和微观的角度，对这些投资风险进行法律防控。

一、“一带一路”沿线国家投资风险较高

“一带一路”沿线共有63个国家，其中东南亚11国，即印度尼西亚、马来西亚、菲律宾、新加坡、泰国、文莱、越南、老挝、缅甸、柬埔寨、东帝汶；南亚8国，即尼泊尔、不丹、印度、巴基斯坦、孟加拉国、斯里兰卡、马尔代夫、阿富汗；中亚6国，即蒙古、哈萨克斯坦、土库曼斯坦、吉尔吉斯斯坦、乌兹别克斯坦、塔吉克斯坦；西亚16国，即伊朗、伊拉克、土耳其、格鲁吉亚、叙利亚、约旦、以色列、沙特阿拉伯、巴林、卡塔尔、也门、阿曼、阿拉伯联合酋长国、科威特、黎巴嫩、埃及；中东欧16国，即阿尔巴尼亚、波斯尼亚和黑塞哥维那、保加利亚、克罗地亚、捷克、爱沙尼亚、匈牙利、拉脱维亚、立陶宛、马其顿、黑山、罗马尼亚、波兰、塞尔维亚、斯洛伐克、斯洛文尼亚；独联体6国，即俄罗斯、白俄罗斯、乌克兰、摩尔多瓦、阿塞拜疆、亚美尼亚。〔1〕我国与“一带一路”沿线国家的经济贸易往来十分紧密，在我国对外经贸往来中起到了重要的作用。据笔者计算，与该地区进出口总量占我国对外总比重的20.85%，即占我国对外贸易的1/5；对该地区承包工程营业额占我国对外总比重的46.24%，接近我国对外承包工程、劳务合作的一半。对外劳务合作人数占我国对外总比重的39.23%。〔2〕可见，“一带一路”沿线国家对我国的贸

〔1〕“一带一路”沿线国家，载中国社会科学网，http：//www.cssn.cn/gj/gj_gwshkx/gj_jj/201504/t20150408_1578096.shtml，访问日期：2015年7月17日。

〔2〕资料来源：《中国统计年鉴2014》，中国统计出版社2014年版。

易往来和境外投资十分重要。

“一带一路”沿线国家多为发展中国家，其基础设施有待开发，投资潜力巨大。但由于这些国家的宗教、民族、政治、文化状况错综复杂，因此投资面临着政治、法律、经济、自然、社会、环境、合同、技术、装备、融资、运营以及文化差异等一系列风险挑战。在中国出口信用保险公司的《国别风险分析报告》中，东道国的投资风险分为政治风险、经济风险、商业环境风险和法律风险四大类。其中，政治风险的评估包括政治稳定性、社会安全、政府干预、国际关系四个要素；经济风险包括宏观经济、金融体系、财政状况、国际收支、主权债务、（对华）双边经贸六个要素；商业环境风险包括税收体系、投资便利性、基础设施、行政效率四个要素；法律风险包括法律完备性、执法成本、退出成本三个要素。[1] 在每一类风险项下，中国出口信用保险公司都会给出对风险的展望。在综合进行风险分析之后，《报告》会给该国家一个综合的风险评级，级数为1—9，级别越高，风险越高。《报告》还会对综合风险进行展望，展望分为稳定、正面、负面和观望四个等级，即风险有可能保持稳定、降低、提高或波动、无法预测。笔者根据“一带一路”沿线国家的63份《国别风险分析报告报告》，整理出这些国家的风险评级即风险展望（见表1）。

由表1可知，在“一带一路”沿线63个国家中，风险为1—3，即风险较低的，只有4个国家，即新加坡、卡塔尔、阿联酋和斯洛文尼亚，仅占6%；风险为4—5，即风险居中的国家有24个，占38%；而风险为6—9，即风险较高的国家，则有35个，占56%之多。可见，“一带一路”沿线国家的投资风险普遍较高，高风险和中高风险的东道国占据较大比例。

在投资风险展望方面，仍有10个国家被评价为“负面”，也即投资风险将持续升高，并有8个国家被评价为“观望”，表明投资风险波动而无法预估。投资风险展望为“负面”和“观望”的国家，约占“一带一路”沿线国家的30%。这将使我国投资者正确预估风险和顺利开展投资都面临困难。

---

〔1〕《报告》以世界银行《营商环境指数》中的“合同执行”来衡量一国的执法成本，即通过追踪一起支付争议案件收集从原告向法院提交诉讼到最终获得赔付所花费的时间、费用和步骤来分析合同执行的各项成本；以《营商环境指数》中的“办理破产”来衡量在一国投资的退出成本，即破产程序的时间、成本以及破产法规中存在的程序障碍。

表 1 “一带一路”沿线国家投资风险评级及展望明细

国别	评级	展望	国别	评级	展望	国别	评级	展望
印度尼西亚	6	稳定	吉尔吉斯斯坦	8	稳定	埃及	7	稳定
马来西亚	5	负面	乌兹别克斯坦	6	稳定	阿尔巴尼亚	7	观望
菲律宾	7	负面	塔吉克斯坦	7	稳定	波黑	6	稳定
新加坡	3	稳定	阿富汗	9	稳定	保加利亚	5	稳定
泰国	5	稳定	伊朗	5	正面	克罗地亚	5	观望
文莱	4	稳定	伊拉克	7	负面	捷克	4	正面
越南	8	稳定	格鲁吉亚	7	正面	爱沙尼亚	6	正面
老挝	7	稳定	亚美尼亚	7	正面	匈牙利	5	负面
缅甸	7	稳定	阿塞拜疆	7	稳定	拉脱维亚	6	观望
柬埔寨	7	正面	土耳其	5	稳定	立陶宛	5	观望
东帝汶	8	观望	叙利亚	9	负面	马其顿	5	稳定
尼泊尔	6	稳定	约旦	5	稳定	黑山	6	稳定
不丹	7	稳定	以色列	5	观望	罗马尼亚	5	稳定
印度	6	稳定	沙特阿拉伯	4	稳定	波兰	4	正面
巴基斯坦	7	稳定	巴林	4	稳定	塞尔维亚	7	稳定
孟加拉国	7	正面	卡塔尔	3	稳定	斯洛伐克	4	稳定
斯里兰卡	5	正面	也门	9	负面	斯洛文尼亚	3	观望
马尔代夫	6	负面	阿曼	5	观望	俄罗斯	5	稳定
蒙古	6	稳定	阿联酋	3	稳定	白俄罗斯	6	稳定
哈萨克斯坦	5	稳定	科威特	5	负面	乌克兰	7	负面
土库曼斯坦	5	稳定	黎巴嫩	8	负面	摩尔多瓦	7	稳定

（笔者根据2014年中国出口信用保险公司63份《国别风险分析报告》整理制作）

二、“一带一路”沿线国家的投资法律环境

投资环境指在某特定经济地域为投资这一经济活动提供的生产条件及一系列要素，包括硬环境和软环境及各种条件相互作用的统一体。硬环境如良好的基础设施，软环境如便捷的市场准入和审批程序，透明的法律规定等。国际投资法律环境属于软环境的一部分，主要涉及市场准入、国民待遇、审批机构与程序以及投资形式限制等方面，国际上并没有统一的国际投资法典。实际上各国都是依自己的国情给外资不同程度的国民待遇，国民待遇并不等于对国内企业和外资企业完全“一视同仁”，投资领域的国民待遇实际上是一种差别的、有限制的国民待遇。例如，在市场准入上，即使是声称对外资最开放的美国，在国内航运、原子能、水电等行业中同样禁止外资投入；在通讯与航空、矿业等领域则只允许外资拥有少数股权。〔1〕 发达国家禁止或限制外资的领域通常集中在公用事业、国防工业、原子能工业、交通、矿业、银行、保险业等方面；而发展中国家则主要集中在公用事业、国防、武器弹药、航空、内陆运输、电讯、无线电与电视、印刷等行业。〔2〕 这些差别渐渐形成了国民待遇的例外，在联合国《跨国公司行为守则》的谈判中，目前就国民待遇达成的例外有：①为维护公共秩序、保护国家安全和国家的其他重要利益；②与国家宪法和其他法律所反映的社会经济制度相一致；③依发展中国家所宣布的发展目标在立法和政策中规定的措施。〔3〕 此外，在外资的审批手续、投资期限、雇佣限制、本地化要求等方面也存在差别待遇。限制和例外如适当与合理则是国家主权的一种体现。此种限制与例外的前提是不与既存有效的国际法规则相抵触。本文拟选取是否对外资采取国民待遇、税收制度是否健全、是否有外汇管制、征收和国有化风险是否较大等几个方面，来考察“一带一路”沿线63 个国家的投资环境。

（一）国民待遇方面的差异

在国民待遇方面，由表2 可知，有47 个国家对外资采取国民待遇或是

---

〔1〕 方达：“透视美国的外国投资委员会”，载《国际技术经济研究》2007 年第 1 期，第 20 页。

〔2〕 陈安：《国际投资法》，鹭江出版社 1987 年版，第 142—144 页。

〔3〕 See Rosanne M. Thomas, “Formulation of a Standard for the United Nations Code of Conduct on Transnational Corporations”, 7 *Fordham Int'l L. J.* 475 – 486 (1984); See also “U. N. Code of Conduct on Transnational Corporations”, 23 *I. L. M.* 626 (1984), Article 47 – 49.

采取鼓励性的投资政策，占总数的74.6%。但如上所述，在实行国民待遇的国家中，外资与内资也不是完全的“一视同仁”。例如，印度政府对外资投入一些政治敏感性较强的领域仍有比例限制或其他限制条件：国防设备生产及保险业外资持股不超过26%，航空运输服务业和资产重组公司不超过49%，单一品牌零售贸易不超过51%，原子矿及私营银行不超过74%等。[1] 又如，虽然亚美尼亚对外商外企实行国民待遇，但《亚美尼亚海关法典》规定，除自然人边境运输外，进口申报报关人只能是亚美尼亚人，这对外资企业尤其是中小型外资企业限制较大，会增加它们的运营费用。[2]

表2 “一带一路”沿线国家投资环境[3]

国家	外资国民待遇	健全的税收体系	外汇管制	较大的征收和国有化风险
有	16(25.4%)	35(55.6%)	18(28.6%)	7(11.1%)
无,但正在改善	31(49.2%)	8(12.7%)	-	-
无	16(25.4%)	20(31.7%)	45(71.4%)	26(41.3%)
无法确定	-	-	-	30(47.6%)

(二) 税收体系方面有不稳定因素

在税收体系方面，由表2可以看出，有43个国家已经建立或正在建立健全的税收体系，占总数的68.3%。从各国的具体情况看，有的国家税制复杂，例如乌克兰的国家级税收包括增值税、利润税、个人所得税、消费税、土地税、养老基金税、机动车税、进口关税、印花税、环境保护税等

[1] See Ministry of Overseas India Affairs, *Procedures on Foreign Direct Investment*, http://moia.gov.in/showsublink.asp? sublink/id=496, Accessed on July 19, 2015.

[2] See Customs Code of the Republic of Armenia, Article 131 (2): “The declarant shall only be a person of the Republic of Armenia, except for the cases when natural persons transport goods across the customs border of the Republic of Armenia.”

[3] 本表由笔者依2014年中国出口信用保险公司63份《国别风险分析报告》整理制作。

二十余种，还包括地方级税收共十余种。[1] 有的国家税制缺乏透明度，例如尼泊尔税收制度相对落后，本地和外来投资者时常抱怨税收管理不透明、不可预测。[2] 有的国家则缺乏税收监管，腐败和逃税现象频发，例如孟加拉国的税务部门对于税收解释随意性强，因此存在普遍的逃税漏税和贪污腐败现象。[3] 总的来说，虽然多数国家都建立了自己的税收体系，但税制复杂，存在灵活有余，稳定不足，导致缺乏透明度及贪污腐败的现象。

（三）外汇管制造成一定的汇出障碍

在外汇管制方面，由表2可以看出，有45个国家没有经常项目的外汇管制，占总数的71.4%。对外汇有管制的国家，其外汇管制主要体现在禁止或限制货币兑换上。管制针对的活动主要涉及外汇收付、外汇买卖、国际借贷、外汇转移和使用，该国货币的可兑换性，该国货币汇率的决定，以及本币和黄金、白银的跨国界流动等。有些国家有较严格的外汇管制，例如，越南政府要求，法人必须将其所有外汇存在外汇指定银行的外汇账户，企业出口和出口收汇所有收入必须汇回。除了政府未对外汇平衡进行担保的外国独资企业外，所有居民企业必须把外汇收入的80%卖给银行。如果是非营利性企业，还必须100%地将外汇收入卖给银行。[4] 有些国家外汇可以汇出，但附有长期投资的义务，如乌兹别克斯坦规定投资者被允许汇回的任何利润之前都需要长期投资义务，汇出过程有长达一年的延迟，而通过法律途径汇出投资回报平均延迟为30—180天。[5] 有些国家外汇的自由兑换是单向的，如斯里兰卡外汇管制法规定，外币可以自由兑换成斯里兰卡卢比，但斯里兰卡卢比不能自由兑换成外币。如要将斯里兰卡

〔1〕 See Worldwide Tax, *Ukraine Tax Laws and Tax System*, http：//www. worldwide - tax. com/ukraine/ukraine_ taxes. asp, Accessed on July 19, 2015.

〔2〕 See Baker Tilly Nepal, *Nepal Tax Fact* 2014/15, http：//www. bakertillynepal. com/wp - content/uploads/2014/07/Nepal - Tax - Fact - 2014 - 15. pdf, Accessed on July 19, 2015.

〔3〕 See Ahsan H. Mansur, PRI & Mohammad Yunus, BIDS, *An Evaluation of the Tax System in Bangladesh*, http：//www. theigc. org/wp - content/uploads/2014/08/bangladesh - gw2011 - allpresentations. pdf, Accessed on July 19, 2015.

〔4〕 See IFLR, *Updating Vietnam's Foreign Exchange Controls*, http：//www. iflr. com/Article/3210344/Updating - Vietnams - foreign - exchange - controls. html, Accessed on July 19, 2015.

〔5〕 See Baker&Mckenzie, *Doing Business in Uzbekistan*, http：//www. bakermckenzie. com/files/Uploads/Documents/Supporting% 20Your% 20Business/Global% 20Markets% 20QRGs/DBI% 20Uzbekistan/qr_ uzbekistan_ dbguide_ 04currencyregulations_ 2009. pdf, Accessed on July 19, 2015.

卢比兑换成外币需要得到斯里兰卡外管局的批准。外资企业因业务发展的需要可以在当地开立外汇账户，原则上允许在斯里兰卡的外资公司将银行账户上的外币汇回境外的母公司。但在年度会计期末，该外资公司与母公司的资金往来明细账的余额需显示该外资公司从境外母公司调入的资金大于该外资公司汇回境外母公司的资金，否则税务局将要求该外资公司就该部分超额汇往境外母公司的资金纳税或者提供完税证明。利润汇出需要交税，外资企业适用的税率为10%，汇出外汇金另外需要交纳0.1%的借计税。[1] 在外汇管制方面，仍有28.6%的沿线国家对外资实行外汇管制。可见，这些国家的货币兑换和汇出风险仍然存在，拟赴相关国家投资的企业应当有清楚的了解，以便消除资金需要汇出时的障碍。

（四）国有化和征收方面有一定的风险

在国有化和征收方面，从表2可以看出，沿线有7国的国有化和征收风险较大，占11.1%，26国没有这种风险，另有30国在此方面的风险无法确定，占47.6%。沿线有的国家对运营状况不佳的企业进行国有化。例如，随着政府中民族主义强硬派的影响力上升，2011年11月19日，斯里兰卡政府通过一项颇具争议的议案，允许政府将其认为“运营不佳”或资产“未充分利用”的企业国有化，由权威机构管理相关企业，对企业的相关赔偿问题则由一个特别法庭负责。拒绝或未能遵守该法案的相关企业和人员还将面临高额罚金以及10年以下的监禁。数个商业团体抨击该法案将引起外国投资者疑虑。政府保证说其举措旨在重振而非阻碍经济发展，但法案含糊不清的表述与对“运营不佳”企业模棱两可的界定使政府对企业采取国有化行动易如反掌。2013年3月，斯里兰卡政府发言人朗布卫拉在新闻发布会上宣布，政府考虑对从属于印度石油公司（IOC）的（Lanka IOC）储油库实施国有化。[2] 有的国家政商密切勾连，政府对任何私有化的过程都拥有再国有化的权力。如乌克兰历届政府都寻求征收政敌支持者的资产，然后将其重新私有化。2012年2月，亚努科维奇针对2012—2014年私有化项目签署法律，降低政府在经济中的比例，从此前的40%调低至25%—30%。2012年10月，亚努科维奇修订上述法律，将需要私有化的

---

〔1〕 See Vakilnol, *Exchange Control Act of Sri Lanka*, http: //www. vakilno1. com/saarclaw/srilanka/exchange - control - act. html, Accessed on July 19, 2015.

〔2〕 See IHS, Sri Lanka's nationalisation law leaves foreign firms vulnerable to politically - motivated expropriations if international pressure rises, https: //www. ihs. com/country - industry - forecasting. html? ID = 1065989237, Accessed on July 19, 2015.

国有企业数量提高了5倍。亚努科维奇统治时期，一些企业被指控为偏向俄罗斯的企业，例如俄天然气工业股份有限公司。[1] 任何私有化过程，乌克兰政府都拥有再国有化的权力。如外国投资者在某些方面，包括清算债务、薪资拖欠、增加工资、资产管理等没能满足条件，政府都拥有再国有化的权力。2011年5月，乌克兰上诉法院曾以俄罗斯铝业巨头在4月暂停铝业初级生产为名，判决其归还在扎波罗热铝业联合企业中的份额。[2] 此外，如果乌克兰宪法法院因受到政治压力批准不合法的私有化，一旦政权失去权力，所有私有化协议都面临重新国有化的风险。还有的国家的政权更迭导致征收。2010年“郁金香革命”后，吉尔吉斯斯坦临时政府对与前政权及其商业伙伴相关的一些银行、酒店等实行国有化，由此引发数个国际仲裁案件。目前，Centerra Gold公司与吉尔吉斯斯坦政府关于重签合同的谈判仍在进行中。[3] 2013年，采矿装备公司Stans Energy也已就征收问题提交了辩诉。[4] 从上述案例可以看出，有58.7%的沿线国家具有较大或无法确定的征收和国有化风险，因此这些国家的征收风险相对较大。拟赴相关国家投资的企业必须有所准备，准备好避险的措施。

整体来讲，大部分“一带一路”沿线国家对外资采取欢迎的态度。然而，由于各国的税制不同，有些缺乏透明度和稳定性，在外汇管制方面的一些措施可能导致外汇的汇出困难，在国有化和征收方面，有37个国家有较大风险，或无法确定其风险，占总数的58.7%。这将对企业的投资造成一定的困扰。

此外，一些国家可能存在随意更改合同，仅重视与王室或政府有密切关系的当地企业等情况。在塔吉克斯坦，除政府自身和总统拉赫蒙家族相关合同外，政府对合同的执行力与保护均较弱。对于那些未能履行政府规

---

〔1〕 See RT, Ukraine court upholds nationalization of Russian pipeline, http: //www. rt. com/business/209147 – ukraine – nationalize – russian – pipeline/, Accessed on July 19, 2015.

〔2〕 See *The Moscow Times*, Ukraine Supreme Court Upholds Nationalization of RusAl Aluminum Plant, http: //www. themoscowtimes. com/business/article/ukraine – supreme – court – upholds – nationalization – of – rusal – aluminum – plant/517382. html, Accessed on July 19, 2015.

〔3〕 See 4 – Traders, *Centerra Gold*: Comments On Kyrgyz Government Public Statements, http: //www. 4 – traders. com/CENTERRA – GOLD – INC – 1409419/news/Centerra – Gold – – Comments – On – Kyrgyz – Government – Public – Statements – 20166068/, Accessed on July 19, 2015.

〔4〕 See Marketwatch, Stans Energy Requests Payment of Arbitration Award from Kyrgyz Government, http: //www. marketwatch. com/story/stans – energy – requests – payment – of – arbitration – award – from – kyrgyz – government – 2014 – 07 – 14 – 12232264, Accessed on July 19, 2015.

定义务的企业，政府倾向于取消相关合同，因此政府毁约是外国投资者在塔吉克斯坦面临的一个主要风险。2013 年 1 月，塔吉克斯坦取消新加坡马维斯公司的两个油气项目许可；2013 年 7 月，由于与此前的唯一中标企业嘉能可公司下属的 Kazzinc 公司在区域发展规定问题上发生争议，塔吉克斯坦政府宣布将对其最大的银矿开采重新招标。[1] 上述事件表明，在“一带一路”沿线国家，政府违约的状况也有可能发生。

更为严峻的是，在“一带一路”沿线国家，特别是西亚区域，战争、恐怖主义与内乱的情形十分严峻。2011 年 2 月，利比亚发生内战，次月联合国宣布对利比亚实施禁飞。虽然我国从利比亚成功撤走三万五千多名华人，但是，该危机却导致中国铁建、葛洲坝集团在内的75 家在利比亚的企业遭受将近一百八十八亿美元的损失。[2] 此外，叙利亚、伊拉克阿富汗逐渐被“伊斯兰国”（ISIS）所侵蚀，暴乱、恐怖主义等不安全因素时时笼罩在这些国家上空。ISIS 打算消除现代中东边界，建立一个宗教集权国家。[3] ISIS 的恐怖分子们在中东建立恐怖政权，对异教徒实行惨无人道的杀戮，对当地文化进行泯灭天良的灭绝。外商已无法在这些地区进行投资。因此，在“一带一路”沿线国家，发生战争、恐怖主义和内乱的可能性极大，有些国家则已然处在这样的情形当中。概而言之，货币兑换、征收征用、战争内乱、政府违约这四种风险，在“一带一路”沿线国家同时存在。

三、“一带一路”投资风险的防范

（一）海外投资保险的途径

从国际法角度看，资本输出国的海外投资保险一般有两种途径：一是国际保证途径，该途径又包括多边与双边的途径，多边途径有《多边投资担保机构公约》，多边投资担保机构（MIGA）负责承保政治风险（political risks），也即非商业风险（non - commercial risks）。《公约》项下主要有四大险种，分别是：①货币兑换和汇出险（Currency inconvertibility and transfer restriction）；②征收与征用险（Expropriation）；③战争、恐怖主义和内乱险（War,

---

〔1〕 See BNE, Tajikistan threatens to scrap giant silver mine tender, http://www.bne.eu/content/story/tajikistan - threatens - scrap - giant - silver - mine - tender, Accessed on July 19, 2015.

〔2〕 胡健：“利比亚中资项目全部搁浅”，载《中国贸易报》2011 年 3 月 24 日，第 1 版。

〔3〕 See Graeme Wood, What ISIS Really Wants, http://www.theatlantic.com/features/archive/2015/02/what - isis - really - wants/384980/, Accessed on July 19, 2015.

terrorism, and civil disturbance）；④政府违约险（Breach of contract）。近年来，MIGA 又增加了一种险种，即不履行主权债务险（Non – honoring of financial obligations）。[1] 世界各国多以上述前四个险种作为投资担保的依据。双边途径即与东道国之间所签订双边投资保证协定，承认投资者所在国的代位求偿权，东道国放弃“国家及其财产豁免权”。国内保证途径，即依据国内法设立国家投资担保机构，对本国海外投资者提供保证或保险，若承保的政治风险发生，致使投资者遭受损失，则由国内保险机构补偿其损失。我国目前已建立双边保证途径，和“一带一路”多数沿线国家约定了代位权条款。而对我国投资者最为重要的，应是国内保证途径。我国目前主要通过中国出口信用保险公司来进行保证。中国出口信用保险公司（简称“中信保”）于 2001 年 12 月 18 日成立，为中资企业海外投资提供最重要保护的是其海外投资保险业务。中信保的承保类别和多边投资担保机构（MIGA）相似，分为四个类别：①征收，即东道国采取国有化、没收、征用等方式，剥夺投资项目的所有权和经营权，或投资项目资金、资产的使用权和控制权；②汇兑限制，即东道国阻碍、限制投资者换汇自由，或抬高换汇成本，以及阻止货币汇出该国；③战争及政治暴乱，即东道国发生革命、骚乱、政变、内战、叛乱、恐怖活动以及其他类似战争的行为，导致投资企业资产损失或永久无法经营；④附加政治风险，包括经营中断，即股权投资保险项下，因战争及政治暴乱导致投资项目建设、经营的临时性完全中断，以及违约，即东道国政府或经保险人认可的其他主体违反或不履行与投资项目有关的协议，且拒绝赔偿。[2]

中信保的损失赔偿比例是：基本政治风险项下赔偿比例最高不超过 95%；违约项下赔偿比例最高不超过 90%；经营中断项下赔偿比例最高不超过 95%，[3] 应当指出，中国出口信用保险公司在为中资企业境外投资提供风险保护方面，发挥了很大的作用。2011 年 2 月，利比亚局势持续动荡，使我国企业在相关国家的利益受到极大威胁。此前，中信保在整个中东地区的海外投资保险承保金额约 5.5 亿美元。利比亚危机发生后，中信

---

〔1〕 See MIGA, *Guarantees Overview*, http://www.miga.org/investmentguarantees/index.cfm, Accessed on July 19, 2015.

〔2〕 中国出口信用保险公司：《海外投资保险业务流程》，http://www.sinosure.com.cn/sinosure/ywjs/tz/zlbx/hwtzbxjj/index.html，访问日期：2015 年 7 月 17 日。

〔3〕 中国出口信用保险公司：《损失赔偿比例》，http://www.sinosure.com.cn/sinosure/ywjs/tz/zlbx/hwtzbxjj/index.html，访问日期：2015 年 7 月 17 日。

保启动“理赔绿色通道”，并于3月18日向中国葛洲坝集团股份有限公司和中国建材集团进出口公司分别赔款1.62亿元人民币和4815万元人民币。[1] 此外，还应当指出，中信保的赔偿比例是偏高的，高于美国海外私人投资公司（OPIC）的90%的赔偿率。[2] 依据各国海外投资保险制度的实践，各保险机构皆未承担全部损失，而是由被保险人承担一部分损失。维持保险人和被保险人之间适当的承担损失比例，既可以减轻资本输出国的财政负担，又可以促使投资者审慎投资，而不至于过度依赖保险机构从而放任投资损失的发生或扩大。由于我国当前处于鼓励中资企业“走出去”时期，因此我国的赔偿率相较美国、日本等国为高。

（二）国内海外投资保险仍有不足

在“一带一路”的背景下，将会有更多中资企业赴沿线国家投资，它们的海外投资保险需求也将与日俱增。从国内法的角度看，我国的海外投资保险制度主要是依靠中信保来实施，这存在下列的不足：

第一，承保险别有些过时。目前中信保的保险范围，基本上是根据20世纪60—70年代的国际投资政治风险的特点设计的。然而，现在国际投资政治风险的趋势是，传统的战争风险转向和平环境中的政治暴力风险，公开的直接的征收风险降低，蚕食式征用风险日益突出，除部分金融危机高发地区，汇兑风险大幅下降，违约风险集中于部分发展中国家及转轨国家。对此，美国海外私人投资公司（Overseas Private Investment Corporation OPIC）承保的“政治暴力险”就包括了所有因实现某种政治目的而采取的暴力行动，这就将战争、内乱、骚乱、恐怖主义行为、蓄意破坏行为等暴力风险涵盖在内。[3] 政治风险是目前中资企业海外投资面临的最大风险，而目前中东地区恐怖主义滋生，伊斯兰国（ISIS）正在扩张，基地组织死灰复燃，“茉莉花革命”等政治暴力也此起彼伏。因此，如果中信保的承保范围没

---

〔1〕于盟：“中信保：利比亚工程项目理赔逾2亿元”，载《国际商报》2011年3月19日，第2版。

〔2〕“OPIC can insure up to 90 percent of an eligible investment. OPIC's statute generally requires that the investor bear at least 10 percent of the risk of loss.” See OPIC, *Extent of Coverage*, https://www.opic.gov/what-we-offer/political-risk-insurance/extent-of-coverage, Accessed on July 19, 2015.

〔3〕“Political Risk includes war, civil strife, coups and other acts of politically-motivated violence including terrorism.” See OPIC, *What We Offer*, https://www.opic.gov/what-we-offer/political-risk-insurance, Accessed on July 19, 2015.

有与时俱进，就不能很好地起到保护我国海外投资者的作用。

第二，保费过高。以综合险为例，中信保的平均保费超过承保额的1.5%，相较之下，美国的海外投资保险机构——海外私人投资公司（Overseas Private Invest Corporation，OPIC）的保费稳定在承保额的1.5%，而日本仅为承保额的0.5%。MIGA的保险费率，根据具体风险的不同，也只有0.3%—1.5%。中信保保费偏高，致使许多民营企业无力承担保费，因此降低了投保的积极性，"保险费率过高，将吞噬进出口银行提供的大部分贷款优惠，以致企业海外投资的融资成本居高不下"。〔1〕

第三，缺失海外投资保险法。从国内法层面看，我国目前没有专门的海外投资保险法，仅有一些对境外投资活动进行管理与鼓励的法规，例如财政部《境外投资财务管理暂行办法》（1996年发布）、财政部《境外国有资产管理暂行办法》（1999年发布）、商务部《境外投资管理办法》（2014年发布）以及发改委《境外投资项目核准和备案管理办法》（2014年发布），等等。我国海外投资保证法至今缺位，致使已签订的保险合同主要依据政府政策及中信保《投资指南》，海外投资保险操作缺乏系统性、稳定性和可预见性。

第四，从中信保自身的业务来看，海外投资保险业务在中信保承保业务中所占比重不大。中信保承保业务分为短期出口信用保险、中长期出口信用保险和海外投资保险三类。2014年，中信保全年承保金额为4456亿美元，其中短期出口信用保险承包金额3448亿美元，中长期出口信用保险承包金额273亿美元，海外投资保险承包金额358亿美元。中信保2014年承保业务中出口信用保险业务（短期、中长期）占总值的91%，而海外投资保险业务仅占9%。〔2〕由此可知，海外投资保险业务并不是目前中信保的主要承保业务，还具有很大的发展空间。此外，针对现行国际投资政治风险的特点，中信保的险种也应进行适时的调整，如将政治暴力风险、恐怖主义风险和政府违约险纳入保险范围，对蚕食式征用给予更清楚的界定。

（三）多边海外投资保险途径未充分利用

国际的海外投资保险包括多边和双边两个层次，我国在这两方面都显

〔1〕每日经济新闻："费率太高，中信保海外投资保险遭冷遇"，http：//www.nbd.com.cn/articles/2005-06-07/7792.html，访问日期：2015年7月17日。

〔2〕中国出口信用保险公司："2014年中国信保承保金额创历史新高"，http：//www.sinosure.com.cn/sinosure/xwzx/xbdt/167729.html，访问日期：2015年7月17日。

不足，多边方面主要是未充分利用 MIGA 进行海外投资保险。我国于 1988 年 4 月加入了《多边投资担保机构公约》，是多边投资担保机构（MIGA）的创始会员国。2002 年 6 月和 2007 年 11 月，中信保也两次和 MIGA 签署协议，以便在中资企业提供海外投资保险时展开合作。然而，我国海外投资者并未充分利用 MIGA 进行海外投资保险。截至 2015 年 7 月，MIGA 已承保的投资国（Investor Country）为中国的项目仅有 2 个，分别是 2013 年位于肯尼亚的“Triumph Power Generating Company Limited”项目（编号 9993），以及 2015 年位于孟加拉国的“Ghorasal 3rd Unit Repowering”项目（编号 11867）。[1] 与此同时，MIGA 自成立以来承保的项目已达 844 个。在保险金额（Gross Exposure）方面，我国投保的两个项目保险金额分别为 3 亿美元和 1.025 亿美元，而 2010—2014 财年，MIGA 累计承保的保险金额则高达 124 亿美元。[2]

（四）双边与多边投资协定保护存在局限性

双边投资协定方面，我国与“一带一路”沿线国家已签订了 55 个双边投资协定的具体内容（见表 3）。我国与所有国家基本都采用了公平公正和最惠国待遇条款，[3] 并且全部采用了征收与国有化条款。[4] 在损害或损失的补偿条款[5]和投资担保机构代位权条款上，也分别有 50 个和 52 个国家予以采用。在上述条款方面，我国与“一带一路”沿线国家签订的 BIT 能较好地保护我国投资者利益。然而，在我国与这 55 个国家缔结的双边投资协定中，只有 7 个国家与我国约定对外资采取国民待遇。[6] 最重要的是，只有 20 个国家与我国约定了投资者与东道国的强制争端解决机制

---

〔1〕 See MIGA, *Projects*, http://www.miga.org/projects/advsearchresults.cfm?srch=s&ictry=47c&icountrycode=CN&dispset=10&sortorder=asc, Accessed on July 19, 2015.

〔2〕 See MIGA, *Annual Report* 2014, p.5, http://www.miga.org/documents/Annual_Report_14.pdf, Accessed on July 19, 2015.

〔3〕 在中国—叙利亚 BIT 中，双方仅采用公平公正待遇条款，未采用最惠国待遇条款。

〔4〕 国有化和征收条款，例如《中华人民共和国政府和阿拉伯埃及共和国政府关于鼓励和相互保护投资协定》第 4 条第 1 款：“缔约任何一方不应对缔约另一方的投资者在其领土内的投资采取征收、国有化或其他类似措施（以下称‘征收’），除非符合下列条件：（一）为了公共利益；（二）依照国内法律程序；（三）非歧视性的；（四）给予补偿。”

〔5〕 损害或损失的补偿条款，例如《中华人民共和国政府和阿尔巴尼亚共和国政府关于鼓励和相互保护投资协定》第 4 条第 3 款：“缔约国一方的投资者在缔约国另一方领土内的投资，如果由于战争、全国紧急状态、暴乱、骚乱或其他类似事件而遭受损失，若缔约国后者一方采取有关措施时其给予该投资者的待遇不应低于给予第三国投资者的待遇。”

〔6〕 它们分别是：卡塔尔、斯洛文尼亚、波黑、捷克、拉脱维亚、伊朗、印度。

(Investor - to - State Disputes Settlement，ISDS 机制)，即约定“任何”投资争端，经一方提出，经过六个月的协商，都能提交国际仲裁庭。而有35个国家仅约定投资者与东道国强制争端解决机制仅适用于征收和国有化数额的争议上。这其中，有28个国家规定，除征收外的争议，投资者有权提交东道国有管辖权的法院;[1] 而有7个国家甚至并无此条款，[2] 仅仅规定征收争议有权提交国际仲裁庭，这意味着在这7个国家中，我国投资者甚至都不能保证东道国有管辖权的法院能够受理我们的投资争议。总而言之，我国投资者若与“一带一路”沿线国家发生投资争议，其诉诸ISDS机制的空间十分有限。

表3　“一带一路”沿线国家与我国BIT的具体条款[3]

国家	国民待遇	公平公正和最惠国待遇	损害或损失的补偿	征收与国有化	担保机构代位权	投资者与东道国强制争端解决机制
有	7(13%)	55(100%)	50(91%)	55(100%)	52(95%)	20(40%)
有，但仅限于征收	-	-	-	-	-	35(60%)
无	48(87%)	-	5(9%)	-	3(5%)	-

多边投资协定方面，中国分别于1986年和1993年加入《承认和执行外国仲裁裁决公约》（即《纽约公约》）和《关于解决国家和他国国民之间投资争端公约》(即《华盛顿公约》)，并与128个国家缔结了双边投资

[1] 例如《中华人民共和国政府和印度尼西亚共和国政府关于促进和保护投资协定》第9条有:“投资者与缔约一方之间的投资争议:

一、缔约一方的投资者与缔约另一方之间就在缔约另一方领土内的投资产生的任何争议应友好解决。

二、如争议在六个月内未能解决，当事任何一方可根据投资所在缔约一方的法律和法规将争议提交该缔约方有管辖权的法院。

三、如涉及因征收发生的补偿款额的争议，在诉诸本条第一款的程序后六个月内仍未能解决，争议可提交专设仲裁庭。”

[2] 它们分别是：哈萨克斯坦、乌兹别克斯坦、科威特、匈牙利、亚美尼亚、以色列、白俄罗斯。

[3] 笔者根据我国与“一带一路”55个沿线国家缔结的BIT文本整理制作。

协定（Bilateral Investment Treaties，BIT）。在"一带一路"沿线国家中，加入《华盛顿公约》、《纽约公约》，以及与我国缔结BIT的国家占较大多数（见表3）。然而，截至2015年7月，仍有12个国家没有加入《华盛顿公约》[1]、7个国家没有加入《纽约》公约[2]、8个国家未与我国缔结BIT[3]。在这些国家为东道国的情况下，我国投资者或是难以将投资争端提交ICSID仲裁，或是难以寻求仲裁裁决的承认与执行，或是难以援引我国与该国的双边投资协定对自己进行保护。

表4 "一带一路"沿线国家参与双边、多边投资规则情况[4]

国家	《华盛顿公约》缔约国	《纽约公约》缔约国	已与我国签订BIT
是	49（77.8%）	56（88.9%）	54（85.7%）
已签署，待批准	2（3.2%）	-	1（1.6%）
否	12（19.0%）	7（11.1%）	8（12.7%）

四、多途径强化我国海外投资保险

（一）国内方面

应当制定我国的海外投资法。美日等国的海外投资保险制度无不以相应的立法为依据，如美国的《对外援助法案》、日本的《输出保险法》为相关制度的建立提供了坚实的法律基础。我国海外投资保证法至今缺位，已签订的保险合同主要依据政府政策及中信保的《投资指南》，海外投资保险操作缺乏系统性、稳定性和可预见性。作为资本输出国保护海外投资

---

〔1〕这些国家分别是：阿联酋、阿曼、波兰、不丹、老挝、马尔代夫、塔吉克斯坦、伊拉克、伊朗、印度、约旦、越南。See ICSID，Annual Report 2013，pp. 9 – 13，https://icsid.worldbank.org/apps/ICSIDWEB/resources/Documents/2013%20AR-%20ENG.pdf，Accessed on July 19，2015.

〔2〕这些国家分别是：东帝汶、捷克、马尔代夫、斯里兰卡、土库曼斯坦、也门、伊拉克。See UNCITRAL，Status：Convention on the Recognition and Enforcement of Foreign Arbitral Awards（New York，1958），http://www.uncitral.org/uncitral/en/uncitral_texts/arbitration/NYConvention_status.html，Accessed on July 19，2015.

〔3〕它们分别是：阿富汗、不丹、黑山、马尔代夫、尼泊尔、塞尔维亚、斯洛伐克、伊拉克。See ICSID，Database of Investment Treaties，https://icsid.worldbank.org/apps/ICSIDWEB/resources/Pages/BITDetails.aspx?state=ST30，Accessed on July 19，2015.

〔4〕笔者根据UNCITRAL、ICSID相关资料整理制作。

的最主要的法律制度，我国应在海外投资法律体系的建设中，借鉴美日等国的立法经验，首先启动《海外投资保证法》的立法，明确海外投资保险的宗旨、经营原则、管理方法，以及相关当事人的权利、义务和操作程序，以规范相关方的行为，明确各自的权责，为海外投资提供稳定的法律保障。

应当使我国投资担保机构发挥更大作用。在多边海外投资担保机构的利用上，各国一般专门设立国家的投资担保机构，专门从事海外投资保险业务。做法主要有美国和日本两种模式。美国以政府公司作为保险人，其国家投资担保机构为海外私人投资公司（Overseas Private Invest Corporation，OPIC）；日本以政府机构作为保险人，其国家投资担保机构为通商产业省的贸易局。[1] 目前我国的中信保并不是一家完全经营海外投资保险业务的政策性投资担保机构。有观点建议我国设立单独的投资担保机构，并“采取审批及经营分别建制的分离制，设立由财政牵头，商务部、外交部及发改委等相关机构参与的投资决议委员会，在企业进行海外投资审批时，申请投保海外投资保险，然后根据‘政策性业务，商业化经营’的原则由中信保统一经营”。[2] 笔者认为，我国即使仍然沿袭目前中信保同时经营出口信用保险和海外投资保险业务的模式，也应当加大海外投资保险的力度，鼓励我国企业参与投保。这就要求中信保在扩大宣传的同时，尽可能地降低保费，与国际接轨，最大程度地让中国企业有能力投保。

（二）国际方面

应当更加充分利用 MIGA，并可建立区域投资担保机构。由上可知，我国国内企业目前并未充分利用 MIGA 进行投资。应当加强对 MIGA 的宣传，引导我国海外投资企业利用 MIGA 来减少政治风险损失，并促进中信保与 MIGA 之间的合作，比如效仿美国海外私人投资公司，与 MIGA 进行保险金额的合作与共担。此外，我国还可以以亚投行为基础，尝试设立“一带一路”沿线国家的区域性投资担保机构，来保护沿线国家之间相互进行投资的风险。

应择机修订双边投资协定，强化投资争端解决机制。我国应与“一带一路”沿线的所有国家都签订双边投资协定，应尽快与上文所述的阿富

---

〔1〕 余劲松：《国际投资法》，法律出版社 2007 年版，第 199—200 页。

〔2〕 李嘉、杨军：“海外投资保险制度亟需完善”，载《中国保险》2006 年第 4 期，第 43 页。

汗、不丹、黑山、马尔代夫、尼泊尔、塞尔维亚、斯洛伐克、伊拉克签订双边投资协定。同时，还应当强化与沿线国家的争端解决机制。应当将争端解决条款尽可能修订为因投资产生的所有争议都适用ISDS条款。也可以设立“一带一路”沿线区域性的争端解决中心，来解决沿线国家投资者的投资争议。在争端解决条款中，双方有可能约定由区域性的仲裁中心来进行仲裁，例如开罗区域国际商事仲裁中心、伊斯坦布尔国际商事仲裁中心、吉隆坡区域仲裁中心、东盟任何区域仲裁中心。而我国《仲裁法》第2条规定中国仲裁机构仅处理平等主体之间的纠纷。我国可修改该条款，设立我国的国际仲裁中心，提供投资仲裁服务，并在中国签订的BIT中，争取让我国国际仲裁中心成为投资仲裁可选机构之一，以便我国投资者更好地维护自身权益。

余 论

在一带一路沿线国家的投资风险的法律防范中，还应当注意到当前以TPP、TTIP、中美投资协定为代表的新型投资协定的谈判进程。我国此前与“一带一路”沿线国家签订的55份双边投资协定中，无一例外都是按照我国旧式双边投资协定范本来签订的，并没有涉及当前中美双边投资协定谈判涉及的准入前国民待遇、负面清单、根本安全例外、金融审慎监管、劳工与环境、透明度等内容。我国在上海、广东、福建、天津四地进行自贸区试验，本质上说是对我国能否接纳这些投资新议题的试验过程。一旦我国在四地自贸区的试验基本完成并与美国签订双边投资协定，即可与“一带一路”沿线国家大规模修订双边投资协定，加入准入前国民待遇、负面清单等新内容。

9
“一带一路”战略下平衡保护投资者与东道国权益的法律思考

杜新丽[*]　张　建[**]

摘　要：“一带一路”战略的落实，需要充分结合中国当前国际投资地位转型的现实。传统的投资争端解决与投资条约文本，其核心宗旨在于强调保护投资者单方利益，而在一定程度上不合理地牺牲了东道国社会公共利益，造就此类现状的成因是多重的。在投资仲裁中平衡保护东道国与投资者权益开始成为投资法的新议题，在剖析保护公共利益内在法理的基础上，探索利益平衡的实体法与程序法路径，是为“一带一路”战略保驾护航的前提。

关键词：投资仲裁；一带一路　权益保护　双边投资协定

一、引 言

早在2001年，联合国即预言21世纪是“海洋世纪”，以国际海洋权益保护与海洋资源争夺为核心的海洋战略的构建，将成为新的国际竞争的

* 中国政法大学国际法学院教授、博士生导师，国家领土主权与海洋权益协同创新中心研究员。

** 中国政法大学国际法学院博士研究生。

制高点。以美国为主导，分别发起于2002年的《跨太平洋伙伴关系协议》（Trans – Pacific Partnership Agreement，简称TPP）及2011年《跨大西洋贸易与投资伙伴协议》（Transatlantic Trade and Investment Partnership，简称TTIP），以海洋版图为基础，以整合地缘经贸及政治优势，追求高度自由化全球贸易规则为目标，对国际格局的影响力不容小觑，正在逐步印证联合国世纪之初的预言。中国作为新兴经济体中的发展中大国，于2013年提出建设“丝绸之路经济带”与“21世纪海上丝绸之路”的“一带一路”战略合作构想，并于2015年发布《推动共建丝绸之路经济带和21世纪海上丝绸之路的愿景与行动》，既在宏观上彰显了我国追求与沿线国家合作与共赢的理念，又在微观上为国家间贸易、投资、金融、服务等全方位深度合作铺就了路基，得到了丝路沿线亚、欧、非多国的积极响应与认可。

应当讲，在落实“一带一路”战略的政策选择过程中，作为主导国家，必须充分考虑到我国既是“引进来战略”下的资本输入大国，又是“走出去战略”下的资本输出大国的混同身份。[1] 这意味着在丝路合作背景下的投资规则制定与适用中，需要充分平衡海外投资者的私人权益与东道国的社会公共利益，弥合二者之间潜在与显性的冲突。而实践中，传统的投资保护协定核心在于“吸引与保护外资”，对于东道国则更多体现为责任与义务，这在一定程度上导致了争端双方的利益保护失衡，尤其体现在双边投资协定（bilateral investment treaty，简称BIT）的规则制定、投资者与国家间投资争端解决中。众所公认的是，由于跨国投资主体双方存在特殊性，投资者相对于东道国国家而言，双方的法律地位不对等是个事实，从这个角度来讲，投资法倾斜保护投资者权益有其基础所在；但任何法律的价值取向无不以公正为要，矫枉过正的后果会导致投资争端解决中置东道国的利益于不顾，甚至以牺牲东道国生态环境、公民健康、劳工人权等关系国计民生的公共利益为代价片面保护投资者的经济权益，并进而

---

〔1〕 根据商务部统计数据显示，2014年我国的对外投资规模高达1400亿美元，该数据高于中国利用外资200亿美元，我国实际上已成为资本净输出国，这是开放型经济发展到较高水平的普遍规律，是我国从经贸大国迈向经贸强国的重要标志。根据联合国贸发会《2015年世界投资报告》数据显示，2014年中国吸引外资的总量达到全球第一位，中国对外投资的总量达到全球第三位。参见 http://unctad.org/en/PublicationsLibrary/wir2015_en.pdf，访问日期：2015年8月24日。

引发了部分发展中国家对国际投资仲裁的信任危机。[1] 基于这种考量，为防患于未然，在落实与推进“一带一路”战略过程中，论证在投资仲裁中引入东道国社会公共利益保护的法理基础，分析现行国际投资仲裁实践中的失衡现状及其成因，探索平衡保护东道国利益与投资者利益的实现路径问题，意义颇为重要，而这也正是本文写作的立意所在。

二、国际投资仲裁中利益保护失衡的现状及成因分析

（一）利益保护失衡的现状

对投资者与东道国争端解决（Investor - State dispute settlement，简称ISDS）发展现状的认知需要同时关注立法与实践层面。当代，国际投资协定已成为国际投资法治的重要渊源，据联合国贸易与发展会议（UNCTAD）统计，截至2014年底，全球共签订国际投资协定3271项，其中包括2926项双边投资协定（BIT）。[2] 从分布上审视，早期投资协定的签约实践基本上以发达国家为主导，这一点似乎不难理解：资本最初的流向更多地体现为从发达国家流向发展中国家，而传统意义上投资保护协定的核心在“保护”，受益人主要是投资者，协定文本越恢弘，结构越复杂，规范越具体，条款越严谨，对投资者权益保护水平就越高，资本输出国从谈判中所获得的利益越发明显，而对东道国而言则意味着对外资实施保护的法定义务。尽管不少投资协定文本也同时倡导“促进”与“鼓励”投资，但却少见相关的义务性规范，缔约国未“鼓励”投资并不构成义务的违反，也没有相关拘束力的法律后果。换言之，“鼓励与促进相互投资”往往仅描绘了双方的共同愿景，BIT的精髓不是“鼓励与促进”投资，而是制止缔约国恶意侵害投资者权益，毋宁说东道国更多地通过“保护”来间接实现“鼓励与促进”目标的实现。[3] 恰如有学者所提出的，更为密集的条约体系对东道国而言可能意味着更高的风险，导致国家将无法灵活地管理外国

〔1〕 由于ICSID主导的投资仲裁过分强调投资者单方权益保护，导致部分发展中国家纷纷退出1965年《解决国家与他国国民间投资争端公约》，如玻利维亚于2007年退出，厄瓜多尔于2009年退出，委内瑞拉于2012年退出，阿根廷、尼加拉瓜也正在筹划退约。参见余劲松：“国际投资条约仲裁中投资者与东道国权益保护平衡问题研究”，载《中国法学》2011年第2期，第140页。

〔2〕 UNCTAD, World Investment Report 2015—Reforming International Investment Governance, p. 106.

〔3〕 温先涛：“《中国投资保护协定范本》（草案）论稿（一）”，载《国际经济法学刊》2011年第4期，第170—171页。

投资，在相关管制措施的采取上也不得不三思而后行。[1] 事实也正是如此，投资条约无论从实体抑或程序均以投资者利益为中心，基本上忽视了东道国的权益保护。

投资条约仲裁的一系列实践也同样折射出将投资者私人权益优先于东道国公共利益的趋向，这尤其体现在东道国环境保护、公共卫生健康、人类文化遗产等相关案件中。在圣埃莱纳诉哥斯达黎加案中，仲裁庭断然拒绝了审查东道国哥斯达黎加的国际环境保护义务，并认为：“尽管因环境保护而征用投资者的土地可以被视为公共目的，因而可能是合法的，但是因此种原因导致投资者财产被没收的事实，不影响对此征收进行赔偿的性质和方法，即出于环境保护目的而征收财产，并不改变对此种征收必须给予充分赔偿的法律性质，来源于保护环境的国际义务对充分赔偿并无影响。”[2] 在埃瑟里克斯公司诉阿根廷案中，投资者获得了阿根廷首都的供水和水处理项目，运营不久后被市民指出水质差且水压低的问题，当地政府建议市民避免饮用该公司的处理水并减少洗澡次数，埃瑟里克斯公司以阿根廷政府违反 BIT 造成损失为由提请 ICSID 仲裁，仲裁庭不考虑公共目的，径直以阿根廷违反协定中的“公平公正待遇”为由裁决其赔偿 1.65 亿美元。[3]

值得肯定的是，国内外学界已经逐步意识到了这类现状的存在，相关问题在 2005 年之后开始越来越受到关注。[4] 但在探讨投资仲裁机制革新之前，有必要先就投资条约仲裁中利益保护失衡的原因加以反思。

（二）利益保护失衡的成因分析

第一，国际投资条约的过度“自由化”。20 世纪 90 年代，新自由主义经济思潮开始投射到投资法领域，自由主义以片面追求自由经济和经济增

---

〔1〕张庆麟主编：《公共利益视野下的国际投资协定新发展》，中国社会科学出版社 2014 年版，第 1 页。

〔2〕Santa Elena v. Costa, ICSID Case No. ARB/96/1 (Award), Feb, 17, 2000. 参见张光：“论国际投资仲裁中非投资国际义务的适用进路”，载《现代法学》2009 年第 4 期，第 121—130 页。

〔3〕Azurix v. Argentine Republic, ICSID Case No. ARB/01/12, December 8, 2003, 参见张光：“论国际投资仲裁中投资者利益与东道国利益的平衡”，载《法律科学》（西北政法大学学报）2011 年第 1 期，第 110 页。

〔4〕See Kevin P. Gallagher and Elen Shrestha, Investment Arbitration and Developing Countries: A Re - Appraisal, Global Development and Environment Institute Working Paper No. 11 - 01；石慧：《投资条约仲裁机制的批评与重建》，法律出版社 2008 年版。

长率为目标，某种程度上导致社会的单向度发展。[1] 体现在国际投资领域，即国家间投资条约的内容片面强调自由化、私有化，强调保护投资者利益的同时尽可能去限制政府规制权，这不可避免地使投资协定几乎无例外地偏向投资者单方。但是伴随着经济的单向度增长，很多问题开始暴露出来，东道国国民开始强调环境权、健康权、劳工权等社会利益的实现。而国民对东道国的施压不仅成为“卡尔沃主义”[2] 在拉丁美洲复活的根源，也迫使资本输出国开始反思并矫正现行的 BIT 规则体系。

第二，仲裁庭自由裁量权的滥用。[3] 仲裁庭应当是其本身权限的决定人，[4] 这一点是不言而喻的，无论是就案件实体法律问题的审理而言，抑或从自裁管辖权原则的角度来讲。但是，投资条约并未明确自由裁量权行使的边界，也未言及如何行使自由裁量权，这便赋予了仲裁庭更为宽松的决定空间。实践中，更多案件中裁量权行使的结果偏袒了私人投资者：在程序方面，最惠国待遇条款开始被仲裁庭扩张适用于争端解决事项中，导致东道国不得不服从于国际裁判机构的管辖而无法借助国内救济；在实体方面，对投资协定中诸如“公平公正待遇”、“征收与补偿”、“投资准入”等相对模糊而不确切的条款，仲裁庭的裁量权使得法律解释飘忽不定，甚至自相矛盾，这也对东道国社会公共利益的维持和保障产生了消极影响。

第三，条约解释奉行私人权益不可侵犯的取向。东道国与投资者之间的投资仲裁机制作为一种独立的争端解决方式，正式确立于 1965 年的《解决国家与他国国民间投资争端的公约》（简称《华盛顿公约》），依据该公约所创设的解决投资争端国际中心（简称 ICSID）将投资争议定义为广义上的商事纠纷而尽量避免投资争端解决的政治化，而相配套的投资仲裁程序则滥觞于历史更为久远的国际商事仲裁。众所周知，商事仲裁得以萌芽并发展，与政治国家与市民社会的二元界分息息相关，尤其是中世纪

---

〔1〕 韩秀丽：“后危机时代国际投资法的转型”，载《厦门大学学报》（哲学社会科学版）2012 年第 6 期，第 20 页。

〔2〕 阿根廷原外交部部长卡尔沃主张，在一国领域内进行投资活动的外国人同该国国民有受到同等保护的权利，但不应要求更多的保护及优惠，投资者在东道国遭受侵害时，应依赖所在国当地政府解决，不应由外国人的母国出面要求金钱上的补偿。由此提炼的“卡尔沃主义”实质在于维护国家主权原则，提倡外国人与本国人平等待遇，反对外国人特权地位。参见王传丽主编：《国际经济法》（第 4 版），中国政法大学出版社 2012 年版，第 258 页。

〔3〕 李武健：“国际投资仲裁中的社会利益保护”，载《法律科学》（西北政法大学学报）2011 年第 4 期，第 148 页。

〔4〕 1965 年《解决国家与他国国民间投资争端国际公约》第 41 条。

“商人法”（Lex mercatoria）更是成为仲裁早期重要的裁判依据。[1] 尽管仲裁逐步从原始的、基于道德规范约束的仲裁向现代的、依靠法律强制力保障实施的形态转变，但其内核仍在于就当事人的商事权利义务纠纷进行裁断，在这一过程中，平等主体的私人权益保护属于仲裁的内在价值之一。这一点也影响到了投资争端的解决，具体体现在投资条约法律解释方法中贯彻了私人权益神圣不可侵夺的取向，例如西门子公司诉阿根廷案的仲裁庭认为：本仲裁庭受到投资条约的名称及其序言中所阐明的宗旨的指导，缔约方的目的是明确的，即在于为投资和私人企业投资活动创造有利条件；[2] 再如 SGS 诉菲律宾案的仲裁庭提出：在条约解释涉及不确定问题时，作出有利于投资的解释是合法的。[3] 从这些案例来看，在解释投资条约时维护投资者私权当然地成为了仲裁庭的使命，而是否牺牲以及多大程度上牺牲东道国的公共利益则在所不论，条约解释的主体似乎失却了其本该履行的中立角色。

第四，投资仲裁的“商事仲裁化”。与传统国际商事仲裁解决私人利益纠纷有所不同，公共利益的考量贯穿在投资仲裁的各环节，尤其在基础设施建设、农林牧副渔、水电供给、油气能源等领域，投资者与东道国之间的争端不仅聚焦于东道国的管制措施，还牵涉该项措施背后所隐含的环境、卫生、劳工、人权、税收等密切关乎国计民生的目的。[4] 但事实上，近些年来国际投资仲裁应有的特殊性被漠视，而完全被“商事仲裁化”，这也是东道国利益保护失衡的关键诱因之一。具体而言：其一，投资仲裁中，部分仲裁庭有意无意地将东道国与投资者之间的争端视为平等者之间的商事纠纷，将投资者抬升到与主权国家“并驾齐驱”的地位，忽视了东道国经济主权因素的存在，例如美国乙基公司（Ethyl Corporation）诉加拿大案中仲裁庭认为，“在存疑情况下，对主权的限制应当作限缩解释的观念早就被《维也纳条约法公约》废弃了”[5]，但事实上《维也纳条约法公约》调整的是主权国家间的条约关系，以此为论据来限制投资东道国对投

---

〔1〕 杜新丽主编：《国际民事诉讼与商事仲裁》，中国政法大学出版社2009年版，第149页。

〔2〕 Siemens AG v. Argentina, ICSID Case No. ARB/02/8, Decision on Jurisdiction, August 3, 2014.

〔3〕 SGS. S. A. v. Philippines, ICSID Case No. ARB/02/6, January 29, 2004.

〔4〕 于湛旻：“公共利益与国际投资仲裁程序性改革”，载《国际经济法学刊》2011年第1期，第91页。

〔5〕 Ethyl Corporation v. Government of Canada (Jurisdiction), Award of June 24, 1998.

资者行使主权措施的合理性值得怀疑。[1] 其二，在保密性与透明度问题上，投资仲裁与商事仲裁二者差异最为明显。[2] 商事仲裁相比于诉讼的优势之一即对商业信息的保密性，而投资仲裁关系国计民生，除却东道国与投资者双方当事人之外，为切实保障非当事方的公众的利益诉求，有必要体现透明度的披露要求，而将投资仲裁“商事化”便意味着对东道国投资措施存在利益诉求的公众及非政府组织完全被排除在仲裁程序外，无权参与。

三、投资仲裁中保护东道国社会公共利益的法理基础

（一）国家经济主权原则与国家管理权职能的保障

国家主权原则是国家独立自主处理本国的内外事务而不受他国干涉的权力基础，而其内涵之一即国家的经济自主权，突出体现为国际投资法治中对外资的管理权。第二次世界大战之后，缘于主权国家对经济、社会领域干预权力的扩大和对社会福利的关注，各国在相关领域制定了大量强制性的、必须予以适用的法律规范，竞争法、外汇管制法、劳动与社会保障法、环境法等法律尤为明显，以期在这些传统上仅仅体现私人利益的领域凸显和维护国家以及社会的整体权益。[3] 对外国投资者而言，尽管这类强制性规范可能对其投资权益构成不利影响，但基于国际法的属地主义原则，对外资施以适当的管制措施有其充分的合法性基础，投资者的私人权益并不能当然地凌驾于东道国社会公共利益的基础之上。换言之，平等主体间的私人交易尚不得突破公共利益保护的维度，作为投资者与东道国之间的投资关系更没有借口逾越公共利益。

（二）东道国公众及非政府组织对公共利益的诉求

从近代迈向现代社会的法治文明，与罗马法中的“个人主义—利己主义”相吻合，“权利”概念构成了这个世界的核心，实际上我们通常所称的权利是“权利”（Berechtigung）意义的法权，以与法律秩序上的法权即“法律”（objektives Recht）相区分。如拉德布鲁赫所言，从私法角度来观察经济关系，无非是两个私主体之间的平衡正义，却忽视了各种经济关系中

---

〔1〕 蔡从燕：“国际投资仲裁的‘商事化’与‘去商事化’”，载《现代法学》2011 年第 1 期，第 154 页。

〔2〕 Karl – Heinz B ckstiege：“商事仲裁与投资仲裁：当今两者差异几何?”，傅攀峰译，载《仲裁研究》2014 年第 2 期，第 110 页。

〔3〕 徐冬根：《国际私法趋势论》，北京大学出版社 2005 年版，第 393 页。

的最大利益人：公众。[1] 现代的投资仲裁同样存在这一问题，尽管以ICSID为代表的投资仲裁机制意图实现外国投资者与东道国投资争端解决的非政治化，但对私人财产权的一味倾斜保护，不仅于争端另一当事方的东道国无益，而且忽视了东道国背后潜在的公众对社会法益的诉求。与早期的国家之间通过炮舰外交或外交保护方式解决投资争端相比，投资仲裁从一个极端走向了另一个极端，海外投资者的利益诉求从幕后走向前台的同时，有被无限制夸大的趋势，这恐怕与各国最初的愿景背道而驰。

（三）投资协定“去政治化”、实现法治化的必经途径

2008年的国际金融危机使得新自由主义者倡导的过度市场化、私有化和自由化所导致的不公正和不平等问题暴露无遗，从而使得绝对自由化的、脱离规制的新自由主义宣告破产。有宪法学者专门考证，全世界各国的宪法规范修订中普遍存在一种趋势，即在维护公民个人基本权利不受侵犯的同时，开始兼顾社会利益、公共福利，作为调研样本的世界142个国家的宪法文本中存在公共福利条款的有85个，比例达到59.9%。[2] 国际投资协定中如仍旧单纯强调投资者利益，反而会透露出发达国家作为资本输入方在谈判博弈中占主导地位的“政治痕迹”。而引入公共利益条款，实为现代法治的内在要求在投资法领域的外化，旨在协调东道国公共利益与投资者私人利益的矛盾与冲突。在二者之中，对私人利益的保护始终作为原则，而对公共利益的保护则是例外，“各国在矫正过度保护外资的同时，注意扩张本国的政策空间”[3]，但二者的平衡并非平分秋色，而是存在不可突破的逻辑顺位。因而，投资协定引入公共利益条款并不会对“保护外资”的基本目标构成颠覆性的威胁，反倒是促使投资争端解决去政治化、实现法治化的必然要求。

从这些视角来思考，国际投资法中确有引入东道国公共利益保护，进而平衡投资各方权益的必要。“治病先治本”，为扭转失衡现状，得从问题背后的根源上寻求解决之道。经过梳理现有研究成果、仲裁的实证案例、投资协定签约的前沿，在归纳及思考的基础上，本文主张综合运用实体法与程序法路径来为利益保护问题提供具体方案。

---

〔1〕［德］拉德布鲁赫：《法学导论》，米健译，中国政法大学出版社2013年版，第114页。

〔2〕［荷］亨克·范·马尔塞文、格尔·范德·唐：《成文宪法：通过计算机进行的比较研究》，陈云生译，北京大学出版社2007年版，第111页。

〔3〕韩秀丽：“后危机时代国际投资法的转型”，载《厦门大学学报》（哲学社会科学版）2012年第6期，第18页。

四、投资协定中引入东道国公共利益保护的实体法路径

（一）在投资协定中直接引入“公共利益例外条款”

部分学者提出，为合理平衡与协调东道国与投资者权益保护，最为直接的举措莫过于在现行 BIT 模式下设置必要的例外条款，通过“安全阀”的方式为东道国国家安全与公共利益的维护预留法律空间。〔1〕例外条款的功能旨在避免外资保护的 BIT 义务成为妨碍东道国履行经济管理职能的“拦路虎”，当缔约国面临经济、社会危机或可持续发展的目标受损时，有权实施必要的投资管理措施，以维护东道国公共利益。这意味着，即使此类措施对外国投资者的投资造成消极影响，也可以援引例外条款作为正当化事由实现“免责”或“减轻责任”，进而打消东道国的顾虑而无需负载过于不合理的条约义务，真正实现公共福祉。例如 2012 年美国《双边投资协定范本》第 12 条与第 13 条分别强调了缔约方在环境与劳工方面的强制性义务：一方面，缔约方应确保其不得以任何减损或放弃其环境法的方式来达到吸引外资的目的；另一方面，缔约方不得以削弱或减损国内劳动法所提供的劳工保护的方式来鼓励外资。〔2〕再如，中国与东盟之间 2009 年签订的投资协定不仅引入了与 GATT 第 20 条基本相同的适用于整个条约的一般例外条款，而且专门参照 GATT 第 14 条规定了国家安全例外条款。2011 年中国与乌兹别克斯坦签订的投资协定还规定了“间接征收的公共利益例外”，当缔约一方采取旨在保护公共健康、安全及环境等在内的正当公共福利的非歧视的管制措施时，不构成间接征收。这些均在一定程度上为“一带一路”战略落实过程中投资规则的构建提供了有益的经验。

（二）在投资协定中确立投资者社会责任条款

与前一类策略通过赋予东道国权利的方式相对应，在投资协定中引入投资者社会责任条款也不失为权益平衡的可选方案。企业社会责任的概念最早由奥利弗·谢尔顿（Oliver Sheldon）于 1924 年提出，以区别于企业对生产经营各利益当事方所承担的私人义务。〔3〕1974 年联合国经济与社会

---

〔1〕 余劲松：“国际投资仲裁中投资者与东道国权益保护平衡问题研究”，载《中国法学》2011 年第 2 期，第 133 页；宋瑞琛、陈云东：“中美双边投资协定谈判：国际投资与海外利益维护”，载《学术探索》2015 年第 4 期，第 48 页以下。

〔2〕 2012 U. S. Model Bilateral Investment Treaty, at http: //www. state. gov/documents/organization/188371. pdf, August 28th 2015 last visited.

〔3〕 刘俊海：《公司的社会责任》，法律出版社 1999 年版，第 2 页。

理事会拟定起草《跨国公司行动守则》，开始将跨国公司这类特殊主体的社会责任问题提上日程，而1997年美国经济优先领域委员会以民间组织身份起草的《社会责任标准》（简称SA8000）则明确强调企业的产品不仅具有经济价值，还应当具备社会价值，具体体现为对劳工权利的尊重。[1] 2008年加拿大与秘鲁之间的自由贸易协定不仅在序言中鼓励投资者践行社会责任标准，而且第810条还设定了具体义务：“每一方都应该鼓励其境内或者其管辖范围内的投资者自愿地将国际认可的公司社会责任标准纳入到投资者公司的内部政策中，比如缔约方签署与认可的声明与原则。这些原则与标准包括劳工、环境、人权、公共关系以及反腐败方面等方面的原则。缔约方因此要提醒投资者自愿将这些原则纳入到公司内部决策的重要性。”[2] 这类条款的引入实际上为缔约国设定了义务，通过投资者母国与东道国之间的力量博弈而间接起到了平衡投资者与东道国权益保护的效果。

（三）针对投资条约中的特定条款构建导向性的解释趋向

如上所述，在投资协定中单方面赋予投资者以倾斜性保护而规避东道国的国内法律体系，其潜在的不合理性影响到了仲裁庭在争端解决过程中对条约中具体条款的法律解释。因而，从投资协定角度适当平衡双方权益的另一种策略在于为条约的解释设定导向性的方向。例如，在BIT的序言或目标中除保留对投资者的保护外，同时规定缔约方有相互尊重主权及平等互利、保护环境、促进可持续发展等“软性条款”。应当注意，这类“软性条款”尽管更多地体现为宣誓性倡导而非强制性义务，但是却有助于为BIT具体条款的法律解释奠定“公共利益的基调”。[3] 除却此类“软性条款”，尤其有必要在投资协定中澄清两类特殊条款的确切含义。

第一，公平公正待遇条款。

几乎所有投资协定都无一例外地要求东道国对来自其他缔约国的投资

---

[1] 王传丽主编：《国际经济法》（第4版），中国政法大学出版社2012年版，第18—19页。

[2] 陈思诗：《国际投资协定中投资者社会责任研究》，厦门大学2014年硕士学位论文，第19页。

[3] 张光：“中外双边投资协定中公共利益保护条款之立法设计”，载《国际经贸探索》2014年第3期，第89页。

者给予“公平公正待遇”。[1] 这一标准的具体内容与保护水平可能从“公平”、“公正”的概念上令人难以捉摸，但从各类投资协定的宗旨与目标来看却是清楚的，为使投资保护最大化，这一待遇往往被仲裁庭解释为赋予投资者广泛而客观的保护，而不必评议国内法或国际法的要求。[2] 从以往判例的角度分析，公平公正待遇条款的内涵被仲裁庭解释得过于丰富，外延也相当宽泛。在 ATM 公司诉刚果民主共和国案中，仲裁庭提出投资东道国根据公平公正待遇而负有注意义务，即应当采取必要措施以确保对投资安全的充分保护，而不得援引东道国国内法来减损该义务；[3] 在梅赛尼斯公司诉美国案中，仲裁庭提出正当程序也属于《北美自由贸易协定》（简称 NAFTA）第 1105 条第 1 款所确立的“公平公正待遇”要素；[4] 在 Tecmed 诉墨西哥案中，仲裁庭则阐明公共公正待遇的涵义要求缔约方根据善意原则不得影响投资者考虑进行投资的基本预期。[5] 这一系列案件的演变实际上离不开仲裁庭保护投资者的条约解释趋向，似乎同 GATT 时代专家组处理环保—贸易纠纷时只顾及多边贸易体制的稳定性和对贸易自由化利益的维护而忽略环境利益的模式如出一辙。而为了矫正这种立场，试图平衡东道国与投资者的利益，有学者构想了一种独立的条约解释机制：即在谈判 BIT 时设定负责针对投资条款进行解释的专家小组，小组成员除具备专业素养与法律知识外，还要有维护公共利益的意识，目前 NAFTA 授权自由贸易委员会发表权威条约解释声明的方式正是这种构想的初步实践。[6]

第二，最惠国待遇条款。

投资协定中对外资实施保护的另一种重要方式体现为，对外国投资者的投资待遇不低于东道国（即“国民待遇原则”）或任何其他国家（即

---

〔1〕 杜新丽：《中外双边投资保护协定法律问题研究》，载《政法论坛》1998 年第 3 期，第 91 页。

〔2〕 Charles Brower, “Investor – State Disputes under NAFTA: The Empire Strikes Back”, 40 *Columbia Journal of Transnational Law* 56 (2001)，转引自［英］艾伦·雷德芬、马丁·亨特：《国际商事仲裁法律与实践》（第 4 版），林一飞、宋连斌译，北京大学出版社 2005 年版，第 525 页。

〔3〕 Amercian Manufacturing & Trading, Inc. V. Democratic Republici of Congo, ICSID ARB/93/1, February 21, 1997.

〔4〕 Methanex Corporation v. United States of America, UNCITRAL Final Award, August 3, 2005.

〔5〕 Tecmed SA v. Mexico, Case No. ARB (AF) /00/2, Award, May 29, 2003.

〔6〕 张光：“论国际投资仲裁中投资者利益与东道国利益的平衡”，载《法律科学》（西北政法大学学报）2011 年第 1 期，第 112 页。

“最惠国待遇原则”）的国民和公司在同等情况下所享有的优惠。这类保护标准不同于以“公平公正待遇”、“最低待遇”为内容的绝对待遇标准，由于是相对于给予其他投资的待遇，而被统称为相对待遇标准。[1] 传统上，最惠国条款以实体权利为基础，例如投资东道国在石油行业给予法国投资者以税收优惠，则英国投资者可以依据投资协定中的最惠国待遇条款主张享有与法国人同等的优惠，被东道国拒绝时也可以依据最惠国待遇条款向仲裁庭主张因歧视而遭受的损害赔偿。[2] 但是在晚近的投资仲裁实践中，却出现了将最惠国待遇条款扩张适用于程序事项的案例，1997 年 ICSID 受理的 Maffezini 诉西班牙案即为经典案例。

在该案中，Maffezin 是阿根廷公司，其在西班牙投资设立了销售化学品的企业，与东道国发生投资争端后，根据西班牙与阿根廷之间的 BIT，只有“争端提交东道国国内法院后或从期间开始计算之日起满 18 个月没有对诉求作出决定”，投资者方可提交国际仲裁。但事实上，Maffezini 在争端发生后未满 18 个月即直接向 ICSID 申请仲裁，西班牙政府提出管辖权异议，抗辩 ICSID 没有管辖权。但 Maffezini 却试图根据西班牙与阿根廷之间 BIT 中的最惠国待遇条款，援引对投资者更为有利的西班牙与智利之间 BIT 中的争端解决条款，因为西班牙与智利之间的 BIT 规定仅仅经过 6 个月的协商期后投资者即可申请国际仲裁。最终，仲裁庭听取了 Maffezini 将 BIT 中的最惠国待遇条款适用于程序事项，进而援引西班牙与智利的 BIT 确定自身享有管辖权。[3]

中国在最惠国条款的适用过程中面临着两个难题：其一，正如 Maffezin 仲裁案所显现出来的，外国投资者能否将最惠国条款扩展适用于程序性事项，将原本不应由 ICSID 仲裁管辖的案件交付 ICSID 仲裁？其二，有些双边投资条约将由 ICSID 仲裁的事项限定为涉及征收和国有化而引起的补偿款额争端，那么外国投资者可否依据条约中的最惠国条款来扩展 ICSID 仲裁庭的管辖范围？事实上，为了明确缔约时的意图，英国缔结的部分双边投资条约中已经对于最惠国待遇条款的适用范围作了相当具体而明确的

---

〔1〕 王传丽主编：《国际经济法》（第 4 版），中国政法大学出版社 2012 年版，第 249 页。

〔2〕 Alan Redfern, Martin Hunter, Nigel Blackaby and Constantine Partasides, Redfern and Hunter on International Arbitration (5th ed., 2009), p. 504.

〔3〕 Emilio Agustin Maffezini v. Kingdom of Spain, ICSID Case No. ARB/97/7, January 25, 2000.

限定，如1996年英国与阿尔巴尼亚BIT第3条：“为免生疑义起见，缔约双方确认，本条第1、2款规定的最惠国待遇适用于本协定第1—11条的规定。”这种方式可以使最惠国条款的适用范围不至于成为“脱缰的野马”而无限扩张，也为当事人规避“用尽当地救济原则”设定了限度。

（四）东道国间接征收认定标准宜采取“效果兼目的标准”

20世纪90年代以来，东道国为实现经济调整计划或解决社会发展问题而采取的相关措施频频被外国投资者指控为“间接征收”，该类指控一度成为投资争议的焦点。[1] 例如在Metalclad公司诉墨西哥案中，仲裁庭指出：NAFTA所指征收，不仅包括公开、故意、被申明的财产剥夺，诸如直接没收，或者有利于东道国的所有权正式或强制转移，也包括隐蔽或附带地干预财产的使用，产生了全部或显著地剥夺所有者对财产的使用或合理预期的经济利益的效果，即使该等措施并不必然明显地有利于东道国。[2]

判定东道国的管制措施是否构成间接征收的标准主要有两类方法。第一类方法重点在于措施的影响以及对投资的干预程度，为公共目的如环境原因或政策改向而采取的措施既不影响其性质，也不影响东道国及时、充分、有效的补偿义务。该方法被称为“单独效果说”（sole effect），是目前仲裁实践与学界中的主导观点。[3] 第二类方法考察东道国征收的目的或动机，为增进公共福利或保护公共利益而采取的管制措施，只要符合比例原则的限制，则不应当认定为征收。该方法被称为“原始目的标准”，在一定程度上赋予东道国在采取投资措施方面更宽的裁量空间。[4]

客观审视，两类方法都存在问题：第一类方法倾向于保护投资者利益，但忽视东道国采取行为的背后目的，或有褫夺东道国对外资实施正当管理的经济主权之虞，将东道国自身的公共利益完全架空；第二类方法虽赋予东道国以公共目的管理外资的正当理由，但并不排除东道国政府滥用

---

〔1〕张光：“论国际投资仲裁中投资者利益与公共利益的平衡”，载《法律科学》（西北政法大学学报）2011年第1期，第112页。

〔2〕Metalclad Corporation v. United Mexican States, ICSID Case No. ARB（AF）/97/1, Award, August 30, 2000,（2001）40 *I. L. M.* 36.

〔3〕Compañía del Desarrollo de Santa Elena SA v. Republic of Costa Rica, see Alan Redfern, Martin Hunter, Nigel Blackaby and Constantine Partasides, Redfern and Hunter on International Arbitration（5th ed., 2009）, pp. 500－501.

〔4〕C. Schreuer, The Concept of Expropriation under the ECT and other Investment Protection Treaties, Investment Arbitration and the Energy Charter Treaty（C. Riberio ed., 2006）, p. 138.

该标准的可能性，一旦其以公共利益之名行征收之实，则该方法就存在沦为东道国侵害外资的托词之嫌。在平衡东道国公共利益与外国投资者投资利益的价值取向指引下，部分仲裁庭开始逐步引入“效果兼目的标准”〔1〕，即仲裁庭在判定东道国政府管制措施是否构成间接征收时，不妨先就效果进行判定，如东道国行为确实在相当程度上剥夺了投资者对其财产的预期经济利益或有关能力，则进一步考察东道国采取措施是否具有正当化的公共目的，以及该项目之采取是否不可替代、措施与目的之间是否成比例、关联性强弱等。在“一带一路”战略的具体实践中，我国既存在大量的海外基础设施建设投资，也将持续引入外资，折中方法的采取在确保维护投资者权益的基础上，给予了国家以目的进行抗辩的机会，对沿线国家间投资仲裁具有适当性与合理性。

五、公共利益保护与投资仲裁体制改革的程序法改革

（一）限制仲裁庭管辖权的无限扩张

ICSID 仲裁庭历来有扩大管辖权之实践，其惯用的手法就是对条约进行扩大解释。从早期的 Aleoa 诉牙买加案、Holiday Inns 诉摩洛哥案、Amco Asia 诉印度尼西亚案，到晚近的 SPP 诉埃及案、谢业深诉秘鲁案，ICSID 扩大管辖权的实证案例比比皆是。《华盛顿公约》第 25 条第 1 款规定：中心的管辖适用于缔约国（或缔约国向中心指定的该国的任何组成部分或机构）和另一缔约国国民之间直接因投资而产生，并经双方书面同意提交给中心的任何法律争端。〔2〕据此，ICSID 行使管辖权需满足三项条件：争端系直接因投资而引起；当事人双方需为一缔约国与另一缔约国国民；需双方书面同意提交中心管辖。根据自裁管辖权原则，仲裁庭有权自行解释第 25 条并认定自身是否拥有案件管辖权，以致于实践中不仅出现了“保护伞

〔1〕 See Tecmed SA v. Mexico, Case No. ARB（AF）/00/2, Award, May29, 2003.

〔2〕 Art 25（1）: The jurisdiction of the Centre shall extend to any legal dispute arising directly out of an investment, between a Contracting State（or any constituent subdivision or agency of a Contracting State designated to the Centre by that State）and a national of another Contracting State, which the parties to the dispute consent in writing to submit to the Centre. When the parties have given their consent, no party may withdraw its consent unilaterally.

条款"〔1〕、“岔路口条款"〔2〕，而且在管辖权认定问题上极尽解释之能事，例如通过 Alcoa 诉牙买加案将合同纠纷解释为“投资争端"〔3〕、通过 SOA-BI 诉塞内加尔案将“另一缔约国国民”解释为包括了缔约国国民控制的海外非缔约国公司、〔4〕通过 Amco 诉印度尼西亚案将“双方同意仲裁”扩大解释为包含了尽管投资协议无仲裁条款但外资准入申请书有仲裁条款的情形，凡此种种，不一而足。

但实际上，ICSID 的管辖问题不是单纯的程序问题，东道国社会公共利益的保护在国内当地救济中通常可以得到更为充分的考量，而扩张国际仲裁的管辖权会将东道国的国家行为无所限度地置于国际仲裁庭的审查下。为凸显投资双方权益保护的平衡，有必要对 ICSID 的管辖权要件加以严格解释，例如 2005 年 CMS 公司诉阿根廷案中，仲裁庭提出，应当区分基于合同的诉求与基于公约的诉求，只有在诉诸国际仲裁之前，当事方之间的相同争端已经被提交东道国国内法院或行政法庭，“岔路口条款”才予以适用；再如 SGS 诉巴基斯坦案中，原告代理人即提出根据瑞士与巴基斯坦 BIT 中保护伞条款的约定，违反个别投资合同的行为升格或者转化为违反条约的行为，仲裁庭却认为，将数量众多和内容各异的合同义务，都转换为国际公法上的国家义务显然不妥当。〔5〕此外，限制 ICSID 管辖权扩大的另一策略，即参照美国 2004 年 BIT 范本：一方面，在同意 ICSID 仲裁前，要求用尽当地救济，尽可能将案件控制在自己手中，避免由仲裁庭随意摆布；另一方面，考虑建立上诉机制，由统一的机构来审查仲裁庭对管辖权的裁定，从而保证裁决的一致性。〔6〕

---

〔1〕 保护伞条款（Umbrella Clause）是指 BIT 中以专门条款规定缔约国应遵守其对另一缔约方国民或公司所作出的任何承诺，该条款实质上把合同性争议提升为条约性争议来扩大 ICSID 管辖权。

〔2〕 岔路口条款（Fork in the Road Clause）是指 BIT 中以专门条款规定争议发生后，投资者有权在东道国当地救济与国际仲裁之间进行选择，一旦做出选择即为终局，该条款实质上使东道国丧失了当地救济的机会，投资者轻而易举就将纠纷提交国际仲裁机构。

〔3〕 Aleoa Minerals of Jamaiea, Inc. v. Jamaiea, ICSID Case No. ARB/74/2.

〔4〕 Société Ouest Africaine des Bétons Industriels v. Senegal, ICSID Case No. ARB/82/1.

〔5〕 SGS v. Pakistan, ICSID Case No. ARB/01/13, Decision of the Tribunal on Objections to Jurisdiction, August 6th 2003.

〔6〕 陈辉萍：“ICSID 仲裁庭扩大管辖权之实践剖析”，载《国际经济法学刊》2010 年第 3 期，第 103 页。

（二）引入“法庭之友”以适当采纳非当事方的合理意见

“法庭之友”（Amicus Curiae）是指“对案件中的疑难法律问题陈述意见并善意提醒法庭注意某些法律问题的临时法律顾问或协助法庭解决问题的人”。[1] 在投资者与东道国之间的投资争端仲裁案件审理中，允许东道国公民或非政府组织作为“法庭之友”向仲裁庭提供来自于非当事方的中立意见或法律见解，不仅是投资仲裁向公众公开的具体途径之一，而且有助于使得真正反映社会公共利益的立场得以彰显。在实践中，最早引入法庭之友的投资仲裁案件当属2001年依据《北美自由贸易协定》（简称NAFTA）提起的Methanex诉美国案，[2] 仲裁庭根据《联合国国际贸易法委员会仲裁规则》第15条仲裁庭进行程序时拥有自由裁量权的条款，判定自身有权力接受“法庭之友”提交的材料，采纳了国际可持续发展研究所和地球正义组织作为第三方提交的材料。ICSID同年受理的的UPS诉加拿大案[3]的仲裁庭也借鉴了此种途径。[4] 2006年修订的ICSID仲裁规则第37条应各界呼吁，并考虑到实践需求，已经纳入了法庭之友制度，该条第2款规定：在当事人双方协商后，仲裁庭可以允许非争端当事方的个人或实体就争端所涉事项提交书面意见。但仲裁庭应确保非当事方的意见不至于破坏仲裁程序或给任何当事方构成歧视对待。[5] 但是一旦“法庭之友”普遍适用于各类投资仲裁，则显然会减损投资仲裁本身对作为当事方的投

---

〔1〕 薛波主编：《元照英美法词典（缩印版）》，北京大学出版社2013年版，第69页。

〔2〕 Methanex Corporation v. United States of America, UNCITRAL (NAFTA).

〔3〕 United Parcel Service of America Inc. v. Government of Canada, UNCITRAL (NAFTA).

〔4〕 张庆麟：“国际投资仲裁的第三方参与问题探究”，载《暨南学报》（哲学社会科学版）2014年第11期，第72页。

〔5〕 Rule 37 (2) After consulting both parties, the Tribunal may allow a person or entity that is not a party to the dispute (in this Rule called the "non – disputing party") to file a written submission with the Tribunal regarding a matter within the scope of the dispute. In determining whether to allow such a filing, the Tribunal shall consider, among other things, the extent to which: ①the non – disputing party submission would assist the Tribunal in the determination of a factual or legal issue related to the proceeding by bringing a perspective, particular knowledge or insight that is different from that of the disputing parties; ②the non – disputing party submission would address a matter within the scope of the dispute; ③the non – disputing party has a significant interest in the proceeding.

The Tribunal shall ensure that the non – disputing party submission does not disrupt the proceeding or unduly burden or unfairly prejudice either party, and that both parties are given an opportunity to present their observations on the non – disputing party submission.

资者的吸引力。[1] 从这个角度讲，个案中是否采纳第三方意见以及以何种方式采纳，显然需要基于各方面因素的考量。

（三）增强“透明度”以维护公众对仲裁案件的知情权

前已述及，投资者与东道国之间的投资仲裁不仅涉及缔约双方的权利、义务分配及经济利益博弈，而且潜在的东道国公众所代表的社会公共利益往往牵涉其中。但是因投资仲裁的“商事化”痕迹所附带的保密性却成为阻碍更多利益相关方参与仲裁的直接障碍。近几年，投资仲裁因欠缺必要的公开性与透明度而颇受诟病，甚至成为引发投资仲裁合法性危机的“导火索”之一。[2] 实践中，越来越多的投资仲裁非当事方呼吁信息披露，要求提升仲裁透明度，以维护权益为目标允许公众参与决策，发表意见。值得关注的是，2013 年 7 月，联合国国际贸易法委员会发布了《投资人与国家间基于条约仲裁透明度规则》（简称《透明度规则》）。该规则于 2014 年 4 月 1 日生效，直接针对投资仲裁的透明度问题。依据《透明度规则》，在 2014 年 4 月 1 日之后订立的投资条约以及该日期之前订立但当事国与投资者或其所属国同意适用该规则者，双方不得减损该规则之适用。除第 7 条规定的例外情形，双方必须将仲裁程序启动的信息、仲裁通知、申请书、答辩书、证据清单及非争议方及第三人所提交之书面材料、庭审笔录、裁决书等通过存储处公之于众。该规则对于投资仲裁中的信息披露、确保公众维权、切实反映东道国社会利益、平衡投资者与东道国利益方面，具有里程碑式的重要意义。[3]

余论：“一带一路”战略下投资仲裁的利益平衡

当下我国的国际资本流动开始从重视引进外资向资本输入与输出并重转变。“一带一路”战略的落实，既使我国面临跨境投资形式多元化、投资争端解决地位转型的挑战，也为我国重塑国际投资法的话语权、推动国际经济秩序向更加公平、透明的方向发展带来了契机，堪称机遇与挑战并存。据统计，自 1984 年中国与瑞典签订第一项 BIT 以来，我国迄今已签署

---

〔1〕 Eugenia Levine, “Amicus Curiae in International Investment Arbitration: The Implications of an Increase in Third – Party Participation”, 29*Berkeley J. Int'l Law* 224 (2011).

〔2〕 李武健：“国际投资仲裁中的社会利益保护”，载《法律科学》（西北政法大学学报）2011 年第 4 期，第 151 页。

〔3〕 Ian A. Laird, Transparency in investor – state arbitration, at http: //blog. oup. com/2014/03/transparency – in – investor – state – arbitration/, March 3rd, 2014 last visited.

了125项双边投资协定，在数量上仅次于德国（136）。[1] 这些投资协定的签订无疑对我国国际投资环境的改善，外商投资立法的国际化起到了很大的推动作用。从“一带一路”的主要战略布图分析，投资争端的解决很大程度上需要依赖于既有的《华盛顿公约》体系与双边投资协定体系，因而对现有投资体制的改良显得愈发必要。在投资仲裁中实现利益保护的平衡，既有赖于本文所论及的实体法与程序法路径，也离不开丝路沿线各国的合作与共识，“一带一路”投资问题的处理将为投资法治的现代化开创新的可能。

[1] 沈伟：“论中国双边投资协定中限制性投资争端解决条款的解释和适用”，载《中外法学》2012年第5期，第1046页。

10

如何做活新疆社会稳定与长治久安的“棋眼”？

——以兵团司令部南迁阿拉尔为视点

廖肇羽*

摘 要：南疆地区暴力恐怖事件频发是历史、现实、国内、国际多重因素共同作用的结果。自汉武帝以来，历代中央政府都是基于天山南路而治理地域辽阔的西域。满清统一新疆以后，改变了这一做法，把行政管理中心置于北疆宁远（今伊宁），并持续移民实边、开发北疆，形成了“北重南轻、以小搏大”的格局，并导致了南疆从清代到民国的叛乱不已。考虑到今天的现实情况，新疆生产建设兵团应当迁往南疆。这是完善南疆治理结构、夯实基层政权、疏散战略压力、改变人口结构布局、威慑暴恐犯罪和保障战略物资安全的需要，也是实施丝绸之路发展战略的需要。新疆的民族分裂势力和宗教极端势力衍生于泛突厥主义和泛伊斯兰主义的泛滥成灾，根源于土耳其全国性的“突厥学”研究与阿拉伯伊斯兰教传播。突厥学研究和伊斯兰传教衍生出泛突厥主义和泛伊斯兰主义，泛突厥主义和泛伊斯兰主义导致民族分裂势力和宗教极端势力相结合的暴力恐怖主义。

* 新疆塔里木大学西域文化研究院院长，阿拉尔市副市长，国家领土主权与海洋权益协同创新中心研究员。

关键词：新疆社会稳定　兵团南迁　丝绸之路经济带　民族分裂势力　宗教极端势力　恐怖主义

一、严峻现实问题的提出

近三十年，新疆内外民族分裂势力、宗教极端势力从早期在南疆的喀什、和田、克州和阿克苏四地州制造暴恐袭击，发展到在乌鲁木齐甚至全国制造暴恐袭击。目前南疆暴力恐怖事件频发是历史、现实、国内、国际多重因素共同作用的结果，虽然我们采取了越来越严厉的打击和防范措施，但并没有起到根本有效的遏制作用，在这场完全不对称的反恐战争中我们常常处于被动守势。如2013年莎车7·28事件上千人暴动，则反映出基层组织松散，情报信息较为匮乏；基层组织失控，缘于南疆缺少前沿总指挥，迫切需要兵团司令部南迁，坐镇维稳反恐第一线与主战场。简而言之，兵团司令部南迁如同随防区战略前移的航母指挥平台，是新疆社会稳定与长治久安的“棋眼”，能造就“现代版西域都护府”的长效机制。

（一）历代王朝治理得失

回溯历史长河，自西汉武帝以降，历朝历代中央政府都是基于天山南路而稳妥治理地域辽阔的西域，西汉的西域都护府、东汉中后期至三国曹魏的西域长史府、西晋时的戊己校尉、唐代的安西都护府等中央驻地方首府都设置在天山南路，尤其是龟兹一带（今阿克苏地区库车县附近），从而牢牢掌控西域全境。此外，以经略天山南路为治理核心的地方政权有十六国时的前凉、前秦、后凉，南北朝时的北魏、北周，以及隋代，它们前后相续在西域推广郡县制。“以南为重、均势发展”的兄弟民族政权有五代迄两宋的回鹘、吐蕃、契丹（西辽），元明两代还有蒙古，这一局面一直维持到清初。明末清初，当地社会经济“由南向北，以大制小”的格局仍十分明显，当时全疆近四十万（383 750）人口，南疆占95%，南疆作为新疆社会治理的重心无可置疑。

然而，1759年清朝统一新疆，中央政府罔顾历代中央王朝及地方政权治理西域的经验和智慧，将行政管理中心置于北疆宁远（今伊宁），并持续移民实边，开发北疆。经过近百年的发展，至1850年，全疆人口为734 389人，其中北疆人口超过四十万，北疆社会经济的比重也超过了南疆。自此，新疆社会治理确立了“北重南轻、以小搏大”的格局，迪化（今乌鲁木齐）后来代替伊宁成为新疆的政治、军事、经济与文化中心。值得注意的是，清代颠覆两千年来历朝治理西域的惯常思维，换来的却是整个清代至民国的叛乱不断，比如大小和卓之乱、张格尔之乱、七和卓之乱、阿古柏之乱、三区暴乱，而且这些叛乱都是由南向北扩展，终至弥乱不可收拾。

西域新疆治理的重心在天山南路，这是基于历代政治、军事、经济与文化发展规律而言的。由东向西、凭南制北、以耕驭牧、以大搏小，几千年的历史经验与现实教训告诉我们，治疆必须南疆优先，以取得压倒性优势；反其道而行之，贪图安逸、轻忽南疆，远离维稳反恐前沿阵地与主战场，才是新疆取祸之道。

清代以来直到今天，新疆社会经济“南北失衡”格局不仅没有变化，而且差距越来越大，演化为“南北矛盾”。北疆地州与师团发展速度远远高于全疆水平，南疆各地州则总体落后，主要从事农牧业生产，交通不便，工业基础更差，严重加剧了新疆“北重南轻”格局。新疆生产建设兵团布局与发展的重点也在北疆，四、五、六、七、八、九、十、十二、十三师及建工师，共10个师级单位在北疆垦区，南疆垦区仅有一、二、三、十四师等4个师级单位，数量与规模都极为悬殊！北疆垦区兵团团场多属城郊团场，距离城市较近，开发较早，农工商业发达，交通便利；南疆垦区团场则属偏远农场，距离中心城市遥远，工商业不发达，交通滞后。

（二）基层政权失控原因

今天新疆维稳反恐与社会发展存在两方面的难题，一是行政中心远离维稳反恐与社会发展的重点地区；二是南疆现有城市承担国家安全保障基地与丝路战略支点任务的能力不足。

就行政中心远离维稳反恐与社会发展的重点地区而言，新疆区域特殊性大体有两个悖论。其一，地域辽阔与遥控失灵。新疆面积超过一百六十六万平方公里，居全国省市之首，在世界范围内相当于一个大国的面积，在欧洲比德国、法国、英国面积总和还要多，在我国相当于河北、河南、山东、山西、湖北、湖南、江苏、浙江、福建、安徽和辽宁的面积总和。天山以南从东部的哈密至西面的帕米尔高原距离长达1961公里，面积119.55万平方公里，占全疆73%。南疆的和田、喀什地区治所与自治区首府、兵团司令部之间直线距离都在一千公里以上。从乌鲁木齐到和田，相当于从四川成都到江西南昌，横跨了4个省和1个直辖市；从乌鲁木齐到喀什的塔什库尔干县，两地相距1775公里，自驾开车需要28小时。维稳反恐指挥中枢不是在千里之外，而是在一千公里之外，这真是难以想象的事情！其二，民族聚居与反向融合。据统计，2012 年新疆总人口 2230.78 万，南疆地区人口 1095.33 万，占全疆人口的 49.10%，少数民族占全疆人口 42.31%，当地汉族人口较少。据 2011 年统计，南疆地区少数民族人口 896.08 万人，占南疆地区总人口 82.69%。汉族人口稀少，且居于交通偏远地带，在和田、喀什呈现少数民族反向融合态势，这在明清西域史上已有前例。

自治区党委政府与兵团司令部处于自治区首府乌鲁木齐市，由北向南遥控指挥，弊端显露无遗。其一，遥相观望维稳反恐前沿阵地与主战场，“中心——边缘”距离特长，行政中心灵敏触角遥不可及，权力中心难以有效控制边远地区局势，行政监管乏力，军事指挥滞缓。相较北疆地区，南疆地区基层组织松散弱化程度严重，维稳反恐军事指挥无法迅速快捷形成合力，基层组织管控能力有限给了暴恐分子可乘之机，使其有了生存发展的空间和土壤。其二，由于缺乏先进文化的引领，现代文明的熏陶，在生活贫穷困窘而宗教氛围浓厚的南疆农村，宗教极端思想极易灌输给信教群众，伊斯兰教成为身份区分的标识，社会动员的机制，带来乡镇、县市、地区各个层级的骚乱和暴乱，大众想要太平而不得。其三，建设落后，维稳落伍。由于行政中心集中于北疆，南北疆投资建设极不均衡，社会南北矛盾异常突出。现在北疆城市网络已经形成，天山北坡经济带城镇化初具规模，高铁、城际动车一枝独秀，然而加大对南疆的投入和建设力度却难以实现。南疆各地州、师团整体性滞后异常明显，天山南北差距巨大，民众不平衡心态激起了深层次的社会矛盾。由此而来，维稳反恐停留在低效率、高成本、高风险的人海战术阶段。兵团向南发展已如箭在弦，不得不发。

二、紧急迅速解决的策略

（一）兵团向南发展为时势使然

历史上，唐代经营西域，实行安西都护府与北庭都护府分而治之的管理体制，开西域分省而治先河；元代分设阿姆河省与别失八里省，是西域分省而治的成功范例；民国谢彬《新疆游记》提出以天山为界南北分省规划，无疑洞悉了新疆南北失衡的弊端。自清代新疆重归中央政府统筹规划以来，南疆叛乱不断，民国时期也是如此，至今南疆仍动乱频发，这种局面不能不说与南疆远离省级行政中心造成当地社会的封闭有直接关系。

从历史与现实来看，推促兵团南进，将司令部迁往南疆，以强化南疆四地州的现代治理体系与治理能力，实现政治、军事、经济与文化四驾马车并辔齐驱，就是造就“现代版的西域都护府”。基于当前不得不考虑的重大问题，现陈述兵团司令部南迁的十大理由：

（1）完善南疆治理体系。历史是一面镜子，兵团司令部南迁，并将准军事性质的兵团民兵纳入国防序列，造就“现代版的西域都护府”，完善现代治理体系与治理能力。稳定压倒一切，司令部南迁，强化南疆治理体系，兵团可迅速将工作重心南移，并在体制上融入现代治理体系与治理能力。蛇无头不走，鸟无翅不飞，整个南疆确立“一头多翼”的立体式社会治理架构，最终实现南疆稳定与发展。

（2）威慑暴力恐怖势力。慈不掌兵，义不理财，治理边疆需要恩威并施，但南疆安全稳定局面不能靠国防部单独完成，处理暴力恐怖事件适宜亮相出面的不是解放军（国防军），而是武装警察与兵团民兵。兵团司令部南迁成为前敌总指挥，首先是兵团亲临维稳反恐第一线与主战场，首脑机关协调指挥自然快速敏捷；其次是国家授权兵团坐镇南疆，整体协调南疆兵团与地州的维稳反恐，普通百姓心里踏实安稳；最后是协助军方建立战略指挥中枢，威慑压制民族分裂势力、宗教极端势力及其引发暴力恐怖主义的嚣张气焰。

（3）夯实南疆基层政权。新疆行政中心、军事中枢、经济重心、文化核心集中于北疆狭小范围内，面对地域辽阔、以少数民族为主体居民的南疆地区，辐射力有限。兵团司令部南迁，能利用就近原则，因地制宜灵活出台针对性强的特殊政策，全面深入推进基层干部队伍建设、宗教事务引导、文化教育卫生等公共事务管理，显然有利于巩固南疆基层政权建设。

（4）承担疏散战略压力。目前南疆暴力恐怖事件目标直指地方政府，兵团司令部南迁平暴，民族分裂势力、宗教极端势力掉头向南，就不至于跑到乌鲁木齐、昆明、北京、广州肆虐，从而舒缓了全国人民维稳反恐的战略压力。

（5）统筹社会综合改革。目前南疆诸事不顺，兵团司令部南迁会形成漩涡效应，吸引更多产业、资本、人才进入，令人揪心的教育、医疗得到全面提升。

（6）保障战略资源安全。新疆土地资源辽阔，光热资源丰富，是我国重要的特色农产品基地。新疆矿产资源丰富且储备量大，尤以石油、煤、天然气等资源的蕴藏丰富。探明石油资源储量 209 亿吨，占全国陆上石油资源量的 30% ；天然气资源量为 10.8 亿立方米，占全国陆上天然气量的

35%；煤炭储量2.19万亿吨，占全国比重高达40.5%。新疆已被确定为中国战略资源重要储备区和21世纪经济社会发展的重要支点。新疆也是境外能源过境枢纽，毗邻能源贮藏丰富的中亚五国及俄罗斯，通过巴基斯坦又是从陆路连接中东地区及非洲的最近通道，战略位置十分重要。

（7）实现产业结构调整。丝绸之路是世界文明史上最大的商贸体系，是物流、人流的重要通道，有丰富的文化旅游资源。与此同时，因为特殊的地理环境，南疆水资源奇缺，高耗水低产出的棉花生产，导致环境急剧恶化，荒漠化特别严重。长远来看，南疆不能死抱住农业不放，经济支柱不能是传统的一产农业、二产工业，而是三产服务业，要积极发掘文化资源，发展物流、旅游，实现产业结构调整，以及内地高新产业在南疆的转移与承接，成为先进生产力示范区。

（8）推促文化心态调整。如上所述，南疆的稳定发展，需要培育一个政治中心、军事中枢、经济重心、文化核心，成为丝路重镇之一。塔里木大学作为南疆唯一的综合性大学，能为南疆稳定发展，提供干部人才支撑、科学技术支撑、战略谋划支撑，相应形成人才库、科研库、智库，成为先进文化示范区、中华文化传播高地，实现社会物质文明进步与精神文明进步成果的共同分享。也只有在这样的基础上，才能推促各族群众文化心态与价值取向的合理调整。

（9）加强兵团转型升级。由于历史文化、自然因素、特定区位和政策差异等因素限制，兵团发展基础薄弱，自身发展能力有待提高。在生产生活条件、公共服务、经济发展水平等方面，兵团同发达地区相比还存在较大差距，甚至成为国家沉重的经济负担，中央财政转移支付的数额越来越大。兵团司令部南迁，能够实现税收收益最大化，吸纳社会资金，从而增强自身发展能力，从根本上改变兵团经济社会发展的相对落后状态，促进经济社会更快更好发展。

（二）丝路战略纵深需要兵团南进

通常所说新疆周边地区涉及的中国重大战略利益，实际上主要集中于南疆周边地区，南疆从南至北依次与印度、巴基斯坦、阿富汗、塔吉克斯坦、吉尔吉斯斯坦、哈萨克斯坦接壤，邻近还有伊朗、乌兹别克斯坦、土库曼斯坦。邻近的中印争议地区阿克赛钦、印控克什米尔、北约驻阿富汗军事基地、俄罗斯驻塔吉克斯坦军事基地、美国与俄罗斯驻吉尔吉斯斯坦军事基地，客观上构成了新疆南疆的军事压迫线与丝绸之路经济带的拦路虎。

巴基斯坦、阿富汗、塔吉克斯坦、吉尔吉斯斯坦、哈萨克斯坦对于中国而言，利害关系主要有四个方面：一是维护重要的资源通道。当前我国在西北方向重要的资源通道，是中哈原油与中土天然气管道，未来中巴铁路、中吉乌铁路分别辅助的石油与天然气管线，显示南疆与中西南亚毗邻区涉及国家重大安全问题。二是共同打击国际恐怖主义。中西南亚毗邻区目前是全球多事之地，是国际上民族分裂主义、宗教极端主义、暴力恐怖主义肆虐的重灾区，而且南疆处于当前国际上反恐斗争的前沿地带。民族分裂势力与宗教极端势力引发的暴力恐怖主义对国家安全造成的破坏，是目前南疆的心腹之患，所以与中西南亚国家保持合作，共同打击民族分裂势力与宗教极端势力引发的暴力恐怖主义，有助于国家西北地区的稳定。三是化解来自域外大国势力对我国安全的潜在威胁。中西南亚国家综合实力较弱，在社会发展以及在国际反恐中有求于其他大国，导致美国、俄罗斯、甚至北约、印度，借机增强在南疆周边地区的影响，从而在政治、军事、经济、文化等各方面在地区造成了不和谐因素。四是密切南疆与中西南亚的边贸关系。中国业已成为阿拉伯世界最大的清真食品供应商，南疆与中西南亚国家发展密切的商贸关系，这是新疆发展所必需的。

从中西南亚地缘政治来说，拓展国防战略纵深，能保障丝绸之路经济带的中巴经济走廊、中吉乌铁路安全通畅，有效反制印控克什米尔、北约驻阿富汗军事基地、俄罗斯驻塔吉克斯坦军事基地、美国与俄罗斯驻吉尔吉斯斯坦军事基地构成的军事压迫线。

（三）地理中心阿拉尔是兵团向南首选

至于新疆建设兵团行政中心——司令部为什么要南迁到阿拉尔，一方面在战略战术上大有讲究。首先，阿拉尔属于南疆地理中心，图木舒克、阿克苏、库车、塔中都在它 200 公里半径范围内，五城共建联防，可以形成安边固疆的稳定器、先进生产力和先进文化的示范区。其次，和田、喀什、伊宁、库尔勒、若羌、且末、民丰、于田都在它 500 公里半径范围内，在阿拉尔屯兵四散出击，快速反应部队 3 个小时可到达环塔里木任何角落，全面覆盖维稳反恐前沿阵地与主战场，确保南疆的社会稳定与长治久安，成为凝聚各族群众的大熔炉。最后，疆外的中印争议地区阿克赛钦、印控克什米尔、北约驻阿富汗军事基地、俄罗斯驻塔吉克斯坦军事基地、美国与俄罗斯驻吉尔吉斯斯坦军事基地都在它 800 公里左右，处于轻型战机和远程运输机的作战半径内，在阿拉尔布置空军和导弹部队可有效实现丝绸之路经济带的战略安全再保障。

另一方面，阿拉尔扮好“棋眼”角色，生态环境承受能力切实可行。在南疆，和田依赖和田河、莎车依赖叶尔羌河、喀什依赖喀什噶尔河、阿克苏依赖阿克苏河、库车依赖渭干河、库尔勒依赖孔雀河、若羌依赖车尔臣河，唯独阿拉尔处于和田河、叶尔羌河、喀什噶尔河、阿克苏河等四大支流汇聚成塔里木河干流的源头上。除了“四源一干”的塔里木河水系，境内还有多浪河、台兰河、玉尔滚河三条河流，多浪水库、胜利水库、上游水库三大平原水库以及众多湿地，按专家测算可容纳1000万人口生活发展。此外，阿拉尔人文环境中有南疆最多的汉族人口结构，有南疆唯一的综合性大学，有南疆最完善的医疗体系，有南疆最大的农副产品生产基地，所有这些都有利于兵团司令部南迁至此，使其迅速发展为地级市和大兵营，加强新疆南疆的社会稳定和丝路战略的安全保障。

汉郑玄《诗谱序》曰：“举一纲而万目张，解一卷而众篇明。”对于南疆社会稳定而言，兵团司令部南迁就是“牵一发而动全身、落一子全盘皆活”的“纲”与“卷”。兵团司令部南迁阿拉尔，坐镇反恐前哨，增加了南疆的反恐维稳基石分量，能起到维护南疆社会稳定与长治久安“定海神针”作用。在此基础上，稳定发展政治、经济与文化自然多措并举，又纲举目张。

三、长远稳定谋略的规划

新疆是我国接壤国家最多的省区，是古丝绸之路南、中、北三道必经之地；是通往中亚、西亚、南亚、欧洲、非洲最近的通道；是中华文明、印度文明、波斯—阿拉伯文明和希腊—罗马文明交汇的十字路口，现在又是丝绸之路经济带建设的核心区。与此同时，新疆也是民族分裂势力和宗教极端势力日益猖獗的地区，它们衍生于泛突厥主义和泛伊斯兰主义在新疆的泛滥成灾，而其根源则是土耳其全国性的“突厥学”研究与阿拉伯伊斯兰教传播。这是一个三段式：突厥学研究和伊斯兰传教衍生出泛突厥主义和泛伊斯兰主义，泛突厥主义和泛伊斯兰主义导致民族分裂势力和宗教极端势力相结合的暴力恐怖主义。

（一）突厥学与泛突厥主义

突厥本是中国隋唐崛起于北方的一大部族，而至唐代初叶又逐渐衰落，残部零星西迁。中唐以后其后裔加入了所在地的其他部落，混血繁衍开始了新的生命航程，原有族群特征湮没无闻，11世纪麻赫穆德·喀什噶里用阿拉伯文编纂出《突厥语大辞典》，属于历史残影的追忆性作品。正因此，在19世纪之前，并不存在统一的突厥意识，是欧洲“突厥学”研究开始重新发现所谓的奥斯曼历史和文化。

第一次世界大战后奥斯曼帝国分崩离析，1923年，在凯末尔领导下建立了土耳其共和国。新中国成立之初，一些曾留学欧洲并习得了一点“突厥学”知识的土耳其知识分子开始舞文弄墨，国父凯末尔随即下令建立“突厥学研究院”，并亲自设计院徽：天山脚下，一条张开血盆大口的灰狼，手持一把火炬，于是土耳其人又“重新发现”了自身的中亚传统。他们力图借用泛突厥主义在种族、文化、语言和历史等方面的幻影，强化国家民族意识，成就一种“大民族主义”思潮和运动。也正是在这个背景下，我国新疆地区的民族分裂运动与奥斯曼—土耳其之间建立了联系。

这种以语言—文化为号召的民族主义，最终走向了一个虚构出来的共同族源，许多土耳其人想当然地认为，在天山脚下的中亚与新疆生活着与自己同宗同族、血脉相连却饱受压迫的“突厥兄弟”。

“突厥学”以貌似客观的学术“复活”了一种突厥意识，并为中亚和土耳其的统治阶层所利用，进而发展成为一种文化和政治运动，即泛突厥主义。这种被虚构出来的共同体催生了疆内外的民族分裂势力，他们在土耳其、美国、德国、巴基斯坦、阿富汗、俄罗斯等国家都建立了分支，经常打着维护人权、宗教自由和少数族裔利益的旗号，举办国际会议和游行示威，并通过一些右翼组织、人权团体及政党、议会等途径，对西方国家施加政治影响，牵制政府决策，力图最终将新疆从中国分裂出去与中亚并组，变成一个所谓的“东突厥斯坦”。

（二）伊斯兰教与泛伊斯兰主义

“东突”民族分裂运动的两个主要意识形态，是19世纪以来产生的“泛突厥主义”和“泛伊斯兰主义”。伊斯兰教在新疆的传播脉络如下文，11世纪，东喀喇汗王朝占领喀什，伊斯兰教势力渐渐从中亚进入新疆，随后经过四十多年蔓延至和田。14世纪中叶，东察哈台汗国再由西向东，向阿克苏、库车等地发展；15世纪到达吐鲁番、乌鲁木齐等地；16世纪延伸到哈密。当时北疆虽有不少穆斯林，但主要为准噶尔部所统治，时称“准部”。18世纪，乾隆平定准噶尔部后，设郡县，屯戍兵，移回部于北路，伊斯兰教势力才在新疆北部得到发展和巩固。20世纪，北疆大部地区也都成了穆斯林的居住区。

泛伊斯兰主义也称大伊斯兰主义，是近现代伊斯兰教社会思潮与社会运动之一。它主张伊斯兰不仅仅是宗教信仰，而且是一套政治体制的意识形态，呼吁现代的穆斯林去他们的宗教信仰中寻根，并且在政治上统一思想，强调全世界信奉伊斯兰教的各族人民有共同的历史文化传统，共同的利益、愿望和要求，应团结起来，捍卫、复兴伊斯兰信仰，建立超越国家的伊斯兰民族。

新疆是中国西北信仰伊斯兰教民族成分最多和穆斯林民众人数最多、最集中的省区，而新疆绝大多数信仰伊斯兰教的民众就生活、工作在环塔里木的南疆绿洲。南疆地区干旱，风沙大，基础设施落后，生活条件艰苦，宗教氛围浓厚，民众观念落后，文化落后，医疗落后，生育失控，清真寺多，学校少，清真寺豪华，学校破旧，这里不但是新疆经济建设、社会发展的短板，更是伊斯兰极端宗教容易腐蚀、渗透的温床。

伊斯兰教在中国的传播与发展又分为内地伊斯兰教（汉语系）和新疆地区伊斯兰教（阿拉伯语系）两大派别。当初伊斯兰教在中亚与新疆传播时，宗奉阿拉伯文的《古兰经》，并坚持用阿拉伯语传教，最终也将源远流长的汉语和汉文（包括元明两朝的蒙语和蒙文）消解得几乎荡然无存。

六年来，中央两次召开新疆工作会议，给了新疆一系列特殊政策，全国十九省市及国务院各部委拿出人力、物力、财力、智力援疆，还在南疆设立喀什经济开发区。然而，全国给予新疆的大“输血”，并没有对新疆，特别是南疆起到太大的促进作用，暴力恐怖事件层出不穷，内在原因就是泛伊斯兰主义起了迟滞经济发展、阻碍社会进步的作用。

（三）长治久安，文化为基

如上所述，泛突厥主义和泛伊斯兰主义，使近几年新疆面临着前所未有日益严重的严峻挑战。特殊环境、特殊时期、超常规发展需要特殊政策，笔者要特别强调的是用“西域学”研究和“汉语系”伊斯兰教传播，来抑制“突厥学”研究和阿拉伯语系伊斯兰教泛滥的强大负面影响，赢得社会稳定与长治久安。

中国历代中央王朝为了西域新疆的长治久安，通过西域都护府、安西都护府、伊犁将军府等制定了相应的政治、军事、经济以及思想文化措施，如今的兵团特殊性和重要性自不待言说。兵团不但是戍守边疆、维护边境安全的一支重要力量，也是守护民族团结、维护内部稳定的一支重要力量，还是传播中华文明、建设先进文化示范区的一支重要力量，这是任何组织都无法替代的。

笔者要强调的是，新疆兵团南迁可以打造为“现代版的西域都护府”以积极传播中华文明，强力抑制民族分裂势力和宗教极端势力，从根本上长远铺垫新疆社会稳定与长治久安的基础。

兵团司令部南迁，扎实推进中华文明基因影响的广度与深度，抑制阿拉伯文化在南疆的空前泛滥。“西域学”研究方面，只有帮助新疆各民族建立对西域新疆的常识性认知，民族关系才能平稳健康发展，这需要从国家层面在南疆扶持教育部的协同创新中心——西域文化与丝路文明共享协同创新中心、教育部的人文社科重点研究基地——西域文化研究院、科技部的国家重点实验室——数字西域重点实验室。西域文化源远流长、博大精深，是中华传统文化的重要组成部分，我们不但拥有数量庞大的西域文献，而且量大质优的西域文物层出不穷，非物质文化遗产更是不计其数，从学理上构建“西域学”能改变广大少数族裔对西域新疆的错误的历史认知。

显然可见，兵团司令部南迁阿拉尔，造就“现代版的西域都护府”，才能“在事关根本、基础、长远的问题上发力”，成为“安边固疆的稳定器、凝聚各族群众的大熔炉、汇集先进生产力和先进文化的示范区”，它是做活新疆社会稳定与长治久安的“棋眼”。

11
中国的海外追逃与引渡

马呈元 *

摘　要：引渡是国际刑事合作的重要形式。由于国家并不负有向外国引渡犯罪嫌疑人的义务，引渡一般需要以存在国际条约为前提。中国和外国缔结并生效的引渡条约还比较少，因此在一定程度上制约了中国对外逃犯罪嫌疑人的打击。本国国民不引渡原则、双重犯罪原则、政治犯不引渡原则和死刑不引渡原则是国家决定是否引渡时需要考虑的条件，其中，死刑不引渡原则是引渡制度中一项新的原则。在目前中国刑法中存在比较多的死刑罪名的情况下，死刑不引渡原则对中国与外国缔结引渡条约和寻求对犯罪嫌疑人的引渡都构成了一定的障碍。

关键词：海外追逃　引渡　本国国民不引渡原则　双重犯罪原则　政治犯不引渡原则　死刑不引渡原则

2013 年以来，中国加大了打击腐败犯罪和经济犯罪的力度。为了把打击此类犯罪的行动引向深入，2014 年 7 月至 12 月底，公安部开展了旨在缉捕外逃经济犯罪嫌疑人的“猎狐”行动。在此期间，中国公安机关共向境外派出七十余个工作组，从 69 个国家和地区成功抓获 680 名外逃经济犯罪人员，取得了前所未有的成果，为反腐败斗争和打击经济犯罪做出了积

* 中国政法大学教授，国家领土主权与海洋权益协同创新中心研究员。

极贡献。

为切实推进反腐败国际追逃追赃工作的开展，2014年，中共中央反腐败协调小组设立了国际追逃追赃工作办公室，办公室成员由中央纪律检查委员会、最高人民法院、最高人民检察院、外交部、公安部、国家安全部、司法部、人民银行等单位负责人员组成。中央纪律检查委员会国际合作局作为办事机构，承担具体工作。2015年3月，中共中央反腐败协调小组国际追逃追赃工作办公室召开会议，决定启动“天网”行动。“天网”行动是中央反腐败协调小组部署开展的针对外逃腐败分子的重要行动，其中，公安部牵头开展“猎狐2015”专项行动，重点缉捕外逃职务犯罪嫌疑人和腐败案件重要涉案人；最高人民检察院牵头开展职务犯罪国际追逃追赃专项行动，重点抓捕潜逃境外的职务犯罪嫌疑人。

中国缉捕外逃犯罪嫌疑人主要有引渡、劝返、境外缉捕和所在地国非法移民遣返等四种方式，本文将对引渡中涉及的有关问题进行探讨。

一、引渡的法律依据

“引渡，是一个被控诉或被判罪的人由他当时所在的国家把他交给另一个认为他在其领土内犯了罪或对他判罪的国家。”[1] 引渡是国家之间进行刑事合作的最早和最重要的形式，不过，在国际关系中，一国并不负有必须向另一国引渡犯罪人的一般义务。实践中，国家之间在引渡犯罪人方面的刑事合作是依据国际条约和国内法进行的。

（一）国际条约

作为引渡依据的国际条约有以下几种类型：

（1）双边引渡条约。双边引渡条约是国家之间进行引渡合作的重要法律依据。一些国家规定，引渡必须以存在双边引渡条约关系为前提。例如，《美国法典》第209编第3181节规定：“本编与移交外国犯罪人有关的各条款，仅在与该国政府签订的任何引渡条约存续期间有效”。英国1870年《引渡法》第2条第1款规定：“一旦与任何外国就向该国移交任何逃犯的问题达成协议，国王陛下可以根据枢密院令，命令对该外国适用本法。”受英国立法的影响，不少普通法系国家原先只向与本国订有引渡条约的外国引渡犯罪人。“这种以存在双边引渡条约关系作为开展引渡合

〔1〕［英］劳特派特修订：《奥本海国际法》（上卷），第二分册，王铁崖、陈体强译，商务印书馆1981年版，第179页。

作的前提条件的模式被学者们称之为‘条约前置主义’。”[1]

条约前置主义有利于缔约国之间引渡目的的实现，但是，由于任何国家都不可能与所有其他国家，甚至大多数国家签订双边引渡条约，因此，它必然会限制国家之间进行引渡合作的范围。为了克服条约前置主义的局限性，有些原先坚持这一立场的国家制定了新的国内立法，允许在某些情况下和那些并未与本国缔结双边引渡条约的国家开展引渡合作。例如，英国2003年《引渡法》规定，英国应当在“特定性安排”的基础上与外国进行引渡合作。而按照该法第95条第3款的规定，这种“特定性安排”不仅包括英国与请求国缔结的引渡条约中的条款，而且包括请求国的相关法律规定。印度在1993年对1962年的《引渡法》作了修改。修改后的该法第3条规定：中央政府可以颁布命令，决定将《引渡法》中有关规定适用于在该命令中指明的国家，而无论该国是否和印度缔约了双边引渡条约。

不过，尽管有些国家并未采取条约前置主义的立场，而且一些原先采取这一立场的国家也不再坚持必须以双边引渡条约的存在作为引渡的唯一依据，但不可否认的是，双边引渡条约依然是现代国家之间开展引渡合作的首要依据。

（2）区域性引渡公约。虽然时至今日，国际社会依然未能缔结一项普遍性的引渡公约，但是，某些地区的国家之间已经就引渡事项签订了区域性的国际公约，如1933年《美洲国家间引渡公约》和1957年《欧洲引渡公约》。这些区域性引渡公约为缔约国设定了引渡义务，构成缔约国之间引渡犯罪人的法律依据。例如，《美洲国家间引渡公约》第1条规定：“本公约各签字国按照本公约规定承担义务，向任何一个请求国交出在其领土内被控犯罪或被判罪行的人。”

（3）国际刑法公约。20世纪以来，为了维护国际社会的共同利益，国家之间签订了一系列旨在打击国际犯罪的普遍性和区域性的国际刑法公约。这些公约在规定有关行为构成国际犯罪的同时，一方面通过“或引渡或起诉”原则要求缔约国承担制裁国际犯罪的义务；另一方面通过对引渡问题的规定，将公约本身作为缔约国，尤其是坚持条约前置主义立场的缔约国可供选择的引渡依据。例如，1970年《关于制止非法劫持航空器的公约》（《海牙公约》）第8条第2款规定：“如一缔约国规定只有在订有引渡

[1] 黄风：《国际刑事合作的规则和实践》，北京大学出版社2008年版，第4页。

条约的条件下才可以引渡，而当该缔约国接到未与其订有引渡条约的另一缔约国的引渡请求时，可以自行决定认为本公约是对该罪行进行引渡的法律依据。引渡应遵照被请求国法律规定的其他条件。”2003 年的《联合国反腐败公约》中对此也作了同样的规定。

（二）国内法和互惠原则

1833 年比利时制定了世界上第一部《引渡法》之后，许多国家先后制定了各自的《引渡法》。这些特别立法列举可以准许和请求引渡的罪名，并规定引渡的程序。[1] 它们一方面可以成为国家缔结引渡条约的基础；另一方面可以成为引渡的法律依据。对于不采取条约前置主义立场的国家来说，这种特别立法及其规定的互惠原则对于本国和与本国未订有引渡条约的其他国家进行引渡合作尤为重要。1970 年《海牙公约》第 8 条第 3 款规定：“缔约各国如没有规定只有在订有引渡条约时才可以引渡，则在遵照被请求国法律规定的条件下，承认上述罪行是它们之间可引渡的罪行。”

作为引渡的依据，新西兰《1999 年引渡法》第 12 条规定：对于未与新西兰缔结引渡条约的国家，可以根据本法执行该国提出的引渡请求。卢森堡《外国罪犯引渡法》第 1 条规定：政府可以在互惠的条件下，将在本国境内而被外国法院指控犯有轻罪、重罪或判刑的外国人移交给外国政府。其他许多国家的引渡法中也有这样的规定。

（三）中国引渡外逃犯罪嫌疑人的法律依据

自从 1993 年中国和泰国签订了第一项引渡条约以后，中国一直致力于与有关国家谈判和缔结引渡条约，以便将外逃的犯罪嫌疑人绳之以法。2014 年 11 月 26 日，在中国外交部举行的反腐败国际追逃追赃中外媒体吹风会上，外交部条法司司长徐宏介绍说，截至 2014 年 11 月，中国和其他国家共签订了 39 项引渡条约，其中 29 项已经生效。[2] 但总的来说，中国和外国签订的引渡条约数量太少，同时，和中国订有引渡条约的主要是周边国家和苏联解体后的独联体国家以及原来属于苏联社会主义阵营的东欧国家，这些国家并非中国外逃犯罪嫌疑人的主要目的地国，相反，作为中国外逃犯罪嫌疑人主要目的地国的美国、加拿大、澳大利亚等国和中国并

---

〔1〕［英］劳特派特修订：《奥本海国际法》（上卷），第二分册，王铁崖、陈体强译，商务印书馆 1981 年版，第 180 页。

〔2〕在中国全国人大常委会和法国议会分别批准以后，《中华人民共和国和法兰西共和国引渡条约》于 2015 年 7 月 17 日正式生效，从而使中国已生效的引渡条约达到 30 个。

未订有引渡条约,[1] 这种情况极大地影响了中国利用双边引渡条约引渡外逃犯罪嫌疑人的效果。[2]

在国际刑法公约方面，中国签署和批准了2000年《联合国打击跨国有组织犯罪公约》和2003年《联合国反腐败公约》。根据这两项国际公约中的“或引渡或起诉”原则，公约缔约国负有引渡位于本国领土上的其他缔约国的犯罪嫌疑人的义务。这就为中国要求其他缔约国，特别是和中国未订有引渡条约的缔约国引渡犯罪嫌疑人提供了法律依据。不过，一方面，坚持“条约前置主义”的国家一般并不认为国际刑法公约中的引渡条款可以构成实施引渡的依据；另一方面，即使有的缔约国承认可以根据这些公约进行引渡，但是，按照“法律不溯及既往”原则，它只能适用于有关国家和中国都成为公约缔约国以后发生的犯罪。由此可见，旨在打击腐败犯罪和其他经济犯罪的国际公约对中国引渡外逃犯罪嫌疑人的作用也是十分有限的。

中国承认国内法和互惠原则是向外国进行引渡的依据之一。2000年12月28日通过的《中华人民共和国引渡法》第2条规定：“中华人民共和国和外国之间的引渡，依照本法进行。”第3条规定：“中华人民共和国和外国在平等互惠的基础上进行引渡合作。”同时，针对外国引渡请求的提出，该法第15条明确指出：“在没有引渡条约的情况下，请求国应当做出互惠的承诺。”

对于和中国未订有引渡条约的国家，中国也努力争取根据对方的国内法和互惠原则对经济犯罪嫌疑人进行引渡，并取得了一定的成效。2015年2月3日，外逃意大利长达十年之久的经济犯罪嫌疑人张某被从意大利引渡回国。这是欧洲国家首次批准向中国引渡经济犯罪嫌疑人。张某原为河北某证券公司工作人员，她利用职务之便盗取客户证券账户资金一百四十余万元，并于2005年10月逃往意大利。2014年10月，意大利警方将张某抓获并通报中国公安机关；2015年1月16日，意大利正式批准将她引

---

〔1〕 2007年9月6日，中国和澳大利亚签订了双边引渡条约。2008年4月，该条约经中国全国人大常委会批准。但到2015年8月，澳大利亚国会尚未批准该条约。

〔2〕 2011年8月，喻某在浙江省义乌市开设顺达外贸进出口有限公司，并在骗取他人价值100多万元的货物后逃往保加利亚。2014年11月21日，佘某被保加利亚警方抓获。根据1996年5月20日签订的《中华人民共和国和保加利亚共和国引渡条约》，2015年4月30日，保加利亚将喻某引渡给中国。这是“猎狐行动”开展以来，中国公开报道的根据双边引渡条约成功实施引渡的第一个案例。

渡回中国。2015 年 4 月 9 日，外逃经济犯罪嫌疑人胡某某被从希腊引渡回国。这是中国首次从希腊成功引渡犯罪嫌疑人。胡某某是浙江衢州百泰集团有限公司实际控制人。2013 年 4 月底，他将非法集资的四千余万元资金和从银行获得的 400 万元贷款席卷而去，逃往塞浦路斯。2014 年 11 月 23 日，胡某某在希腊雅典机场被希腊警方扣留。在中国办案单位提供了充足的证据和法律依据后，希腊法院最终裁决同意将他引渡给中国。

二、本国国民不引渡原则

（一）概 述

在引渡实践中，虽然作为引渡对象的犯罪人多数是请求国国民，但也可能包括被请求国国民、第三国国民或者无国籍人。[1] 不过，如果请求国请求引渡的犯罪人具有被请求国国籍，虽然请求国对作为引渡理由的有关犯罪具有刑事管辖权，如犯罪是在请求国领土上实施的，但被请求国一般不会同意引渡。这就是所谓“本国国民不引渡原则”。

国家不引渡本国国民到外国接受审判和处罚主要出于以下原因。首先，许多国家，特别是大陆法系国家认为，本国刑法在确定对犯罪的管辖权方面除采用属地原则之外，还同时主张采用属人原则，因此，国家对本国人在外国的犯罪同样有权管辖。[2] 其次，在可能由本国行使刑事管辖权的情况下，让本国国民在外国法庭接受审判既有损国家尊严，也有悖于国家保护国民的责任。最后，本国国民在外国接受审判和处罚的过程中，不仅存在远离亲友、生活不便和语言不通等困难，而且作为外国人，其诉讼权利也可能受到侵害，难以保障他能得到公平的审判和处罚。

本国国民不引渡原则最早出现在 1909 年 11 月 6 日签订的《美国和法国引渡条约》中。该法第 5 条规定：“根据本条约的规定，缔约任何一方均无义务向对方交出本国国民或臣民。”其后，许多引渡条约都作了同样的规定。特别是在第二次世界大战以后，虽然国际社会对刑事诉讼中的人权保护日益重视，1948 年《世界人权宣言》、1966 年《公民权利和政治权利国际公约》和一些区域性人权公约也对犯罪嫌疑人和被告人的权利做出

---

〔1〕 2012 年 5 月 11 日，根据中老两国 2002 年签订的双边引渡条约，老挝将涉嫌于 2011 年 10 月 5 日在泰国境内制造湄公河惨案，杀害 13 名中国船员的主犯糯康引渡给中国。糯康出生于缅甸，不具有中国或老挝国籍，因此，作为引渡对象，他属于第三国国民。

〔2〕 贾宇：《国际刑法学》，中国政法大学出版社 2004 年版，第 398 页。

了明确的规定，但是，一些国家仍然以担心本国国民在外国接受审判其人权可能得不到保障为理由，不愿意将明知在外国犯有罪行的本国国民引渡给犯罪地国，以致本国国民不引渡原则出现了不断加强的趋势。[1]

不过，传统上，普通法系国家并不坚持拒绝引渡本国国民。这一方面是因为普通法系国家长期坚持刑法属地原则，认为犯罪行为应当由犯罪地国管辖，所以，如果不引渡在外国犯罪后逃回本国的本国国民，就可能使其逃脱应受的惩罚；另一方面，虽然本国国民在外国的审判和处罚过程中可能面临某种困难和不利局面，但这是其在外国犯罪的必然结果，理应由本人承担。因此，根据普通法系国家及地区之间签订的引渡条约，本国国民可以成为引渡的对象。例如，1997 年 11 月 5 日《香港政府和英国政府关于移交逃犯的协定》第 3 条第 1 款规定："除本条第 2 款及第 3 款另有规定外，不得以关于被要求移交者的国籍的问题为理由拒绝移交。"2003 年 3 月 31 日签订的《英国和美国引渡条约》第 3 条明确规定："不得基于被请求引渡人的国籍而拒绝引渡。"

实践中，由于不引渡本国国民的国家可能不追诉或者不认真追诉本国国民在外国的犯罪，以致出现宣告无罪或者判处较轻刑罚的情况，因此，本国国民不引渡原则可能使在外国犯罪的本国犯罪人逃避应受的惩罚，并导致请求国对被请求国刑事司法的不信任，影响两国今后的刑事合作。此外，被请求国对犯罪人进行审判和处罚还存在不易搜集证据，延长诉讼时间和增加诉讼成本等问题。为了不使犯罪人因本国国民不引渡原则而逃避应受的惩罚，有些双边引渡条约和国际公约中出现了"或引渡或起诉原则"和有条件引渡本国国民的规定。这可以被看作是本国国民不引渡原则发展的新动向。

1996 年 4 月 23 日签订的《法国和美国引渡条约》第 3 条规定："（1）缔约任何一方均无引渡本国人的义务，但美国行政当局可以决定引渡本国公民。（2）如一方提出请求，则基于被请求引渡人的国籍而拒绝引渡的另一方应将案件提交本国主管当局，以便起诉。"2000 年 11 月 15 日联合国大会通过的《联合国打击跨国有组织犯罪国际公约》第 16 条第 10 款规定："被指控人所在的缔约国如果仅以罪犯系本国国民为由不就本条所适用的犯罪将其引渡，则有义务在要求引渡的缔约国提出请求时，将该案提交给其主管当局以便起诉，而不得有任何不应有的延误。这些当局应以与

---

〔1〕 张智辉：《国际刑法通论》，中国政法大学出版社 2009 年版，第 378 页。

根据本国法律针对性质严重的其他任何犯罪所采用的方式相同的方式做出决定和进行诉讼程序。有关缔约国应相互合作，特别是在程序和证据方面，以确保这类起诉的效果。”

（二）中国引渡外逃犯罪嫌疑人中的本国国民不引渡原则

中国在引渡立法和双边引渡条约中均坚持本国国民不引渡原则。《中国引渡法》第8条规定：根据中华人民共和国法律，被请求引渡人具有中华人民共和国国籍的，应当拒绝引渡。中国和其他国家缔结的双边引渡条约也都包含有拒绝引渡本国国民的条款。实践中，对于在外国犯罪后潜逃回国的中国公民，中国司法机关会在犯罪地国的合作下对犯罪人进行审判和处罚，而不把他引渡或移交给犯罪地国。[1]

从理论上讲，中国引渡外逃犯罪嫌疑人不涉及本国国民不引渡原则，因为无论是外逃的腐败分子还是其他经济犯罪嫌疑人，中国对他们进行通缉以及请求所在地国把他们引渡给中国进行审判和处罚的前提是他们具有中国国籍。但在实践中，情况并非完全如此。因为有的犯罪嫌疑人已经通过在外国长期居留或者投资移民等方式取得了所在国的国籍，所以，中国提出的引渡请求可能会由于本国国民不引渡原则而被被请求国拒绝。在这种情况下，首先需要由犯罪嫌疑人所在地国取消他的国籍，而这在法律程序上绝非易事。

三、双重犯罪原则

（一）概 述

“双重犯罪原则”是指在引渡中，被请求引渡人被控实施的行为应当是按照请求国和被请求国的国内法或者双方共同参加的国际刑法公约的规定，均构成犯罪并应受刑罚处罚的行为，否则，被请求国应当拒绝引渡。当然，在双重犯罪原则中，关键是看有关行为依照被请求国的国内法是否构成犯罪。

虽然刑法领域不像国际经济贸易领域那样存在许多各国普遍接受和遵守的国际条约，但是，各国刑法的趋同性依然十分明显，诸如谋杀、强

---

〔1〕 2010年1月31日，中国留学生肖真在新西兰奥克兰市杀害一名出租车司机。2010年2月5日，肖真逃离新西兰回国，2010年6月10日，他在上海家中被警方抓获。根据新西兰方面移交的犯罪证据，上海市第二中级人民法院对案件进行了审理。2011年8月17日，法院对本案做出一审判决：肖真犯故意伤害罪，判处有期徒刑15年，剥夺政治权利4年，并没收犯罪工具。

奸、绑架等行为在各国刑法中均构成犯罪，这是由刑法维护特定社会利益和秩序的性质所决定的。不过，因为各国在社会历史、文化传统、宗教信仰等方面有很大差异，所以，确实存在不同国家的法律对同一行为有不同定性的问题。例如，婚外性行为在大多数国家的刑法中并不构成犯罪；而在韩国和中国台湾等国家和地区的刑法中构成一般犯罪；但伊斯兰教国家的刑法则将这种行为规定为应当处以严厉刑罚的严重犯罪。鉴于各国刑法中这种差异的客观存在，在引渡中有必要适用双重犯罪原则。

双重犯罪原则的适用既是国家主权平等原则的体现，也是保护被请求引渡人基本人权的要求。首先，引渡的本质是请求国和被请求国之间的双边刑事合作，因此，引渡必须在作为国际法基本原则的国家主权平等原则的基础上进行。引渡的目的是使请求国能够按照本国刑法追究犯罪人的刑事责任，但在引渡过程中，对犯罪人的逮捕、羁押及其他强制措施却是在被请求国领土上由被请求国采取的。如果根据被请求国的法律，被请求引渡人的行为并不构成犯罪，被请求国就没有义务配合请求国对其采取强制措施，请求国也不得强迫被请求国这样做。其次，罪刑法定原则是现代刑法公认的一项基本原则，《世界人权宣言》第 11 条第 2 款和《公民权利和政治权利国际盟约》第 15 条第 1 款都对此作了明确的规定。在引渡制度中，罪刑法定原则表现为被请求引渡人的行为不仅按照请求国的法律构成犯罪，而且按照被请求国的法律也构成犯罪时方可对其进行引渡。最后，诚如黄风教授指出的那样："相对于国际刑事司法合作的其他形式而言，引渡对于被追诉对象来说是一种最具强制性和最体现否定评价的合作形式。它将使被请求引渡人在被请求国境内接受人身强制措施，使其人身自由受到限制或剥夺；它将不顾被请求人的相反意愿强行将其遣返至请求国，以使其接受刑事追诉或者刑罚的执行；总之，对于躲避追诉和行刑活动的被请求引渡人来说，它将带来绝对不利的后果。"[1] 因此，为了保护被请求引渡人的基本人权，当其行为不构成被请求国法律上的犯罪时，不应对其进行引渡。

按照引渡法律依据的不同，双重犯罪原则有不同的表现形式。

(1) 在以双边引渡条约作为引渡依据时，双重犯罪原则表现为双方对引渡条约中可引渡之罪意思表示的一致。

(2) 在以国际刑法公约作为引渡依据时，双重犯罪原则表现为双方对

〔1〕 黄风：《国际刑事司法合作的规则和实践》，北京大学出版社 2008 年版，第 7 页。

公约中犯罪定义意思表示的一致。任何缔约国批准或者加入公约，即意味着承认公约所定义的罪行是它和其他缔约国之间可以引渡的罪行。

（3）在以国内法和互惠原则作为引渡依据时，双重犯罪原则表现为被请求国对请求国的引渡请求进行审查后作出的同意引渡的决定。因为只有被请求国确认被请求引渡人的行为根据本国法律也构成犯罪时，它才会作出同意引渡的决定。

在双重犯罪原则的适用中，被请求国按照本国法律对被请求引渡人被控实施的行为进行的审查只是一种形式审查，而不是实质审查，只要该行为发生在被请求国时也构成违反刑法的犯罪并应受到刑事追诉即可。至于双重犯罪原则是否要求罪名和犯罪种类一致的问题，现行国际条约和国内法普遍认为，同一行为在请求国和被请求国刑法中具有不同罪名或者分属不同犯罪种类并不构成满足双重犯罪原则的障碍。

（二）中国引渡外逃犯罪嫌疑人中的双重犯罪原则

中国的《引渡法》和中国与外国缔结的引渡条约都把满足双重犯罪原则作为引渡的一项基本条件。中国《引渡法》第 7 条规定：“外国向中华人民共和国提出的引渡请求必须同时符合下列条件，才能准予引渡：（一）引渡请求所指的行为，依照中华人民共和国法律和请求国法律均构成犯罪；（二）为了提起刑事诉讼而请求引渡的，根据中华人民共和国法律和请求国法律，对于引渡请求所指的犯罪均可判处一年以上有期徒刑或者其他更重的刑罚；为了执行刑罚而请求引渡的，在提出引渡请求时，被请求引渡人尚未服完的刑期至少为 6 个月。”事实上，早在 1993 年中国和泰国签订的第一个双边引渡条约中就规定了与后来的《引渡法》相同的双重犯罪原则，而且根据该引渡条约第 2 条第 3 款，在决定某一犯罪根据缔约双方法律是否均构成犯罪时，不应因缔约双方法律是否将构成该项犯罪的行为归入同一犯罪种类或使用同一罪名而产生影响。此后，中国和其他国家缔结的所有双边引渡条约都规定了相同的双重犯罪原则条款。

在中国海外追逃的引渡中，双重犯罪原则的关键是中国指控引渡对象所实施的行为是否根据被请求国的法律同样构成犯罪。虽然贪污、受贿、合同诈骗、集资诈骗、票据诈骗等行为在各国刑法中均构成犯罪，但由于腐败犯罪和其他经济犯罪的复杂性以及中国的法律规定与犯罪嫌疑人所在地国法律存在差异，因此，也存在因为不能满足双重犯罪原则而无法引渡的可能性。

四、政治犯不引渡原则

（一）政治犯不引渡原则的概念和形成

政治犯不引渡原则是指在引渡中，如果被请求国认为请求国指控被请求引渡人实施的行为构成政治犯罪，被请求国应当拒绝请求国的引渡请求。

在18世纪末法国大革命之前，“政治罪”这个名词在国际法的理论和实践中并不为人所知，也不存在政治犯不引渡原则。相反，至少在18世纪之前，条约很少规定普通罪犯的引渡。[1] 也就是说，当时作为引渡对象的恰恰是后来被称作政治犯的反对封建统治者或者拒绝为其服务的逃犯或逃兵等。

政治犯不引渡原则是18世纪末以后形成的一项国际法原则。[2] 1793年法国国民议会通过的《法兰西共和国宪法》第120条首次规定：“法国给予为了争取自由而从本国流亡到法国的外国人以庇护。”因为庇护最基本的含义就是拒绝引渡，所以说，法国宪法的这一规定开了“政治犯不引渡原则”的先河。与此同时，因躲避雅各宾派专政的恐怖统治而逃到外国的法国人也得到了同样的庇护。1833年，比利时制定的世界上第一部《引渡法》明文禁止引渡外国的政治犯。该法第6条规定：“在缔结条约时将明文规定，外国人不得以引渡以前的政治犯罪、与政治有关的行为或本法没有规定的重罪或轻罪而受追诉或被处罚；在这种情况下，拒绝一切形式的引渡和临时逮捕。”[3] 1834年，比利时和法国签订的引渡条约中也明确规定对政治犯不予引渡。“尽管在19世纪的欧洲曾存在集体干涉各国事务的‘神圣同盟’，俄、普、奥三国承诺相互引渡政治犯，但他们的作法引起各国的反感。政治犯不引渡这一原则逐渐被世界大多数国家所接受。”[4]

政治犯不引渡原则在引渡制度中得到确立主要有以下几方面的原因：首先，基于国家的属地优越权，国家有权拒绝引渡位于本国领土上且被本国认定犯有政治罪行的外国人；同时，国家有权决定是否给予他受庇护的权利。其次，通过不引渡外国的政治犯，国家可以在外国的政治斗争中保

---

〔1〕［英］劳特派特修订：《奥本海国际法》（上卷），第二分册，王铁崖、陈体强译，商务印书馆1981年版，第184—185页。

〔2〕王铁崖主编：《国际法》，法律出版社1995年版，第186页。

〔3〕转引自赵秉志主编：《新编国际刑法学》，中国人民大学出版社2004年版，第386页。

〔4〕王铁崖主编：《国际法》，法律出版社1995年版，第186页。

持中立。一般来说，避免卷入外国国内的政治斗争符合国家长远的政治利益。再次，由于政治犯罪具有反对请求国政府的性质，因此，将政治犯引渡给请求国，难以保证他能够得到公正的审判，不利于保护其基本人权。最后，政治犯与普通刑事罪犯不同，被请求国不引渡政治犯并允许其在本国领土上居留，一般不会产生危害本国社会利益和公共秩序的后果。

（二）政治犯罪的概念和认定

虽然政治犯不引渡原则已经成为引渡制度中一项公认的原则，但是，对于什么是政治犯罪，各国政府和学者却未能形成一个相对统一的概念。《奥本海国际法》指出，许多作者把由于政治动机而犯的罪行称为政治犯罪；另外一些作者把由于政治目的而犯的罪行称为政治犯罪；还有一些作者认为兼有政治目的和动机的犯罪才是政治犯罪。最后，有人认为，只有侵害国家的犯罪才是政治犯罪。[1] 日本法学家田岛征夫指出："所谓政治犯，是指犯有政治罪的人。所谓政治犯罪一般是指以变更特定国家的政治形态为目的的犯罪。政治犯罪，一般分为纯粹的（绝对的）政治犯罪和相对的政治犯罪。纯粹的政治犯罪是指阴谋革命和组织非法的政治结社等专门侵害政治秩序的行为；相对的政治犯罪是指犯有与政治秩序有关的普通犯罪，它又分为复合罪和结合罪两种，前者如为推翻君主制而暗杀君主的情况，只有一个行为，却同时构成政治罪和普通罪，后者如参加革命暴动、进行放火等情况，有两个以上的行为，分别构成政治罪和普通罪。这种相对的政治罪，如果普通罪因素超过政治罪因素，就要进行罪犯的引渡，反之，则适用政治犯不引渡原则。"[2]

田岛征夫关于政治犯罪的界定及其分类具有一定得借鉴意义。韩国学者李万熙也赞同这样的犯罪定义和分类。[3] 事实上，因为政治犯罪，特别是所谓相对的政治犯罪，情况十分复杂，加之各国在社会制度、政治立场和意识形态等方面存在差异，所以，制定一个统一的政治犯罪的定义或标准并将其普遍适用于各国的引渡实践是不现实的。在实践中，对于请求国指控被请求引渡人实施的行为是否属于政治犯罪的问题，是由被请求国在

---

〔1〕［英］劳特派特修订：《奥本海国际法》（上卷），第二分册，王铁崖、陈体强译，商务印书馆1981年版，第186—187页。

〔2〕转引自［日］寺泽一、山本草二主编：《国际法基础》，刘丁等译，中国人民大学出版社1983年版，第332—333页。

〔3〕［韩］李万熙著：《引渡与国际法》，马相哲译，法律出版社2002年版，第206—207页。

个案分析的基础上，根据其国内法、以往的惯例和案件的事实情况自行决定的，而且鉴于国家主权平等原则和政治犯不引渡原则在适用中的相互性，请求国应该尊重被请求国所作的决定。联合国大会1967年12月14日通过的《领土庇护宣言》第1条规定："一、一国行使主权，对有权援用《世界人权宣言》第14条之人，包括反抗殖民统治之人，给予庇护时，其他各国应予尊重。……三、庇护之给予有无理由，应由给予庇护之国酌定之。"《领土庇护宣言》的规定从另一个方面肯定了被请求国决定有关行为性质的权利和请求国尊重被请求国决定的义务。

（三）对政治犯不引渡原则的限制

因为对什么是政治犯罪缺乏明确的法律定义，所以，被请求国在决定有关行为是否属于政治犯罪方面有相当大的自由裁量权。由于在一些案件中被请求国既不同意引渡，也不说明拒绝引渡的具体理由，因此，被请求国对政治犯罪的决定经常被批评为"黑箱操作"。[1] 为了避免政治犯不引渡原则被滥用，使之成为某些国家包庇犯罪，使罪犯逃避应有的法律制裁的借口，国际法中已经形成了一些规则，将某些严重的犯罪行为排除在政治犯罪之外，不适用政治犯不引渡原则，尽管它们具有明显的政治动机或目的。

1. 行刺国家元首。行刺国家元首的行为是国际法中最早被排除在政治犯罪之外的具有政治目的或动机的犯罪。1854年，两名居住在比利时的法国人图谋以炸毁铁路的方式谋杀法国皇帝拿破仑三世，但他们的阴谋未能得逞。事后，法国请求比利时引渡该二人到法国接受审判，而比利时法院因为比利时1833年《引渡法》禁止引渡政治犯，所以只能予以拒绝。为了改变这种状况，1856年比利时对其《引渡法》作了修正，并增加了一项条款，规定谋杀外国国家元首及其家庭成员的行为，无论既遂或未遂，均不得视为政治罪行。[2] 这就是所谓的"行刺条款。""后来许多欧洲国家都接受了这一'行刺条款'。"[3]

以1934年10月9日南斯拉夫国王亚历山大和法国外交部长巴尔被刺事件为起因而制定的1937年《防止和惩治恐怖主义公约》是国际社会以

---

〔1〕 Robert Cryer, et al., *An Introduction to International Law and Procedure*, Cambridge University Press, p. 96, (2010).

〔2〕［英］劳特派特修订：《奥本海国际法》（上卷），第二分册，王铁崖、陈体强译，商务印书馆1981年版，第188页。

〔3〕 黄风：《引渡制度》增订本，法律出版社1997年版，第170页。

国际公约的形式将行刺国家元首的行为排除在政治犯罪之外的首次尝试。1957 年《欧洲引渡公约》第 3 条第 3 款也明确规定："为本公约的目的，任何杀害或企图杀害一国国家元首或其家庭成员的行为均不得视为政治犯罪。"不过，最全面地体现"行刺条款"的国际法律文件当属 1973 年《关于防止和惩处侵害应受国际保护人员包括外交代表的罪行的公约》。该公约对侵害包括国家元首和外交代表在内的应受国际保护人员的罪行作了全面规定，并明确排除了对此等罪行适用政治犯不引渡原则的可能性。

2. 国际罪行。把国际罪行排除在政治犯罪的范围之外是现代国际法在引渡方面的一项重要发展。第二次世界大战以后，1948 年《防止及惩治灭绝种族罪公约》和以后的一系列国际刑法公约都不承认公约中规定的国际罪行属于政治犯罪，而且大多数公约通过规定"或引渡或起诉原则"排除了政治犯不引渡原则对有关罪行的适用。此外，其他国际条约或国际文件中也有这样的规定。例如，1957 年《欧洲引渡公约》第 3 条第 1 款规定："如果被请求方认定为引渡请求所指的犯罪是政治犯罪，或者是与政治犯罪有关的犯罪，则不得引渡。"但是，1975 年 10 月 15 日《补充〈欧洲引渡公约〉的议定书》第 1 条规定：1948 年《防止及惩治灭绝种族罪公约》所特定的危害人类的罪行和严重违反 1949 年《日内瓦四公约》的行为不得视为《欧洲引渡公约》第 3 条所指的政治犯罪。1967 年 12 月 14 日联合国大会通过的《领土庇护宣言》第 1 条第 2 款规定："凡有重大理由可认为犯有国际文书设有专条加以规定之危害和平罪、战争罪或危害人类罪之人，不得援用请求及享受庇护之权利。"1973 年 12 月 3 日联合国大会通过的《关于侦查、逮捕、引渡和惩治战争罪犯和危害人类罪犯的国际合作原则》重申了对犯有国际罪行的人应当引渡和不得给予庇护的原则。

3. 恐怖主义犯罪。恐怖主义犯罪是一类犯罪的总称。目前，国际条约中尚没有关于恐怖主义的一般定义，各国学者的看法也不尽相同。在法律上，一般认为，恐怖主义犯罪主要是指使用暴力、威胁或其他恐吓手段，在公众中制造恐怖气氛以达到某种政治目的的犯罪。当然，恐怖主义犯罪也属于国际罪行的范畴，不过，与其他国际罪行相比，恐怖主义犯罪具有其显著的特征。根据中国外交部条约法律司有关法律文件汇编，联合国系统的国际反恐条约主要有 13 项。[1] 这些国际条约大多数要求缔约国将条约规定的犯罪作为严重性质的普通罪行，并遵照"或引渡或起诉"原则进

---

〔1〕 段洁龙主编、王宗来副主编：《国际反恐法律文件汇编》，海洋出版社 2009 年版。

行引渡或者提起刑事诉讼。

（四）中国引渡外逃犯罪嫌疑人中的政治犯不引渡原则

中国的国内立法明确承认政治犯不引渡原则。《中华人民共和国宪法》第32条第2款规定：“中华人民共和国对于因政治原因要求避难的外国人，可以给予受庇护的权利。”而这里“因政治原因要求避难的外国人”当然包括中国认为犯有政治罪行而拒绝引渡的外国人。《中华人民共和国引渡法》第8条规定：“外国向中华人民共和国提出的引渡请求，有下列情况之一的，应当拒绝引渡：……（三）因政治原因而请求引渡的，或者中华人民共和国已经给予被请求引渡人受庇护权利的；（四）被请求引渡人可能因其种族、宗教、国籍、性别、政治见解或者身份等方面的原因而被提起刑事诉讼或者执行刑罚，或者被请求引渡人在司法程序中可能因此受到不公正待遇的。”到目前为止，中国和其他国家签订的双边引渡条约中大多规定了政治犯不引渡条约。此外，《中华人民共和国引渡法》和中国缔结的大多数双边引渡条约还规定：引渡请求所指的犯罪纯属军事犯罪的，也应当拒绝引渡。

对于政治犯罪的范围，中国同样承认刺杀国家元首的行为、国际罪行和恐怖主义犯罪不属于政治犯罪，不适用政治犯不引渡原则。1993年《中华人民共和国和泰王国引渡条约》第3条规定：如被请求方认为请求方提出的引渡请求所涉及的犯罪属于政治犯罪，则不应依据本条约予以引渡，但政治犯罪不应包括谋杀和企图谋杀国家元首、政府首脑或其家庭成员。2006年《中华人民共和国和土库曼斯坦关于打击恐怖主义、分裂主义和极端主义的合作协定》第1条首先规定了恐怖主义、分裂主义和极端主义的定义。然后，协定第7条规定：“为引渡和司法协助的目的，本协定第1条第1款所指行为，不应被视为政治犯罪。不应以政治犯罪为由拒绝引渡被指控犯有本协定第1条第1款所指行为的人员，也不应以政治犯罪为由拒绝对涉及本协定第1条第1款所指行为的案件提供司法协助。”对于中国参加的国际刑法公约规定的罪行，中国不承认其为政治罪行，并根据或引渡或起诉原则的要求，排除政治犯不引渡原则的适用。

《联合国反腐败公约》第44条第4款规定：“在以本公约作为引渡依据时，如果缔约国本国法律允许，根据本公约确立的任何犯罪均不应当视为政治犯罪。”不过，在中国引渡外逃犯罪嫌疑人的时候，引渡对象往往以中国对他的引渡是出于政治原因或者把他引渡给中国会遭到政治迫害为理由要求政治避难。由于被请求国对引渡对象实施的行为是否属于政治犯罪的审查旷日持久，而且不能排除被请求国以政治犯罪为理由拒绝引渡的情况出现，因此，政治犯不引渡原则构成了中国寻求引渡外逃的腐败犯罪及其他经济犯罪嫌疑人的障碍。

五、死刑不引渡原则

（一）死刑不引渡原则的概念及其形成和发展

“死刑不引渡原则”是指在引渡中，如果被请求国认为请求国指控被请求引渡人实施的行为根据请求国的法律可能被判处死刑，除非请求国做出不判处死刑或至少不执行死刑的承诺，否则，被请求国有权拒绝引渡。

死刑不引渡原则是引渡制度中一项新的原则，它的形成与世界范围内尊重生命、废除死刑的潮流密切相关。死刑作为刑罚中最严厉的刑罚形式，在世界各国的刑法中有着悠久的历史。然而，随着17、18世纪欧洲启蒙运动的发展，人道主义、天赋人权和反对严刑峻法的思想广泛传播，反对死刑的理性呼声日益高涨起来。1764年，意大利著名学者贝卡里亚在其发表的《论犯罪与刑罚》一书中，对死刑问题作了专门论述，并明确提出了反对死刑的观点。〔1〕孟德斯鸠、伏尔泰等启蒙运动思想家的著作也对改革刑法，取消死刑发挥了有力的推动作用。〔2〕

20世纪以来，由于社会的进步和人权思想的发展，对死刑的限制和废除被越来越多的国际条约和文件所认可。作为国际人权保护的纲领性文件，1948年的《世界人权宣言》强调生命、自由和人身安全的权利，奠定了限制和废除死刑的法理基础。1966年《公民权利和政治权利国际盟约》第6条首次在国际公约中对死刑的适用规定了严格的限制。后来的《美洲人权公约》和其他国际文件进一步明确了这种限制。1983年4月28日签订的《〈欧洲人权公约〉关于废除死刑的第六议定书》和1989年12月15日通过的《〈公民权利和政治权利国际盟约〉旨在废除死刑的第二任择议定书》是废除死刑方面十分重要的区域性和普遍性国际条约。上述国际法律文件不仅构成了限制和废除死刑的国际法依据，为缔约国施加了限制和废除死刑的法律义务，而且建立了限制和废除死刑的国际保障制度。〔3〕

---

〔1〕［意］贝卡里亚：《论犯罪与刑罚》，黄风译，中国法制出版社2005年版，第56—64页。

〔2〕参见《简明不列颠百科全书》（第7卷），中国大百科全书出版社1986年版，第494页。

〔3〕赵秉志主编：《死刑改革研究报告》，法律出版社2007年版，第11—12页。

在国际实践中，越来越多的国家在国内法中废除了死刑，或者实际上废除了死刑；相应地，保留并施行死刑的国家则越来越少。根据国际反死刑组织的统计，2012—2014 年 3 年间，在 198 个国家和地区中（包括我国台湾地区等），完全废除死刑和实际废除死刑的国家和地区分别为 158 个、161 个和 161 个；而保留死刑的国家和地区的分别为 40 个、37 个和 37 个。[1] 2014 年废除死刑的 161 个国家和地区占全部国家和地区的 81.3%。在这 161 个国家和地区中，103 个在法律上明确废除了所有罪行的死刑；6 个废除了普通犯罪的死刑，仅保留军事犯罪或战时犯罪的死刑；6 个承诺不执行死刑；46 个事实上废除了死刑（即过去 10 年内没有执行过死刑，并且可以确信不再执行犯罪）。在 2014 年依然保留死刑的 37 个国家和地区中，有 22 个执行过死刑，15 个没有执行过死刑。[2] 事实上，即使在仍然保留死刑的国家中，不少国家只有极少的罪名适用死刑。例如，根据以色列刑法，只有前德国纳粹分子所犯的危害人类罪可以被判处死刑。[3] 总之，“死刑已失去了其在刑罚体系中的核心地位，限制、减少乃至废除死刑已成为世界性的潮流与趋势。”[4]

在废除死刑的世界潮流和趋势之下，死刑不引渡原则在引渡制度中的形成和发展就是顺理成章的事情了。现在，死刑不引渡原则不仅大量出现在大多数国家和地区的国内法中，而且普遍规定在它们和少数仍然保留死刑的国家缔结的双边引渡条约中。甚至依然保留死刑的国家之间缔结的引渡条约中也出现了死刑不引渡的条款。例如，虽然在 1976 年菲律宾和印度尼西亚是两个保留死刑的国家，但它们在当年签订的《菲律宾共和国和印度尼西亚共和国引渡条约》第 10 条规定：“如果引渡请求所指的犯罪根据请求方的法律可以被判处死刑，而被请求方的法律对此种罪行并未规定死刑或者通常不执行死刑，则除非请求方做出被请求方认为足够的不执行死刑的保证，否则，被请求方可以拒绝引渡。”[5] 实际上，在两个保留死刑的国家缔结的引渡条约中规定死刑不引渡原则并不奇怪。假如一方的刑法中存在大量的死刑罪名，而另一方的刑法却很少适用死刑，则后者就可能要求在两国的引渡关系中适用死刑不引渡原则。

---

〔1〕 Hands off Cain 2013, 2014 and 2015 Annual Report, available at www. handsoffcain. info.

〔2〕 Hands off Cain 2015 Annual Report, available at www. handsoffcain. info.

〔3〕 Capital Punishment, available at en. wikipedia. org.

〔4〕 赵秉志主编：《死刑改革研究报告》，法律出版社 2007 年版，第 12 页。

〔5〕 available at www. oecd. org/dataoecd.

在越来越多的国际条约和国内立法确认死刑不引渡原则的同时，在引渡实践中，可能被请求国判处死刑的被请求引渡人往往会竭力向被请求国司法机关或其他主管机关要求不被引渡，甚至向区域人权法院和根据《公民权利和政治权利国际公约》建立的人权事务委员会寻求救济。此外，“死刑不引渡原则的刚性还表现在被请求国对请求国作出的关于不判处或者不执行死刑的承诺要进行严格的审查。”[1] 其目的是保证请求国作出的承诺必须是“足够的”。总之，死刑不引渡原则在国内立法、国际条约和引渡实践中被广泛接受的事实，证明它已经确定地成为现代引渡制度中的一项新的重要原则。例如，1957 年《欧洲引渡公约》第 11 条规定：“如果引渡请求所指的犯罪根据请求方的法律可以被判处死刑，则除非请求方做出被请求方认为足够的不执行死刑的保证，否则，引渡请求可以被拒绝。”

（二）中国面对死刑不引渡原则的困境

由于中国的刑法中相对大量地存在可以适用死刑的罪名，因此，2000 年的《中华人民共和国引渡法》没有规定死刑不引渡原则，而是出于人道主义考虑，在第 8 条第 7 款中作了这样的规定：被请求引渡人在请求国曾经遭受或者可能遭受酷刑或者其他残忍、不人道或者有辱人格的待遇或者处罚的，应当拒绝引渡。

在与其他国家谈判和签订双边引渡条约时，中国曾经一直坚持不将体现死刑不引渡原则的条款列入引渡条约之中。但是，这一立场后来发生了改变。2005 年 11 月 14 日签署的《中华人民共和国和西班牙王国引渡条约》第 3 条规定：“有下列情形之一的，应当拒绝引渡：……（八）根据请求方法律，被请求引渡人可能因引渡请求所针对的犯罪被判处死刑，除非请求方作出被请求方认为足够的保证不判处死刑，或者在判处死刑的情况下不执行死刑。”这是在中国与外国签订的双边引渡条约中第一次出现的死刑不引渡条款。因为西班牙早在 1978 年就废除了死刑，所以，这一规定只是片面地适用于中国。后来，中国和法国、澳大利亚分别签订的双边引渡条约中也出现了相同的条款。

由于中国外逃的犯罪嫌疑人，包括被俗称为“贪官”的腐败犯罪嫌疑人人数众多，涉案金额巨大，社会反应亦十分强烈，因此，中国有必要与有关国家签订双边引渡条约，以便将他们引渡回国并绳之以法。然而，中国刑法中比较普遍存在的可以适用死刑的罪名客观上阻碍了双边引渡条约

---

[1] 黄风：《国际刑事司法合作的规则和实践》，北京大学出版社 2008 年版。

的缔结，到2014年11月，中国与外国签订的双边引渡条约只有39个，其中已生效的有29个。相比之下，截至2011年9月，美国与其他国家和地区签订并生效的双边引渡条约已达109个。[1]

总的来看，中国的死刑制度存在死刑罪名多、死刑适用范围广和执行死刑人数多等问题。在死刑的罪名方面，据中国著名刑法学家高铭暄教授统计，1997年修订后的中国《刑法》"仍有68种罪挂有死刑"，"除了分则第九章渎职罪以外，其余九个罪章都或多或少地存在着判处死刑的罪种。"[2] 2011年2月25日全国人大常委会通过的《刑法修正案（八）》减少了13项死刑罪名；[3] 2015年8月29日全国人大常委会通过的《刑法修正案（九）》又减少了9项死刑罪名。[4] 不过，虽然两个修正案废除了22项罪行的死刑，但是，因为这些罪行过去本来就很少，甚至从来没有适用过死刑，所以，它们对于实质性地减少死刑的判决和执行并没有太大的意义。现在，中国刑法中可以判处死刑的罪名仍有46项之多。这种状况与目前仍然保留死刑的国家多数只有对谋杀罪、叛国罪、军事犯罪等少数罪名适用死刑的情形相比，反差无疑是很明显的。黄风教授指出：中国主动引渡的目标比较集中地指向犯有杀人、抢劫、强奸、劫机、贪污、受贿等严重罪行的外逃人员，而根据中国《刑法》，这些罪行的最高刑均为死刑。"死刑在我国刑法中的广泛存在与国际社会对死刑日益普遍的厌恶形成了鲜明反差，使得死刑成为横亘在我国主动引渡请求面前的严重法律障碍。在实践中，我国提出的一些引渡请求已经因此而被拒绝。"[5]

在死刑的适用方面，中国《刑法》第49条规定："犯罪的时候不满18周岁的人和审判的时候怀孕的妇女，不适用死刑。"虽然在2011年对《刑法》进行修正时，有提议要求对75岁以上的犯罪人不适用死刑，但这一提议并未被《刑法修正案（八）》完全采纳。而有些国家，包括曾经适用

---

〔1〕 List of United States Extradition Treaties, available at en. wikipedia. org.

〔2〕 高铭暄："我国的死刑立法及其发展趋势"，载赵秉志主编：《死刑制度之现实考察与完善建言》，中国人民公安大学出版社2006年版，第26页。

〔3〕 这些罪名是：走私文物罪、走私贵重金属罪、走私珍贵动物、珍贵动物制品罪、走私普通货物物品罪、票据诈骗罪、金融凭证诈骗罪、信用证诈骗罪、抵扣税款发票罪、伪造、出售伪造的增值税专用发票罪、盗掘古文化遗址、古墓葬罪、盗掘古人类化石、古脊椎动物化石罪和盗窃罪 。

〔4〕 这些罪名是：走私武器、弹药罪，走私核材料罪，走私假币罪，伪造货币罪，集资诈骗罪，组织卖淫罪，强迫卖淫罪，阻碍执行军事职务罪，战时造谣惑众罪。

〔5〕 黄风等：《国际刑法学》，中国人民大学出版社2007年版，第232页。

死刑的国家，死刑只适用于18—60周岁的男性犯罪人。

在死刑执行的数量方面，中国远高于世界所有其他国家数量的总和。有人指出，中国司法中实际判处、执行死刑的数量是非常惊人的，全世界70%—80%的死刑是在中国执行的。〔1〕这种说法不完全是夸大其辞。根据国际反死刑组织的统计，从2012年到2014年，中国执行死刑的人数分别占全世界执行死刑总数的74.5%、76%和67%。中国不但在执行死刑的绝对数方面高居榜首，遥遥领先于其他所有国家的总和，而且在每千万人执行死刑的人数方面，也毫无争议地居所有执行死刑的国家之首。〔2〕总之，无论是从执行死刑的绝对数和相对数，还是从执行死刑的人数占总人口的比例来看，中国"执行死刑的数量是非常惊人的"并非不实之词。

中国《刑法》中大量存在的可适用死刑的罪名和每年惊人的执行死刑的人数不仅成为中国请求引渡外逃犯罪嫌疑人的法律障碍，严重地损害了中国的人权形象，而且其合理性和必要性也值得怀疑。

首先，第二次世界大战之后，在联合国的推动下，国际社会缔结了一系列重要的人权公约，同时，人权思想也得到了广泛深入的传播。由于生命权被视为一项不可剥夺的基本人权，因此，国际人权法要求各国限制乃至废除死刑。1989年《〈公民权利和政治权利国际盟约〉旨在废除死刑的第二议定书》第1条要求，缔约国在本国管辖范围内，不得对任何人执行死刑，并应采取一切必要措施废除死刑。在国际实践中，大多数国家已经在法律上或者事实上废除了死刑。在这种背景下，中国仍然比较普遍地适用死刑并每年以远远高于世界大多数其他国家的数量执行死刑，这会严重损害中国在国际社会的人权形象。

其次，从明太祖朱元璋提出"吾治乱世，非猛不可"的治国主张以后，中国后来的统治者形成了"乱世用重典"的治世思想，而重典的极端表现形式就是死刑。现在的问题是：中国一方面保持着很高的执行死刑的数量；另一方面又认为是"中国历史上最好的时期"和"和谐社会"。不过，客观地讲，即使说中国现在还不是"和谐社会"，但也不至于是全世

---

〔1〕［英］罗吉尔·胡德：《死刑的全球考察》，刘仁文译，中国人民公安大学出版社2005年版，第160页。

〔2〕Hands off Cain 2013，2014和2015 Annual Report，available at www.handsoffcain.info. 需要说明的是，由于中国官方从不公布执行死刑的年度数据，国际反死刑组织有关中国的数据是在整理公开资料的基础上估算得出的，因此，存在高于或低于中国执行死刑的实际人数的可能性。另外，与前几年的年度报告相比，中国执行死刑人数占全世界执行死刑人数的比例有明显的下降。

界最乱的社会，也许不需要用最重的重典来治理。

最后，除其他以外，死刑最重要的作用之一是威慑犯罪，即通过对犯罪人的死刑判决和执行来威慑潜在的犯罪人，以达到维持社会治安的目的。但这里的第二个悖论是：一方面，中国维持着世界上最严厉的死刑制度，并辅之以“严打”的刑事政策，甚至还不时爆出“买菜刀实名制”的猛料；但另一方面，中国远非是世界上社会治安最好、犯罪率最低的国家。实际上，中国的社会治安形势依然十分严峻，连环杀人案、一次致多人死伤的案件和其他严重的恶性犯罪案件时有发生，甚至连基本的食品安全都难以保证。而在 APEC 峰会、阅兵等大型活动期间实施的各种严苛的保安措施也从另一个方面说明中国的社会治安问题十分严重。即使与那些不仅废除死刑，而且允许公民合法持有枪支的国家相比，中国的社会安全状况也是相形见绌。由此可见，中国严厉的死刑制度并没有产生预期的作用。

总之，中国应该顺应国际社会崇尚生命、废除死刑的潮流，切实解决死刑判决和执行过多过滥的问题。“中国作为国际社会的重要一员，作为 1998 年签署并将于不久批准加入《公民权利与政治权利国际公约》的国家，在死刑问题上必须考虑国际规则和国际社会的状况与中国对外开放的重大利益需要。如果一个国家罔顾国际惯例、国际规则而一味闭门造车、自行其是，在全球化的今天已没有立足之地。”[1]

另外，需要指出的是，死刑问题不但影响对犯罪人的引渡，而且影响国家之间的刑事司法协助，甚至单方面的遣返。例如，2011 年 7 月 23 日，在中国向加拿大做出不适用死刑的承诺之后，厦门远华走私案主犯赖昌星才被加拿大遣返回中国。[2]

（三）死刑对引渡条约的影响

中国刑法中存在的众多死刑罪名和每年大量的死刑判决和执行的确严重损害了中国的人权形象，成为中国和外国缔结引渡条约和主动寻求引渡的重要的法律障碍。不过，客观地讲，中国的死刑问题似乎并不是中国与外国缔结双边引渡条约比较少或者一些国家不愿意和中国缔结引渡条约的真正原因。因为如果是这样，那么，中国同意在双边引渡条约中纳入死刑

---

〔1〕 赵秉志主编：《死刑改革研究报告》，法律出版社 2007 年版，第 12 页。

〔2〕 2012 年 5 月 18 日，厦门市中级人民法院一审判处赖昌星无期徒刑。而在此之前，厦门远华走私案已有 14 名被告人被判处死刑。

不引渡条款就可以解决这个问题。但事实是，虽然在2005 年 11 月14 日签署的《中华人民共和国和西班牙王国引渡条约》中中国已经接受了死刑不引渡条款，而且后来在和法国、澳大利亚签订的引渡条约中也做出了同样的承诺，然而，多数发达国家，特别是中国外逃腐败犯罪和其他经济犯罪嫌疑人的主要目的地国并没有因此和中国缔结双边引渡条约。

另外，由于世界上大多数国家已经废除死刑，因此，即使中国和它们签订的双边引渡条约中没有包含死刑不引渡的条款，可能被中国司法机关判处死刑的犯罪嫌疑人也会因为条约中的其他规定而得不到引渡。例如，2007 年 1 月31 日签署的《中华人民共和国和葡萄牙引渡条约》中并没有包括死刑不引渡条款，但是，该条约第 3 条规定：“有下列情形之一的，应当拒绝引渡：……（1）执行引渡将损害被请求方的主权、安全、公共秩序或者其他重大公共利益，或者违背其法律的基本原则。”因为葡萄牙早已废除死刑，所以，向中国引渡可能被中国判处死刑的人必然会由于违反其法律的基本原则而不具有可行性。由此可见，中国是否在双边引渡条约中对死刑不引渡做出承诺并不具有十分重要的作用。

总的来说，中国的死刑问题是一些国家不愿意和中国缔结引渡条约的原因之一，但不是主要原因。它们主要是对中国的法治状况或者司法制度存在疑义，对于诸如中国的法律是否能够得到平等的适用，中国的法律是否能够避免运动式的执行，中国检察机关和司法机关是否能够不受干涉地独立行使检察权和审判权，中国公民的人身自由是否可以按照宪法的规定未经法律程序不被剥夺，犯罪嫌疑人的诉讼权利是否能够得到切实保障等问题理解不同。这些问题并非可以轻易地得到解决。

中国的海外追逃和追赃需要得到其他国家的合作。在追捕外逃经济犯罪嫌疑人方面，引渡是一种重要的国际刑事合作形式。由于中国和其他国家之间缔结的双边引渡条约比较少，因此，引渡在海外追逃中没有发挥应有的作用。另外，即使是在订有引渡条约的情况下，作为引渡条件的本国国民不引渡原则、双重犯罪原则、政治犯不引渡原则和死刑不引渡原则也会对犯罪嫌疑人的引渡产生重要影响，值得我们认真思考和解决。

12
追索海外流失文物的国际法问题

霍政欣 *

摘　要：国际公法机制与国际民事诉讼机制是追索流失文物的两大法律机制。现有的国际条约因溯及力、核心条款措施模糊、执行力不强、缔约国结构不均衡等问题，对我国追索文物构成不少障碍。为此，我国应积极参与国际立法，并在多边国际条约框架下推动与文物流入国双边协议的签订。在跨国文物追索诉讼中，法院通常依法院地法裁定原告是否具有诉讼能力，但依文物原属国法裁定原告是否适格，因此，追索方可以采取增加原告的策略以提高成功起诉的概率，同时，国家应承担主导角色。文物追索诉讼由起诉时文物所在国的法院管辖，并依法院地法对特定文物属于动产还是不动产进行识别，这是各国普遍认可的两项原则，我国亦应遵循；由于各国普遍适用"物之所在地法"解决文物归属纠纷的法律适用问题，追索方需对文物交易地所在国的民商法律进行研究以预判诉讼结果；鉴于公法无域外效力，我国应积极参与国际立法，借助条约机制克服这一法律障碍。

关键词：文物追索　国际条约　诉讼主体资格　管辖权　识别　法律适用

* 中国政法大学教授、博士生导师，国家领土主权与海洋权益协同创新中心研究员，兼任联合国教科文组织观察员、国际比较法学会联系会员等职。

引 言

作为四大文明古国之一，中国拥有极其丰富的文物资源。然而，令人痛心的是，自清末以降，由于复杂的历史与现实原因，中国文物饱受战争劫掠、盗窃、走私之害，我国因而成为文物流失最严重的国家之一。进入21世纪，随着我国国力的增强与全民族文化主权意识的提升，政府与民间开始高度关注流失海外文物的命运，并为流失文物的回归做出积极努力。

概言之，文物回归的途径有以下几种：①商业回购；②外交谈判与协商；③国际公法机制；④国际民事诉讼机制。商业回购是指有关机构或个人通过参与拍卖等商业渠道将流失海外的文物购回，从而实现文物回归。近年来，随着我国国家与民间财力的增长，大量文物通过此渠道成功回归。然而，必须指出，商业回购缺陷明显：首先，商业回购会推高文物价格，这不仅会增加今后回购的经济成本，而且会刺激文物犯罪愈演愈烈。其次，中国当事方，尤其是国有机构参与非法流失文物的拍卖，会令外界产生中国政府已对此类文物现状的合法性予以认可的印象，这不利于今后通过法律途径追索文物。所以，我国政府应明确以下立场：不支持商业回购，尤其要禁止国有机构参与非法流失文物的商业拍卖。

外交谈判与协商是指有关当事国直接交涉，澄清事实，阐明观点，消除隔阂，寻求双方都能接受的解决方法。从各国文物追索实践来看，不少国家通过外交谈判与协商解决了文物归属纠纷。尽管如此，对于中国而言，并不能高估该途径的作用。首先，中国流失海外的文物数量巨大，不可能件件通过政府间的外交谈判予以解决。其次，作为崛起中大国，中国面临的国际环境极其复杂，当前，国家主权、安全等问题才属于国家最高战略关照的层面，而文物返还尚不属于国家核心利益。在此背景下，中国政府不会也不宜将外交谈判与协商作为追索文物的主要途径。

在此背景下，通过法律途径追索流失海外的中国文物就凸显其重要意义。为此，本文以经非法途径流失海外的中国文物为研究对象，对追索流失海外文物的两大法律机制——国际公法机制与国国际民事诉讼机制展开研究，并在此基础上提出针对性的意见与建议，冀以对今后通过法律途径追索海外流失的中国文物提供理论支持。

一、追索流失文物的国际公法问题

自19世纪末以来，国际社会就开始制订国际公约以保护包括文物在内的文化财产。由于武装冲突与战争往往会对文化财产造成灾难性破坏，所以，早期的国际条约主要关注战争时期对文化财产的保护；[1]20 世纪 70 年代以后，随着文化民族主义的崛起与遏制文物非法贸易的呼声愈加高涨，致力于和平时期保护文化财产以及防止文化财产非法转让的国际条约逐渐出现。鉴此，本节以这两类国际公约为研究对象，对追索流失文物的国际公法机制做一梳理，并做出总结。

（一）战时国际公约

1899 年《海牙第二公约》[2]与 1907 年《海牙第四公约》[3]是最早确立战时保护文化财产的国际公约。[4]然而，令人遗憾的是，这两个公约并未实现其制订初衷，未能阻止大量珍贵文物在两次世界大战期间毁于战火与劫掠。所以，在第二次世界大战结束后，为避免人类重蹈覆辙，国际社会于 1954 年在海牙通过了《关于发生武装冲突情况下保护文化财产的公约》（以下简称“1954 年海牙公约”）。[5]目前，该公约已有 126 个成员国，[6]在全世界具有重大影响力。除整合、完善了原有海牙公约关于保护武装冲突情况下保护文化财产的规定外，该公约还首次要求占领他国领土的各缔约国在武装冲突期间防止从该领土输出文化财产，如果文化财产已被输出，缔约各国应在敌对行动终止时予以返还，[7] 这是迄今为止唯一一

---

〔1〕 Nifziger, “Protection of Cultural Property”, 178 (1987) *Cal. W. Int' l L. J.*, p. 283 – 284. 这些公约旨在禁止签字国在战争或武装冲突期间破坏、掠夺文化财产，基本未涉及遭盗抢文物的返还问题。这些公约主要有：1954 年《关于发生武装冲突情况下保护文化财产的公约》及其议定书以及 1949 年日内瓦公约第一附加议定书与第二附加议定书。

〔2〕《陆战法规和惯例公约》（1899 年 7 月 29 日《海牙第二公约》）。

〔3〕《陆战法规和惯例公约》（1907 年 10 月 18 日《海牙第四公约》）。

〔4〕 这两个公约明确禁止抢劫与武力占有战利品；要求缔约国应采取一切必要措施，尽可能保全用于宗教、艺术、科学和慈善事业的建筑物，并应事先向敌方通知此类建筑；要求缔约国保护市政当局的财产，包括宗教、慈善、教育、艺术和科学机构的财产。对这些机构、历史性建筑物、艺术和科学作品的任何没收、毁灭和故意的损害均应予以禁止并受法律追究。参见《海牙第二公约》第 27 条、第 47 条、第 56 条，《海牙第四公约》第 27 条、第 47 条、第 56 条。

〔5〕 与该《公约》同时通过的还有一项关于占领时期文化财产的《议定书》（第一议定书）。1999 年 3 月 26 日通过了 1954 年公约的第二个《议定书》（第二议定书）。除这些法律文件之外，1977 年《日内瓦公约附加议定书》也纳入了关于保护文化财产的条款（《日内瓦公约第一附加议定书》第 38 条、第 53 条和第 85 条，《日内瓦公约第二附加议定书》第 16 条）。

〔6〕 我国于 2000 年 5 月 1 日加入该公约。See http: //erc. unesco. org/cp/convention. asp? KO = 13637&language = E.

〔7〕《关于发生武装冲突情况下保护文化财产的公约第一议定书》第 1 条。

个包含关于返还战时转移文物的国际公约。[1]因此，尽管该公约并不是针对文物返还问题而制定的，但已含有文物返还的法律规定。

由于包括我国在内的主要文物输出国与美国在内的主要文物输入国均是该公约的成员国，因此，国内有一种观点认为，该公约可以作为我国要求有关国家返还战争期间流失海外文物的法律依据。[2]不过，只要对该公约进行仔细研究就不难看出，这种观点过于片面，缺乏客观依据。

第一，该公约及其议定书虽开创了文化财产国际保护机制中流失文物归还的先河，但并未规定其具有溯及力。在这种情况下，依据“法不溯及既往”的一般原则，[3]该公约并不适用于其生效之前武装冲突期间被非法转移的文物。需要指出，对我国而言，战争期间的文物流失基本发生于19世纪中后期至20世纪40年代之间，因此，该公约对于追索我国因战争而非法流失海外的文物不具实际可适用性。

第二，该公约虽明确规定，“每一缔约国承允于敌对行动终止时，向先前被占领土的主管当局返还处于其领土内的文化财产”[4]，但缺少具体的实施机制与约束机制，实际效果欠佳。

第三，从其目的与宗旨来看，该公约关于返还文物的规定主要是指文物监管国或保管国在武装冲突终止时应向被占领国返还其监管或保管的文物。换言之，这里的文物返还主要是基于战争期间为保护文物而采取的合法的、有序的抢救性转移并在战后进行返还的行为。[5]对于我国而言，因战争流失海外的文物绝大多数是被盗抢而转移出境的，因此，纵使不考虑到溯及性问题，公约亦无适用之余地。

第四，公约规定的惩罚措施无力，也是公约的重要缺陷及导致其未得到各国有效履行的原因之一。[6] 公约通篇仅有一个条文涉及制裁，亦即第28条：“各缔约国承允于其普通刑事管辖权范围内采取必要步骤，以对违

---

〔1〕 李玉雪：“文物返还的法律思考”，载《中国法学》2005年第6期，第100页。

〔2〕 参见吴越：“追索圆明园兽首的国际法依据”，载《检察日报》2月26日，第3版。

〔3〕《维也纳条约法公约》第28条规定：“除条约表示不同意思，或另经确定外，关于条约对一当事国生效之日以前所发生之任何行为或事实或已不存在之任何情势，条约之规定不对该当事国发生拘束力。”这确立了国际条约不具溯及力原则。

〔4〕《关于发生武装冲突情况下保护文化财产的公约第一议定书》第1条第3款。

〔5〕 李玉雪：“文物返还的法律思考”，载《中国法学》2005年第6期，第100页。

〔6〕 郭玉军主编：《国际法与比较法视野下的文化遗产保护问题研究》，武汉大学出版社2011年版，第215页。

反或唆使违反本公约的人，不问其国籍，进行起诉并施以刑事或纪律制裁。”显而易见，该条规定过于简单、概括，不仅没有规定哪些行为应受到制裁，也没有对管辖问题作具体规定，而从公约的实施实践来看，鲜有成员国在其普通刑事管辖系统内对违反公约的行为作出专门规定。因此，公约第28条的规定象征意义远大于实际意义，无怪乎有学者将1954年《海牙公约》比作“无牙之虎”。[1]

综上可见，“1954年海牙公约”无法成为要求外国返还我国历史上因战争而被掠夺的文物的法律依据。

（二）和平时期国际公约

自20世纪70年代以来，国际社会开始制订适用于和平时期文物保护以及专门调整非法转让文物所有权的国际公约，其中，最为重要的公约是1970年联合国教科文组织制订的《关于禁止和防止非法进出口文化财产和非法转让其所有权的方法的公约》（以下简称“1970年公约”）与1995年《国际统一私法协会关于被盗或者非法出口文物的公约》（以下简称“1995年公约”）。截至2015年8月，这两个公约的成员国数量分别达到128个与36个，在全世界具有重要影响。需要指出，我国分别于1989年与1997年加入了这两个公约，因此，是否可以援用这两项国际公约追索流失海外的中国文物，值得认真研究。

1. 1970年公约

在当代国际文化财产法体系中，“1970年公约”是最重要的全球性条约之一；主持制订该公约亦被视为联合国教科文组织在文化领域所做的最重要的立法贡献之一。[2]该公约的制订与实施，扭转了千百年间国际法对和平时期文物非法跨国流转无所规制的局面，是人类为构建打击文物犯罪的国际法秩序而迈出的历史性一步，为保护文物免受盗窃、盗掘、人为破坏和走私之害燃起了希望，堪称国际文化财产法发展的里程碑。[3]

---

〔1〕 Thomas Desch, *Problems in the Implementation of the Convention from the Perspective of International Law*, *Protection of Cultural Property in the Event of Armed Conflict——A Challenge in Peace Support Operations*, Austrian Military Printing Press, 2002, p. 23.

〔2〕 除“1970年公约”以外，联合国教科文组织在文化财产领域制定的其他多边国际条约还包括：“1954年海牙公约”、《保护世界文化和自然遗产公约》、《保护水下文化遗产公约》以及《保护非物质文化遗产公约》。

〔3〕 详见霍政欣：《1970年UNESCO公约研究：文本、实施与改革》，中国政法大学出版社2015年版。

概言之，公约在以下几个方面做出了历史性贡献：[1]

第一，在国际社会分裂成文物资源国与文物市场国的历史背景下，“1970 年公约”最大限度地弥合了两大利益集团的分歧，为保护文化财产，打击文化财产贩运，促进流失文物返还制定了最低限度的规则，在国际立法史上留下了历史性印记。

第二，“1970 年公约”在全球范围内提高了各国政府与民众的文物保护与打击文物贩运的意识，具有重要的教育与舆论引导作用，并直接促成了文物交易与收藏领域诸多行为准则及道德标准的诞生与完善。这些行为准则或道德标准虽非严格意义上的法律规则，但如得到反复、连贯地适用，它们不仅能成为行业惯例，而且有可能成为国际习惯，因而产生约束力。此外，权威机构制定的规范性文件，具有道义力量，可以起到引导社会舆论，教育公众，提升其道德、法律意识的作用，其意义重大而持久。

第三，“1970 年公约”极大地促进了各国在该领域的立法完善与司法判例的发展。近几十年来，许多国家制定或修改了文化财产领域的国内法，其中相当一部分系专为实施“1970 年公约”而颁布的。“1970 年公约”已经成为国际立法与国内立法良性互动的典型范例。“1970 年公约”还得到一些国家司法判例的支持。譬如，在德国尚未加入该公约时，德国联邦最高法院便在判例中表示：[2]“1970 年公约”代表了一种“国际性的公共秩序”，“这是公共秩序的一种当代标准，所以，不能漠视其他国家保护其文物的愿望”[3]。在 1997 年审理一个文化财产纠纷案件时，[4]瑞士联邦法院也在该国尚未加入公约的情况下对之进行援引，并明确指出，“返还被盗文化财产事关国际公共利益……该公约因而代表了一种普遍的愿景，因而构成已经具有效力或正在形成的国际性公共秩序。”[5] 这些国家的法院在本国尚未加入公约时便肯定公约的效力及其代表的国际法的发展趋势，彰显出公约的强大影响力与号召力。

---

〔1〕 霍政欣：《追索海外流失文物的法律问题》，中国政法大学出版社 2013 年版，第 157—160 页。

〔2〕 德国于 2007 年 11 月 30 日才正式批准该公约。See http：//portal. unesco. org/la/convention. asp? KO = 13039&language = E&order = alpha，访问日期：2015 年 7 月 30 日。

〔3〕 Allgemeine Versicherungsgessellschaft v. E. K. , BGHZ59, 83 (1972).

〔4〕 *Despores Still – Life case*, *Chambre d'accusation de Genève*, *Cour de Droit Public*, April 1, 1997.

〔5〕 Lyndel V. Prott, *Commentary on the UNIDROIT Convention on Stolen and Illegally Exported Cultural Objects* 1995, The Institute of Art and Law, 1997, p. 87.

第四，“1970 年公约”为文化财产领域国际法的后续发展奠定了基础，尤其为“1995 年公约”铺平了道路。正是以“1970 年公约”为基础与依托，“1995 年公约”才能“在文物的返还和归还方面制订共同的、最低限度的法律规范”，才能通过协调各国私法（尤其是善意取得制度）的方式促进文物的返还与归还；尽管截至 2014 年 7 月，“1995 年公约”仅有 35 个成员国，但它在推动法律进步、树立示范性规则方面所起到的作用是深远的。鉴于此，联合国教科文组织法律顾问评论道：“对于那些‘1995 年公约’的非成员国而言，该公约实际上具有示范法的功用。”〔1〕此后制定的文化财产国际公约，如 2001 年《保护水下文化遗产公约》及 2005 年《保护和促进文化表现形式多样性公约》，它们虽不直接涉及打击文物贩运，但其体现的原地保护水下遗产原则及国际合作原则，反映并强化了“1970 年公约”所确立和体现的国际法的发展趋势与方向。

第五，“1970 年公约”有力推动了打击文物犯罪、追索流失文物的国际合作机制的建立。在公约框架下，联合国教科文组织与国际刑警组织、联合国毒品与犯罪问题办公室、国际博物馆协会及罗马统一私法协会等国际机构建立了密切合作关系，同时，这些国际组织与各国执法机关之间也建立起日益有效的跨国合作机制。此外，包括中国在内的不少国家还在“1970 年公约”框架下签订了区域性条约或双边条约，以增强文化财产的国际保护机制。可以说，自公约实施以来，一张文物保护与被盗文物追索的国际法律网正在加速形成之中。

第六，“1970 年公约”的实施，有力地促进了被盗及非法流失文物的返还实践。四十余年间，在各成员国及联合国教科文组织的共同努力下，不少国家借助公约的制度与规则，已成功索回了被盗或非法出口的文物。尤其令人欣喜的是，近年来，成功追索的案例呈逐年增加的态势。〔2〕这些成功追回的案例，不仅是相关文物流出国的胜利，也是公约的胜利，更是全人类的共同胜利。

当然，作为特定历史时期下各国博弈与妥协的产物，“1970 年公约”的缺陷也是与生俱来的。公约实施四十余年来，文化财产的非法进出口及

〔1〕 依据笔者参加“1970 年公约”第二届成员国大会时的笔记整理。

〔2〕 See Lyndel v. Prott, “Strengths and Weakness of the 1970 Convention: An Evaluation 40 Years after it's Adoption”, http://unesdoc.unesco.org/images/0019/001918/191880e.pdf，访问日期：2015 年 7 月 24 日。

其非法贸易并未得到有效遏制，文物犯罪依然呈泛滥之势，即可证明之。事实上，公约实施以来出现的困难与问题，在很大程度上是公约文本的内生缺陷所造成的，具有不可避免性。除溯及力外，公约的缺陷与不足要体现在以下几个方面：

第一，由于制订该公约时各国存在严重分歧，公约不少条款含糊其辞，语义不清，这必然给各国理解与执行公约留下过大的自由裁量权，从而减损了公约的明确性与统一性。恰如有学者评论道："公约在实体性条款与不具执行性的宣誓性条款之间做了无奈妥协，它的大多数条款可以被定性为不起作用、难以理解、任意性或缺乏精确准则与实体程序的规定。"〔1〕譬如，公约第5条规定，缔约国"可根据本国情况"在其领土内建立保护文化财产的国家机构。这样的措辞任意性过强，缺乏精确性，使该条款的效力完全取决于缔约国的自由裁量。类似的任意性措辞在公约中还大量存在，如"帮助给予必要的补偿"、〔2〕"采取与本国立法相一致的必要措施"、〔3〕"实施必要的措施"、"在可能范围内采取临时性措施"〔4〕，等等。这些任意性规定对于弥合各国分歧，达成一致以及吸引更多国家加入公约虽有好处，但在另一方面会赋予公约成员国，尤其是主要文物进口国过大的自由裁量权，这必然会严重减损公约的统一性与实际执行力。〔5〕

第二，尽管公约对文化财产的界定十分宽泛，共列举了11个类别的受保护物品，〔6〕但其核心条款第7条对禁止进口的文化财产进行了严格的限定，即"本公约对有关国家生效后，禁止进口从本公约另一缔约国的博物馆或宗教的或世俗的公共纪念馆或类似机构中窃取的文化财产"，且"该项财产业已用文件形式列入该机构的财产清册"。所以，对于不符合上述

---

〔1〕 P. Bator, *The International Trade in Art*, University of Chicago Press (1983), p. 1023 – 1024.

〔2〕 参见《关于禁止和防止非法进出口文化财产和非法转让其所有权的方法的公约》第2条。

〔3〕 参见《关于禁止和防止非法进出口文化财产和非法转让其所有权的方法的公约》第7条。

〔4〕 参见《关于禁止和防止非法进出口文化财产和非法转让其所有权的方法的公约》第9条。

〔5〕 Comment, "The Illicit Movement of Art and Artifact: How Long Will the Art Market Continue to Benefit from Ineffective Laws Governing Cultural Property?", 13 (1987) *Brooklyn J. Int' l L.*, p. 55, 64.

〔6〕 参见《关于禁止和防止非法进出口文化财产和非法转让其所有权的方法的公约》第1条。

限制条件的文物，公约成员国无法依据公约要求收回或归还。由于包括中国在内的许多文物资源丰富的国家，文物分布广，数量大，而保护资源有限，因此，很多珍贵文物无法满足公约第 7 条的限定，这必然使大量文物被排除在公约的调整范围之外。

第三，公约未赋予私人提出返还请求的权利。根据公约第 7 条，文化财产的返还请求只能由该财产原主缔约国提出，且必须通过外交部门进行，这使得个人提出的权利请求得不到公约的支持。因此，绝大多数法学家认为，该公约并未规定私人诉权。[1]公约之所以未涉及私人权利，在很大程度上是受制于彼时国际法的理论与实践，因为 20 世纪 60 年代，个人还未被承认为国际法的主体。[2]

第四，公约缺乏强有力的履约监督机制，这已经成为制约各国积极履行公约、影响公约发挥实际效力的重要障碍。从公约的现有条款来看，它仅在第 16 条规定，公约成员国应定期向教科文组织提交报告，通报其为履行公约而颁布的立法、采取的行动以及积累的经验。除此以外，它未规定任何具有强制性的履约监督机制。事实上，即便是第 16 条规定的义务，各国的执行情况也差强人意。早在 1976 年，教科文组织在其召开的第 19 届大会上就曾做出第 4. 122 号决议，要求其成员国就其执行 1964 年《关于禁止和防止非法进出口文化财产和非法转让其所有权的方法的建议》的情况提交实施报告，并考虑在第 20 届大会上要求各国提交关于实施“1970 年公约”的报告。不过，由于各成员国的反映并不积极，所以，直到 1987 年，教科文组织才发布了关于各国实施“1970 年公约”的第一次报告，[3]此后，该组织分别于 1995 年、[4] 2003 年又发布了两次各国实施报告。[5]不过，遗憾的是，在这几次有限的报告中，仅有少数国家向教科文组织提交了国别报告，包括中国在内的大多数成员国并未履行公约第 16 条的义务。这在很大程度上显示，缺少有效的实施机制使“1970 年公约”的执行

〔1〕 See Jennifer Sultan, “Combating the Illicit Art Trade in the European Union: Europol's Role in Recovering Stolen Artwork”, *Nw. J. Int'L L. &Bus.*, Vol. 18 (1998), p. 759.

〔2〕 Patrick J. O' Keffe, *Commentary on the UNESCO 1970 Convention on the Means of Prohibiting and Preventing the Illicit Import, Export and Transfer of Ownership of Cultural Property*, The Institute of Art and Law, 2007, p. 166.

〔3〕 UNESCO Doc. 24C/24.

〔4〕 UNESCO Doc. 28C/35.

〔5〕 UNESCO Doc. 32C/24.

力受到很大影响。

2. 1995年公约

鉴于文物的非法出口与贸易愈演愈烈，“1970年公约”存在诸多缺陷，加之各国法律冲突严重，受联合国教科文组织委托，国际统一私法协会在罗马外交大会上通过了“1995年公约”，以期“在缔约国之间建立归还和还送文物共同的和基本的法规，有效打击文物的非法贸易”。〔1〕该公约确立了被盗文物返还的三项原则：非法发掘或者合法发掘但非法持有的文物视为被盗文物；〔2〕被盗文物的持有者应该归还被盗文物；〔3〕被盗文物的善意持有人在归还文物时，有权获得公正合理的补偿。〔4〕

与“1970年公约”相比，该公约扩大了被盗文物的范围，规定了私人诉权，做出了不少对文物原所有者有利的规定，并对被盗和非法出口文物的追索和收回规定了更加便利合理、具有可操作性的实体法和程序性规则。〔5〕不过，该公约生效以来，也暴露出不少问题，我国利用该公约机制追索文物依然存在不少困难。

首先，公约成员国有限，且结构失衡。由于该公约偏向保护文物原属国与原所有人的利益，因此，西方主要文物市场国大都拒绝加入该公约。在该公约的现有成员国中，绝大多数为文物资源流失严重的发展中国家，而鲜有作为国际文物贸易中心与主要文物进口国的欧美发达国家，包括美国、英国、德国在内的大部分主要文物进口国迄今尚未签署该公约。需要注意的是，法国、瑞士、荷兰、俄罗斯虽分别于1995年6月24日、1996年6月24日、1996年6月28日、1996年6月29日签署该公约，但这几个国家的立法机构迄今未正式批准该公约，因而不受公约约束。〔6〕显而易见，只要作为文物非法流入主要目的国的欧美国家不受该公约约束，公约的实际效力以及对我国的实际意义就会大打折扣。

其次，公约对返还非法出口的文物设置了限制。对于非法出口的文物是否应返还的问题，该公约没有采取像被盗文物的那样“应当返还”的明

〔1〕《国际统一私法协会关于被盗或者非法出口文物的公约》序言。

〔2〕《国际统一私法协会关于被盗或者非法出口文物的公约》第3条第2款。

〔3〕《国际统一私法协会关于被盗或者非法出口文物的公约》第3条第1款。

〔4〕《国际统一私法协会关于被盗或者非法出口文物的公约》第4条、第6条。

〔5〕参见龚柏华、阮振宇：“我国追索非法流转境外文化财产的国际法律问题研究”，载《法学评论》2003年第3期，第122页。

〔6〕霍政欣：《追索海外流失文物的法律问题》，中国政法大学出版社2013年版，第178页。

确表述，而是在一般地规定缔约国可以提出归还从其领土上非法出口的文物的请求的同时，对非法出口文物的返还设定了限制，即只有其出口损害了请求国“特殊利益”的文物才在应予返还之列。[1] 由此可见，公约并未确立所有非法出口文物均应返还的原则，这不可避免地会增加请求国的证明责任，也使得被请求国法院享有了更多的自由裁量权，从而有可能给返还带来一定的阻力。

再次，公约规定善意持有者在返还文物时，有权获得“公平合理”的补偿，但没有制订具体的赔偿标准，因此，在不同个案中很可能出现赔偿数额存在巨大差异的情况。公约模糊的补偿要求有可能会使许多发展中国家或文物原所有人因无力支付高昂的补偿费而放弃追索请求。

最后，公约没有溯及力。溯及力的问题是公约制订过程中争论最严重的问题，由于发达国家出于自身利益普遍反对公约具有溯及力，最后公约第10条明确规定，仅适用于公约生效后被盗或非法出口的文化财产。[2] 因此，我们无法以该公约为依据，要求返还公约生效前被盗或非法出口的大量文物。这是现实国际秩序的无奈妥协，也是我国适用该公约追索流失海外文物的重大限制。

（三）小 结

从以上对两类国际公约的梳理与分析中，我们可以得出如下结论：其一，对于我国历史上因战争而流失海外的文物，现有国际公约无法提供追索的法律依据；其二，对于我国于1989年接受“1970年公约”后非法流失至该公约其他缔约国的文物，我国可在公约的相关条件得以满足的情况下提出返还请求；其三，对于我国于1997年加入“1995年公约”后非法流失至该公约其他缔约国的文物，我国以及文物原所有者可依据该公约提出返还请求。在可以同时适用“1970年公约”与“1995年公约”的情况下，后一公约通常对索回文物更加有利。其四，在国际公约无法适用的情况下，只能通过国际私法途经，在相关国家提起国际民事诉讼来追索文物。

需要指出的是，由于“1970年公约”的可执行力较弱，“1995年公约”的成员国非常有限且结构失衡，加之两公约均不具有溯及力，因此，对于我国而言，国际公法机制无法为追索大部分流失海外的中国文物提供

---

〔1〕《国际统一私法协会关于被盗或者非法出口文物的公约》第5条第3款。

〔2〕《国际统一私法协会关于被盗或者非法出口文物的公约》第10条第1款、第2款。

法律依据。

鉴于此，随着我国国力的增强以及发展中国家整体实力的提升，我国应积极联合文物资源丰富的发展中国家，在国际上发出改革现有国际条约，建立更加公平、合理的国际法律新制度的强烈呼声，积极推动制订体现文物原属国合理利益、解决溯及力问题的国际公约，为追索文物提供完善合理的国际法律框架。具体而言，应在以下两个方面开展工作。

首先，应积极参与“1970 年公约”、“1995 年公约”等重要国际条约的改革进程，推动既有重要国际条约不断完善。由于历史原因，中国基本没有参与“1970 年公约”及“1995 年公约”等重要的国际文化财产条约的制定过程，这导致现有的许多国际条约在很大程度上忽视了中国的利益主张，也致使我国对既有国际条约的制订背景、具体条款的含义及其背后的利益博弈缺少了解。以“1970 年公约”与“1995 年公约”为例，前者迄今没有准确、权威的中文译文，导致我国执法机关事实上并未精准把握其含义；而我国在加入后者时做出的声明，亦即“中国关于返还被盗文物的申请受 75 年的时效限制，并保留将来根据法律规定延长时效限制的权利”，是基于对该公约相关条款的误解而做出的不必要之举，图有害而实无益；凡此种种，不胜枚举。鉴于此，我国应抓住当前中国国际地位不断提高的有利历史时机，积极参与国际立法的改革与完善，推动国际条约向着更加有利于文物流出国利益的方向发展。

其次，我国应积极推动与相关国家签订双边协议，以更加务实、灵活的方式解决文物追索问题。与多边协议相比，双边协议作为双方当事国直接谈判的结果，更具针对性，更加具体、务实，在很大程度上能够克服前者因顾及多方不同利益需求而导致的条款模糊、措辞不清的缺陷，因而更具优势。本书已有论及，截至 2015 年 8 月，我国已与秘鲁、意大利、印度、菲律宾、希腊、智利、塞浦路斯、委内瑞拉、美国、土耳其、埃塞尔比亚、澳大利亚、埃及、墨西哥及哥伦比亚等国签订了关于防止文物非法出入境以及促进文物返还的双边协议。在这些双边协议中，我国政府历经十余年的艰苦谈判于 2009 年 1 月与美国政府签订的双边协议尤其值得关注，[1] 因为美国是世界上综合国力最强的国家，亦为最主要的文物流失目的国，该协议的签订不仅能为防止中国文物非法流失到美国构建一道坚固

〔1〕 该协议的全称为：《中华人民共和国政府和美利坚合众国政府对旧石器时代到唐末的归类考古材料以及至少 250 年以上的古迹雕塑和壁上艺术实施进口限制的谅解备忘录》。

的防线，而且会对中国今后与其他文物流失目的国谈判签订类似双边协议起到重要的示范与促进作用。因此，我国应在现有基础之上，利用国际法律环境朝对文物流出国有利方向发展的历史趋势，有针对性地推动与更多的国家，尤其是我国流失文物主要目的国签订双边协议，以期以更加务实、灵活的双边模式解决文物追索问题。

二、追索文物的国际私法问题

概言之，在处理跨国文物追索诉讼时，一国法院需要解决的主要法律问题有：其一，诉讼主体资格与管辖权问题；其二，识别问题；其三，法律适用问题；其四，外国公法的效力问题。[1]

（一）诉讼主体资格与管辖权

在文物追索之诉中，诉讼主体资格与管辖权是一国法院在处理实体问题前须先行解决的问题。所谓诉讼主体资格主要是指谁可以作为原告提起文物追索之诉；所谓管辖权是指哪一国的法院有权并适合审理文物追索之诉。

以比较法为视野观之，各国对文物追索诉讼的原告资格做出的具体限定千差万别，但有两条原则为各国法所共享：其一，原告必须是法律意义上的人，亦即法律所认可的自然人、法人或其他组织；其二，原告须对诉讼标的拥有或曾拥有所有权，亦即适格。[2]

就第一条原则而言，各国一般依法院地法判断原告是否享有诉讼当事人的主体资格。在跨国文物追索诉讼中，这对原告并不公允：一个在其本国具有诉讼主体资格的原告，其资格很可能被文物流入国法院依法院地法予以否定。所以，如果原告要在某外国法院提起文物追索之诉，他首先须对该国关于诉讼主体资格的法律进行研究。

不过，英格兰法院审理的印度联邦政府诉邦培有限发展公司案堪称例外，引起了广泛关注。[3] 该案案情如下：一位巴基斯坦公民用伪造的来源证明将一尊盗掘于印度泰米尔纳德邦的青铜神像卖给了一位英国文物商。

---

〔1〕 霍政欣："追索海外流失文物的国际私法问题"，载《华东政法大学学报》2015年第2期，第114页。

〔2〕 L. V. Prott, "Movables and Immovables as Viewed by the Law", 1 (1992) *Int'l J. of Cultural Property*, p. 245.

〔3〕 Union of India v. Bumper Development Corporation Ltd. (unreported decision, Queens Bench Division, 17 February 1988, England).

在获知该神像的下落后，印度政府决定在英格兰提起民事诉讼予以追索。由于对应当谁作为原告最为合适不甚清楚，印度方面最终决定由印度联邦政府、泰米尔纳德邦、最初拥有这尊佛像的寺院、该寺院的受托人与该寺庙的主神“湿婆林伽”一起作为共同原告提起诉讼。在确定原告资格时，英格兰法官为确定寺庙主神是否有诉讼主体资格援引了枢密院早先对穆立克诉穆立克案所做的判决：家神虽非普通法上的主体，但在印度教法中，它有法律人格与诉讼主体资格,〔1〕据此，英格兰法院承认了湿婆的原告资格，尽管普通法并不认可这样的诉讼主体。〔2〕

上述英格兰判例虽表明，在判定原告是否具有诉讼主体资格时，英格兰法官偶尔会“依据礼让，认可另一国法律所创制的法律人格”,〔3〕但一般而言，依法院地法确定原告的诉讼主体资格依然是英格兰法官遵循的基本原则；这也是世界各国法院在此问题上普遍尊奉的圭臬。

对于第二条原则而言，法院通常认为，原告对诉讼标的拥有或曾拥有所有权是其提起文物追索诉讼的必要条件。至于如何判定原告是否拥有或曾拥有所有权，法院一般依文物原属国法加以判定。对此，普通法国家以“既得权”理论解释之，认为文物原属国法律将财产的所有权赋予某人构成“既得权”，此权应受到其他国家的尊重;〔4〕而大陆法国家则通过将此议题识别为实体问题，为适用外国法提供法理依据。〔5〕

尽管如此，对文物原属国法律的性质及其具体含义作如何解释，在司法实践中依然存在诸多疑问，这给跨国文物追索诉讼增加不少不确定性。英格兰法院审理的新西兰司法部长诉奥瑞蒂茨案就是典型例证。〔6〕在该案

---

〔1〕 Mulick v. Mulick, LR LII Indian Appeals 245 (1972, UK).

〔2〕 1972年，在美国也发生了一场追索青铜湿婆神像的国际民事诉讼，该诉讼中的原告也包括印度政府与“湿婆”等，诉因则为不当限制“人身”自由（unjust imprisonment）。不过，该案后来以庭外和解的方式得到解决，所以，美国法院并未对相关问题做出裁决。Union of India v. The Norton Simon Foundation (U. S. District Court, Southern District of New York, 74 Cir. 5331; U. S. District Court, Central District of California, Case No. CV74 – 3581 – RJK).

〔3〕 Lawrence Collins (ed.), *Dicey, Morris and Collins on Conflict of Laws*, Sweet & Maxwell (14th ed., 2006), at. 209.

〔4〕 Lawrence Collins (ed.), *Dicey, Morris and Collins on Conflict of Laws*, Sweet & Maxwell (14th ed., 2006), at. 209.

〔5〕［德］马丁·沃尔夫：《国际私法》，李浩培、汤宗舜译，北京大学出版社2009年版，第266页。

〔6〕 Attorney – General of New Zealand v. Oritiz, 1982 1 Q. B. 349; [1982] 3 All E. R. 457 (AC); [1983] 2 All E. R. 98 (HL).

中，一件毛利部落的文物违反新西兰1975年制定的《文物法案》出口到英国，并被一个英国人委托苏富比拍卖行拍卖。新西兰政府获悉后提出追索之诉，指称依其法律，新西兰政府对非法出口的文物享有所有权，故请求法院判令现持有人返还该文物。被告，即文物的现持有人提出两项抗辩理由：其一，依据新西兰《文物法案》，其政府不能自动获得非法出口文物的所有权；其二，新西兰《文物法案》为公法或惩罚性法律，其效力不应被英国法院认可。在初审中，施涛顿法官（Staughton J.）否定了被告的两项抗辩事由，支持原告的诉讼请求。但上诉法院认为：①依据该新西兰法令，新西兰政府不能自动获得非法出口文物的所有权。②该新西兰法令为公法或惩罚性法，故其效力不应被英国法院所认可。在终审中，上议院维持了上诉法院的判决，判决新西兰政府败诉。不过，值得提及，上议院的判决理由是：依据新西兰《文物法案》，该国政府不能自动获得非法出口文物的所有权，只有在文物非法出境时被截获，其政府才能获所有权，而对于该法为公法或惩罚性法的观点，上议院未作任何表态。[1] 在该案的初审、二审与终审中，英国三级法院对新西兰《文物法案》的性质及其具体条款的含义产生如此扞格不入的解读，足见文物原属国法在被外国法院解释时存在的不确定性之高。

关于管辖权，以比较法观之，各国立法与司法实践相当一致：文物返还之诉讼由提起诉讼时文物所在国的法院管辖。[2] 各国在此问题上高度一致主要基于以下两个原因：

第一，这一原则受到各国固有民事诉讼立法的普遍认可。首先，大陆法国家的民事诉讼管辖权或奉行德意志法族的“原告就被告原则”或因循拉丁法族的“当事人国籍原则”，而在文物追索诉讼中，被告通常是文物的现占有人，这样一来，文物所在地一般就是被告的住所地或位于被告的国籍国境内。所以，在文物所在地国提起诉讼，通常能得到大陆法国家民事诉讼法的支持。[3] 其次，在普通法国家，涉及文物所有权归属纠纷的案件通常被归为“对物诉讼”，而此类案件一般以财产处于法院地国境内或被告的住所处于该国境内作为管辖权依据，因此，在文物所在地国起诉亦

---

〔1〕 *Supra* note 49, p. 116.

〔2〕 Thomas W. Pecoraro, “Choice of Law in Litigation to Recover National Cultural Property: Efforts as Harmonization in Private International Law”, 31 (1990) *VA. J, Int'l L.*, p. 7.

〔3〕 参见黄进主编:《国际私法》(第2版), 法律出版社2004年版, 第643页。

能获得普通法国家民事诉讼法的认可。[1]

第二，从实际层面考虑，文物追索诉讼由起诉时文物所在国的法院管辖通常最为合适。首先，只有文物所在地国的司法机关才能对该文物行使有效控制，其做出的判决才能得到有效执行。其次，文物所在地国对该文物的归属通常具有较大的利益与较密切的联系，故其法院通常不愿意对此类诉讼放弃管辖权。

综上，关于文物追索之诉中的原告诉讼主体资格，可以分解为两个更为具体的问题：①原告是否具有法律所认可的诉讼能力；②原告于特定的诉讼请求是否“适格”。对于第一个问题，各国法院一般依据法院地法予以裁定；而对于第二个问题，法院通常依文物原属国法律加以裁定。关于文物追索之讼的管辖权，各国立法与司法实践普遍因循以下原则，即文物追索之诉讼由提起诉讼时文物所在国的法院管辖。

（二）识 别

“识别”也是文物追索诉讼中先于法律适用须解决的重要问题，因为“识别”的结果决定着案件应援引哪一类冲突规范，从而直接关系到案件的审理结果。此外，对诉讼标的进行识别，还可能影响到管辖权，因为对于不动产，各国通常将之纳入其专属管辖的范畴，而对于动产，各国的规定则较为宽松。依据当代国际私法，法院在审理涉外纠纷时通常依法院地法对争讼事实或相关法律规则进行识别；[2] 但是，即便依同一个国家的法律，有时也会产生不同的识别结果，更遑论依据不同国家的法律进行识别会产生更为复杂的“识别冲突”问题。

在文物追索诉讼中，识别问题尤为重要与复杂，譬如，在2009年的“兽首拍卖案”中，就有中国律师主张，依据《法国民法典》，兽首应被识别为“不动产”，而法方律师则认为将兽首识别为不动产的主张有悖于常理。此外，被美国、英国、法国、俄罗斯等多家机构持有的中国敦煌莫高窟的壁画、被大英博物馆收藏的希腊雅典卫城埃尔金大理石雕等文物应被识别为动产，还是不动产，亦存在较大争议。

1988年由法国最高法院做出终审判决的阿布格诉日内瓦村案充分体现

---

〔1〕 William M. Richman, and Milliam L. Reynolds, *Understanding Conflict of Laws*, LexisNexis, 2003, p. 71.

〔2〕 George Panagopoulous, *Restitution in Private International Law*, Oxford University Press, 2000, p. 29.

出对某些类型的文物进行识别的复杂性与不确定性。[1] 该案标的——法国南部一座被废弃的私人小教堂内壁上的湿壁画系创作于11世纪的艺术珍品，由当地四名农民共同拥有。原告为这四名农民中的两位，他们在法国法院起诉，指称另两位农民在未经其同意的情况下将该教堂里的湿壁画售于他人，要求现持有人返还。由于这组湿壁画被出售后处于瑞士境内，被告主张，依法国与瑞士的双边条约，关于动产的纠纷应由被告住所地的法院管辖，法国法院因而没有管辖权。所以，法国法院需要解决的第一个问题是：这组湿壁画应被识别为动产，还是不动产？这不仅事关法律适用，更直接决定法国法院是否享有管辖权。

对于不动产的认定，《法国民法典》区分了两种不同类别的不动产（第517条）：①土地与建筑物，依其"性质"为不动产（immeubles par nature）（第518条）；②由不动产所有人为不动产的便益与利用安置的动物与物件，依其"用途"为不动产（immeubles par destination）（第524条）。法国初审法院认为，湿壁画依其性质为不动产；二审法院——法国蒙彼利埃上诉法院认为，湿壁画依其用途为不动产；而法国最高法院则认为，湿壁画属于动产，并进而做出其没有管辖权的裁决。三级法院对同一诉讼标的做出了三种不同的识别，足见识别之难！

一般认为，法国最高法院之所以将本案标的识别为动产，是采用了时任首席检察官让·卡巴纳（Jean Cabannes）的观点。卡巴纳认为，依其性质为不动产者，一旦与建筑物或土地相分离，即转变为动产；而依其用途为不动产者，即便其与建筑物或土地相分离，法律仍拟制其为不动产。他进一步指出，依其用途为不动产者，乃法典拟制，故需予以严格解释，而不能做扩张解释。[2] 可见，由于在湿壁画被从教堂墙壁上剥离之前，其所有者从未考虑过它们会遭遇如此境遇：画面是在抹上细灰泥之前就画在教堂墙壁上的，构成教堂建筑不可分割的一部分，所以，法国最高法院将湿壁画识别为依其性质为不动产者；以此为前提，与教堂本身分离的湿壁画因

---

〔1〕 Foundation Abegg v. Ville de Genève, D. (1988), 325.

〔2〕 Wojciech W. Kowalski, "Restitution of Works of Art pursuant to Private and Public International Law", 288 (2001) *Recueil des cours*, Martinus Nijhoff Publishers, 214.

而被识别为动产。[1]

由此，在法国最高法院看来，一件原本为动产的文物，如将其以可随意卸载的方式固定在建筑物上，则其成为依其用途为不动产者，在这种情况下，将它从建筑物上移除，法院仍会将之识别为不动产；而如果一件文物被以无法卸载的方式安嵌在建筑物内，或绘在建筑物上，从而构成该建筑物无法分割的一部分，则应被识别为依其性质为不动产者，在这种情况下，以破坏的方式或依某种工艺或技术将之从建筑物上移除，法院会将之识别为动产。法国最高法院的这一立场引发诸多批评，有学者认为，许多珍贵文物是以破坏性的方式从建筑物上移除再流失到外国的，在这种情况下，将它们视为动产不利于对它们的保护，因为期望外国对一件并非从自己领土内的建筑上剥离下的物件予以妥当保护是不切实际的；另外，依据物体是否以可以卸载的方式固定在建筑物上来对其进行识别，亦欠缺合理性。

与法国立法及判例不同，其他一些大陆法国家通过将物分为动产与不动产，再依据两物关系的性质，对剥离于不动产的物件予以识别。譬如，依《意大利民法典》，供主物永久性使用或装饰主物的物是“从物”（pertinenze），法律另有规定的除外。[2] 据此，意大利民法学理认为，用于装饰建筑物的雕塑是从物，它是否存在并不影响主物（即建筑物）的主体功能，因而不构成建筑物不可分割的一部分，它被移除之后应识别为动产；与此相对，屋顶虽然在物理上与建筑物的关系与雕塑近似，但屋顶存在与否直接影响主物的主体功能，故其非从物，而是主物不可分割的一部分。

在普通法上，有一类特殊的物——“不动产附着物”（fixture），即固定地、永久性地安装在不动产上的物。这类物构成不动产的一个组成部分，如拆除或移动该物会对不动产造成损害。[3] 不动产附着物，即便与不动产

〔1〕 法国最高法院的这一裁决也暗合了早先的两个类似案例。在1881年的一个案例中，法院将原本镶嵌在一座别墅上的马赛克画识别为依其性质为不动产者，故在与建筑物剥离后被定性为动产；而在1931年的另一个判例中，法院将挂在墙壁上一幅油画识别为依其用途为不动产者，故判定其永远为不动产，须归还原主，恢复原状。Moley v. Pigné, D. P. 1881, 82. I. 55；Cerle Républicain de Portes v. Paraigne, D. H. 1931. 233；S. 1931. I. 191.

〔2〕 《意大利民法典》第817条、第818条，转引自《意大利民法典》，费安玲等译，中国政法大学出版社2004年版，第204页；参见《德国民法典》第93条、第94条、第97条，转引自《德国民法典》，陈卫佐译注，法律出版社2006年版，第29页。

〔3〕 薛波主编：《元照英美法词典》，法律出版社2003年版，第560页。

相剥离，仍受不动产的法律支配。依据英国判例，这类物包括建筑物的门与门框、雕像、壁炉、石雕花园座椅以及固定在墙上百余年的挂毯等。[1]其中，诺顿诉达史伍德案尤其值得一提，[2]因为该案判决提供了评判一个物件是否应被识别为不动产附着物的具体标准。该案判决写道：在判断墙上的挂毯是否为不动产附着物时，应考虑以下因素：①物件附着于地产的方式与程度；②附着的性质是临时性的，还是永久性的；③将该物件与地产剥离会产生的后果。鉴于此，法官注意到：这幅挂毯是用半英寸长的钉子钉进压条再安装到墙上的，只有将墙壁敲坏并对墙体的部分结构造成一定程度的损坏才能将它从墙上卸下来；这面挂毯是这间屋子的主要特色，将其移走会使其“墙体受损，光彩顿失”；此外，如果将这面挂毯从墙上卸下来，它几乎没有作为动产的价值。综上，法院做出裁决：这面挂毯是这座房屋的附着物，与其不可分割。

上述案例表明，从不动产上剥离下来的文物，在不同国家会被作不同的识别。如上所述，对于涉外民事案件，各国法院普遍依法院地法进行识别，而各国法的斑驳不一无疑会使此类文物的识别充满不确定性，从而影响到管辖权、法律适用等一系列问题。鉴于此，有学者认为，对于文物追索诉讼，司法上应放弃对其进行是动产或不动产的区分，文物不应因此受到不同的法律保护。[3]这一建议固然有合理性，但是，学界与实务界迄今尚未找到司法上放弃对所涉文物进行动产与不动产的识别后应如何操作的具体方案，所以，可以预见，这一难题仍将长期困扰跨国文物追索诉讼。

（三）法律适用

在解决了诉讼主体资格、管辖权与识别问题以后，如何确定支配文物归属的准据法就成为文物追索诉讼中最为关键的问题了。世界各国在解决涉及财产所有权的民事纠纷时普遍遵循“物之所在地法”，可以说，物权适用物之所在地法是国际私法领域争议最少的冲突规则。诚如一位英格兰法官所言：“物之转让必须适用物之所在地法，我想，无人会质疑之。”[4]所以，在国际文物贸易中，依文物被转让时所在国的法律为有效的文物转

---

〔1〕 D' Eyncourt v. Gregory (1866) LR 3 Eq 382; Phillips v. Lamdin, (1949) 2 K. B. 33; Norton v. Dashwood (1895) 2 Ch. 500.

〔2〕 Norton v. Dashwood (1895) 2 Ch. 500.

〔3〕 G. Reichelt, *The Protection of Cultural Property*, UNIDROIT, Study, LXX, Doc. 1, 23, 24 (1986).

〔4〕 Re Anziani (1930) 1 Ch. 420.

让，其效力通常会被各国所认可；而依文物被转让时所在国的法律为无效的文物转让，在其他国家通常也会被认定为无效。

尽管如此，各国法院对物之所在地法的解释并不一致：在诉讼标的为不动产时，物之所在地殆无异议；而在诉讼标的为动产时，则出现两种不同的解释。以英国为代表的大部分国家将物之所在地法解释为“所有权据称转移时动产所在国的法律”;〔1〕而以法国为代表的一部分国家则认为，“动产所有权应受诉讼时动产所在地法的支配”。〔2〕

英格兰法院审理的文克沃斯诉佳士得、曼森及伍兹公司案是一个产生广泛影响与争议的著名案例。〔3〕在该案中，窃贼从文克沃斯（Winkworth）位于英格兰的居所内盗窃了其珍藏的一件日本古董，并在将之带到意大利后卖给了一位善意购买人达诺（D'Annone），随后，达诺将之带回英格兰，并委托佳士得公司拍卖。文克沃斯获悉后向英格兰法院起诉，请求法院签发禁止拍卖的禁令，并以这件古董所有权人的身份提起文物返还之诉。对于原告的诉讼请求，被告认为，依据文物交易地法——意大利法，达诺已经获得该古董的所有权，故拒绝返还。

可见，英格兰法院在审理该案时面临的主要问题是：是适用英格兰法，还是意大利法？需要注意的是，由于意大利法的规定对善意购买人极其有利，因此，如该案适用意大利法，被告已获得该古董的所有权；而如适用英格兰法，窃贼无法将所有权转让给第三人，原告的诉讼请求因而可以获得法院支持。

几经权衡，英格兰法官做出了适用意大利法的裁定，并特别指出：“现在可以确定的是，因特定动产的转让而产生的财产权上的后果应排他性地适用转让时动产所在地的法律……该外国法所认可的所有权，其效力高于与此不一致的、较早的所有权，不论最初创制所有权依据的是哪一个国家的法律。”〔4〕鉴于原告提出，由于古董在英格兰被窃，并在其不知情的情况下被运送到意大利交易，且诉讼时该古董又回到英格兰，该案因而应适用英格兰法，法官回应道：“如果法院在审理个案时舍弃原则而适用英格兰法，仅因案件恰巧与英格兰有数个连结因素，那么，就会产生在法

---

〔1〕 Gilbert & Sullivan, “The Need for Civil - Law Nations to Adopt Discovery Rules in Art Replevin Actions: A Comparative Study”, 70 (1992) *Tex. L. R.*, p. 1456.

〔2〕 56 *Rev. crit. de. dr. int. privé* 120 (1967).

〔3〕 Winkworth v. Christie, Manson & Woods Ltd. [1980] 1 Ch. at 499.

〔4〕 Winkworth v. Christie, Manson & Woods Ltd. [1980] 1 Ch. at 513.

律上无法容忍的不确定性……在本案中适用英格兰法，而不考虑其他因素，会摧毁国际私法的根基。”[1] 基于以上考虑，英格兰法官将古董交易时的物之所在地法（意大利法）选为支配该案实体问题的准据法，依此，法院判决原告败诉，古董归被告所有。[2]

该判决引起了广泛争论，一部分学者为原告鸣不平，并忧虑该判例会对文物的黑市交易与“漂洗”起到推波助澜的作用，亦不利于实现个案公正及维护国际法律秩序的稳定；[3] 而另一部分学者则对该判例赞誉有加，将之奉为适用物之所在地法，保障法律适用统一性与可预见性的经典案例。[4]

与英格兰法院对物之所在地法的解释不同，法国法院将之理解为诉讼时物之所在地国的法律，这在斯特干诺夫诉本西蒙案中得到验证。[5] 该案诉讼标的是一套艺术品，原为斯特干诺夫（Stroganoff）家族所有。1917 年俄国十月革命爆发后，苏俄政府颁布国有化令，将该套艺术品收归国有。1931 年，原苏联政府在柏林将之卖给被告。当套艺术品被带入法国后，原告向法国法院提起诉讼，对之主张所有权，要求被告返还。在审理该案时，法国塞纳大程序法院明确指出，涉外动产纠纷应适用诉讼发生时物的所在地法，即法国法，而不是动产所有权发生转让时其所在地的法律。在审理另一案件时，法国最高法院也对物之所在地法做出同样解释，适用了诉讼时物之所在地法——法国法。[6]

如果将英、法两国的判例加以比较，不难发现，即便同样采用物之所在地法，由于两国法院对该冲突规则的解释不同，也会导致适用不同的法律，从而出现结果迥异的判决。近十年来，文物返还之诉适用物之所在地法的做法受到了愈加猛烈的质疑。不少学者指摘，在各国关于财产所有权的法律冲突严重，尤其是在一些国家的法律倾向于保护善意购买人利益的背景下，将物之所在地法作为支配文物所有权归属的冲突规则，会使窃贼以及精于算计的文物交易商与买家选择到法律对其有利的国家进行相关交

---

〔1〕 Winkworth v. Christie, Manson & Woods Ltd. [1980] 1 Ch. at 512.

〔2〕 Winkworth v. Christie, Manson & Woods Ltd. [1980] 1 Ch. at 514.

〔3〕 有学者不无担忧地指出：“通过出售与再次出售这样的多次‘漂洗’，一些被盗文物最终会变成合法商品。” Judd Trully, “Hot Art, Cold Cash”, *J. Art*, Nov. 1990, p. 1.

〔4〕 *Supra* note 49, p. 1346.

〔5〕 Stroganoff - Scherbatoff v. Bensimon, 56 *Rev. crit. de. dr. int. privé* 120 (1967).

〔6〕 Société D. I. A. C. v. Alphonse Oswald, 60 *Rev. crit. de. dr. int. privé* 75 (1971).

易，尽量使有关交易得到法律认可，从而出现“文物漂洗”现象，这会令保护文物的所有努力化为乌有。[1]

由于物之所在地法存在明显缺陷，有学者提议，在文物追索诉讼中，法院应适用“文物被盗地法”（lex furti）或“文物原属国法”（lex originis）；还有学者主张，用最密切联系原则取代硬性的冲突规范。[2] 与物之所在地法相比，这些建议体现了对文物原所有人与文物原属国利益的尊重与保护，具有一定合理性，但其本身亦存在无法克服的弊端：其一，这些建议体现了保护文物原所有人的强烈意旨，但漠视了善意购买人的合法利益，这与法律力图在所有权与交易安全之间维持平衡的原则相违背。其二，有些文物从被盗地或原所有人住所地流失境外多年，与这两个连接点的联系已经不大。其三，一些国家坚守物之所在地法，而另一些国家转而采用新的冲突规范会产生冲突规范的冲突，这会进一步增加诉讼的不确定性。所以，有学者指出：“物之所在地法享有极高的普遍性，修改这一规则只能降低商业活动的可预见性，徒有害而实无益。”[3] 其四，适用文物被盗地法或文物原所有人的住所地法并不一定对文物原所有人或原属国有利，甚至会产生事与愿违的结果，因为历史悠久的发展中国家是主要文物流失国，而这些国家的法律相对不完善，对财产所有权的保护力度往往不及发达国家。其五，如何确定“文物被盗地”、“文物原属国”抑或“最密切联系国”并非易事。此外，物之所在地法虽有助长文物“漂洗”之虞，但国际私法中的法律规避以及公共秩序保留制度可以对之进行限制，从而在一定程度上遏制其负面效果。职是之故，到目前为止，主张废弃物之所在地法的建议尚未得到立法与司法实践的认可。

值得一提的是，除以上主张外，近来还有美国学者以“政府利益分析说”为参考，提出一套以分析有关当事人的利益为基础，专门适用于国际

---

〔1〕 有学者哀叹：“近年来，从埃及、希腊、中国、墨西哥、土耳其等国非法出境的大量珍贵文物流失到对善意购买人有利的欧洲大陆国家（尤其是瑞士、法国、意大利等国）进行交易，以达到漂洗文物的目的，这一趋势令人坐卧不安。” Gilbert & Sullivan, *The Need for Civil - Law Nations to Adopt Discovery Rules in Art Replevin Actions*: *A Comparative Study*, Tex. L. R., Vol. 70 (1992), p. 1442.

〔2〕 Reichelt G., “International Protection of Cultural Property”, 1 (1985) *Uniform Law Review*, p. 20 - 21.

〔3〕 Thomas W. Pecoraro, “Choice of Law in Litigation to Recover National Cultural Property: Efforts as Harmonization in Private International Law”, 31 (1990) *VA. J, Int'l L.*, p. 40.

文物诉讼的法律选择规则。[1] 细言之，在确定被盗文物所有权时，这种方法要判断当事人是否真正存在合法利益的冲突，即原所有权人与善意购买人按照不同国家的法律对被盗文物是否享有合法的所有权。如果依来源国法，原所有权人拥有所有权，而依善意购买人所在国法，善意购买人亦拥有所有权，那么，就要结合被盗文物所在地、当事人住所地等案件事实因素确定应适用的法律，而不应一概适用物之所在地法。同时，这种方法还要确认善意购买人交易时的诚实信用程度、原所有权人是否知道或者应当知道文物的具体下落，以及在不知道的情况下他是否尽到了适当的审慎义务等。[2] 不可否认，这套规则体现了对个案公正与实体正义的追求，较好地克服了物之所在地法的弊端，但因其主观性过强，操作过于复杂而显得有些曲高和寡，尚未得到理论界与司法实践的积极回应。

由此可见，在当前各国法律冲突严重的情况下，在文物追索诉讼中适用物之所在地法是文物交易保有最低限度的可预见性与安全性的必要保障，尚无其他冲突规则可以替代之。事实上，要想完全消除物之所在地法的缺陷，唯一的方法就是完全消除各国在该领域内的法律冲突，而在可预见的将来，这仍然是遥不可及的梦想。不过，这再一次印证了梅耶（Mayer）的名言："就冲突法而言，其实根本没有十全十美的解决方法，我们所能做的不过是避免最糟糕的方法而已。"[3]

（四）外国公法的效力

前已论及，法院在文物追索之诉中通常依物之所在地法确定准据法；但是，这一原则受制于"公法无域外效力"这一例外性规则。换言之，如果本应适用的外国法在性质上属于公法，那么，法院一般不会承认该法在法院地国的域外效力。

自乌尔比安以来，法律便有公法与私法之分野。[4] 依据国际公法上的

---

〔1〕 See Symeon C. Symeonides, "A Choice - of - Law Rule for Conflict s Involving Stolen Cultural Property", 38 (2005), *Vand. J. Transnat'l L.*, p. 1177 - 1195.

〔2〕 参见郭玉军、靳婷："被盗艺术品跨国所有权争议解决的若干问题研究"，载《河北法学》2009 年第 4 期。

〔3〕 转引自［美］弗里德里希·K. 荣格：《法律选择与涉外司法》，霍政欣、徐妮娜译，北京大学出版社 2007 年版，第 99 页。

〔4〕 陈朝璧：《罗马法原理》，法律出版社 2006 年版，第 21 页。

主权原则，“外国公法无域外效力”是大陆法各国普遍遵循的原则。[1] 从大陆法各国的司法实践来看，一国关于限制或禁止文物出口的法律通常会被归类为公法，在无条约义务的情况下，另一国法院不会认可其效力。譬如，瑞士联邦法院在判例中就明确否定了外国文物出口禁令的域外效力。此案涉及一枚印度古金币的质押合同纠纷，这枚金币违反了印度的文物出口禁令进入瑞士。瑞士联邦法院在该案中适用了瑞士法，而并未依《瑞士联邦国际私法法规》第 19 条适用印度法。在判决中，瑞士联邦法院特别提及英格兰判例——新西兰司法部长诉奥瑞蒂茨案，并指出本案标的物——印度古金币是在 1988 年 8 月设置抵押债权的，而瑞士直到 2003 年才加入“1970 年公约”。换言之，在本案标的设置质押债权时，瑞士不受任何涉及限制文物非法出口的国际条约的约束。该判例表明，即便在《瑞士联邦国际私法法规》明确瑞士法院可以适用外国公法的情况下，在缺少公约义务的情况下，瑞士法院依然会拒绝适用外国文物出口限制法令。[2] 意大利法院在审理德·康斯希尼案时也做出类似裁定。[3]

在普通法中，尽管“外国公法无域外效力”并不以一般原则的形式存在于立法之中，但法院在司法实践中已经形成了类似做法，对此，《戴西与莫里斯论冲突法》有经典论述：英格兰法院对如下诉讼无管辖权：①旨在直接或间接实施外国刑法、税法或其他公法的诉讼；或②基于国家行为的诉讼。[4] 所谓“其他公法”系指（除刑法与税法之外的）所有为维护中央政府或地方政府权力而实施的法律规则。[5] 从这一解释来看，外国限制或禁止文物出口的法律属于“其他公法”的范畴，应无疑义。

不过，相关判例表明，外国文物的出口禁令是否属于外国公法，在英国法官看来，尚有争议。譬如，在上述新西兰司法部长诉奥瑞蒂茨案中，[6] 对于新西兰《文物法案》的性质，初审、二审与终审有不同解读，

---

〔1〕 See Martin Wolff, *Private International Law*, Michigan University Press (2nd ed., 1950), p. 172.

〔2〕 Beat Schonenberger, *The Restitution of Cultural Assets*, Stämpfli Publishers Ltd. (2009), p. 149.

〔3〕 *Stato Francese c. Ministero per I bent culturali e ambientali e De Contessini*, *Tribunale di Roma*, 27. 6. 1 1987, *Rivisita di internazionale* 71 (1988).

〔4〕 *Supra* note 49, at 107.

〔5〕 *Supra* note 49, at 94.

〔6〕 Attorney - General of New Zealand v. Oritiz, 1982 1 Q. B. 349; [1982] 3 All E. R. 457 (AC); [1983] 2 All E. R. 98 (HL).

甚至在同一级审判中，不同法官的观点也不尽一致。在初审中，施涛顿法官认为，新西兰《文物法案》不是税法，亦非惩罚性的刑法，不过，他并未对该法是否属于“其他公法”给出明确答案。在上诉审中，不同法官对这个问题给出了不同的答案：丹宁勋爵（Lord Denning）认为该法是关于“公权力之行使”的公法，阿克奈法官（Ackner）认为该法为惩罚性的刑法，[1] 而奥康诺法官（O'Connor L. J. J.）则未予置评。到了终审，审理该案的上议院的全体法官都有意无意地回避了新西兰文物法的性质这一问题。[2]

2007年初，在伊朗诉巴拉凯特案中，[3] 初审法官格莱（Gray）援引了新西兰司法部长诉奥瑞蒂茨案，认为伊朗限制文物出口的法律，在性质上既是惩罚性的刑法也是公法，不应被英格兰法院适用。不过，同年10月，在上诉审中，上诉法院推翻了初审判决，适用了伊朗法，并认为依据伊朗关于限制文物出口的法律，伊朗政府对走私出境的文物享有占有权（即便不是所有权），据此支持了原告的诉讼请求。不过，遗憾的是，在此判决中，上诉法院并没有对所适用的伊朗法的性质及其适用伊朗法的理由进行详细阐述。[4]

综上可见，两大法系均奉行不适用外国公法的原则，职是之故，一国法院通常不会承认或实施外国限制或禁止文物出口的法律；在没有条约义务的情况下，一国仅依本国限制或禁止的文物出口的法律要求外国返还走私出境的文物，一般不会得到外国执法机关的支持或协助。

（五）小 结

需要强调，与其他几种文物追索途径相比，国际民事诉讼途径优势突出：其一，在一国法院起诉可对诉讼对方当事人形成法律、心理及舆论压力。不少文物归属纠纷在提交法院后，双方当事人才在庭外或当庭达成和解，原因即在于此。其二，启动诉讼程序后，原告可以请求法院采取诉讼保全措施，以免被告在法院做出判决前转移、藏匿或毁坏标的的行为。其三，诉诸法院有利于当事方（尤其是原告）获取证据。绝大多数国家的民事诉讼法均有证据公开或披露规则，诉诸法院可以从对方当事人那里获得

---

〔1〕 Attorney - General of New Zealand v. Oritiz, 1982 1 Q. B. 349; [1982] 3 All E. R. 457 (AC); [1983] 2 All E. R. 98 (HL)., at 467, 468.

〔2〕 *Supra* note 49, at 116.

〔3〕 Iran v. Barakat [2007] EWHC 705 (Q. B.).

〔4〕 EWCACivic1374 (C. A.).

对其不利、而对己有利的证据。其四，在绝大多数文物追索诉讼中，原告会选择在文物所在国的法院起诉，在此情况下，法院做出的判决以国家强制力为后盾，其执行力强。其五，在普通法国家，“因循先例”是一项基本原则，因此，一旦胜诉，该判例将产生法律约束力，会对今后在该国追索文物提供判例法支持。鉴于此，我国应重视利用国际民事诉讼途径追索文物。细言之，对于我国今后提起跨国文物追索诉讼，笔者建议如下：

第一，在涉及原告诉讼主体资格的事项上，我国可采取以下策略：①鉴于该问题在文物追索诉讼中存在复杂性与不确定性，为确保此类诉讼不因该程序性问题而遭遇失败，在提起诉讼时，我方应尽可能增加相关主体作为原告，以保证在其中一部分主体不为外国法院认可时依然有部分适格的原告，从而提高成功起诉的概率。在上述印度联邦政府诉邦培有限发展公司案中，印度方面就采取了这一策略，组成了由五个主体构成的原告，颇值得我国借鉴。②由于我国法律规定文物属于国有，加之在外国提起民事诉讼的诉讼成本较高，作为具有强大经济、政治与法律资源的国家，应在文物追索诉讼中承担主导角色。〔1〕

第二，在管辖权问题上，我国应遵循文物追索诉讼由起诉时文物所在国法院管辖这一原则。需要指出，有学者建议，我方可依《民事诉讼法》第265条关于涉外财产权益纠纷的特别规定在中国法院起诉外国被告，从而获得有利判决。〔2〕这种观点虽以捍卫民族利益为出发点，但无建设性意义：其一，即便我方在中国法院提起诉讼，法院也不能直接依中国法审理案件，而需依据冲突规范的指引确定准据法。〔3〕其二，由于案件涉及的标的物以及被告均在国外，诉讼会涉及域外送达、域外调查取证等一系列复杂的国际民事司法协助问题。鉴于各国普遍不认可我国法院在这种情况下

---

〔1〕需要强调，近年来，我国民间在追索文物方面扮演了积极角色，但因受困于诉讼主体资格问题，一直无法取得突破。2009年年初，“欧洲保护中华艺术联合会”向法国法院起诉，请求禁止佳士得拍卖青铜兽首，并将之返还给中国，但因其原告主体资格未被法院认可而遭遇败诉；2014年8月，“中国民间对日索赔联合会”通过日本驻华大使馆致函日皇明仁和日本政府，要求日本归还所掠中国文物“唐鸿胪井刻石”，这是中国民间首次向日本皇室追讨文物，但截至本文完成时，日本政府还未作出明确回答。“中国民间机构赴日本递信函 追讨被掠唐代文物”，http：//news. ifeng. com/a/20141223/42779951_ 0. shtml，访问日期：2015年8月18日。

〔2〕参见“圆明园兽首拍卖续：专家建议在国内法院告佳士得”，http：//news. sina. com. cn/c/sd/2009-02-27/114517302090. shtml，访问日期：2015年8月18日。

〔3〕依《涉外民事关系法律适用法》第37条，当事人可以协议选择动产物权适用的法律。当事人没有选择的，适用法律事实发生时动产所在地法律。

行使管辖权，相关的司法协助请求很难获得有关国家的支持与配合。更为重要的是，由于此类诉讼由起诉时文物所在地的法院管辖得到各国普遍认可，所以，即便我国法院判决原告胜诉，也很难得到文物所在地国的承认与执行，从而使判决沦为一纸具文。

第三，由于不少文物是从不可移动的文化遗址上被肢解或移除下来的，因此，对于这类文物应识别为动产还是不动产，是一个不确定性较大的问题。从各国立法与判例来看，各国法院在处理此问题时通常依法院地法，因此，我方在提起文物追索之诉时，应以诉讼所在国的法律作为研判该问题结果的法律依据。

第四，在跨国文物追索诉讼中，各国法院一般依“物之所在地法”确定法律适用问题，这样一来，文物交易地所在国的民商事法律通常成为支配此类诉讼实体问题的准据法。因此，在我国获知被盗抢文物的具体下落后，如果想通过国际民事诉讼追索文物，需要认真研究文物交易地所在地国的民商事法律。

第五，依据“公法无域外效力”原则，在无条约义务的情况下，一国颁布的限制或禁止文物出口的法律无法得到他国承认，因此，走私文物一旦被带出其原属国的国界线，几乎就能堂而皇之地进入国际文物市场。在以全球化为特质的当代社会，“公法无域外效力”遂成为文物保护以及流失文物追索的重大法律障碍。所以，我国应积极参与国际立法，借助国际条约机制克服这一障碍。在此方面，“1970 年公约”特具重要意义，因为该公约最主要的使命是确立如下制度：违反其原属国法而出口的文物，其进口到其他国家，亦属非法。换言之，文物原属国禁止文化财产出口的法律，其效力得到公约其他成员国的承认。[1] 可见，援用“1970 年公约”是解决我国限制文物出口的法律、法规得不到外国承认的有效方法。

结 语

上文从国际公法机制与国际民事诉讼机制两个方面探讨了通过法律途径追索我国流失海外文物的相关问题。通过以上分析，结合我国流失海外的文物的现状，笔者提出以下针对性对策与建议，以期对今后追索流失文物，维护国家利益有所裨益：

---

〔1〕 详见霍政欣：《1970 年 UNESCO 公约研究：文本、实施与改革》，中国政法大学出版社 2015 年版，第 61 页。

第一，通过法律途径追索流失海外文物，应尽量综合运用国际公法与过国际私法两种途径，谋求对追索文物最为有利、有效的结果。细言之，在追索文物时，应首先确定是否有相关的国际公约可以适用，如果确有国际公约可以适用，应当在对相关公约以进行充分研究的基础上，积极利用国际公法机制追索文物；如果没有可以适用的国际公约，则应研究通过在相关国家提起国际民事诉讼追索文物的可行性。如果既有国际公约可以适用，也可以得到有关国家国内法的支持，则应在充分比较的基础上，结合具体情况，选择适用对追索文物的更为有效、需要支付的补偿金额较少的机制。

第二，就国际公法机制而言，目前适用于文物保护与追索的国际公约有3个，即“1954年海牙公约”、“1970年公约”与“1995年公约”。尽管这3个公约我国均已加入，但第一个公约对我国追索文物不具实际效用，故仅有后两个公约有可能适用。具体而言，对于我国于1989年接受“1970年公约”后非法流失至该公约其他缔约国的文物，可以依据该公约进行追索；对于我国于1997年加入“1995年公约”后非法流失至该公约缔约国的文物，可依据该公约提出返还请求。在可以同时适用“1970年公约”与“1995年公约”的情况下，后一公约通常对索回文物更加有利。不过，这两个公约均存在严重缺陷，这主要体现在“1970年公约”的措辞含糊、缺乏具体执行措施、可执行力较弱，“1995年公约”的成员国非常有限且结构失衡，且两公约均不具有溯及力。因此，对于我国而言，国际公法机制对于追索海外流失文物的作用有限，尤其是无法适用于大批于19世纪中期至20世纪80年代之间流失的珍贵文物。

第三，就国际民事诉讼机制而言，在目前世界各国法律冲突较为严重，且普遍适用物之所在地法的背景下，提起国际文物追索诉讼的结果具有较强的不确定性，需要结合具体国家的法律与个案情况加以研究和分析。一般而言，对于历史上被盗或遗失多年，且早已被外国博物馆或个人公开收藏并展示的文物，无法通过国际民事诉讼来进行追索。对于历史上被盗或遗失多年，但其下落一直不明，近年来才得知其具体情况的文物，要视其转让所在地国家法律的具体规定与案情来判断是否可以通过国际民事诉讼进行追索。

第四，值得强调的是，不论是依国际公法机制，还是国际私法机制，文物原所有人追索文物均需承担一定的责任（即便是对文物原所有人最为有利的“要求并拒绝规则”），其中，对文物妥加保管、对被盗文物行使尽职调查义务并及时主张权利是最为常见的责任。为此，我国有关机关应切实提高文物的保护与管理水平，及时发现、统计、追索被盗及遗失文物，密切跟踪国际文物市场的动向（尤其关注国际主要拍卖公司的网站），加强国际合作，履行国际公约与各国法律所规定的基本义务，从而为法律追索提供前提保障。

由此可见，通过法律途径，积极追索流失海外的文物是一项复杂工作，需要对国际公约与有关国家的法律进行认真研究，需要做细致的准备工作。不过，与商业渠道相比，法律途径追索文物虽更复杂，但具有更广泛的可适用性、更低的成本与更强烈的示范作用。尤其是在普通法国家，由于奉行法官造法与因循先例原则，成功追索的判例往往会对今后的追索诉讼产生法律约束力。因此，加强追索海外流失文物的法律研究，积极探索解决路径，具有重大的现实意义。

同时，我们应当看到，虽然追索经非法途径流失海外的文物具有道义上的正确性，但是，在当前实然的国际法律秩序下，不论是国际条约，还是各国国内法，均无法为追索文物提供完全有利的法律依据。不少文物，尤其是历史上被盗抢且被外国博物馆或个人公开收藏并展示多年的国宝级文物，对其进行追索，既得不到国际公约，也得不到国内法的支持。有些文物的追索虽在理论上能够获得支持，也需满足相应的条件与限制。因此，为更加有效地维护国家与民族利益，在利用现有法律框架积极追索文物的同时，笔者认为，我国有必要在国际、国内两个层面展开更积极的工作，从而为更多国宝今后能走上“回家之路”创造更为有利的法律环境，具体建议如下：

第一，随着我国国力的增强以及发展中国家整体实力的提升，我国应积极联合文物资源丰富的发展中国家，在国际上发出改革现有国际条约、建立更加公平、合理的国际法律新制度的强烈呼声，积极推动制订体现文物原属国合理利益、解决溯及力问题的国际公约，为追索文物提供完善合理的国际法律框架。

第二，现阶段最需要加强的工作是，我国应尽快建立、健全流失文物的档案数据库，并及时向有关国际机构通报。当前，致力于被盗文物与艺术品登记与协助原所有人追索的国际机构主要有国际刑警组织（英文简称

"INTERPOL"）、[1]"遗失艺术品登记处"（英文简称"ALR"）[2]与"艺术品追索国际基金会"（英文简称"IFAR"）等。[3]目前，这几个机构均已建成了规模庞大、信息丰富的被盗文物与艺术品的全球数据库，并得到佳士得、苏富比（Sotheby's）等世界上主要文物及艺术品拍卖公司的支持，与各大拍卖公司实现网上数据共享，[4]对遏制被盗文物的非法交易起到了重要作用。对于我国而言，及时向这些国际机构通报被盗文物的情况具有重要法律意义：其一，这是文物原属国履行审慎义务与及时主张权利的体现，是今后援用国际条约或有关国家国内法追索文物的前提基础；其二，由于这些国际机构在得到有关被盗文物的通报后会在其网站及其合作拍卖公司的网站上发布信息，这会使购买这些被盗文物的买家很难再辩称自己是善意购买人，从而使文物原所有人获得今后通过诉讼追随文物十分有利的法律地位。

第三，尽快启动流失文物普查工程。几十年来的实践表明，只有掌握了流失文物的具体信息（包括出土或制作地点及年代、流失途径及年代等）和确凿证据，文物流失国及文物原主的追索请求才有可能获得法律依据及其他有利地位，否则，只能陷入呼声再大，也难以取得实效的尴尬境地。鉴于此，笔者认为，我国应当尽快启动流失文物数据库建设工程，分阶段、分步骤逐步建立、完善中国流失海外文物的数据库。这不仅是追索文物的要求，也是当代中国人对祖先、对后代承担的历史责任。

因此，我国应尽快启动流失文物普查工程，从保存中国文物最多的国家着手，进而慢慢扩展到其他地区，分步骤、分层次建立、完善流失文物档案库。在进行此项工作时，应认真如实地调查、登记每一件中国文物，编制成目录后公之于世。这份目录应该包括文物的名称、规格、特征、等级和意义、流出中国的经过、目前的保存和收藏情况等，一时无法落实的项目可以暂缺；目录还应该包括附录，即明确肯定流出中国而目前还不知去向的文物清单。

有了这份目录，我们才能根据这些文物流出中国的具体情况和过程，区分哪些属于正常的文化交流，哪些属于战争掠夺，哪些属于非法走私，

---

〔1〕 http：//www. interpol. int/Crime－areas/Works－of－art/Database，访问日期：2015年8月18日。

〔2〕 See http：//www. artloss. com/，访问日期：2015年8月18日。

〔3〕 See http：//www. ifar. org/，访问日期：2015年8月18日。

〔4〕 Charles A. Palmer，"Stolen Art，Avoiding the Pitfall"，*Mich. Bar. J*，June 2003，p. 22.

哪些在当时历史条件下属于合法出口，哪些属于灰色地带。在此基础上，我们才能确定哪些文物具有立即追索的现实性和可行性，哪些文物只能等待机会追回，哪些文物不具追索性，哪些文物根本无需追索，等等。基于此，我们才能根据流失文物的价值、类别、等级、流失的具体情况和目前状况等有计划、有选择、有步骤地制定追索流失文物的长期战略，走上主动、有序的文物追索之路。

第四，建立文物追索机制，制定文物追索战略。在我国行政体制之下，文物追索涉及文物行政管理、工商行政管理、公安、司法、海关、外交等多个部门，需要跨部门的联合行动。虽然我国目前已经初步建立了由国家文物局、海关总署、公安部等部门参与的部级协调机制，但总体而言，我国文物保护与追索体制长期存在条块分割的缺陷，并未得到实质性改变。在现行行政构架下，文物行政部门负责文物保护，但缺少执法力量与权力；工商行政部门负责文物市场管理，但既无专业技术人员，也不负责对文物非法买卖的查处；公安部门负责文物刑事案件的侦破，但不负责文化遗址的日常保护与文物市场的监管；海关部门负责文物出入境管理，但不掌握文物失窃或遭盗掘的具体信息；外交部门负责对外交往与沟通，但与国内文物行政管理、工商行政管理、公安机关与海关没有建立信息共享与协调制度，这不仅导致文物盗掘与非法出境没有得到有效遏制，也使对外追索工作缺乏主动性、目的性、协调性与效率。

13
中国保护难民的实践及其挑战和应对

——以印支难民为例

梁淑英 *

摘　要：本文共有两个部分，第一部分重点论述了中国保护难民的立场与实践。首先阐明了中国接收的难民的定义，即1951年《关于难民地位的公约》和1967年《关于难民地位的议定书》界定的难民，因为中国是这两个条约的当事国。在此基础上概述了中国保护难民的立场与实践，重点介绍对印支难民的保护。第二部分详细分析论证了中国在保护印支难民中遇到的挑战和解决。遭遇的挑战主要是赋予印支难民国籍问题。印支难民包括他们在中国出生的子女早已丧失或没有越南或其他国家的国籍，成了无国籍的人。同时，他们长期定居在中国，其依恋和倾向也早已是中国而不是越南，他们也希望做中国人（当然不排除个别情形）。鉴于此，中政府应依据国际法和中国《国籍法》的规定，尽快解决他们的入籍问题。使他们生有所依，心有所归，有国所爱，成为真正的中国公民，中国是他们的永久靠山。这样不仅对难民有利，也对中国的稳定和发展大有裨益。

关键词：难民定义　难民国际保护　印支难民　同化　国籍　无国籍　赋予国籍　中国国籍法

* 中国政法大学国际法学院教授。

一、中国保护难民的立场与实践概要

（一）中国接受的难民定义

讲中国的难民保护问题，首先要回答谁是难民，中国接收的难民定义是何？众所周知，国际法上的难民定义在第一次世界大战后，即20世纪20年代开始出现在一系列的国际条约中，例如，1926年《关于向俄国和亚美尼亚难民颁发身份证件的协议》、1928年《关于将俄国和亚美尼亚难民享有的特定便利措施扩展到其他种类难民的协议》、1933年《关于难民国际地位的公约》、1938年《关于来自德国难民地位的公约》、1939年《关于来自德国难民地位的公约附加议定书》、1946《国际难民组织章程》、1951年《关于难民地位的公约》（以下简称《难民公约》）和1967年《关于难民地位的议定书》（以下简称《难民议定书》）等。不过，以一项普遍性国际条约的形式定义难民是以《难民公约》为开端。但由于该公约规定的难民定义只限制适用于“1951年1月1日以前发生的事情”，且缔约国可以对“1951年1月1日以前发生的事情”限制解释为“1951年1月1日以前在欧洲发生的事情”，或者是“1951年1月1日以前在欧洲或其他地方发生的事情”。这种适用的时间性局限和缔约国可选择适用的地域之规定不能满足后来发生难民的新情况需要，即公约定义的难民不能适用于1951年1月1日以后产生于世界各地的难民。所以，联合国为了使《难民公约》的难民定义能适用到世界各地任何时间出现的难民情况，于1967年主持订立了《难民议定书》。该议定书采纳了公约的难民定义，但没有时间和空间的条件限制，[1] 从而使难民定义真正具有了普遍性。由于议定书对公约的难民定义，除取消了适用的时间和空间限制外，其他界定难民的条件和保护规则均采用了公约的规定，[2] 所以在讨论普遍性难民定义时

〔1〕 1967年《难民议定书》第1条第2款规定：“为本议定书目的，除关于本条第3款的适用外，‘难民’一词指公约第1条定义范围内的任何人，但该第1条1款（乙）项内“由于1951年1月1日以前发生的事情并……，等字样和‘由于上述事情’等字样视同已删除。”第3款规定“本议定书应由各缔约国执行，不受任何地理上的限制，但已成为公约缔约国的国家按公约第1条2款（甲）项（子）目所作的现有声明，除已按公约第1条2款（乙）项予以扩大者外，亦应在本议定书下适用。”

〔2〕 1967年《难民议定书》第1条第1款规定：“本议定书缔约各国承担对符合下文规定的难民适用公约第2—34（包括本条在内）各条的规定。”

不可能把这两个文件分开，只是本文理解的普遍性难民定义没有公约的时间和空间限制而已。这两个条约获得了包括中国在内的世界各国的广泛接受，[1] 中国于1982年9月24日交存了对这两个条约的加入书，并分别于同年12月23日和9月24日对中国生效。[2] 因此，从国际义务上讲，中国接受的难民定义应是此两个条约规定的难民定义。

按《难民公约》和《难民议定书》的规定，难民包括两种情形的人：[3]

1. 历史文件规定的难民

所谓历史文件规定的难民是指根据《难民公约》之前生效的国际条约和协定的规定被承认为难民的人。包括根据1926年5月12日《关于向俄国和亚美尼亚难民颁发身份证件的协议》和1928年6月30日《关于将俄国和亚美尼亚难民享有的特定便利措施扩展到其他种类难民的协议》，1933年10月28日《关于难民国际地位的公约》、1938年2月10日《关于来自德国难民地位的公约》、1939年9月14日《关于来自德国难民地位的公约附加议定书》，或1946年12月14日《国际难民组织章程》等文件规

〔1〕 目前，公约已有145个缔约国和议定书已有146个缔约国。载 https：//treaties. un. org/pages/ViewDetailsII. aspx？ &src = TREATY&mtdsg_ r. 访问日期：2014年8月4日。

〔2〕 中国在加入《难民公约》时，对其第14条后半部分的规定："他在任何其他缔约国领土内，应给以他经常居住国家的国民所享有的同样保护"和第16条第3款的规定："难民在其经常居住的国家以外的其他国家内，就第2款所述事项，应给以他经常居住国家的国民所享有的待遇"（该条第2款规定："难民在其经常居住国内，就有关出席法院的事项，包括诉讼救助和免予提供诉讼担保在内，应享有与本国国民相同的待遇。"）提出保留。在加入《难民议定书》时，对其第4条的规定："本议定书缔约国间关于议定书解释或执行的争端，如不能以其他方法解决，应依争端任何一方当事国的请求，提交国际法院）"提出保留。

〔3〕 参见1951年《难民公约》第1条第1款的规定。

被承认为难民的人。[1] 他们持有“南森护照”[2] 或类似身份证件。联合

---

〔1〕 1926年5月12日《关于向俄国和亚美尼亚难民颁发身份证件的协议》中界定了俄国难民和亚美尼亚难民。俄国难民是“任何来自俄国的不享有或不再享有苏维埃社会主义共和国联盟政府保护并尚未取得新国籍的人”。亚美尼亚难民是“任何亚美尼亚民族成员且为奥斯曼帝国的国民，现在不享有或不再享有土耳其共和国政府的保护并尚未取得其他国籍的人”。1928年6月30日《关于将俄国和亚美尼亚难民享有的特定便利措施扩展到其他种类难民的协议》中界定的其他难民有亚述和土耳其难民。亚述难民是“任何源自亚述或亚述—迦勒底（包括同样情况下的叙利亚和库尔德人），现在不享有或不再享有其原来隶属国家的保护，并尚未取得新国籍的人”。土耳其难民是“任何源自土耳其且为前奥斯曼帝国的国民，按1923年7月24日洛桑议定书的条款，不享有或不再享有土耳其共和国保护并尚未取得其他国籍的人”。1933年《关于难民国际地位的公约》第1条规定：“本公约适用于1926年5月12日及1928年各协议中所规定的俄罗斯、亚美尼亚及同类的难民。但在签字或加入时对此定义可能提出修改或补充者不在此限。”按此规定，公约的缔约国除承认1926年和1928年协议规定的难民外还可以扩大难民的范围。例如，缔约国将西班牙难民列入了公约的适用范围。1938年2月10日《关于来自德国难民地位的公约》第1条第1款规定的国难民是“任何具有或曾具有德国国籍并且不具有任何他国国籍，被证实在法律上或事实上均未能享有德国政府之保护的人；或先前的公约及安排未及，在德国定居之后从其领土内逃离，被证实在法律上或事实上，均未能享有德国保护的无国籍的人”。该公约还首次规定了难民定义的排除情形，其第1条第2款规定：“单纯为了私人便利原因而离开德国的人，排除难民定义中。”1939年9月14日《关于来自德国难民地位的公约附加议定书》规定将公约的难民定义扩大适用到奥地利难民。按1946年12月14日《国际难民组织章程》第一部分“难民定义”的规定，有四种人为难民：其一，按本部分第三、四节和本章程第二部分规定，“难民”是离开他的国籍国或经常居住国，或在该国之外，有或没有保持他的国籍，属下列情形之一的人：①纳粹或法西斯制度或第二次世界大战中在它们的占领部分实行这种制度，或者这种制度的傀儡或支持它们实行反对联合国家的类似制度的受害者，无论是否享有难民的国际地位；②西班牙共和党人和西班牙内其他长枪党制度的受害者，不论是否享有难民的国际地位；③由于种族、宗教、国籍或政治见解的原因在第二次世界大战爆发前被确认为难民的人。其二，按本部分第三、四节和本章程第二部分规定确认的特种类型的人，不包括犯战争罪者、傀儡分子、叛国分子、从本组织获利的人，“难民”一词也适用本部分第二节规定的流离失所的人，在他的国籍国或先前经常居住国之外，并受伴随第二次世界大战爆发而发生的事情的影响，不能或不愿受他的国籍国或先前经常居住国政府保护。其三，在本部分第四节和第二部分规定下，“难民”一词同样适用在德国或奥地利居住的本源为犹太的人、外国人或无国籍人，受纳粹党的迫害被关押或被迫逃离和其后返回其中一个敌国，或战争环境迫使他们不能在那里定居。其四，“难民”一词同样适用战争中失去父母或双亲失踪的，并且在他们的原国家之外的孤儿，对这类16岁或不足16岁的儿童应给予一切可能的适当帮助，包括正常的救济和帮助能够确定国籍者的遣返。

〔2〕 “南森护照”是根据1922年由53个国家参加的日内瓦会议通过的《关于发给俄国难民身份证件的协议》（该协议也得到了国际联盟行政院的承认），由难民居住国主管当局发给难民的一种身份证件，有效期为一年。其是否更新，由签发国家酌情决定。通过这种身份证件证明难民身份，有助于保护难民免受其停留国当局的肆意处置，为保护难民的就业，或为难民到第三国居住申办入境签证所用。这种难民身份证件的签发是由时任国际联盟难民高级专员的南森积极进行救济难民工作而促成的，故被称为“南森护照”。“南森护照”开始是发给俄国难民，后来还发给亚美尼亚、土耳其、亚述、亚述－加勒底、叙利亚、库尔德、萨尔及其他难民等。在第二次世界大战后，“南森护照”仍是各种保护难民条约规定的难民旅行证件之样版。

国难民署把这类难民称为“法定难民”。[1] 另需说明的是国际难民组织在其执行职务期间所作关于不合格的决定，不妨碍对符合以下新难民定义条件的人给予难民身份。[2]

2. 新定义的难民

新定义的难民是指按《难民公约》和《难民议定书》共同承认的条件下的难民，即指因有正当理由畏惧由于种族、宗教、国籍、属于某一社会团体或具有某种政治见解的原因留在其本国之外，并且由于此项畏惧而不能或不愿受该国保护的人；或者不具有国籍并由于上述事情留在他以前经常居住的国家之外，而现在不能或由于上述畏惧不愿返回该国的人。

按此新定义，一个人具有难民身份必须符合三个条件：

（1）栖身于本国或经常居住国之外。个人栖身于其本国或经常居住国之外，是具有难民身份的客观条件。若不具备这个条件，无论该人有什么其他情况或理由，都不具有难民身份。此条件对有国籍的人来说，要具有难民身份就必须是栖身于他本国[3]之外（在他国领土内或在不属于任何国家领土范围的地方）。对无国籍的人要具有难民身份必须栖身于其经常居住国之外。至于为什么要求个人取得难民身份必须身在其本国或经常居住国之外，《难民公约》和《难民议定书》均未说明。但根据国家领土主权原则，国家对其领土内的人、物和事有排他的管辖权。未经其同意，他国或国际机构不得将该国境内的人确定为难民并给予保护，即使是使馆也不得在接受国中保护寻求避难的人。1961 年《维也纳外交关系公约》第 41 条第 3 款规定：“使馆馆舍不得充作与本公约或一般国际法之其他规则、或派遣国与接受国间有效之特别协定所规定之使馆职务不相符合之用途。”[4] 因此，个人具有难民身份并获得国际保护必须身居本国或经常居住国的领土边界之外。

（2）不能或不愿受本国保护和不能或不愿返回经常居住国。不能或不愿接受本国保护的条件是要求有国籍的人取得难民身份必须具有的。通常

---

〔1〕 参见联合国难民署、各国议会联盟编：《国际难民法指南》（中文本），2004 年，第 148 页。

〔2〕 参见 1951 年《难民公约》第 1 条第 1 款第 1 项第 2 段的规定。

〔3〕 本国系指个人的国籍国。若个人只有一个国籍，该国籍就是他的惟一本国。若个人具有不止一个国籍，则本国是指他具有国籍的每一个国家。

〔4〕 1961 年《维也纳外交关系公约》第 41 条第 3 款；参见梁淑英主编：《国际法案例教程》，知识产权出版社 2003 年版，第 3 页。

国民都受其本国政府保护，无论他们在本国境内，还是在境外。但他们的本国若发生了不正常的情势，这种保护就会缺少或荡然无存，使得国民不能得到本国政府的保护，或者由于国民畏惧国内迫害情势而不愿受本国政府的保护。例如，1994 年在卢旺达境内发生的政府支持对图西族人的大屠杀，使数百万人失去了政府的保护而成为难民。

不能或不愿返回经常居住国的条件是要求无国籍人取得难民身份必须由于其经常居住的国家存在迫害情势或拒绝他居留，使他不能返回该国；或者由于迫害使他不愿意再回到该国。

（3）有正当理由畏惧迫害。这个条件要求个人取得难民身份必须存在畏惧迫害，并且畏惧迫害的理由正当。所谓畏惧迫害是指个人思想上或心理上存在惧怕或恐惧一种对他的侵害或迫害。古德温—吉尔认为：“畏惧迫害与缺乏保护是互相关联的，受迫害者显然得不到原籍国的保护，缺乏保护之证据是指无论在国内外，均感觉有迫害的可能及有任何可使人相信之恐惧。”〔1〕 畏惧迫害并不要求个人一定遭到实际的迫害，而是要求一种迫害情势的存在使人可能遭到迫害，并非人们的假想或虚构。王铁崖主编的国际法中指出：“关于难民地位的公约以主观畏惧迫害作为个人取得难民地位的基本条件，同时，它要求这种畏惧不能是假想的或是虚构的，而应有客观事实证明，有正当理由支持体现了主观因素和客观因素的结合。但是难民的定义并未要求当事人所称迫害已经到相当程度或已经实际发生，只要有正当理由畏惧迫害，即使迫害对某一特定的当事人尚未发生，并不影响他寻求并获得难民地位。”〔2〕 根据《难民公约》第 31 条第 1 款和第 33 条第 1 款的规定，〔3〕 可以说，凡是使人的生命或自由受到威胁的行动或情势均为迫害，出于同样的原因，其他侵犯人权的行为也构成迫害。〔4〕 例如 1984 年《禁止酷刑和其他残忍、不人道或有辱人格待遇或处

〔1〕 Guy S. Goodwin - Gill and Jane Mcadam, *The Refugee in International Law* (*Third Edition*), Clarendon Press, 2007, p. 92.

〔2〕 参见王铁崖主编：《国际法》，法律出版社 1995 年版，第 89—90 页。

〔3〕《难民公约》第 31 条第 1 款规定：“缔约国对于直接来自生命或自由受到第一条所指威胁的领土未经许可而进入或逗留于该国的难民……” 第 33 条第 1 款规定：“任何缔约国不得以任何方式将难民驱逐或送回（‘推回’）至其生命或自由因为他的种族、宗教、国籍、参加某一社会团体或具有某种政治见解而受到威胁的领土边界。”

〔4〕 参见联合国难民署编：《甄别难民地位的程序域标准手册》（中文本），1992 年，第 14 页。

罚公约》关于“酷刑”一词所覆盖的各种行为均属迫害。古德温－吉尔指出：“将个人、社会团体、某个阶级置于国家控制之下，以改造社会为名，施以镇压、再教育、移民、甚至驱逐。其为迫害甚为明显。其他，如对个人或团体应有的利益及保护予以限制也构成迫害。”〔1〕

按《难民公约》第1条第1款第2项的规定，畏惧迫害的正当理由指个人畏惧迫害的产生是由于他的种族、宗教、国籍、属于某一社会团体或持有某种政治见解。一个人成为难民总是由于其中一个或几个原因遭到或可能遭到迫害而产生畏惧，从而逃离某国或留在该国之外。如一位政治反对派人士又属于某个宗教团体或民族团体，或同属两个团体。他畏惧迫害的理由可能会重叠或有多个。但从难民的标准来讲，只要有一个正当理由存在，即可被认定为难民。

3. 排除适用难民定义的人

一个人取得难民身份必须同时具备上述三个条件，但并非具备这些条件者就都可以取得难民身份，因为公约和议定书还规定了排除条款，〔2〕排除一些人按公约和议定书的规定取得难民身份，他们是：

（1）已得到联合国保护的人。已得到联合国保护的人是指已经从联合国难民署以外的联合国机关或机构获得保护或援助的人。因为他们既然已经得到了联合国有关机构的保护或援助，就不应再寻求其他的国际保护。例如，一个已得到联合国近东巴勒斯坦难民救济工程处之保护的人就不得再寻求《难民公约》和《难民议定书》的保护。若是如此，就会造成国际上不必要的重叠保护。这不是公约和议定书的初衷和宗旨。此项排除旨在使特定的难民保护问题继续得到单独解决。〔3〕

（2）被认为无需国际保护的人。无需国际保护的人是指已享有国家保护的人，即被居住地国家的主管当局认为具有附着于该国国籍的权利和义务的人，因而享受该国国民的待遇和保护。既然他们已经在该国居住并享受等同国民的权利和义务或该国国民通常享有的大多数权利。所以无需再获得一般难民享有的保护和援助。〔4〕

---

〔1〕 Guy S. Goodwin－Gill, *The Refugee in International Law* (*Second Edition*), Clarendon Press, 1996, p. 79.

〔2〕 参见1951年《难民公约》第1条第4、5、6款。

〔3〕 联合国难民署：《难民的国际保护》（中文本），1995年，第21页。

〔4〕 参见联合国难民署：《甄别难民地位的程序与标准手册》（中文本），1992年，第36页。

（3）被确定为不得保护的人。不得保护的人是指被确认为犯有严重罪行的人，包括：

①犯有国际文件中已规定的破坏和平罪、战争罪或反人类罪的人。犯有破坏和平罪、战争罪或反人类罪的人是指某人只要属于其中一种犯罪者就不得取得难民地位，并不要求同时犯三种罪行。目前规定并审判这些罪行的国际法律文件有1945年《欧洲国际军事法庭宪章》、1946年《远东国际军事法庭宪章》、1993年《前南斯拉夫国际刑事法庭规约》、1994《卢旺达国际刑事法庭规约》、1998年《国际刑事法院规约》、2000年《东帝汶严重犯罪特别法庭规约》、2002年《塞拉利昂特别法庭规约》、2003年《柬埔寨特别法庭规约》以及2005年《黎巴嫩特别法庭规约》等。

②曾在避难国以外犯过严重的非政治罪行的人。这是指某人在以难民身份进入避难国之前，已在该国之外[1]犯有严重的罪行，而此种罪行又被该国确认为非政治罪，则该人不得取得难民地位。但避难国确定某种罪行属于政治犯罪要受国际法的限制。如不得将国际条约规定的必须惩罚的罪行[2]认定为政治罪。相反，若某人犯的罪行被认为是政治罪，则不妨碍他取得难民身份。

③实施违反联合国宗旨和原则的行为并经认为有罪的人。联合国的宗旨和原则不仅仅是一个普遍性国际组织的指南和行动规范，而且是整个国际关系和现代国际法的基石。[3] 每个国家及其人民都必须遵守，不得抵制和违反。因此，任何人实施了违反联合国宗旨和原则的行为并被认为是犯罪者，都不得取得难民身份。例如，实施灭种行为或其他大规模严重侵犯人权行为并构成犯罪的人不得取得难民身份。其实该项排除的规定与①项

---

〔1〕“避难国之外”通常指的是难民的来源国，但也可是除申请人寻求难民地位的避难国以外的另一个国家。参见联合国难民署：《甄别难民地位的程序和标准手册》，1992年，第38页。

〔2〕如1948年《防止和惩治灭绝种族罪公约》、1956年《废除奴隶制、奴隶贩卖及类似奴隶制之制度与习俗补充公约》、1965年《消除一切种族歧视国际公约》、1968年《战争罪及危害人类罪不适用法定时效公约》、1970年《关于制止非法劫持航空器的公约》、1971年《关于制止危害民用航空器安全的非法行为的公约》及其1988年的《补充议定书》、1973年《禁止并惩治种族隔离罪行国际公约》和《关于防止和惩治侵害应受国际保护人员包括外交代表的罪行公约》、1979年《反对劫持人质国际公约》1984年《关于禁止酷刑和其他残忍、不人道和有辱人格的待遇或处罚公约》、1988年《联合国禁止非法贩运麻醉药品和精神药物公约》、《制止危及海上航行安全非法行为公约》、1997年《制止恐怖主义爆炸事件的国际公约》、1998年《国际刑事法院罗马公约》和1999年《制止向恐怖主义提供资助的国际公约》等文件规定的各种罪行。

〔3〕参见许光建主编：《联合国宪章诠释》，山西人民出版社1999年版，第12页。

规定之不得保护的人是有重叠的，因为第一项规定的破坏和平罪、战争罪和反人类罪也是违反联合国宗旨和原则的行为。但本项规定的目的并不是重复那三种已被国际文件确定为犯罪的行为，而是以笼统的方式涵盖前面排除性规定未涉及的任何违反联合国宗旨和原则的犯罪行为。[1] 这样，国家就可以根据有关国际文件规定，将违反联合国宗旨和原则的其他犯罪人排除于难民之外。如今的国家实践对该项规定的解释和适用都是与时俱进的。例如，国际社会向来反对恐怖主义及其活动，大量的国际文件，尤其是联合国大会和安理会作出的多次决议和制定的若干项反对恐怖主义的公约都确定恐怖主义活动属国际犯罪行为，是违反联合国宗旨和原则的，应予以惩治，而不得保护。[2] 因为它危及或破坏正常的国际关系和世界和平，严重侵犯人权和破坏各国的安全、稳定和经济。[3] 实践中，国家也执行此项规定。例如，美国在9·11事件后，就于同年制定了《加强美国安全统一法》，其中不仅规定境外人员因恐怖主义原因而被拒绝入境，且他的妻子和子女也可能因家庭关系而被拘留。[4] 其他国家也纷纷将恐怖活动定为犯罪予以惩治。如中国2011年通过的刑法修正案也增加规定了恐怖活动犯罪。

如果一个人符合上述难民定义的条件，又不属于公约和议定书排除条款范围，则应得到国际保护。所谓难民的国际保护是指各国或难民署代表寻求庇护者和难民进行干预，以确保他们的权利、安全和福利能够按照国际标准得到承认和保障。这样的干预行为包括：确保遵守不推回原则；允许进入安全地带；利用公正的难民地位甄别程序；人道主义待遇标准；持

〔1〕 参见联合国难民署：《甄别难民地位的程序和标准手册》，1992年，第40页。

〔2〕 如安理会1991/635号、1996/1044号、1998/1189号、1999/1269号、2001/1368、2001/1373、2001/1377、2002/1390、2002/1438号、2002/1440号、2002/1450号、2003/1455号、和2003/1456号决议。联大1972年3034号、1976年31/102号、1977年32/147号、1979年34/145号、1981年36/196号、1983年38/130号、1985年40/61号、1987年42/159号、1989年44/29号、1994年48/122号、1994年49/60号、1995年49/185号、1995年50/186号、1997年52/133号、1999年54/164号、2002年56/160号等决议。联合国组织签订的关于反对恐怖主义的条约见本文第23个注释。

〔3〕 参见梁淑英："论国际恐怖主义的概念和性质"，载饶戈平编：《山高水长》（王铁崖先生纪念文集），北京大学出版社2004年版，第51—55页。

〔4〕 载 http：//www. china. com. cn/chinese/zhuant：/263528htm，访问日期：2014年11月20日。

久解决办法的执行。[1]

（二）中国保护难民的立场与实践概要

中国对难民的保护一贯持积极的立场，这一立场首先规定在我国法律中并被我国外交代表阐明。从1949年《中国人民政治协商会议共同纲领》到1954年的中国《宪法》及其后修订的中国《宪法》都作了明确规定。《中国人民政治协商会议共同纲领》第60条规定："中华人民共和国对于外国人民因拥护人民利益参加和平民主斗争受其本国政府压迫而避难于中国境内者，应予以居留权。"1954年《中华人民共和国宪法》第99条规定："中华人民共和国对任何由于拥护正义事业、参加和平运动、进行科学工作而受到迫害的外国人，给予居留的权利。"1975年和1978年的中国宪法规定基本上与1954年宪法相同。1982年《中华人民共和国宪法》第32条第2款规定："中华人民共和国对于因政治原因要求避难的外国人，可以给予受庇护的权利。"[2] 除宪法规定了外国人的避难外，其他相关法律也有规定。如1985年中国《中华人民共和国外国人入出境管理法细则》第15条规定："对因政治原因要求避难的外国人，经中国政府主管机关批准，准许在中国居留。"[3] 《中华人民共和国出入境管理法》第46条规定："申请难民地位的外国人，在难民地位甄别期间，可以凭公安机关签发的临时身份证明在中国境内停留；被认定为难民的外国人，可以凭公安机关签发的难民身份证件在中国境内停留居留。"我国外交代表多次阐明难民保护的立场，例如，2001年外交部副部长中国代表团团长王光亚在《难民公约》缔约国部长会议上提出，维护世界和平，促进共同发展，标本兼治解决难民问题；切实维护公约的权威及现行的国际保护机制，积极寻求解决难民问题的新渠道、新思路，坚持"团结协作"与"责任分担"原则，切实有效地开展国际合作；严格划清难民问题的界限，防止滥用公约规定的保护体制和庇护政策。中国1982年加入公约及议定书后，始终如一认真地履行所承担的国际义务并积极开展难民事务的国内立法工作。加强同包括联合国难民署在内的国际社会的合作，为促进全球难民问题的解

---

[1] 参见梁淑英：《国际难民法》，知识产权出版社2009年版，第367—368页。

[2] 中国宪法性文件和宪法参见河北大学法律系主编：《宪法资料选编》，河北大学教材科印，1984年。

[3] 该法随着《中华人民共和国出入境管理法》于2013年7月1日生效而废除，此项规定纳入《中华人民共和国出入境管理法》。

决继续做出不懈努力。[1] 王光亚在 2002 年第三届亚太难民、流离失所者及移民问题政府间磋商机制湄公河次区域会议上还说，导致难民、非法移民问题的最根本最主要的原因是不公正、不合理的国际政治和经济秩序。为此，国际社会首先应该共同致力于维护世界和平与稳定，促进共同发展，彻底消除难民、流离失所者及非法移民产生的根源。其次，各国应在“国际团结，责任分担，相互尊重，平等互利的基础上开展与加强国际合作。发达国家应与发展中国家一道共同承担解决难民、流离失所者及移民等全球性问题的责任。最后，继续发挥联合国难民署、国际移民组织和 APC 等区域安排的作用，通过向本地区国家提供技术和资金援助，加强能力建设，加强预防、保护、回归及重新融入社会等一系列措施，解决现存的问题，防止出现新问题。我国驻联合国日内瓦代表团何亚非大使在 2011 年纪念《难民公约》通过 60 周年部长会议上的讲话强调指出，国际社会有必要增强执行《公约》的紧迫感，加强团结，责任共担，共同推动难民问题的持久解决。他还说，三十多年来，中国政府严格履行《公约》义务，克服各种困难，向近三十万印支难民提供了有效保护。中国政府将继续履行公约义务，推进国际难民问题的解决，愿作出以下承诺：①积极参与国际热点问题的解决，增进对话，促进和解，预防冲突。推动世界经济可持续发展，致力于共同发展和繁荣，为消除难民产生的根源和解决国际难民问题创造良好环境。②继续建设性地参与难民问题的国际对话，加强与各国交流与合作，推动难民问题的持久解决。③继续为在华印支难民的发展提供良好条件，尽快最终解决在华印支难民问题。④根据中国国情及立法进程，加快推进难民立法。⑤继续支持难民署工作，在力所能及范围内以各种形式逐步增加对难民署捐款或支持。⑥与国际社会分享中方在救灾、减灾和备灾方面的经验，加强与难民署合作，共同应对国际人道主义危机。[2]

中国在保护难民的实践中已充分贯彻落实我国法律和外交代表阐明的保护难民和解决难民问题的立场和方针政策。正如 2006 年 3 月 22 日国务委员唐家璇会见联合国难民署高级专员古特雷斯时所说：“中国高度重视难民保护问题，一直以实际行动履行自己的义务，以积极和建设姿态参加难民领域的国际合作。”中国参加国际社会保护和解决难民问题的活动已

---

〔1〕 http：//news. xinhuanet. com/newscenter/2001_ 12/content. 访问日期：2013 年 10 月 20 日。

〔2〕 http；//www. fmprc. gov. cn/ce/cegv/chn/tpxw/t. 885655. htm. 访问日期：2013 年 9 月 23 日。

有几十年的历史，据说，早在19世纪末，中国就接纳了为逃避反犹太恶浪、革命和内战来华谋生的俄国犹太人。[1] 从20世纪20年代，难民概念进入国际法领域之后，中国援助和保护了更多难民。例如，20世纪30年代，法西斯狂潮肆虐欧洲，数百万犹太人惨遭迫害，多国政府慑于淫威拒收犹太难民时，却有维也纳的一座屋宇灯火犹亮，一个中国外交官正在争分夺秒地发放签证，帮助犹太难民逃到上海和其他地方。他就是当时的中国驻奥地利维也纳的总领事何凤山，被誉为“中国辛德勒”——他很可能是第二次世界大战时解救犹太人最多的国际义人。何凤山到底向犹太人发放了多少份签证，至今尚无准确数字，以找到的签证号码推算，至少是几千份。一位幸存者在1938年6月得到的签证号码为二百多号，另一位幸存者7月20日的签证号码为一千二百多号，而汉斯·克劳斯的签证日期为1938年10月27日，号码为1906号。1938年纳粹的“11月大屠杀”之后，申请签证的就更多了。到1939年9月，70%的奥地利犹太人已外逃，我国上海收容的犹太人就达1.8万人。1938年后，中国的上海成了全球惟一向犹太人敞开大门的城市，向在死亡边缘痛苦挣扎的犹太人伸出了救援之手，给他们提供了一处生死攸关的避难所。从1933年到1941年，上海先后接纳了三万多名来自欧洲的犹太难民。除了数千人经上海到第三国外，至1941年12月太平洋战争爆发，仍有大约2.5万犹太难民在上海栖身。[2]仅后一个数字就超过了加拿大、澳大利亚、印度、南非、新西兰五国当时接纳犹太难民的总和。据称从1937年到1941年，成千上万的犹太难民来到上海。战后，有5万犹太难民来到上海，战后几乎离去，他们中的大部分人成了以色列复国的第一代开国元勋。[3] 这奠定了中国与以色列国人民的友谊。例如，1993年10月14日，时任以色列总理的拉宾到上海长阳路62号摩西会堂旧址参观时留言：“在犹太人被纳粹屠杀、驱赶而流浪于世界各地之时，犹太人得到了上海人民的庇护，我和以色列人民及政府从内心深处感谢你们的帮助。”[4] 2000年7月，以色列政府为纪念何凤

---

〔1〕 参见潘光：“来华犹太人的国籍和法律问题（1840—1945）”，载《社会科学》2006年第2期。

〔2〕 参见潘光：“来华犹太人的国籍和法律问题（1840—1945）”，载《社会科学》2006年第2期。

〔3〕 http//www.qlweekly.com/News/CoverStory/201204/236030J. 访问日期：2014年2月28日。

〔4〕 http：//club.china.com/data/thread/1011/2760/20/89/4－1.html. 访问日期：2015年7月15日。

山拯救犹太人的义举，授予他“国际正义人士”的称号。2001年，以色列政府在耶路撒冷为何凤山建立纪念碑，碑上刻着“永远不能忘记的中国人”[1]，由此说明上海在犹太民族的历史天平上的重要分量和中国保护犹太难民的贡献已被以色列政府和人民永远铭刻在心。

中华人民共和国政府成立后根据国际难民形势的新发展，更加积极地参加了国际上保护和援助难民的活动。20世纪60、70年代苏联入侵阿富汗，大批阿富汗难民南逃到巴基斯坦和阿富汗边境被阻，滞留于中国和阿富汗边境。在美国和联合国难民署的协调下，中国曾开放边境，暂时接收了六万多阿富汗难民，后安排护送至巴基斯坦阿富汗难民营。有万余阿富汗吉尔吉斯族和塔吉克族难民归化于中国，留在新疆。[2] 20世纪70年代初我国恢复联合国地位后就更加积极参加联合国大会、经济和社会理事会及其他国际机构讨论和审议有关难民保护的各种活动。例如，参加联合国近东巴勒斯坦难民救济工程处工作议题的审议，参加联合国难民署（以下简称难民署）举行的《难民公约》缔约国部长会议；与难民署合作，1979年同意难民署在华设立任务代表处；[3] 自1979年开始参加联合国难民高级专员方案执行委员会的活动；派代表参加地区性的保护和解决难民问题的会议，阐明中国的立场和主张。1982年加入《难民公约》和《难民议定书》。此外，中国还派代表或专家积极参加亚太政府间关于难民、流离失所者、移民问题的磋商论坛，主动向难民署认捐，向有关国家内的难民提供物质援助。据难民署公布的信息，中国政府自1990年就开始连续向难民署认捐。[4] 通过联合国世界粮食计划署（WFP）驻叙利亚紧急援助行动捐助200万美元。这笔捐款被用于为叙境内120万名难民购买食品，满足

---

〔1〕 http：//culture. taiwan. cn/history/20150427_ 9670077. htm. 访问日期：2015年7月22日。

〔2〕 http//wend. haosou. com/q/1365061666063458？src =140. 访问日期：2015年1月7日。

〔3〕 1995年此任务代表处升格为代表处，1997年该代表处改为地区代表处。

〔4〕 难民署公布中国1990年认捐250 000美元，1991年认捐437 266美元，1992年认捐384 000美元，1993年认捐329 615美元，1994年认捐548 851美元，1995年认捐340 953美元，1996—1998年，每年认捐250 000美元，1999年认捐264 900美元，2000年认捐250 000美元，2001年认捐312 700美元，2002年认捐283 600美元，2003—2007年，每年认捐250 000美元，2008年认捐651 906美元，2009—2011年，每年认捐250 000美元，2012年认捐474 630美元，2013年认捐1 000 000美元。载http：//www. fmpre. gov. cn. wjb/zzjg/gis/gizzyhy/1115/1120/t4362. htm，访问日期：2006年8月24日；http：//www. unhcr. org/cgi - bin/texis/vtx/page = 49e487cd6&submit = GO，访问日期：2013年9月3日。

他们一个月的粮食需求。

1980 年至 1988 年，经难民署的争取，欧美国家给予财政支持，中国作为南亚难民中转国曾接收了两万多名印度锡克族难民和斯里兰卡泰米尔族难民。这批难民持联合国难民署难民证件，每月领取欧美国家认捐的生活费。后来绝大部分转往美国、加拿大、德国、意大利和西班牙。余者换发无国籍护照，留在中国，主要集中在北京市、广州市和昆明市三地。[1]

中国保护和接受几十万印支难民（India – China refugees）[2] 更是突出的实证。20 世纪 70 年代末开始，逃难到中国的大批难民来自印度支那半岛三国，即越南、老挝和柬埔寨，故将他们称为印支难民。造成印支难民的根源是越南的反华和扩张。1975 年越南取得了反美战争胜利并实现了统一之后，自诩东南亚地区的头号强国，扩张和反华成了它对外政策的组成部分，它在控制老挝和侵犯柬埔寨[3]的同时，大肆进行反华活动，驱赶华侨、华裔及反对其政策的其他越南人等。据统计，自 1978 至 1982 年间逃难到中国的印支难民有二十八万多名，也是中国有史以来接受和安置难民数量最多的一次，他们当中的绝大多数来自越南。[4] 90 年代，在华的老挝和柬埔寨难民基本上返回了本国。目前在中国的印支难民仍有约三十万人（包括老难民及他们在华所生子女），他们被安置在中国南方的广西壮族自治区、广东省、云南省、海南省、福建省和江西省，过着与中国公民并无二致的幸福生活。下面以安置数量居多的广西壮族自治区、广东省和云南省的印支难民情况为例说明。

广西壮族自治区是中国安置印支难民最多的一个地区，目前有十一万

---

〔1〕 http. //wend. haosou. com/q/1365061666063458？src = 140，访问日期：2015 年 1 月 7 日。

〔2〕 印支难民是指 20 世纪 70 年代末到 80 年代初来自印支半岛三国的越南、柬埔寨和老挝的难民。

〔3〕 越南强迫柬埔寨和老挝同它建立“特殊关系”，以实现其控制和支配整个印度支那的计划。该计划首先在老挝取得成功，迫使老挝与它签订所谓《友好合作条约》和友好边界等一系列协定，使其在老挝驻军，在老挝的党、政、军、经济和文化等各个部门派驻顾问，控制老挝的内外事务。它也想用此种方式控制柬埔寨，但遭拒绝。故 1978 年发动侵略柬埔寨的战争，占领了柬的首都和其他主要城市并扶植了韩桑林政权。所以越南在其本土制造难民潮的同时，还在这两个国家驱赶华侨、华裔，制造难民。参见王绳祖主编：《国际关系史》第 10 卷（1970 – 1979），世界知识出版社 1996 年版，第 159—160 页。

〔4〕 参见梁淑英著：《国际难民法》，知识产权出版社 2009 年版，第 272 页。

多人,[1] 主要居住和生活在该区的南宁市、钦州、柳州、百色、玉林等地区的35个县、市的农林场、工厂、渔业社及个别的农村。他们的生活总体上都不错。例如，北海市安置了7730名难民，他们从刚逃到北海时拥挤在小船上到登岸住在当地政府搭盖的以竹木和油毡为材料的临时住所，最后搬进中国政府和联合国难民署联合建立的难民住房，即桥港镇的难民住房。桥港镇的难民住房在当时是北海最好的住房，并且在建住房时就建立了医院和学校。我在2010年初，到该镇访问时得知，这里住的难民大部分已经搬走，住到自己所有的更大更好的房子里去了。这里的难民大多是以渔业为生，生活得很不错。他们早在1982年就获得了中国户籍和身份证，与当地的中国人无什么区别，还可以当公务员，参加选举。该镇的镇长说："2008年，农、渔民人均纯收入4586元。"当地难民周某一家的生活变迁更可以佐证。他是1978年随父母一家6口从越南逃到北海的，当时他只有9岁。1981年他们搬进桥港镇的新房有40平方米，并很快有了中国户籍和身份证。1988年他初中毕业后到建华大队干捕鱼的活。1992年他开始从银行贷款与难民郭某合伙做起柴油生意，没有碰到任何政策障碍，并且4年就还清了贷款，有了结余。之后，他的事业越干越大，还办起了水产企业，2005年成了裕华渔业公司经理。他说："我当年打渔时已经和现在桥港镇的渔船规模不能比了，桥港镇的五家渔业集体企业下有1200条船，挂靠在裕华公司下的也有100多条。"他还是桥港镇五家集体企业的负责人之一，当选为镇人民代表，自然也成为一家老小13口的支柱，住的房子早已不是1981年的40平方米了。早年投奔国外的亲戚汇款成了桥港镇许多难民的创业来源。1992年，周某开始做柴油生意，天天和船老板打交道，这一年五个渔业大队已经改制为公司，桥港镇三十多条大渔船，除了10条是国有的，其他的大多由"国外亲戚"汇款资助桥港的难民购置。"一条就得十几万元。"周说。这一年郭某就和其他人合伙，在珠海买回来一条二十多万的渔船。其中大部分是公司出面，帮忙向银行贷款，两家人只出了三四万元，这是他事业最初的起步。四年后，就还清了贷款，并有了结余。旧船转卖也有近二十万，两家又各自买了新船。这次郭世发花六十多万买了一条大船，其中贷款三十多万。据桥港镇政府统计，2008年，桥港镇水产品产量达90 670多吨，比建镇初期的1980年增加五十多倍。

[1] 截至2005年，该区就有印支难民112 268人。参见李学举主编：《中国民政30年》，中国社会科学出版社2008年版，第344页。

产值达到155 389.62万元，比1980年增长六百八十多倍。镇长何金成说："2008年，农渔民人均纯收入4586元，这还是相当保守的统计。"而光这个数字，就比北海市农渔民人均纯收入多270.5元。逃难30年后，桥港镇的大多数难民对现在的生活开始认可。他们大多有适合自己的工作，有闲钱，也得到当地人的尊重。[1]

广西壮族自治区其他地方的印支难民情况也大体与北海差不多，例如，凭祥市归国华侨联合会一位官员（印支难民）告诉我们，从越南来的难民被安置在凭祥的有二百多户，安置政策是有技术的就安排在市里工作，很多在塑料厂、食品厂工作，还有的在学校等单位。没技术的安排到农场工作。他是7岁跟父母从越南过来的，父母都被安置在凭祥中学工作，安置后一家五口（父母加其3兄弟）就有了户口，实行身份证后就有了身份证，因此上学、工作、选举等事宜都没问题。他从小学到大学都是在中国读的，毕业后在广西文体局工作，后被调到侨联工作。该市印支难民中像他这样30—40岁的年轻人，在政府的行政部门或其他事业单位工作的有二十多个。该区的贫困难民已被纳入了最低生活保障体系。

广东省现有八万多印支难民，[2] 主要被安置在大旺、大槐、合成、英红、光明珠江、清远、迳口、英德、平沙、童湖和海晏等23个华侨农场和13个农垦农场，[3] 该省安置难民办公室的努力和省各级政府的大力支持，开展对难民的培训和开拓就业途径，使他们的生活能自食其力，获得帮助而解决老难民子女就业的就有两万多人，他们的日子越过越好。他们不仅有房住，有地种或有其他工作，而且解决了户口、身份证、子女上学（初等教育）等问题。还有参政权，如有选举和被选举权，有些人还当选为各级人民代表大会的代表，如当选为省人民代表大会代表的就有3人。生活贫困的难民被纳入最低生活保障体系。

云南省目前有印支难民约3.8万余人，[4] 主要被安置在18个农场以及文山、红河和西双版纳三个州的12个县的农村。我通过到红河的难民居

---

〔1〕 丁补之、徐臻、梁嘉："沉默群体：30万难民在中国"，载《南方周末》2009年10月15日。

〔2〕 截至2005年广东省就有印支难民83 583人。参见李学举主编：《民政30年》，中国社会出版2008年版，第344页。

〔3〕 参见韩松：《阳光家园》，岭南美术出版社1999年版，第4页。

〔4〕 截至2002年云南省已有印支难民38 009人。参见李学举主编：《民政30年》，中国社会出版社2008年版，第344页。

住的地方访问和有关单位提供材料得知他们的基本生活得到了保障。每户都有一定的土地和住房，子女的初等教育、最低生活保障、个人户籍和身份证件等问题也得到了解决。例如，红河洲的河口县有难民5363人1112户人家，共占有耕地4815亩，人均住房7平方米，有4所难民小学（南溪小学、龙堡小学、南屏12队小学、189小学），在校学生634人，全县享受最低生活保障的难民有387户。

中国对难民的保护受到国际社会称赞，曾任联合国难民署高级专员的绪方贞子（Ogata Sadako）说："中国政府接受和安置在华印支难民工作堪称世界的典范，中国政府对于来华印支难民所采取的慷慨政策和所做出的巨大努力在世界上是独一无二的，不仅在联合国难民署闻名，而在整个国际社会也是众所周知的。"〔1〕

中国除保护《难民公约》和《难民议定书》规定的难民外，还给予由于其他原因临时逃难到中国的邻国边民人道主义救济。例如，1997年朝鲜发生大规模饥荒，数十万灾民越境逃亡到中国。对此，中国政府基本采取容忍默许政策。一些灾民通过结婚等方式取得中国国籍，部分灾民在联合国协调和中国政府的协助下转往蒙古、菲律宾、哈萨克斯坦三国。〔2〕再如，2009年8月8日开始，缅甸的果敢地区发生了武装对峙到武装冲突后，约有缅甸边民三万余人涌入了中国云南省。〔3〕事件发生后，中国政府高度重视，国务委员和公安部部长孟建柱率中央相关部门领导赴我国边境一线视察和指导处理此事。云南省领导也在第一时间作出部署，明确处置的原则、方法、步骤和措施，做好安置劝返工作，及时选定安置点，调集食品、药品、帐篷等物资，加强卫生、防疫等各项工作。允许边民投亲靠友，自行安排。对无处可去者云南省在镇康县城西南的南伞镇划定区域，设置了7个安置点安排他们。在安置点内保证他们有房住、有饭吃、有水喝、有病得到医治 。另外，对进入我国的零星的武装人员，依法解除其武装后也予以安置。待果敢地区局势平稳后，边民可以自由决定返回时间。〔4〕2011年及2013年因发生在缅甸克钦地区的武装冲突造成大批边民

〔1〕参见"中国对待难民的做法堪称典范"，载《北京青年报》2003年6月23日，第B7版。

〔2〕http//wend. haosou. com/q/1365061666063458. 访问日期：2015年1月7日。

〔3〕据云南省公安厅长孟苏铁通报称当时涌入我国的果敢边民已有37 000人。

〔4〕参见云南省公安厅厅长孟苏铁通报，http：//news. yntv. cn/category/10101/2009/08/30/2009 - 08 - 30_ 765921_ ，访问日期：2014年11月10日。

涌入中国云南省，该省均给予了临时安置。[1] 此种关怀对待受难的边民可谓人道极致！

此外，我国政府对于被联合国难民署驻华代表处甄别为难民的人及向其申请难民地位的人同意他们在返回来源国或未获得第三国接纳之前在中国指定的地方暂时居住。[2]

二、遇到的挑战和解决

（一）遇到的挑战

尽管中国政府和人民在保护难民，特别是接纳和安置印支难民等方面付出了巨大努力且取得显著成就，但也遇到了问题。经过调查，笔者认为当前我国处理在华印支难民问题中遇到的最大挑战是解决他们的国籍问题。国籍表示个人具有某个国家的公民资格或身份，与该国保持长久的法律联系，是个人与国家之间恒久的法律上的权利和义务关系。这种关系除依国家法律规定外，国家和个人均不可自由量裁决定。如个人无权决定国籍的取舍，国家也不得任意剥夺国籍。国籍不仅是国家决定其永久人口，也是其存在的条件和确定属人管辖权的根据，而且是国家区分本国人与外国人，给予他们不同待遇的依据和将个人与国际法联系的纽带。[3]

目前，印支难民当中约有近三分之二的人是1978年~1984年来华的，至少有三分之一的人是印支难民来华后繁衍的子孙。据广东省安难办统计，该省截至2009年底共有难民83 782人，其中难民54 982人，难民子女28 900人。但他们都是无国籍的人。1954年《关于无国籍人地位的公约》第1条规定："本公约所称'无同籍人'一词是指任何国家根据它的法律不认为是其国民的人。"这一定义已被世界广泛接受。国籍法委员会认为公约的这个定义已成为国际习惯法的一部分。[4] 对印支难民来说，由于越南早已不承认他们是越南人，而中国又没赋予他们国籍。所谓赋予国

---

〔1〕 参见李华、"缅北难民营：谁抚触创伤"，载《广州日报》2013年1月22日；范承刚、邵世伟："到中国去：中缅边境线上的几十万克钦难民"，载《南方周末》2013年1月17日。

〔2〕 据报道，截至2014年7月，经联合国难民署驻华代表处甄别为难民者人有138人，向其申请难民身份者有410人，http://tieba.baidu.com/p/3191866470，访问日期：2015年6月30日。

〔3〕 参见梁淑英主编：《国际法》，中国政法大学出版社2011年版，第99—100页。

〔4〕 参见《国际法委员会》报告，委员会一读通过的条款草案案文：对第8条的评注，联合国大会第59届会议，增补第10（A/59/10）号，2004年，第46页。

籍是指国家依据法律规定，根据个人某种事实的出现或存在而使其具有该国国籍。赋予个人国籍的理由通常是其出生或入籍。[1]

印支难民的无国籍状态给他们带来了不利的境遇，主要表现在两方面：一方面是，对难民建立婚姻家庭不利。印支难民与中国人结婚没问题，可以给予结婚登记并且所生子女可以上户口、办身份证、取得中国国籍，但当事人的难民身份不得改变。男性难民一般找不到中国老婆，因为当地的中国人不愿意嫁给难民。多数情形是难民之间结婚，他们生的子女还是难民。有的难民在认识的难民中也找不到配偶，有的难民就越境到越南边境找个对象同居。这样的同居如果女方证件齐全，可以在中国办理婚姻登记。但多数人是没有证件的非法越境者，因此没有婚姻登记。例如，云南省河口 189 队的难民王某某就与越南人罗某某在 2010 年初开始同居，没有登记。像他们这样情形在 189 队还有三对。这种“越南新娘”越来越多，罗某某说她有四个同学也嫁到中国都没登记。这样的同居双方所生子女可以是难民。另一方面是，难民的权利范围受到限制。因为从法律上他们是无国籍的难民，按照中国宪法和相关的法律规定，他们只能享有无国籍人或外国人的待遇，我国法律规定无国籍人与外国享有同等待遇。[2] 对待遇标准中国政府有义务遵守《难民公约》和《难民议定书》的规定。[3] 但难民身份使他们的权利范围受到限制。例如，按 2004 年修订的 1982 年中国《宪法》第 33 条、第 34 条和第 55 条，《选举法》第 3 条及《兵役法》第 3 条的规定，他们在中国不享有政治权利和不负兵役义务。另外，按《宪法》第 9 条和第 10 条的规定，他们不得取得土地、矿藏、水流、森林、山岭、草原、荒地等自然资源的所有权。按 2007 年修订的《文物保护法》第 33 条的规定，未经国务院文物行政部门报请国务院特别许可，他们不得在中国进行考古调查、勘探、发掘。按《境内外国人宗教活动管

---

〔1〕 根据各国立法实践，国家因出生赋予个人国籍采用的标准有：血统主义标准，即以父母任何一方或仅以父亲的国籍决定出生者的国籍，而不问其出生在哪里。出生地主义标准，即以出生者的出生地决定其国籍，国家法律规定只要在其领土出生就赋予该国国籍。兼采血统主义与出生地主义标准赋予个人国籍。中国就是采用这种标准的，但以血统主义标准为主兼采出生地标准。

〔2〕 例如，《民法通则》第 8 条的规定、《民事诉讼法》第 5 条的规定、《行政诉讼法》第 71 条的规定、《刑事诉讼法》第 16 条的规定，等等。

〔3〕 关于难民在中国的待遇参见梁淑英：《国际难民法》，知识产权出版社 2009 年版，第 291—301 页。

理规定》第 8 条的规定，他们不得在中国成立宗教组织、设立宗教机构、设立宗教活动场所或开办宗教院校，不得在中国公民中发展教徒、委任宗教教职人员和进行其他传教活动。按 2001 年修订的《法官法》第 9 条和《检察官法》第 10 条的规定，他们不得担任中国法官和检察官。按 2005 年《公务员法》第 11 条的规定，他们不得担任中国的公务员。其他法律也规定了一些限制。[1] 再有，虽然印支难民已获得中国当地的户籍和身份证件，但因他们不是中国人，他们的生活还是受到一定限制的，如有的地方不允许难民迁移户口，影响他们的谋职和就业，因为很多单位都要求转移户口。例如我调查得知云南省文山洲马关县的难民虽然早就有了户口和身份证，适龄青年可以在义务教育的基础上继续考入高中和大学，但他们的户口不能随人走，即使他们考上了大学也不能转出户口。难民邹某某曾在云南机电职业技术学院就读。在他考上大学后，到当地派出所、公安局、民政部门要求转户口时，得知户口不能迁出，他的户口只能留在村子里，这会影响他找工作，因为要到一个好点的单位谋取一份稳定的工作，通常要迁户口。照此发展下去，难民永远飞不出他们的居住地，会影响他们获得更多更好的发展机会。

因此建议中国政府根据在华印支难民的不同情况予以解决他们的无国籍状态，赋予其中国国籍。

（二）印支难民无国籍的解决

解决印支难民的无国籍问题是中国作为一个负责任的大国应履行的国际义务，也是我国国籍法允许的。

1. 国际义务要求

《难民公约》第 34 条规定："缔约各国应尽可能便利难民入籍和同化。它们应特别尽力加速办理入籍程序，并尽可能减低此项程序的费用。"[2]

该条首先要求缔约国应尽最大的努力促进难民的同化。所谓同化在社会学上尤其具有特殊涵义，也是变化的。本条是指难民融入当地社会生活，包括难民进入接受国的经济、社会和文化生活。因此要求接受国给予难民一种长久的法律状态，允许他们长久居住，积极采取措施使难民公约

〔1〕 参见 2004 年修订的《渔业法》第 8 条、1989 年《水下文物保护管理条例》第 7 条、2002 年修订的《测绘法》第 7 条等的规定。

〔2〕 参见《联合国关于难民地位的公约》第 34 条。

规定的权利变成现实，并应加快这个过程。[1] 本文不想对此过多论述，因为中国对印支难民的同化工作如前所述，已经做得堪称世界典范。

该条的另一项内容是要求缔约国尽最大努力促进难民入籍，即赋予难民该国国籍，[2] 并要求在难民办理入籍手续中应减少费用，尤其是对贫困难民，不应使入籍程序中的各种费用成为入籍的障碍。因为入籍是难民彻底融入接受国社会，享受完全的公民权利的依据。詹姆斯．哈撒韦指出，公约有两种促进入籍的方式：其一，要求促进便于难民入籍的程序，即加快难民入籍的步伐。例如，匈牙利的现行法律规定只要合法难民连续 3 年（通常是 8 年）可以入籍。其二，国家应尽可能减少入籍程序和费用。土耳其代表认为减少程序和费用是适用所有难民的。[3] 国家是否免除所有难民入籍费由其自行决定，但要照顾贫困难民。

虽然此项规定并未对缔约国设立一般性义务，要求接收难民的国家赋予他们国籍，申请入籍者甚至需要长时期等待。因为入籍者要被赋予公民所享有的一系列的特权，包括政治权利。但还是要求接受并安置难民的国家在难民定居于其领土有一个较长的时期（例如长达 15 年）后，国家当局可以考虑他的入籍申请。[4] 詹姆斯·C. 哈撒韦也指出，通过入籍取得公民资格是附加在《难民公约》第 34 条，一个在难民法中没有先例的规定。它是新的规定，承认一个难民在其祖国之外应保有一些重要利益。第 34 条无论如何不构成一项强制义务。它没要求当事国最终赋予难民公民资格，也没有使难民获得这样资格。相反，秘书处强调限定政府决定向谁和什么范围赋予公民资格是不恰当的。国家决定其公民资格的获得是绝对的，赋予难民公民资格与否是国家的权力。但同时它也不能强迫难民取得其国籍，即使给予领土内难民一个长的等待时间。因为有的难民可能希望

---

〔1〕 See, James C. Hathaway, *The Rights of Refugees under International Law*, Cambridge University Press, 2005, p. 977.

〔2〕 根据各国国内法的规定，个人的国籍通常是因其出生或入籍而取得，因出生取得国籍是国家法律以个人出生的事实而赋予国籍。各国法律赋予出生国籍的标准有：血统主义标准，即以父母任何一方或仅以父亲的国籍决定出生者的国籍；出生地主义标准，即以出生者的出生地决定其国籍；兼采血统主义和出生地主义标准决定出生者的国籍。个人因入籍取得国籍是指国家法律规定，根据个人出生之后与该国发生法律联系的事实（这样的联系的事实与出生无关）而赋予其国籍。如个人因结婚、被收养、被认知、申请入籍等。

〔3〕 See, James C. Hathaway, *The Rights of Refugees under International Law*, Cambridge University Press, 2005, p. 986.

〔4〕 See DR Paul Weis, *The Refugee Convention*, Cambridge University Prees, 1995, p. 344.

保持隶属原国家和返回。如果强制入籍会打击难民的独立心灵。结果，起草者们原则上增加有利于难民的作为，国家应尽可能促进难民入籍。第34条规定清晰地表达了常规国家所负责任的原则。[1] 中国既然是《难民公约》和《难民议定书》的缔约国，就应担当此项责任，积极为难民提供加入中国国籍的机会。此外，1948年《世界人权宣言》第15条宣布："人人有权享有国籍。"1966年《公民和政治权利公约》（中国1998年签署该公约，虽然尚未批准但也不反对此规定）第24条第3款规定："所有儿童有取得国籍的权利。"1961年《关于减少无国籍状态公约》（中国尚未加入该公约但并不反对该规定）要求缔约国给予包括难民在内的无国籍人取得国籍机会。1989年《儿童权利公约》（中国1992年批准该公约）第3条规定："1. 关于儿童的一切行动，不论是由公私社会福利机构、法院、行政当局或立法机构执行，均应以儿童的最大利益为一种首要考虑。2. 缔约国承担确保儿童享有其幸福所必需的保护和照料，考虑到其父母、法定监护人，或任何对其负有法律责任的个人的权利和义务，并为此采取一切适当的立法和行政措施。"第7条规定："1. 儿童出生后应立即登记，并有自出生起获得姓名的权利，有获得国籍的权利……2. 缔约国应确保这些权利按照本国法律及其根据有关国际文书在这一领域承担的义务予以实施，尤应注意不如此儿童即无国籍之情形。"第8条规定："1. 缔约国承担尊重儿童维护其身份包括法律所承认的国籍、姓名及家庭关系而不受非法干扰的权利。2. 如有儿童被非法剥夺其身份方面的部分或全部要素，缔约国应提供适当协助和保护，以便迅速重新确立其身份。"第9条规定："缔约国确保不违被儿童父母的意愿使儿童与父母分离，除非主管当局适用的法律和程序，经法院审查，判定这样的分离符合儿童的最大利益而确有必要。在诸如由于父母的虐待或疏忽，或父母分居而必须确定儿童居住地点的特殊情况下，这种裁决可能有必要。"公约的这些规定说明，缔约国有义务保护儿童，首先，要求国家在作出影响儿童的决策时，必须考虑儿童的最大利益原则。[2] 使其管辖下的公私社会的福利机构、法院行政机关执行，都要首先遵守这项原则。因此，具体到中国处理印支在华儿童难民的国籍问题

---

〔1〕 See Jams C. Hathaway, *The Rights of Refugees onder International Law*, Cambridge Press, 2005, pp. 981 -983.

〔2〕 参见国际人权法教程项目组：《国际人权法教程》，中国政法大学出版社2002年版，第425页。

时也应首先考虑他们的最大利益，他们的父母双方无国籍，也不应影响到他们取得中国国籍，中国政府应考虑他们的现实和将来在中国的生活和发展，赋予其国籍。其次，公约第 8 条要求缔约国迅速解决其管辖下的儿童身份问题，这里应包括他们的户籍、身份证和国籍，所以，中国政府也应采取措施解决印支难民子女的国籍问题。还有，按公约第 9 条规定，从保护儿童最大利益出发不应使儿童与双亲分离，因为这样不利于儿童成长。当然，如果这种分离有利于保护儿童的最大利益，可以依法实施。

国际实践告诉我们，不少国家都尽量给予了难民入籍的机会。例如，欧洲理事会 1969 年通过的 564 号决议建议部长会议应避免欧洲难民问题的永久存在，要求成员国政府：①促进入籍：建立难民入籍方面的法律要求自由表示，特别要考虑他们在东道国居住的时间和他们大多数由于允许已融入了社会生活；尽各种努力使难民返回或至少要减少入籍的法律障碍，诸如居住的最低期间已超过 5 年，入籍费用已超过难民最大限度的承受能力，接受入籍申请和它们的考虑之间的时间长度，要求难民须提供丧失原国籍的证明等入籍的法律障碍。②同意联合国 1961 年《减少无国籍状态公约》，根据全权代表会议的决议通过的先前提到的公约，去考虑事实上无国籍难民和法律上无国籍同样对待。③通过国内法规定赋予难民儿童国籍，出生在双亲作为难民到来的国家，获得该国出生国籍，难民青少年至少在他们年龄达到时可申请获得居住国的国籍。④对与居住国国民结婚的难民特别要促进其获得配偶的国籍。欧洲部长会议 1970 年通过的 7092 号决议重申了这个意见，个别情况除外。[1] 欧盟成员国也将此决议的要求贯彻在它们保护难民的政策和法律之中，如英国规定英国安置的难民在英国居住满 5 年之后有资格申请英国公民。父母抵达英国后但未归化入籍之前出生的孩子将获得移民资格的证明文件，具有同其父母一样的地位。[2] 葡萄牙规定，根据重新安置项目被葡萄牙接受的难民被给予难民地位，并给予有效期为 5 年的可续签的居留证。此外，需要时，难民可取得 1951 年《难民公约》规定的旅行证件。旅行证件和居留证件均免费签发。难民地位将自动延伸抵达后出生的家庭成员。根据 2006 年 12 月 14 日第 237 - A 号和 2005 年 8 月 17 日第 135 号法，下列人员可取得葡萄牙国籍：①外国

---

〔1〕 See DR Paul Weis, *The Refugee Convention*, 1951, Cambridge University Prees, 1995, p. 350.

〔2〕 中华人民共和国民政部国际合作司编译：《在华国际难民材料汇编重新安置篇》（下册），第 137 页。

公民在葡萄牙所生子女，且该子女出生时其父母已在葡萄牙合法居留至少5年。②与葡萄牙公民结婚至少3年的外国公民。③曾经取得上述法律地位的外国公民，并且事实上已与葡萄牙公民共同生活了至少3年。④已合法在葡萄牙居留了至少6年的外国公民。〔1〕非欧盟国家也积极给予难民获得国籍的机会，例如，美国规定，在美国入境口岸，由卫生与公民服务部官员或经授权的雇员接受的难民，1年后成为常住居民。5年后，可申请美国公民身份。〔2〕澳大利亚规定，在澳大利亚出生的儿童，父母双方或一方在该国具有永久居民身份，出生时具有澳大利亚公民资格。年满18岁，在澳大利亚居住和生活超过4年的难民和其他人道主义原因入境者可申请澳大利亚公民资格。〔3〕阿根廷规定，所有难民寻求其移民地位合法化和获得相关文件的程序都是免费的。以临时居民身份在其境内居住满2年后，难民可向国家移民局申请永久居留或阿根廷公民身份。后者需要向联邦法庭提供诸如无犯罪记录、允许居住文件、工作合同、先工作的单位证明、工资支票存根或自我雇佣的纳税存根。对于在抵达阿根廷后出生的孩子，阿根廷将根据出生地法，承认其为阿根廷公民。〔4〕

以上国际文件赋予国家解决难民入籍或归化的义务，我国是应该履行的，一些国家赋予难民国籍的政策和法律规定，也是对我国解决难民国籍问题有参考价值的。

2. 依国籍法解决难民的无国籍问题

我国在履行促进难民无国籍问题解决的国际法律原则的基础上，依据国内法解决的最主要根据是1980年的《中华人民共和国国籍法》（以下简称《国籍法》）。依该法解决在华印支难民国籍问题可分三种情况。

（1）原始印支难民无国籍问题的解决。此处所称的原始印支难民是指1978—1984年逃难来华的印支难民。这些难民取得中国国籍应按《国籍法》的规定予以解决。《国籍法》第7条规定：“外国人或无国籍人，愿意

〔1〕中华人民共和国民政部国际合作司编译：《在华国际难民材料汇编重新安置篇》（下册），第67页。

〔2〕中华人民共和国民政部国际合作司编译：《在华国际难民材料汇编重新安置篇》（下册），第33页。

〔3〕参见中华人民共和国民政部国际合作司编译：《在华国际难民材料汇编重新安置篇》（上册），第173—174页。

〔4〕参见中华人民共和国民政部国际合作司编译：《在华国际难民材料汇编重新安置篇》（上册），第9页。

遵守中国宪法和法律，并具有下列条件之一的，可以经申请批准加入中国国籍：①中国人的近亲属；②定居在中国的；③有其他正当理由。”按此条的规定，在华的印支难民凡愿意加入中国国籍者都可以申请加入中国国籍。事实上印支难民具备了加入中国国籍的上述条件要求，其一，他们是中国接受的难民并且无国籍；其二，他们已长期合法定居在中国。按照国际通行做法，难民入籍就算需要一个居留较长的时期，原始印支难民也早已达到要求，因为中国政府接受并安置他们在中国居住了三十余年，早已融入中国社会，且扎根发芽成了中国的实际人口，并且有的省区还给他们地方选举权和参政权。其三，他们已认定中国是他们的依靠，倾向和依恋中国，适应了中国的生活环境、语言和文化。他们当中的一些人在孩童上学时讲的是中国话，在学校升的是中国国旗，唱的是中国国歌。其四，印支难民都希望给他们中国国籍。

以上述说明，按照《国籍法》的规定，印支难民具备加入中国国籍的正当理由。中国政府应允许他们经申请而获得中国国籍，并且应尽早采取措施。当然，如果他们在华居留期间有犯罪记录，且为我国法律或政策禁止入籍的，也应拒绝其入籍。

（2）印支难民在中国所生后代无国籍问题的解决。印支难民在中国所生的后代包括两种情况，父母双方均是难民和一方是难民的情形。第一种情形是，夫妻均是印支难民在华所生后代之无国籍问题的解决。夫妻均是在华的印支难民所生后代已不止是子女了，有的已是第三代了，他们至少占现在印支难民的三分之一。虽然他们生在中国、长在中国，没有受迫害也没逃难，但却一直被认定为难民，因为他们的父辈或祖辈是难民。但实际上他们应当具有中国国籍，理由如下：①他们的父母是难民并且是无国籍的人，在中国已经合法定居几十年；②他们出生在中国并生活在中国；③他们除了人为地被定成难民外，与中国人在中国生的孩子没什么不同；④符合中国《国籍法》的规定，应自动取得中国国籍。因为《国籍法》第6条规定：“父母无国籍或国籍不明，定居在中国，本人出生在中国，具有中国国籍。”

第二种情形是，印支难民与其他外国人或无国籍人所生的后代之无国籍问题的解决。在华印支难民如与其他外国人（指具有外国国籍且不具有中国国籍的人）或无国籍人（包括国籍不明的人）结婚，其子女若是已经取得其父或母的国籍，中国不再考虑赋予其国籍。因为既然出生者已经取得了其父或母的国籍，就不得再具有中国国籍，如果再有中国国籍，就会有双重国籍。这是中国法律不不支持的。《中国国籍法》规定不承认双重国籍原则，即不承认中国公民具有的外国国籍。该法第3条规定："中华人民共和国不承认中国公民具有双重国籍。"如果印支难民与外国人在华所生子女未取得外国国籍，则中国应赋予其国籍。因为印支难民是在中国定居的无国籍人，符合该法第6条的规定。

在华印支难民与无国籍人或国籍不明者于中国所生的非婚生子女国籍问题的解决可以有两种办法。① 应伴随在华印支难民自身国籍的解决而解决。如果中国政府依法使印支难民获得了中国国籍，他们的子女也当然可获得中国国籍。因为中国《国籍法》第4条规定："父母双方或一方为中国公民，本人出生在中国，具有中国国籍。"即使是非婚生子女也享受婚生子女的同等权利。这一原则反映在中国的立法和实践中，例如《中国婚姻法》第25条规定："非婚生子女享有与婚生子女同等的权利，任何人不得加以危害和歧视。"《中国继承法》第10条也规定了这一原则。再者，中国在处理无国籍或国籍不明的人与中国公民的非婚生子女之国籍的实践也遵循了这一原则，例如，非法入境的无身份证明的人与中国人同居所生子女，中国公安机关都给他们的非婚生子女报户口，签发身份证和赋予中国国籍。② 直接赋予中国国籍。依据中国《国籍法》第6条规定："父母无国籍或国籍不明，定居在中国，本人出生在中国，具有中国国籍。"因此，虽然生者的父或母一方是非法入境者，并且本人是他们的非婚生子女，但其双亲中有一方是合法定居在中国的难民，另一方是非法居留者，中国政府并不遣返她（他）们。事实上她们长期居留在中国，即使根据特殊理由遣返儿童的双亲一方，儿童也可以随其难民的父或母留在中国，并可取得中国国籍。

以上关于夫妻均为印支难民在华所生后代和印支难民与其他外国人或无国籍人（或国籍不明者）所生子女无国籍问题的解决是从中国国内法规定的角度论证的。说明中国的法律规定与国际法的要求是吻合的。

3. 在华印支难民与中国人所生子女无国籍的解决

随着印支难民与当地中国人的交流增多及其融入中国社会，他们当中的一些人与中国人结婚生子的情况也越来越多，他们的子女当然具有中国国籍。因为《国籍法》的第4条规定："父母双方或一方为中国公民，本人出生在中国，具有中国国籍。"第5条规定："父母双方或一方为中国公民，本人出生在外国，具有中国国籍；但父母双方或一方为中国公民并定居在外国，本人出生时即具有外国国籍的，不具有中国国籍。"为执行第5

条规定，中国公安部和外交部还于2008年下达了具体执行的通知。[1]

至于中国人和印支难民夫妻共同依法收养的无国籍或国籍不明的子女，可依《国籍法》第7条的上述规定申请加入中国籍。

4. 取得中国国籍的程序

关于取得中国国籍的程序或手续问题，《中国国籍法》第14条规定："中国国籍的取得、丧失和恢复，除第9条规定的以外，必须办理申请手续，未满18周岁的人，可由其父母或其他法定代理人代为办理申请。"第15条规定："受理国籍申请的机关，在国内为当地市、县公安局，在国外为中国外交代表机关和领事机关。"第16条规定："加入、退出和恢复中国国籍的申请，由中华人民共和国公安部审批。经批准的，由公安部发给证书。"只要求难民按照中国《国籍法》的规定履行手续即可使他们获得国籍。[2]

上述说明，中国依《难民公约》和《难民议定书》等国际条约赋予无国籍印支难民国籍的义务是可以按中国《国籍法》的规定得以履行的。若中国政府依法稳妥地尽快地解决了印支难民的无国籍问题，不仅对几十万印支难民是个极大欢喜之事，也对中国社会的稳定和发展大有裨益。因为难民成了中国公民就会彻底融入中国社会，中国发展的好与不好，中国的安全与否，都与他们息息相关，他们会更加热爱中国，为中国的社会主义建设和发展奋斗。

---

〔1〕 公安部、外交部关于执行《中华人民共和国国籍法》第5条规定有关问题的通知（公境［2008］2204号）各省、自治区、直辖市公安厅、局，各驻外使、领馆，外交部驻香港、澳门特派员公署：为进一步规范国籍认定工作，经征求全国人民代表大会常务委员会法制工作委员会的意见，现就执行《中华人民共和国国籍法》（以下简称《国籍法》）第5条规定的有关问题通知如下：根据《国籍法》第5条规定，本人出生在外国，其父母均为中国公民，或父母一方为中国公民的，本人具有中国国籍。但是，本人在外国出生时即具有外国国籍，并具有下列情形之一的，不具有中国国籍：一、父母双方为中国公民并均定居在外国；二、父母一方为外国人，另一方为中国公民并定居在外国；三、父母双方为中国公民，其中一方定居在外国。根据《国籍法》第5条的规定，出生时取得外国国籍的华侨子女，可以根据《国籍法》第7条的规定，申请加入中国国籍。

〔2〕 第9条　定居外国的中国公民，自愿加入或取得外国国籍的，即自动丧失中国国籍。

14
国际人权公约领土适用中的有效控制标准

朱利江 *

摘　要：尽管不同的国际人权公约对领土适用作出了不同的规定，但核心内容都是看是否处在缔约国的管辖之下，而判断的标准就是有效控制，即是否处在缔约国的有效控制下。根据国际实践，有效控制的对象包括领土、场所、物体，以及人员，有效控制的存在是一个事实问题，需要结合具体案件具体分析。无论如何，领土主权的归属问题不应成为影响国际人权公约领土适用的因素。

关键词：国际人权公约　领土适用　有效控制　域外适用

一、引 言

为了论证我国南海“九段线”的合法性，我国有人以《经济、社会和文化权利国际公约》第1条为依据，[1] 认为我国在“九段线”内的传统

* 中国政法大学国际法学院副教授，国家领土主权与海洋权益协同创新中心研究员，中国政法大学人权研究院兼职副教授。本文是作者主持的国家社科基金青年项目“联合国人权理事会普遍定期审议机制研究”（项目号：11CFX068）的阶段性成果。

〔1〕《经济、社会和文化权利国际公约》第1条第2款规定：“所有人民得为他们自己的目的自由处置他们的天然财富和资源，而不损害根据基于互利原则的国际经济合作和国际法而产生的任何义务。在任何情况下不得剥夺一个人民自己的生存手段。”

渔场是该条意义上的“天然财富和资源”，以此认为菲律宾对在“九段线”传统渔场内从事捕鱼行为的我国渔民的逮捕和审判剥夺了我国渔民处置天然财富和资源的权利，属于违反该公约的行为。〔1〕相反，菲律宾渔民也在指责我国侵犯了他们的人权。据香港《南华早报》网站2015年6月25日援引日本共同社英文报道称，在菲律宾两名律师的协助下，38名来自菲律宾沿海省份的渔民通过电子文档向联合国经济、社会和文化权利委员会以及联合国食物权问题特别报告员投诉我国政府，认为我国海警船在黄岩岛附近海域用水炮攻击他们侵犯了他们依据《经济、社会和文化权利国际公约》、《世界人权宣言》以及有关习惯国际法下的食物权，〔2〕要求我国政府给予经济赔偿，同时被允许再次在黄岩岛附近的海域捕鱼。协助渔民的一位律师，也是菲律宾大学的教授洛克说：“如果我们可以证明，（菲律宾）渔民们在（黄岩岛）有关区域有固有的渔猎权利，这也可以被视为（菲律宾）有效占据（黄岩岛）的证据。”〔3〕可见，在国与国之间围绕领土主权的争端中，国际人权法有时也会来“凑热闹”，一些人试图把国际人权法作为支持本国的论据，并开辟新的平台，试图迫使国际人权监督机构〔4〕对有争议的领土主权作出表态。

不过，这里面有一个前提问题，即国际人权监督机构在认定某项具体的人权是否遭到侵犯的前提是，对国际人权公约的缔约国来说，该公约对

---

〔1〕参见孙小迎：“九段线划到别人家门口？合法合理”，载观察者网，http：//www. guancha. cn/SunXiaoYing/2013_ 02_ 22_ 127848. shtml.

〔2〕《经济、社会和文化权利国际公约》第11条第1款规定，“本公约缔约各国承认人人有权为他自己和家庭获得相当的生活水准，包括足够的食物、衣着和住房，并能不断改进生活条件。各缔约国将采取适当的步骤保证实现这一权利，并承认为此而实行基于自愿同意的国际合作的重要性。”《世界人权宣言》第25条第1款声明，“人人有权享受为维持他本人和家属的健康和福利所需的生活水准，包括食物、衣着、住房、医疗和必要的社会服务；在遭到失业、疾病、残废、守寡、衰老或在其他不能控制的情况下丧失谋生能力时，有权享受保障。”

〔3〕“菲38渔民入禀联合国，指中国禁黄岩岛捕鱼侵人权”，http：//www. nanzao. com/sc/international/14e290e21513739/fei - 38 - yu - min - ru - bing - lian - he - guo - zhi - zhong - guo - jin - huang - yan - dao - bu - yu - qin - ren - quan.

〔4〕在本文中，“国际人权监督机构”是指监督国际和区域人权公约实施的国际机构，包括依据《宪章》机构（联合国人权理事会及其专题和国别性质的特别机制、咨询机构、普遍定期审议机制等）和条约机构（人权事务委员会、经济、社会和文化权利委员会、消除种族歧视委员会、消除妇女歧视委员会、儿童权利委员会、保护移徙工人权利委员会、禁止酷刑委员会、防范酷刑小组委员会、残疾人权利委员会，以及禁止强迫失踪委员会等），也包括区域人权法院和人权委员会（欧洲人权法院、美洲人权委员会和美洲人权法院、非洲人权和民族权委员会和非洲人权和民族权法院）等。

有争议的领土是否具有可适用性。换言之，假如该国际人权公约对有争议的领土根本不具有可适用性，那就没有必要再去认定该公约项下的某项具体人权是否遭到了侵犯。每一个国际人权公约都存在可适用性问题，在领土适用方面也不例外。本文将对国际人权公约的领土适用问题展开研究，尤其是国际人权监督机构通过实践发展出来的有效控制标准。在这个方面，欧洲人权监督机构的实践异常丰富。

二、国际人权公约的领土适用条款

纵观规定有领土适用条款的国际人权公约，[1] 就领土适用条款而言，呈现以下几种不同的规定：

（一）条款中提及“领土”一词

依据表述的不同，提及“领土”一词的领土适用条款又可以大致分为以下三类：

1. “在其领土内和受其管辖”

目前，在所有国际人权公约中，只有1966年的《公民权利和政治权利国际公约》涉及领土适用的条款采取如此表述。该公约第2条第1款规定：“该公约每一缔约国承担尊重和保证‘在其领土内和受其管辖’（within its territory and subject to its jurisdiction）的一切个人享有本公约所承认的权利，……”从字面解释来看，由于在“领土”和“管辖”之间用的是“和”，因此必须是那些既处在缔约国的管辖之下，同时又位于缔约国领土之内的人，才有资格要求缔约国尊重其在该公约中的人权。

2. “在其领土内或受其管辖”

目前，在所有国际人权公约中，只有1990年《保护所有移徙工人及其家庭成员权利国际公约》涉及领土适用的条款采取如此表述。该公约第7条规定，“缔约国依照关于人权的各项国际文书，承担尊重并确保所有‘在其领土内或受其管辖’（within their territory or subject to their jurisdiction）的移徙工人及其家庭成员，享有本公约所规定的权利”。由于这一条款在“领土”和“管辖”之间用到了“或”，而不是“和”，因此只要移徙工人及

---

〔1〕 并不是所有的国际人权公约均规定有领土适用条款，有些没有这样的条款，例如1960年《教育领域歧视公约》、1966年《经济、社会和文化权利国际公约》、1979年《消除对妇女一切形式歧视公约》、1981年《非洲人权与民族权宪章》、1994年《美洲防止、惩治和消除对妇女暴力公约》，以及2006年《残疾人权利公约》等。

其家庭成员受缔约国管辖，缔约国就有义务遵守该公约，不一定要求移徙工人及其家庭成员在缔约国的领土内。

3. “在其管辖的领土内”

目前，有一些国际人权公约的领土适用条款中采取这一表述。例如，1965年《消除一切形式种族歧视国际公约》第3条规定：“缔约国特别谴责种族分隔及种族隔离并承诺‘在其所辖领土内’（territories under their jurisdiction）防止、禁止并根除具有此种性质的一切习例。”1984年《禁止酷刑公约》有不少条款涉及领土适用问题，大多采取这一表述。例如，该《公约》第2条第1款规定：“每一缔约国应采取有效的立法、行政、司法或其他措施，防止‘在其管辖的任何领土内’（any territory under its jurisdiction）出现酷刑的行为。”〔1〕2006年《保护所有人免遭强迫失踪国际公约》也有不少条款涉及领土适用问题，大多也采取这一表述。例如，该《公约》第9条第1款规定：“各缔约国应采取必要措施，确定对下述强迫失踪罪案行使管辖权：（一）犯罪发生在‘其管辖的任何领土’（any territory under its jurisdiction）上，……”〔2〕

（二）条款中不提及“领土”一词

依据表述的不同，不提及“领土”一词的领土适用条款又可以大致分为以下两类：

1. “管辖范围内”

有些国际人权公约的领土适用条款中不提及“领土”一词，但提及缔约国的“管辖”一词。这样的国际人权公约有两类：

第一类是规定缔约国实体义务的条款，数量不少。例如，1965年《消除一切形式种族歧视国际公约》第6条规定：“缔约国应保证‘在其管辖范围内’（within their jurisdiction），人人均能经由国内主管法庭及其他国家机关对违反本公约侵害其人权及基本自由的任何种族歧视行为。”1989年《〈公民权利和政治权利国际公约〉第二任择议定书》第1条规定：“1、在本议定书缔约国‘管辖范围内’（within the jurisdiction），任何人不得被处死刑；2、每一缔约国应采取一切必要措施‘在其管辖范围内’（within its jurisdiction）废除死刑。”1989年《儿童权利公约》第2条第1款规定，“缔约

〔1〕还可以参见该《公约》第5条第1款第1项、第5条第2款、第7条第1款、第11、12、13以及16条的规定。

〔2〕还可以参见该《公约》第9条第2款、第11条第1款以及第34条。

国应遵守本公约所载列的权利，并确保‘其管辖范围内’（within their jurisdiction）的每一儿童均享受此种权利”。1950 年《欧洲人权公约》第 1 条规定：“缔约国应为‘在其管辖内的’（within their jurisdictions）每个人获得本公约第一章中所规定的权利与自由。”1969 年《美洲人权公约》第 1 条第 1 款规定：“本公约缔约国承担尊重本公约承认的权利和自由，确保‘在其管辖下的’（subject to their jurisdiction）所有人自由全面地实施这些权利和自由。”[1]

第二类是规定程序义务的条款，即个人向国际人权监督机构提起申诉的条件。例如，1965 年《消除一切形式种族歧视国际公约》第 14 条第 1 款规定：“缔约国得随时声明承认委员会有权接受并审查‘在其管辖下’（within its juridiction）自称为该缔约国侵犯本公约所载任何权利行为受害者的个人或个人联名提出的来文。”1966 年《〈公民权利和政治权利国际公约〉第一任择议定书》第 1 条规定：“成为本议定书缔约国的公约缔约国承认委员会有权接受并审查‘该国管辖下’（subject to its jurisdiction）的个人声称为该缔约国侵害公约所载任何权利的受害者的来文。”1984 年《禁止酷刑公约》第 22 条第 1 款规定：“本公约缔约国可在任何时候根据本条，声明承认委员会有权接受和审议‘在该国管辖下’（subject to its jurisdiction）声称因该缔约国违反本公约条款而受害的个人或其代表所送交的来文。”1999 年《〈消除对妇女一切形式歧视公约〉任择议定书》第 2 条规定：“来文可由声称因为一缔约国违反公约所规定的任何权利而受到伤害的该缔约国‘管辖下’的（under the jurisdiction）个人或个人联名或其代表提出。”2006 年《保护所有人员免遭强迫失踪国际公约》第 31 条第 1 款规定：“缔约国可在批准本公约时，或在之后的任何时候宣布，承认委员会有权接受和审议‘受该国管辖’（subject to its jurisdiction）、声称是该缔约国违反本公约规定之受害人本人或其代理提出的来文。”

2. “在其管辖和控制下”

在规定有领土适用条款的所有国际人权公约中，只有一个公约在条款中不提及“领土”一词，而是提及“管辖”和“控制”。2002 年《〈禁止酷刑公约〉任择议定书》第 4 条第 1 款规定：“每一缔约国应允许第 2 条

---

[1] 另外，还可以参见 1987 年《美洲防止和惩治酷刑公约》第 6 条、第 8 条、第 12 条，以及第 14 条的规定，以及 1994 年《美洲防止人员强迫失踪公约》第 1 条、第 4 条，以及第 6 条的规定。

和第3条所指机制按照本议定书的规定，对‘其管辖和控制下’（under its jurisdiction and control）任何确实或可能有人因公共权力机构的命令或唆使而被剥夺自由，或在其同意或默许下被剥夺自由的地点进行查访。”

三、国际人权公约领土适用条款的核心：管辖

尽管国际人权公约领土适用条款呈现以上多种表述，但占多数的表述是“在缔约国的管辖范围内”，其并没有提及“领土”一词。只有《公民权利和政治权利国际公约》第2条第1款提及“领土”。另外，《消除一切形式种族歧视国际公约》、《禁止酷刑公约》和《保护所有人员免遭强迫失踪国际公约》的领土适用条款也提到了“领土”一词。那么，这些条款中的“领土”一词是否是决定这些公约领土适用范围的核心要素？换言之，这些公约是否只能适用于那些处在缔约国领土上的人？下面将对此展开研究。

（一）《公民权利和政治权利国际公约》中的“在其领土内和受其管辖”的正确含义

的确，仅从字面解释来看，《公民权利和政治权利国际公约》第2条第1款使用了“在其领土内和受其管辖”这一表述，因此，只有那些既处在缔约国领土上，同时又处在缔约国管辖下的人才成为该公约的受益者。[1] 按照这种理解，对于缔约国来说，该公约显然没有域外适用的可能。从这一表述的起草历史来看，“在领土内”这一表述最初来自美国的倡议，但遭到了法国的批评。法国在联合国人权委员会坚持要求将该表述改为“受其管辖”，并在人权委员会获得了成功。然而，在美国的促使下，“在领土内”和“受其管辖”两者同时被包含在了该条款中。在联合国大会第三委员会的讨论中，法国和中国要求将“在领土内”删除，但是由于

〔1〕 一些人就这样认为，例如，参见 Dietrich Schindler, “Human Rights and Humanitarian Law: Interrelationship of the Laws”, 31 *American University International Law Review* (1982), p. 939; M. Dennis, “Application of Human Rights Treaties Extraterritorially in Times of Armed Conflicts and Military Occupation”, 99 *American Journal of International Law* (2005), p. 119; M. Dennis and A. Surena, “Application of the International Covenant on Civil and Political Rights in Times of Armed Conflicts and Military Occupation: The Gap Between Legal Theory and State Practice”, *European Human Rights Law Review* (2008), p. 714.

没有得到多数支持，该提议宣告失败。[1]

目前，在该公约168个缔约国中，一些国家坚持对其采取严格的字面解释。“9·11”事件后，美国开展了所谓的“全球反恐战争”，并把在“全球反恐战争”中逮捕的恐怖主义分子关押到古巴的关塔那摩湾。[2] 美国认为，由于关塔那摩并不是美国的领土，而是古巴的领土，因此该《公约》不适用于该领土。[3] 但是，美国的这种理解遭到了人权事务委员会的否定。2014年3月26日，人权事务委员会在就美国提交的第四期定期报告发表的结论性意见中指出：“本委员会感到遗憾的是，缔约国仍然认为《公约》不适用于受其管辖、但不在其领土内的个人，尽管委员会的既定判例、国际法院的判例和国家实践支持对第二条第1款的相反解释。”人权事务委员会于是建议美国“如委员会关于《公约》缔约国一般法律义务的性质的第31号一般性意见（2004年）等所述，本着诚意，按照其字词的一般含义，结合上下文，包括随后的惯例，并参照其宗旨和目的解释《公约》，并审查本国的法律立场，承认《公约》在某些情况下的域外适用。”[4] 同样，2014年10月28日，针对以色列第四期定期报告中仍保持《公约》不适用于被占领土的立场，称《公约》是具有地域约束的条约，不适用于在其辖下但不在其领土内的个人，人权事务委员会也表示关注，并作出了类似向美国作出的建议。[5]

---

〔1〕［奥］曼弗雷德·诺瓦克：《〈公民权利和政治权利国际公约〉评注》（修订第2版），孙世彦、毕小青译，三联书店2008年版，第45页。

〔2〕1903年，古巴将关塔那摩湾租借给美国。根据美古租借关塔那摩湾条约第3条的规定，美国承认古巴共和国对上述陆地和水域继续拥有最终主权，古巴共和国同意，在美国对上述区域的占领期间，美国应当依据本协定对这些区域实施完全的管辖权和控制。*Agreement Between the United States and Cuba for the Lease of Lands for Coaling and Naval Stations*, 23 February 1903, http://avalon.law.yale.edu/20th_century/dip_cuba002.asp.

〔3〕参见美国政府的回应：Opening Statement of Matthew Waxman, Head of US Delegation before the UN Human Rights Committee, 17 July 2006, http://2001-2009.state.gov/g/drl/rls/70392; Reply of the Government of the United States of America to the Report of the Five UN Special Rapporteurs on Detainees in Guantanamo Bay, Guba (2006), http://www.asil.org/pdfs/ilib0603212.pdf, at 25 et seq. 美国当初之所以把恐怖分子关押到关塔那摩湾，就是出于这一考虑，参见Memorandum from Patrick F. Philbin and John C. Yoo, Deputy Assistant Attorneys General, Office of Legal Counsel, to William J. Haynes II, General Counsel, Department of Defense, 28 December 2001, in K. Greenberg et al. (eds), *The Torture Papers* (Cambridge University Press, 2005), at 29 et seq.

〔4〕CCPR/C/USA/CO/4, para. 4.

〔5〕CCPR/C/ISR/CO/4, para. 5.

人权事务委员会在这里均提到其第31号一般性意见（2004年），该意见指出："第2条第1款规定，缔约国必须尊重和保证在其领土内和受其管辖的一切个人享有本《公约》所承认的权利。这就意味着，缔约国必须尊重和确保在其权力范围内或者有效控制下的任何人享受《公约》所规定的权利。其中甚至包括不在缔约国领土上的一些人的权利。……这项原则也适用于在境外采取行动的缔约国武装部队的权力范围内或者有效控制下的所有人，而不论这种权力或者有效控制是在何种情况下获得的，例如，这种武装部队是缔约国因为参加国际维持和平行动或者强制实现和平行动而派出的。"〔1〕人权事务委员会在过去的诸多判例的意见中，也多次认为该公约对于缔约国来说具有域外适用性。在"乌拉圭域外逮捕案"中，委员会认为，乌拉圭在巴西或阿根廷逮捕乌拉圭公民的行为必须遵守《公约》的相关规定。〔2〕在"乌拉圭护照案"中，委员会认为，乌拉圭驻德国领事馆没收乌拉圭公民护照的行为也必须遵守《公约》的相关规定（至少是《公约》第12条）。〔3〕

国际法院也在一些案件中认定该《公约》具有域外适用性。在2004年的"隔离墙案"的咨询意见中，法院驳斥了以色列认为的该《公约》不具有域外适用性的主张。法院首先指出："虽然国家的管辖权基本上是领土性质的，但是它有时可以在国家领土之外行使。鉴于《公约》的目的和宗旨，即使是在这种情况下，《公约》的缔约国也应当遵守其规定，这是十分自然的。"接着，法院援引人权事务委员会的判例，认为当缔约国在外国领土上行使管辖权时，也有义务遵守该《公约》。法院还从该条款的起草历史角度进行驳斥，认为当初之所以把"在领土内"这一术语规定在内，是为了防止一些处在缔约国领土之外，而且处在缔约国管辖范围之外的人，对该缔约国提出要求的情形，而绝不是允许缔约国在对外国领土具有管辖权的情况下试图逃避其在《公约》下的义务的情形。法院接着又引用了人权事务委员会对以色列国别报告的结论性意见认为，该《公约》对

〔1〕 HRC, General Comment No. 31, Nature of the General Legal Obligation Imposed on States Parties to the Covenant, para. 10.

〔2〕 HRC, *Lopez Burgos* v. *Uruguay*, Case No. 52/79; *Lilian Celiberti de Casariego* v. *Uruguay*, Case No. 56/79.

〔3〕 HRC, Montero v. Uruguay, Case No. 106/81.

“缔约国在其领土之外但受其管辖的地方实施的行为”具有可适用性。[1] 在2005年的“在刚果领土上的武装行动案”的判决中，法院确认，《公约》具有域外适用性，对处在乌干达占领之下的刚果领土（伊图里地区）具有适用性，乌干达必须对发生在伊图里地区的行为负责。[2]

权威国际人权法学者也认为《公约》对于缔约国来说具有域外适用性。[3] 美国国际人权法学者、曾任国际法院法官的伯根索尔教授指出，对这一规定过于拘泥于字面意义的解释往往会导致荒唐的结果。如照此解释，一个被阻止进入其祖国的缔约国国民就会因为他不在该国的领土内而不能享有《公约》第12条第4款规定的进入本国的权利。在领土适用范围这一问题上有必要使用一种合理的系统性和目的性的解释方法，并应考虑到历史背景。[4] 奥地利国际人权法学者、曾任联合国酷刑问题特别报告员的诺瓦克教授指出，如果一个缔约国在外国领土上采取的行动侵犯了受其主权管辖的个人的权利，但是却不能使它对此负责任的话，那么就违背了《公约》的宗旨。[5] 英国国际人权法学者、现任人权事务委员会委员的罗德列教授也对严格的字面解释进行了驳斥。[6]

综上，对该《公约》第2条第1款中的“在领土内和受其管辖”作严格的字面解释将违背该《公约》的目的及宗旨，不是对这几个条约用语的

〔1〕 ICJ, *Legal Consequences of the Construction of a Wall in the Occupied Palestinian Territory*, Advisory Opinion, 9 July 2004, paras. 107 – 111.

〔2〕 ICJ, *Armed Activities in the Territory of the Congo* (*Democratic Republic of the Congo* v. *Uganda*), Judgment, 19 December 2005, para. 217.

〔3〕 除了本文下面列出的权威国际法学者外，还包括下列研究：Dominic McGodlrick, “Extraterritorial Application of the International Covenant on Civil and Political Rights”, in Fons Coomans and Menno T. Kamminga (eds.), *Extraterritorial Application of Human Rights Treaties* (Intersentia, Antwerp, 2004), pp. 41 – 72; Martin Scheinin, “Extraterritorial Effect of the International Covenant on Civil and Political Rights”, also in Fons Coomans and Menno T. Kamminga (eds.), *Extraterritorial Application of Human Rights Treaties* (Intersentia, Antwerp, 2004), pp. 73 – 82; *etc*.

〔4〕 Thomas Buergenthal, “To Respect and To Ensure: State Obligations and Permissible Derogations”, in Louis Henkin (ed.), *The International Bill of Rights*: *The Covenant on Civil and Political Rights* (1981), p. 74; 另见 Theodor Meron, “Extraterritoriality of Human Rights Treaties”, 89 *American Journal of International Law* (1995), p. 79.

〔5〕 ［奥］曼弗雷德·诺瓦克：《〈公民权利和政治权利国际公约〉评注》（修订第2版），孙世彦、毕小青译，三联书店2008年版，第46页。

〔6〕 N. Rodley, “The Extraterritorial Reach and Applicability in Armed Conflict of the International Covenant on Civil and Political Rights: A Rejoinder to Dennis and Surena”, *European Human Rights Law Review* (2009), p. 628.

善意解释。真正决定该《公约》领土适用范围的词不是“领土”，而是“管辖”一词。

（二）一些国际人权公约中的“在其管辖的领土内”的正确含义

如上所列，一些国际人权公约的领土适用条款用的是“在其管辖的领土内”这一表述。这里的“领土”一词是否仅仅指缔约国的“主权领土”？答案应当是否定的。美国2006年接受禁止酷刑委员会审查其提交的第二期定期报告时声称，该《公约》中的“在其管辖的领土”只能被理解为美国的“主权领土”，这遭到了禁止酷刑委员会的严重关切。[1] 2014年，在接受禁止酷刑委员会审查其合并提交的第三期至第五期定期报告时，美国告知委员会，对该《公约》领土适用范围作出了立法和司法方面的改变，并明确承诺遵守在各处（包括巴格拉姆和关塔那摩湾拘留设施）普遍禁止酷刑和虐待，还保证按照国际和国内法，在任何时候和任何地点，从法律上禁止美方人员实施酷刑或残忍、不人道，或有辱人格的待遇或处罚。美国还报告说，它审查了有关《公约》域外适用的立场，并表示《公约》适用于其主权领土“以外的某些地区”，更具体而言，是“美国作为政府当局控制的所有地方”，还指出目前该国对“古巴关塔那摩湾美国海军基地、那里进行的所有诉讼程序以及美国注册的船舶和飞机”行使这种控制。委员会对此表示欢迎。[2] 这说明，这里的“领土”并不仅仅指的是缔约国的主权领土，而是包括处在缔约国管辖下的所有领土。

四、这里的“管辖”的含义是有效控制

总之，对于规定有领土适用条款的国际人权公约的缔约国来说，判断它们领土适用范围的标准应当是是否处在缔约国的管辖下，而不是是否处在缔约国的领土上。那么，如何理解这里的“管辖”一词？

（一）“管辖”的判断标准是有效控制

在国际法中，存在多种关于“管辖”这个术语的含义。国际人权公约领土适用条款中的“管辖”显然不是指缔约国的管辖权。缔约国的管辖权除了属地、属人、保护性管辖之外，甚至还具有普遍管辖权。如果把国际人权公约领土适用条款中的“管辖”理解为缔约国的管辖权，那么缔约国就需要为全世界人口承担着适用国际人权公约的义务，这将完全背离国际

---

〔1〕 CAT/C/USA/CO/2, para. 15.

〔2〕 CAT/C/USA/CO/3 -5, para. 10.

人权公约规定领土适用条款的初衷。[1] 根据国际人权监督机构的实践，国际人权公约领土适用条款中“管辖”一词是指实际上处在缔约国的权力之下或受到缔约国的有效控制。

在 1995 年 3 月 23 日的“娄奇窦诉土耳其案”（先决问题）中，针对该案是否属于《欧洲人权公约》第 1 条所指的“管辖”范围内的问题，欧洲人权法院指出：

> “尽管第 1 条对本公约的范围进行了限制，但是该条款中的‘管辖’的概念却并不限制在缔约方的国家领土之内。根据本法院已经确立的判例法，例如，本法院已经认为缔约方引渡或驱逐某个人可能引起第 3 条中的问题，从而引起该缔约方在本公约下的责任。……而且，缔约方的责任也可能因为其公共当局在国家边界以内或以外实施的行为而引起……鉴于本公约的目的和宗旨，当某一缔约方因为军事行动的结果而对其国家领土以外的某一区域进行有效控制（effective control）时，无论是合法的还是非法的，都可能引起责任。在该区域内确保权利和自由的义务来自控制这个事实，无论是直接的控制、通过它的武装力量的控制还是通过下属的地方当局的控制。”[2]

---

〔1〕 Marko Milanovic, *Extraterritorial Application of Human Rights Treaties: Law, Principles, and Policy*, Oxford University Press, 2011, p. 262.

〔2〕 ECtHR, *Loizidou* v. *Turkey*, Case No. 40/1993/435/514, Judgment (Preliminary Objections), 23 March 1995, para. 62. 本案申请人是塞浦路斯希腊族人，本来生活在塞浦路斯北部地区，因土耳其入侵塞浦路斯并在塞浦路斯北部建立起一个叫作“北塞浦路斯土耳其共和国”的政治实体，逃到了塞浦路斯南部，因此无法再利用原来在北部的房产等财产，从而在欧洲人权法院起诉土耳其。法院裁决本案处在土耳其的管辖之下，从而认定法院对本案有管辖权。

欧洲人权法院在随后多个案件中不断确认这一原则。[1]

有效控制标准也得到人权事务委员会的确认。2004年，人权事务委员会在第31号一般性意见中指出：

> “第2条第1款规定，缔约国必须尊重和保证在其领土内和受其管辖的一切个人享有本《公约》所承认的权利。这就意味着缔约国必须尊重和确保在其权力范围内或者有效控制（effective control）下的任何人享受《公约》所规定的权利。其中甚至包括不在缔约国领土上的一些人的权利。……这项原则也适用于在境外采取行动的缔约国武装部队的权力范围内或者有效控制（effective control）下的所有人，而不论这种权力或者有效控制是在何种情况下获得的，例如，这种武装部队是缔约国因为参加国际维持和平行动或者强制实现和平行动而派出的。”[2]

这一原则还得到禁止酷刑委员会的确认。2007年，禁止酷刑委员会在第二号一般性意见中指出，

> 该《公约》中的“任何领土”包括缔约国根据国际法直接或间接、全部或部分、法律上或事实上实行有效控制（effective control）的所有地区。该《公约》第2条以及第5条、第11条、第12条、第13条和第16条提及的“任何领土”，不但指在缔约国

---

〔1〕 在1996年11月28日就该案的实体问题作出的判决中，法院重审了在先决问题中的决定，这是用到了“有效的总体控制”（effective overall control）这一说法。ECtHR, *Loizidou* v. *Turkey*, Case No. 40/1993/435/514, Judgment (Merits), 28 November 1996, para. 56. 法院判决土耳其侵犯了申请人的财产权。欧洲人权法院在后来的许多案件中交替使用“有效控制”和“有效的总体控制”这两个表述，基本上没有实质区别。在2001年12月12日“班科维奇等人诉比利时等国案”中，法院用到了“有效控制”这一表述，参见ECtHR, *Banković and Others* v. *Belgium and 16 Other NATO Member States*, Decision of 12 December 2001 (Admissibility), para. 71. 在2003年3月12日的“奥贾兰诉土耳其案”中，法院用到“有效权力”这一表述，参见ECtHR, *Loizidou* v. *Turkey*, Application No. 46221/99, Judgment, 12 March 2003, para. 93. 在2004年10月19日的“伊萨等人诉土耳其案”中，法院用到了“有效的总体控制”这一表述，参见ECtHR, *Issa and Others* v. *Turkey*, Application No. 31821/96, Judgment, 16 November 2004, para. 74.

〔2〕 HRC, General Comment No. 31, Nature of the General Legal Obligation Imposed on States Parties to the Covenant, para. 10.

> 注册的船舶或飞机上犯下的违禁行为，而且也指在军事占领或维和行动期间以及在诸如使馆、军事基地、拘留设施或一国有实际或有效控制（actual or effective control）下的其他地区犯下的此种行为。委员会要指出，这一解释加强了第5条第1款（b）项，其中规定缔约国必须采取措施，在“被控罪犯为该国国民”的情况下行使管辖权。委员会认为，第2条所指的“领土”的范围还必须包括缔约国直接或间接、事实上或法律上对被拘留的人实行控制（control）的情况。[1]

最后，这一原则也得到了国际法院的支持。在1970年的“西南非洲案”的咨询意见中，国际法院就指出，

> “虽然南非对该块领土并不具有所有权，但是这并不能免除其针对其他国家在对该块领土行使权力方面依据国际法应当履行的义务和承担的责任。如果某个行为对其他国家产生影响，是否需要为此行为承担责任的依据不是对该块领土是否具有主权或者所有权，而是是否实施了实实在在的控制（physical control）。”[2]

（二）有效控制的含义

1. 有效控制是一个事实问题

首先，需要澄清的是，缔约国是否具有有效控制是一个事实问题，而不是一个法律问题。换言之，有效控制的起源是否合法，在所不问。

有时，缔约国的有效控制有合法的基础。例如，1977年，在“X和Y诉瑞士案”中，欧洲人权委员会认为，瑞士警察根据瑞士和列支敦士登两国缔结的条约在列支敦士登（当时并非《欧洲人权公约》的缔约国）境内的行为构成瑞士在列支敦士登境内行使管辖权。[3] 在本案中，瑞士警察在列支敦士登境内执法是符合国际法的，因为这是有两国的条约为依据的。在这种情况下，由于瑞士警察在列支敦士登境内从事了执法行为，尽管列

---

〔1〕 CAT/C/GC/2, 24 January 2008, para. 16.

〔2〕 ICJ, *Legal Consequences for States of the Continued Presence of South Africa in Namibia (South West Africa) Notwithstanding Security Council Resolution* 276 (1970), Advisory Opinion, 21 June 1971, para. 118.

〔3〕 ECmHR, *X & Y* v. *Switzerland*, Decision on Admissibility, 14 July 1977, DR 9, p. 71.

支敦士登当时并非《欧洲人权公约》的缔约国，但是瑞士仍然需要遵守《欧洲人权公约》的规定。

假如缔约国的有效控制没有合法的基础，或者说假如其起源是非法的，也不影响缔约国因为非法的有效控制而遵守国际人权公约的要求。在1995年3月23日的“娄奇窦诉土耳其案”（先决问题）中，土耳其违反国际法入侵塞浦路斯，在塞浦路斯北部建立起傀儡的“北塞浦路斯土耳其共和国”，并对该实体实施有效控制。欧洲人权法院在本案中认定，由于存在有效控制，因此土耳其作为《欧洲人权公约》的缔约国必须对处在其有效控制下的这一实体内发生的违反该《公约》的行为负责。〔1〕

由于有效控制标准不要求对控制的起源的合法性作出要求，因此也就无须对有效控制的起源的合法性进行审查，尤其是，在一些有效控制的起源是否合法模棱两可的案件中，就没有必要把有效控制的起源是否合法作为一个先决问题作出先行裁决。〔2〕例如，在两国对某块领土的主权归属存在争端的案件中，无论依据国际法该领土的主权是属于谁的，只要其中一国有效控制着该块领土，实施有效控制的一国就必须对生活在该领土上的居民履行国际人权公约要求的义务。当然，这种履行也不影响该块有争议的领土最终的主权归属。

2. “法律空间”概念对有效控制的影响

处在国际人权公约某一缔约国有效控制下的域外领土有可能是该公约的另一缔约国的领土，也有可能是该公约非缔约国的领土。在区域人权公约的情况下，甚至还可能进一步出现区域人权公约某一缔约国有效控制的是该区域内非缔约国的领土以及其他区域内非缔约国的领土两种不同情形。这是否对国际或区域人权公约领土适用的有效控制标准产生影响？

〔1〕 ECtHR, *Loizidou* v. *Turkey*, Case No. 40/1993/435/514, Judgment (Preliminary Objections), 23 March 1995, para. 62.

〔2〕 Marko Milanovic, *Extraterritorial Application of Human Rights Treaties: Law, Principles, and Policy*, Oxford University Press, 2011, p. 61. See also A. Zimmermann, “Extraterritorial Application of Human Rights Treaties – The Case of Israel and the Palestinian Territories Revisited”, in I. Buffard, J. Crawford, A. Pellet, and S. Wittich (eds), *International Law between Universalism and Fragmentation: Festschrift in Honour of Gerhard Hafner*, Brill, 2008, p. 758.

在这个问题上，欧洲人权法院的司法实践非常明显。《欧洲人权公约》是一个欧洲理事会通过的区域人权公约，仅面向欧洲理事会成员国开放，被欧洲人权法院称为是一个关于欧洲公共秩序的宪法性文件。[1] 凡是《欧洲人权公约》的缔约国都处在该《公约》"法律空间"内。因此，如果一个缔约国占领另一个缔约国的领土，前者作为占领当局，原则上应当对后者被占领土上发生的违反该《公约》的行为负责，否则就会出现该《公约》法律空间的漏洞。[2] 但是这并不意味着，《公约》第 1 条所规定的"管辖"只能覆盖欧洲理事会成员国的领土，而不能延伸到欧洲理事会成员国以外的国家领土。欧洲人权法院在以往的任何判例中从来没有做出过这种限制。在"艾尔－斯盖尼等人诉英国案"中，英国上议院以伊拉克并非欧洲理事会成员国（尽管案发当时，原告及其所在伊拉克地区就处在英国的有效控制下），因此不属于《欧洲人权公约》法律空间为由，认为英国无需承担责任。在 2011 年 7 月 7 日"艾尔－斯盖尼等人诉英国案"中，欧洲人权法院否定了英国上议院对《欧洲人权公约》法律空间的这一说法。欧洲人权法院明确指出，《欧洲人权公约》第 1 条的"管辖"可以延伸至欧洲理事会成员国之外的领土或空间。[3] 因此，"法律空间"一说并不影响存在有效控制所产生的法律后果。

3. 有效控制的对象

（1）缔约国的部分主权领土。依据国际实践，有效控制的对象当然首先是缔约国的主权领土。有时，在缔约国的主权领土范围内，由于各种原因，缔约国无法对其主权领土的全部范围实施有效控制。在这种情况下，国际人权公约当然适用于处在缔约国有效控制下的那部分主权领土。至于那些没有处在缔约国有效控制下的领土，国际人权公约中要求缔约国承担

---

〔1〕 ECtHR, *Loizidou* v. *Turkey*, Case No. 40/1993/435/514, Judgment (Preliminary Objections), 23 March 1995, para. 75.

〔2〕 ECtHR, *Banković and Others* v. *Belgium and* 16 *Other NATO Member States*, Decision of 12 December 2001 (Admissibility), para. 80.

〔3〕 ECtHR, *Al – Skeini and Others* v. *The United Kingdom*, Application no. 55721/07, Judgment, 7 July 2011, para. 142.

的消极义务原则上不对该块领土适用。[1]

（2）缔约国占领的领土。在缔约国占领他国领土的情况下，被占领土就处在作为占领当局的缔约国的管辖之下。尽管从国际法的意义来看，被占领土并不属于占领当局的主权领土，但是依据国际人权公约领土适用中的有效控制标准，被占领土由于已经处在占领当局的有效控制下，[2] 被占领土就等于处在占领当局的管辖之下，占领当局有义务尊重和确保尊重生活在被占领土上的居民在国际人权公约中的权利。

（3）域外其他区域、场所和物体。除了被占领土外，有效控制的对象还包括域外其他区域（area）。这些区域往往不是缔约国通过自己的武装部队直接进行有效控制，而是通过附属的地方当局间接进行有效控制，例如

---

〔1〕 但是，缔约国仍然必须对尚未有效控制的主权领土履行积极义务。在“伊拉斯库等人诉摩尔多瓦和俄罗斯案”中，摩尔多瓦否认申请人处在其管辖之下，辩称：德涅斯特地区虽然在法律上是摩尔多瓦主权领土的一部分，但是其对该地区没有任何控制，德涅斯特地区有自己的军队、警察和其他一整套的国家机关。对此，欧洲人权法院认为：“在对德涅斯特缺乏有效控制的情况下，摩尔多瓦在本公约第1条下仍然有积极的义务，采取在其权力之下、并且符合国际法的外交、经济、司法或其他措施来确保申请人获得本公约中的权利。”欧洲人权法院阐释的积极义务概念的内容包括：公共利益与个人利益之间的平衡、缔约国情形的多元化与优先权与资源选择之间的平衡、义务的可能性以及比例原则。虽然缔约国国内出现了分离实体并控制某个地区，但这并不意味着缔约国就自动免除了其在公约第1条下的管辖义务。缔约国必须采取所有其具有的针对外国和国际组织的法律和外交手段，尽最大努力继续保证该地区的个人能够享有公约中的权利。欧洲人权法院并不向这些国家指示其应该采取哪些具体的措施，这是这些国家自己的权力，法院的任务将是决定，在何种程度上可以尽到最小的努力，以及该国是否应当作出。在本案中，法院通过对摩尔多瓦前后履行这种义务的比较后认为，摩尔多瓦从2001年5月后针对申请人并没有履行这种积极义务，因为它没有像以前那样通过各种可能途径保护申请人的权利，甚至在与俄罗斯的双边交往中也没有提到申请人的指控等。法院因此判决摩尔多瓦侵犯了申请人在《公约》中的人权。参见：ECtHR, *Ilaşcu and Others* v. *Moldova and Russia*, Application No. 48787/99, Judgment, 8 July 2004, para. 331。

〔2〕 1907年《海牙第四公约》附件《陆战法规和惯例章程》第42条规定，“领土如实际上被置于敌军当局的权力之下，即被视为被占领的领土。而且，占领只适用于该当局建立并行使其权力的地域。”权威学者也把构成占领的“实际上置于敌军当局的权力之下”称为“有效控制”，例如参见：Y. Dinstein, *The International Law of Belligerent Occupation*, Cambridge University Press, 2009, p. 42. 但是，作为构成占领的要求的有效控制不同于作为国际人权公约领土适用中的有效控制。换言之，有些情况下，即便缔约国对某块外国领土没有构成国际法意义上的占领，但该块领土仍然处在缔约国的有效控制下，从而缔约国仍应适用有关国际人权公约，就像欧洲人权法院在“伊拉斯库诉摩尔多瓦和俄罗斯案”中的判决一样，尽管德涅斯特地区并不处在俄罗斯的占领之下，但是由于俄罗斯对该地区具有“决定性影响”，法院认为，该地区就处在俄罗斯的“管辖”（有效控制）之下。

土耳其通过“北塞浦路斯土耳其共和国”当局控制塞浦路斯北部,[1] 俄罗斯通过“德涅斯特左岸共和国”控制摩尔多瓦德涅斯特左岸地区,[2] 亚美尼亚通过“纳卡共和国”控制阿塞拜疆的纳卡地区,[3] 等等。当缔约国对域外特定区域具有此种控制时，没有必要要求缔约国对此种地方当局的政策和行动实施具体的控制。只要此种地方当局是因为缔约国的军事和其他支持才得以生存下来，就足以让缔约国为此种地方当局的政策和行为负责。

再往小的方面说，有效控制还可以针对域外的特定场所（place），例如监狱等其他特定建筑物。针对媒体大量报道的美国在东欧一些国家领土上设置“秘密监狱”，并对关押在“秘密监狱”中的恐怖分子实施不人道待遇的指责，美国司法部曾经在 2005 年辩解称，虽然美国是《禁止酷刑公约》的缔约国，而且《禁止酷刑公约》第 16 条要求缔约国保证防止公职人员或以官方身分行使职权的其他人“在该国管辖的任何领土内”施加、唆使、同意或默许未达第 1 条所述酷刑程度的其他残忍、不人道或有辱人格的待遇或处罚的行为，但是第 16 条规定的只是在该国管辖的任何“领土”内，而所谓的“秘密监狱”显然不是“领土”，只能称为“场所”，因此美国没有违反第 16 条的规定。[4] 美国对《禁止酷刑公约》第 16 条的这一狭义解释遭到了诸多批评。2014 年，在接受禁止酷刑委员会审查其合并提交的第三期至第五期定期报告时，美国告知委员会，美国已经改变了上述立场，将“任何地点”都理解为《禁止酷刑公约》第 16 条所指的“领土”。委员会对此表示欢迎。[5]

再往更小的方面说，有效控制还可以针对位于域外的特定物体（object），例如船舶或飞机等。在 2010 年的“梅德韦的耶夫等人诉法国案”

---

〔1〕 ECtHR, *Loizidou* v. *Turkey*, Case No. 40/1993/435/514, Judgment (Preliminary Objections), 23 March 1995, para. 62.

〔2〕 ECtHR, *Ilaşcu and Others* v. *Moldova and Russia*, Application No. 48787/99, Judgment, 8 July 2004, para. 331.

〔3〕 ECtHR, *Chiragov and Others* v. *Armenia*, *no.* 13216/05, Judgment (Merits), 16 June 2015, para. 186.

〔4〕 Memorandum for John A. Rizo from Steven G. Bradbury, re Application of United States Obligations under Article 16 of the Convention against Torture to Certain Techniques that May Be Used in the Interrogation of High Value Al Qaeda Detainees, US Department of Justice, Office of Legal Counsel, 30 May 2015, http://www.fas.org/irp/agency/doj/olc/article16.pdf.

〔5〕 CAT/C/USA/CO/3-5, para. 10.

中，欧洲人权法院指出，由于法国当局从在国际水域截获该船只开始就对该船只及其上面的船员实施了全部和排他性的控制，因此申请人就处在法国的有效控制下。[1]

（4）缔约国的驻外使领馆。有效控制的对象还包括缔约国驻外的外交和领事机构。依据国际法，派遣国驻外的使领馆对派遣国国民行使着特定的职务，为了便利这些职能的正常行使，国际法赋予派遣国使领馆在接受国境内具有特定的特权和豁免。[2] 早在 1965 年，欧洲人权委员会就在"X 诉联邦德国案"中认为，《欧洲人权公约》缔约国的外交代表在其境外的公务行为能够引起该缔约国在公约下的国家责任。[3] 欧洲人权委员会也在后来的多个案件中予以确认。[4] 在本文前面引用的"乌拉圭护照案"意见中，人权事务委员会也确认，《公民权利和政治权利国际公约》适用于缔约国驻外领馆的行为。

（5）个人。个人也可以成为有效控制的对象。换句话说，不论域外的领土、场所为何，如果个人处在缔约国的域外时受到了缔约国的有效控制，缔约国就要对此种个人负责国际人权公约下的权利。域外控制个人的情形包括在域外逮捕、绑架、劫持、移交个人等，不论逮捕、绑架、劫持或移交这些行为本身是否合法。例如，在 2003 年 3 月 12 日的"奥贾兰诉土耳其案"中，欧洲人权法院指出，肯尼亚当局在内罗毕机场国际区域将奥贾兰移交给土耳其当局后，奥贾兰就处在土耳其的有效控制下。[5] 在 2004 年 7 月 8 日的"伊拉斯库等人诉摩尔多瓦和俄罗斯"案中，欧洲人权法院指出，申请人当时处在俄罗斯的有效控制下，因为俄罗斯驻摩尔多瓦德涅斯特地区第十四军士兵首先逮捕了申请人，随后将申请人移交给德涅

---

〔1〕 ECtHR, *Medvedyev and Others* v. *France*, Application no. 3394/03, Judgment, 29 March 2010, para. 67.

〔2〕《维也纳外交关系公约》第 3 条第 1 款规定，使馆"于国际法许可之限度内，在接受国中保护派遣国及其国民之利益"。《维也纳领事关系公约》第 5 条规定了领事职务，列举了 13 项具体职务，大多数职务都涉及保护派遣国国民的利益。

〔3〕 ECmHR, *X* v. *The Federal Republic of Germany*, Decision of 25 September 1965, in: *Yearbook of the European convention on human rights*, Vol. 8, 1965, (Martinus Nijhoff Publishers, Dordrecht, 1967), p. 169.

〔4〕 ECmHR, *X* v. *the United Kingdom*, Application no. 7547/76, Decision, 15 December 1977, DR 12, p. 73; ECmHR, *M* v. *Denmark*, Application no. 17392/90, Decision, 14 October 1992, DR 73, p. 193.

〔5〕 ECtHR, *Öcalan* v. *Turkey*, Application No. 46221/99, Judgment, 12 March 2003, para. 93.

斯特地区当局。〔1〕在2004年10月19日的“伊萨等人诉土耳其案”中，欧洲人权法院指出：如果有足够的证据证明土耳其士兵当时在伊拉克北部逮捕了被害人，并把被害人带到附近的岩洞后射杀，被害人就处在土耳其的有效控制之下。〔2〕在2009年6月30日的“艾尔－萨登和穆福迪诉英国案”中，欧洲人权法院指出，由于两位申请人被关押在位于伊拉克的一所监狱内，而该监狱当时受到英国军队的全部和排他性的控制，因此英国对这两位申请人就具有有效控制。〔3〕

3. 控制必须是“有效的”

国际人权公约领土适用的有效控制标准要求缔约国对特定的领土、场所或个人的控制必须是有效的。由于是否存在有效控制是一个事实问题，因此需要具体案件具体分析。在这里，仅分享几个欧洲人权法院的判例。

关于域外的军事行动，并不是所有的域外军事行动均构成有效控制。缔约国在域外从事的军事行动是否构成有效控制，取决于具体情况。在2001年12月12日“班科维奇等人诉比利时等国案”中，欧洲人权法院虽然同意有效控制标准是确立缔约国“管辖”的标准，但驳回了申请人的主张，认为北约1999年空袭贝尔格莱德时塞尔维亚广播电视台中的死伤人员并没有处在比利时等17个国家的“管辖”之下，因为北约空袭贝尔格莱德时，实际上并没有有效控制贝尔格莱德的地面局势，地面局势仍然有效控制在南联盟军队之中。〔4〕在2004年10月19日的“伊萨等人诉土耳其案”中，欧洲人权法院不认为土耳其1995年在伊拉克北部的军事行动构成有效控制，因为与土耳其侵占北塞浦路斯不同，土耳其在伊拉克北部并没有长期存在，也没有进行长期巡逻，更没有在主要的交通线上设置检查

〔1〕 ECtHR, *Ilaşcu and Others* v. *Moldova and Russia*, Application No. 48787/99, Judgment, 8 July 2004, para. 331.

〔2〕 ECtHR, *Issa and Others* v. *Turkey*, Application No. 31821/96, Judgment, 16 November 2004, European Court of Human Rights, para. 74.

〔3〕 ECtHR, *Al – Saadoon and Mufdhi* v. *the United Kingdom*, Application no. 61498/08, Decision, 30 June 2009, paras. 86 – 89.

〔4〕 ECtHR, *Banković and Others* v. *Belgium and 16 Other NATO Member States*, Decision of 12 December 2001 (Admissibility), para. 71. 这一判决遭到了不少学者的批评。由于在空袭时，贝尔格莱德的空域基本上已经完全被打开，贝尔格莱德的所有建筑物和人员随时都有可能受到北约的空袭。换言之，贝尔格莱德的“空域”已经基本上被北约有效控制。欧洲人权法院以贝尔格莱德地面没有受到北约有效控制为由，认为贝尔格莱德不处在《欧洲人权公约》的管辖范围内，不少学者认为欧洲人权法院的这一要求过于严苛。

站和各种关卡等。[1] 但是，在 2015 年 6 月 16 日的“斯盖尼等人诉英国案”中，法院指出，由于英国在伊拉克东南部行使着维持安全的权力，而这些权力通常都是由主权政府行使的，在本案中，被害人的死亡发生在英国军队开展的安全行动期间，而且英国士兵当时在被害人房子附近巡逻，随即加入致命的交火行为，造成被害人的死亡，因此英国对死亡的被害人在当时具有有效控制。[2] 在 2011 年 12 月 14 日“奇拉戈夫等人诉亚美尼亚案”中，亚美尼亚辩称，纳戈尔诺－卡拉巴赫（“纳卡”）是独立的实体，亚美尼亚并没有对其进行控制，没有对其提供任何支持，也没有在该地区驻扎军队。但是，欧洲人权法院详细考察了各种证据后，认为亚美尼亚在 1992 年发生的纳卡冲突中对纳卡当局存在有效控制。法院审查的证据包括：在冲突期间，“人权观察”的一份报告以及亚美尼亚一位军官的声明，证明纳卡军队中有亚美尼亚军人；亚美尼亚和纳卡之间签订的军事协定，规定一方的士兵应在另一方服役；相关国际组织的许多声明和决定确认亚美尼亚在纳卡的存在，包括“国际危机小组”的一份报告以及欧洲理事会议会大会的决定；冲突期间亚美尼亚总统发表的一份声明，称是这场战争是“我们的军队”的胜利；亚美尼亚向纳卡提供军事装备和专业知识；亚美尼亚的军事支持是对征服和纳卡控制的决定性因素，1994 年军事合作协定证明亚美尼亚军队和纳卡军队是高度融合的；亚美尼亚对纳卡一般的政治支持；互换重要的政治家；给纳卡居民颁发亚美尼亚护照；亚美尼亚执法人员在纳卡执行亚美尼亚法律；亚美尼亚对纳卡的财政援助占到纳卡预算的大约一半，包括亚美尼亚总统的基金，以致于没有亚美尼亚的财政援助，纳卡不可能生存下来。法院甚至说，一个只有 15 万人口的地区在 1992 年初的冲突中在没有亚美尼亚支持的情况下能够抵挡具有 700 万人口的阿塞拜疆军队的攻击，并且控制附近的其他阿塞拜疆地区，这是不可思议的。法院据此断定，上述证据证明，亚美尼亚从纳卡冲突的一开始就对纳卡施加了重大和决定性的影响，这两个实体在所有重大事项上实际上是不可分割的，这种局势持续到现在。换句话说，纳卡及其当局是因为亚美尼亚向其提供的军事、政治、财政和其他支持才存在的，因此，亚美尼

---

〔1〕 ECtHR, *Issa and Others* v. *Turkey*, Application No. 31821/96, Judgment, 16 November 2004, European Court of Human Rights, para. 74.

〔2〕 ECtHR, *Al－Skeini and Others* v. *The United Kingdom*, Application no. 55721/07, Judgment, 7 July 2011, para. 150.

亚对纳卡及其周边领土具有有效控制。申请人的申请因此属于《公约》第1条意义上的亚美尼亚的管辖之下。[1]

关于向外国法院或国际法庭任命法官的行为，仅仅向外国法院或国际法庭任命法官行为本身并不构成有效控制。要构成有效控制，还必须证明缔约国对该法官的判决有监督或有干预。在1992年5月27日的“德罗兹和亚努塞克诉法国和西班牙案”中，欧洲人权法院认为，尽管来自法国和西班牙的法官作为安道尔法院的成员进行审判，但是他们并不是以法国或西班牙法官的身份来审判的，而是以一种自治的方式行使他们的职能的，他们的判决并不受到法国或西班牙当局的监督，而且，案件的档案中也不存在任何法国或西班牙当局企图对审判进行干预的暗示。[2] 因此，法国和西班牙政府任命法官的行为并不构成管辖。

关于域外设置机构，并非所有在域外设置机构的行为均属于有效控制。要证明缔约国对域外设置的机构存在有效控制，还必须证明，该机构完全处在该缔约国的控制之下。1975年，欧洲人权委员会在“海斯诉英国案”中指出：“在某些情形下，一个国家对其当局在领土之外实施的行为负有公约中的责任。”但是，在该案件中，委员会并不认为海斯先生处在英国的“管辖”下，因为位于柏林的斯班多监狱是由美英法苏四国联合管理和监督的，英国无权单独改变监狱的状况。委员会指出：“关于监狱的管理，本委员会注意到，对该监狱的改变只能由四国在德国的代表或四国管理者一致决定。管理和监督都是四方的行为。本委员会的意见是：联合当局不能被分割成四个独立的管辖，因此，英国参与联合当局以及对斯班多监狱的管理和监督并非公约第1条意义上英国‘管辖下的’事项。”[3]

4. 有效控制必须达到排除合理怀疑的程度

由于缔约国是否对特定的领土、场所或个人具有有效控制是一个事实问题，因此就存在证明标准问题。在2004年10月19日的“伊萨等人诉土耳其案”中，包括伊萨女士在内的6位伊拉克牧羊人在欧洲人权法院起诉土耳其，认为土耳其军队1995年4月越境侵入伊拉克北部地区时其亲属就处在土耳其的“管辖”之下，而土耳其则认为申请人的亲属当时处在伊拉

〔1〕 ECtHR, *Chiragov and Others* v. *Armenia*, *no.* 13216/05, Judgment (Merits), 16 June 2015, para. 186.

〔2〕 ECtHR, *Drozd and Janousek* v. *France and Spain*, Judgment, 27 May 1992, para. 6.

〔3〕 ECmHR, *Ilse Hess* v. *The United Kingdom*, Decision, 28 May 1975, p. 73. 18 *Yearbook of European Convention of Human Rights* (1975), p. 174.

克的“管辖”之下。欧洲人权法院经过对事实的查明后作出了支持土耳其的判决，认为申请人的亲属当时并非处在土耳其的“管辖”之下，因为申请人没有能够提供“足够的证据”来证明土耳其军队在申请人指控的地区进行了军事行动，申请人提供的证据没有达到证明标准，即“没有排除合理的怀疑”。法院还认为，本案与“娄奇窦诉土耳其案”不具有可比性，因为与土耳其侵占北塞浦路斯不同，土耳其在伊拉克北部并没有长期存在，也没有进行一直的巡逻，更没有在主要的交通线上设置检查站和各种关卡等。[1]

五、结 语

今天，世界各国或多或少都是某些含有领土适用条款的国际人权公约的缔约国，而且，在今天这样一个越来越呈现全球化的时代，不少国家，尤其是一些大国，越来越多地在域外从事着各种合法或非法的活动，包括军事行动和执法行动，这将不可避免地触发自己在域外的这种活动是否需要为此履行国际人权公约下的义务的问题。国际人权公约中的领土适用条款时刻提醒着在域外从事各种活动的国家在国际人权公约下的义务。国际人权监督机构的实践一方面确认国际人权公约的域外适用性，另一方面则通过引入有效控制这样的标准对域外适用性设定严格的要求，试图以此在保护人权和尊重主权之间达成一种平衡。在具体的案件中，到底应当如何选择这个平衡点，一直是国际人权监督机构孜孜以求的目标。

〔1〕 ECtHR, *Issa and Others* v. *Turkey*, Application No. 31821/96, Judgment, 16 November 2004, para. 74.

15
论西北航道的国际海峡地位

郭红岩 *

摘　要：西北航道是大西洋和太平洋之间穿越加拿大北极群岛的海洋航道，与通常从欧洲到太平洋的经苏伊士运河、巴拿马运河或从绕行非洲好望角的三条主要航线相比，大大缩短了航程。但西北航道的法律地位一直存在着争议。加拿大通过颁布和实施国内法主张对西北航道的领土主权，使得西北航道中的水域成为加拿大的内水，但根据1982年《联合国海洋法公约》等国际法，西北航道则属于国际海峡。本文拟从国际海峡的标准，并结合国际法和加拿大的国内立法等相关规定，探讨和研究西北航道的国际海峡地位。

关键词：西北航道　加拿大立法　国际法　国际海峡

一、西北航道概述

西北航道（Northwest Passage）是北极航道[1]的重要航道之一，在北极圈以北800公里，距北极不到1930公里。它东起戴维斯海峡（Davis Straits）和巴芬湾（Baffin Gulf），向西穿过加拿大北极群岛（The Arctic Archipelago）水

* 中国政法大学副教授，国家领土主权与海洋权益协同创新中心研究员。

〔1〕 西北航道、东北航道和北方海航道共同构成了北极航道。

域，经美国阿拉斯加北面波弗特海（Beaufort Sea）和丹麦东面的格陵兰岛（Greenland Island）进入北极海，全长约6000公里，连接北大西洋和北太平洋。西北航道周边的北极群岛由36 563个岛屿组成，超过130平方公里的岛屿有94个，其中包括世界上最大的三个岛屿。

（一）西北航道概况

关于西北航道航线，加拿大学者法兰德[1]于1988年提出了五条航线。[2] 2009年《北极海运评估报告》（Arctic Marine Shipping Assessment 2009 Report）是在法兰德前述五条航线和1994年《加拿大北极航行指南》第三卷第五版[3]以及加拿大交通部2007年《北极航行评估》[4]所提航线的基础上提出了6条航线[5]。

---

〔1〕 法兰德（Donat Pharand）教授是加拿大御用大律师，加拿大皇家科学院会员，国际法学家委员会名誉委员，加拿大国际法研究中心荣誉终生会员等，在海洋法尤其北极的国际法问题方面造诣高深，发表过六十多篇学术论文，曾为多国政府及国际组织的海洋边界争端及捕鱼权等问题做过咨询顾问。

〔2〕 Donat Pharand.：*Canada's Arctic Waters in International Law*, Cambridge University Press, 1988, pp. 187－201.

〔3〕 *Sailing Directions*, Arctic Canada, Vol. 3, 5th edition, 1994.

〔4〕 *Canadian Arctic Shipping Assessment*, Transport Canada, 2007.

〔5〕 *Arctic Marine Shipping Assessment* 2009 *Report*, Arctic Council, p. 25. Water Routes of the Northwest Passage：1. Lancaster Sound － Barrow Strait － Viscount Melville Sound － Prince of Wales Strait － Amundsen Gulf. Suitable for deep draft navigation；the route followed by St. Roch in 1944 on westerly transit and the SS Manhattan in 1969. 2. Same as 1 but substitute M'Clure Strait for Prince of Wales Strait and Amundsen Gulf. Collectively Lancaster Sound － Barrow Strait － Viscount Melville Sound is known as Parry Channel. SS Manhattan attempted this route in 1969 but was turned back. Russian icebreaker Kapitan Klebnikov succeeded in a passage in 2001. In September 2007 was clear of Arctic pack ice for a limited time since satellite photos have been available；there was more ice in 2008. 3A. Lancaster Sound － Barrow Strait － Peel Sound － Franklin Strait － Larsen Sound － Victoria Strait － Queen Maud Gulf － Dease Strait － Coronation Gulf － Dolphin and Union Strait － Amundsen Gulf. Of the 3A, 3B and 4 routes, this is considered the best option but with a draft limit of 10 m. 3B. a variation of 3A, Rather than following Victoria Strait on the west side of King William Island, the route passes to the east of the island following James Ross Strait － Rae Strait － Simpson Strait. The route of Roald Amundsen, also route of the MS Explorer, in 1984, the first cruise ship to navigate the Northwest Passage. 4. Similar to 3A. Rather than following Peel Sound on the west side of Somerset Island, the route passes to the east of the island through Prince Regent Inlet and Bellot Strait. Route of St. Roch in 1940－42 on easterly transit. 5. Hudson Strait － Foxe Channel － Foxe Basin － Fury and Hecla Strait － Gulf of Boothia － Bellot Strait － remainder via routes 3A, 3B or 4. No problems for navigation except at exit of Fury and Hecla Strait where Crown Prince Frederick Island is to be avoided. Not generally considered a viable commercial passage for moderate to deep draft ships.

西北航道是目前世界上最险峻的航线之一，尚未被人类充分利用，只有为了护卫或给当地居民及空军远程预警站提供给养的破冰船或拖船的少量通行。但全球暖化导致的环境变化在北极地区表现得尤为突出，在美国阿拉斯加和加拿大西部海岸，过去60 年中年平均冬季气温已经上升了华氏7°之多。[1] 科学家们认为，在未来的几年中，这种气候的变化加之人类的活动将显著影响北极地区的海冰厚度。而由于反射程度的不同，颜色较深的海水比颜色较浅的海冰更容易吸收太阳能，从而形成“正反馈循环”(Positive Feedback Loop)，导致海冰融化的速度随着海水面积的扩大而越来越快，这种趋势使北冰洋变成像波罗的海那样的季节性冰封海域。[2] 根据2009 年的计算和预测，北冰洋夏季无冰的状况将在 2020 年左右出现，比原先估计的早 30 年。[3] 到2100 年夏季，北极海冰的范围将缩小至北极中心位置，全部是一年期冰。[4] 如按上述预期，一旦到 2020 年左右出现夏季无冰年，北冰洋中心区域累积多年的冰层将彻底消失，以后年份的北冰洋只在冬季才会有当年形成的不太厚的海冰，这同时表明西北航道将完全开通。

（二）西北航道法律地位的历史沿革

长期以来，西北航道的法律地位一直没有明确，导致了加拿大与其他国家，特别是美国之间关于西北航道法律地位的激烈争论。尽管从 20 世纪 70 年代以后，加拿大通过颁布控制船舶航行和环境保护等方式控制这块水域，并逐步把西北航道划在北极群岛的直线基线之内，这仍然没有终结关于西北航道的法律地位之争。

实际上，在 1986 年 1 月1 日加拿大划定北极水域直线基线之前，西北航道海峡由领海和专属经济区或公海组成，只有两处狭窄航道与领海重叠：一个是威尔士王子海峡（Prince of Wales Strait，亦译为威尔斯王子海峡），另一个是巴罗海峡（Barrow Strait）。

---

〔1〕 Scott G. Borgerson, Arctic Meltdown, “The Economic and Security Implications of Global Warming”, 87 *Foreign Affairs* 63 (2008).

〔2〕 Andrew Revkin, “No Escape: Thaw Gains Momentum”, *N. Y. Times*, Oct. 25, 2005, at F1.

〔3〕 Press Release, National Snow and Ice Data Center, Arctic Sea Ice Shatters All Previous Record Lows (Oct. 1 2007) available at http://www.nsidc.org/news/press/2007_seaiceminimum/20071001_pressrelease.html (Last visited on December 20, 2014).

〔4〕 Arctic Marine Shipping Assessment 2009 Report, Arctic Council, p. 31.

1964 年 7 月，加拿大通过的《领海和渔区法》[1] 确立了 3 海里领海和 12 海里的专属渔区，并第一次明确了直线基线，之后于 1967 年和 1969 年先后确定了在大西洋和太平洋区域岛屿的直线基线。[2] 1970 年，加拿大不仅修改了 1964 年《领海和渔区法》，把领海延伸到 12 海里，[3] 还制定了《北极水域污染防治法》[4]，把加拿大北极水域自海岸向外扩展到 100 海里的北纬 60°以北，西经 141°到西经 60°之间的北极水域。[5] 该法授权加拿大总督可以据此划出 16 个“航行安全控制区”及进出这些区域的船舶设备的具体标准和驶入驶离的最早和最晚时间，而且可以对违反该法的船舶采取强制拦截措施。[6] 所以，直到 1970 年，加拿大的领海都只有 3 海里。[7] 威尔士王子海峡在加拿大实行 3 海里领海时即成为领海海峡，而巴罗海峡是在 1970 年加拿大宣布 12 海里领海后才成为领海海峡的。该法还直接导致了 1982 年《联合国海洋法公约》（以下称《海洋法公约》）第 234 条关于“加拿大例外”的确立，允许北极沿岸国家合法地对航运进行立法管辖，规定沿海国有权制定和执行关于“冰封区域”的非歧视性的法

---

〔1〕 Territorial Sea and Fishing Zones Act 1964. S. C. 1964, c. 22. Section 3 provided for the 3 - nm territorial sea and section 4 provided for the fishing zones.

〔2〕 Order - in - Council PC 1967 - 2025, 26 October 1967 established the straight baselines on the Atlantic coast, and Order - in - Council PC 1969 - 1109, 29 May 1969 established them on the Pacific coast. See J. Bruce McKinnon, " Arctic Baselines: A Litore Usque Ad Litus" (1987) 66 Canadian Bar Review 790, at 797.

〔3〕 Act to Amend the Territorial Sea and Fishing Zones Act, c. 68, 1969 - 70 S. C. 1243 (1970) (Can.).

〔4〕 The Arctic Waters Pollution Prevention Act is the Act to Prevent Pollution of Areas of the Arctic Waters Adjacent to the Mainland and Islands of the Canadian Arctic, c. 47, 1969 - 70 S. C. 653 (1970) (Can.). The Act received Royal Assent on June 26, 1970 and was proclaimed in force on August 12, 1972. The AWPPA prohibited the deposit of " waste" in Arctic waters; allowed the Governor in Council to prescribe " shipping safety control zones" in any area of the Arctic waters, make regulations relating to navigation in the zones and prohibit entry into the zone if it didn't meet the prescribed regulations. Regulation SOR/72 - 253 was issued in July 1972 and required all ships traveling through the shipping control zone to submit evidence of financial responsibility. Regulation SOR 72 - 303 designated 16 shipping control zones, which were established according to seasonal ice conditions throughout the Archipelago within 100 nm of the coastlines (normal baselines).

〔5〕 An Act to Amend the Territorial Sea and Fishing Zones Act. 18 - 19 Eliz. 2, c. 68 (Can. 1970), i. e. art. 2 of the Arctic Waters Pollution Prevention Act.

〔6〕 Art. 11 and 12 of the Arctic Waters Pollution Prevention Act.

〔7〕 J. Bruce McKinnon, "Arctic Baselines: A Litore Usque Ad Litus" (1987), 66 *Canadian Bar Review* 790, at 797.

律规章，以防止、减少和控制船舶在专属经济区内冰封区域对海洋的污染。

1978 年，加拿大颁布的《北极水域污染防治规则》[1] 和《北极航运污染防治规则》,[2] 进一步细化了北极水域和航行的污染防治规则，但从法律地位上来说，西北航道的大部分区域不仅不属于加拿大的内水，甚至也不是领海，而是专属经济区。

1985 年 9 月 10 日，加拿大颁布了《领海与地理坐标法》，即《直线基线法》。[3] 加拿大外长克拉克同时发表声明指出："加拿大的北极主权是不可分割的，它包括陆地、海洋和冰盖，它不受阻扰地沿北极群岛外侧向海洋方向延伸。这些岛屿被一年中大部分时间冻结的冰盖彼此连接，不可分割。从远古时代，加拿大的印第安人一直使用和占有海冰，如同使用占有陆地一样。政府的政策是确保加拿大北极群岛的自然统一，保护加拿大的陆地、海洋和海冰主权不受损失，不被分割。"[4] 1986 年，在加拿大北极群岛直线基线划出的同时，外长克拉克再次声明，根据历史性内水权利，加拿大将彻底控制西北航道，从此，该北极水域属于加拿大内水，不适用无害通过。[5]

加拿大关于西北航道水域的上述立法虽然得到了当时苏联的热情支持，[6]

---

〔1〕 The Arctic Waters Pollution Prevention Regulations.

〔2〕 The Arctic Shipping Pollution Prevention Regulations.

〔3〕 Territorial Seas and Geographical Coordinates Order，该法于 1986 年 1 月 1 日起生效。

〔4〕 Politics of the Northwest Passage, ed. Franklyn Griffiths. Kingston, On: McGill – Queens University Press, 1987, pp. 269 – 273; See also Statement by Joe Clark to the House of Commons, Debates, vol. V, at 6, 463, 10 September 1985.

〔5〕 T. McDorman, "In the Wake of the Polar Sea: Canadian Jurisdiction and the Northwest Passage", *Marine Policy*, No. 10, 1986, pp. 243, 246.

〔6〕 苏联驻渥太华大使声明，"苏联支持加拿大关于西北航道属于加拿大内水的立场，如同苏联相信东北航道属于苏联所有一样"。See Matthew Fisher, "US remains silent over testing claim on soviet passage", *Globe and Mail*, August 8, 1985, A1 and 8. 1989 年末，加拿大总理莫尔罗尼访问莫斯科时，苏联外长谢瓦尔德纳泽宣布，"苏联政府将马上宣布苏联潜艇不再进入加拿大北极群岛水域"。See E. Franckx Maritime claims in the Arctic: Canadian and Russian Perspectives, Martinus Nijhoff Plukishers, 1933, p. 101.

但美国及一些欧盟国家则坚决反对。[1] 为了不引起和美国的激烈冲突，1988 年 1 月 11 日，加拿大外长克拉克与美国国务卿舒尔茨正式签署了《美加北极合作协定》[2]。根据该协定，美国破冰船进出西北航道须通知加拿大政府，但同时又规定，协议中的任何内容都不影响各自关于北极航道的观点。这表明该协定的核心内容可以归结为"一个北极，各自表述"。

"一个北极"指的是人类只有一个北极，所以美加必须合作保护这块脆弱的生态环境以及原住民的利益，尤其是在有关北极资源开发和船只航行方面；"各自表述"指的是协议中的任何内容，或者与之相关的任何实践都不影响美国政府和加拿大政府对这片海域或者其他海域关于海洋法的各自立场。简而言之，加拿大政府认为依直线基线，西北航道属于加拿大的内水，而美国政府则继续坚持西北航道为国际航道，双方各自维持己方的观点，不因协议有所改变。协议只限制破冰船，不涉及其它船只和潜艇。美国政府保证所有美国的破冰船在进入加拿大声称的内水水域时，必须取得加拿大政府的同意。[3] 此条貌似承认加拿大对北极群岛水域的主权，实则意义有限，因为其对西北航道通航后的主要运输工具——商船没有做出任何表述，而所规定的破冰船事先同意制度仅在北极群岛水域冰封期具有可行性。

二、西北航道符合国际海峡的标准

海峡是位于两块陆地之间，两端连接海或洋的天然狭窄水道。根据海峡在国际航运中的价值和作用，可以将其分为用于国际航行的海峡和普通海峡。用于国际航行的海峡一般简称为国际海峡，如科孚海峡（Corfu Channel）。根据海峡所处的地域情况，海峡又可以分为内海海峡、领海海峡和非领海海峡。内海海峡是指在一国领海基线或群岛基线以内的海峡，在其内的通行制度完全属于沿海国国内法的范畴。非领海海峡是指处于领海基

---

〔1〕"1970 年，美国抗议加拿大延伸领海到 12 海里，抗议《北极海域污染防治法》把管辖范围扩展到海岸线以外 100 海里，这是加拿大遭遇的正式抗议"。参见刘江萍、郭培清："加拿大对西北航道主权控制的法律依据分析"，载《中共青岛市委党校青岛行政学院学报》2010 年第 2 期；1992 年，美国指出"美国认为通过一条用于国际航行的海峡，要遵循过境通行制度"。参见刘江萍、郭培清："保护还是搁置主权———浅谈美加两国西北航道核心问题"，载《海洋世界》2010 年第 3 期。

〔2〕 Canada – U. S. Agreement on Arctic Cooperation, Jan. 11, 1988.

〔3〕 Art. 3 of the Canada – U. S. Agreement on Arctic Cooperation.

线以外，并且海峡最窄处的宽度大于24海里的海峡。在这类海峡中，所有国家的船舶都享有自由通过海峡中的非领海水域的权利。领海海峡是指在领海基线以外，海峡最窄处的宽度不超过24海里的具有领海地位的海峡。国际海峡是指用于国际航行的具有领峡地位的海峡。

（一）西北航道符合国际海峡的地理和功能标准

关于西北航道的法律地位，加拿大认定其为本国内水，但美国及欧洲国家则认为其属于国际海峡，适用过境通行。那么，西北航道海峡的法律地位到底是什么，应如何确定?

关于国际海峡的标准或要件，学者们多援引国际法院在科孚海峡案[1]中所确定的地理标准和功能标准。应当说，西北航道海峡符合国际海峡的地理标准。西北航道是一条穿越北极群岛连接大西洋和太平洋的狭窄水道，东端经巴芬湾、戴维斯海峡、拉布拉多海和大西洋相连，西端经波弗特海、楚科奇海、白令海峡和太平洋相连，完全契合“连接两部分公海或专属经济区，或是连接某国的领海”的地理标准。

但关于西北航道是否符合国际海峡的功能标准，即西北航道的通行历史是否构成国际航行呢？加拿大和外国学者的主张不尽相同。

在科孚海峡案中，英国向国际法院提出，其军舰八十多年来一直使用科孚海峡，其他七个国家的船舶也曾多次穿越该海峡。但在西北航道，除了美国海岸警卫队的船只以外，只有两次军舰穿行被公开，均为美国核潜艇，即1960年核潜艇“海龙王号”（Sea Dragon）西行和1962年“冰鞋号”（Skate）东行，而且这两次通行都是在“美加防务协定”[2]下进行的，可以说上述通行都是在加拿大政府的控制及配合下开展的。而且，历年来穿越西北航道的船只基本上都属于破冰船或破冰拖船，主要从事巡逻、为当地居民和预警站运送给养等工作，而游艇或类似船舶所占比例极小。再

---

〔1〕 科孚海峡案是根据安理会建议提交国际法院解决争端的决议，由英国于1947年5月22日以请求书单方面向国际法院起诉阿尔巴尼亚。法院从1948到1949年做出三次判决。该案是联合国国际法院成立后审理的第一个案件。该案涉及广泛的国际法问题，如国际法院的管辖权，联合国安理会根据宪章36条第3款所作的决议对法院强制管辖权的效果，尊重领土主权和外国军舰的无害通过权，国家对发生在其领海海峡内的非法行为的责任以及用于国际航行的海峡的标准等问题。

〔2〕 是指依据1940年8月17日美国总统罗斯福和加拿大总理威廉·莱昂·麦肯齐·金（William Lyon Mackenzie King）在纽约奥登堡（Ogdensburg）附近的休伏尔顿（Heuvelton）缔结的意在建立美加之间永久海外联合防御计划的《奥登堡协定》（Ogdensburg Agreement）。

者，由于西北航道通行的船舶数量极少，航道沿岸并没有像科孚海峡那样建立港口设施和海关等管辖机构。所以从总体上来说，迄今为止，西北航道几乎没有用作国际海上交通通道的历史，似乎不符合“用于国际航行的”国际海峡的功能标准。加拿大法学家法兰德也指出：“除了盟国潜艇和双边或多边协议下的潜艇通行，其他都属于对加拿大主权的侵犯，不能因为加拿大无法知道而将秘密穿行列为军舰航行活动。倘若加拿大明明知晓却不做任何弥补，则通行可以视为对加拿大主权的挑战。”[1]

然而，西北航道不同于科孚海峡，鉴于其独特的极地气候和海冰等条件，应该允许“用于国际航行的”功能标准降低。[2] 就是说，在判断西北航道这种处于特殊地理位置的水道是否具有国际海峡属性时，不仅要考虑历史上和当前的船舶通行情况，而且要考虑将来的情况，即若干年后北极群岛水域海冰逐步融化，西北航道完全开通后的航道使用情况。1993年，美国将军斯查特（W. L. Schachte）指出，国际海峡包括“能够使用的海峡……我们基本上不重视历史上的利用，而重视未来用于国际航行的可能性”[3]。美国海军战争学院格伦纳瓦特（Richard J. Grunawalt）也指出，“一些国家提出在某个时期实际的、大量的使用才是最好的证据。而另一些国家，包括美国不看重使用历史，而是关注海峡将来可能被用于国际航行”[4]。而且，不论是对于加拿大，还是世界上任何其他国家来说，我们现在探讨西北航道海峡的法律地位和通行制度，不正是基于其将被用于国际航行吗？这不仅是世界上任何其他国家的意愿，更是加拿大的意愿。因此，在考察西北航道海峡作为国际海峡的功能标准时，“未来用于国际航行”的因素必须考虑进去，而且必须作为主要的要素予以考虑。

（二）西北航道作为国际海峡符合加拿大和国际社会的共同利益

《海洋法公约》第三部分“用于国际航行的海峡”第34条“构成用于国际航行海峡的水域的法律地位”中规定：“a. 本部分所规定的用于国际

〔1〕 Donat Pharand, “The Arctic Waters and the Northwest Passage: A Final Revisit”, Supra, p. 37.

〔2〕 D. R. Rothwell, “The Canadian – U. S. Northwest Passage Dispute: A Reassessment”, *Cornell Int'l L. J.*, No. 26, 1993, p. 357.

〔3〕 W. L. Schachte, “The Value of the 1982 UN Convention on the Law of the Sea – Preserving Our Freedom and Protection the Environment”, *LOSI*, No. 93, 1993, p. 184.

〔4〕 Richard J. Grunawalt, “United States Policy on International Straits”, *Ocean Dev. & Int'l Law*, No. 18, 1987, pp. 445, 456.

航行的海峡的通过制度，不应在其他方面影响构成这种海峡的水域的法律地位，或影响海峡沿岸国对这种水域及其上空、海床和底土行使其主权或管辖权。b. 海峡沿岸国的主权或管辖权的行使受本部分和其他国际法规则的限制。”根据该条规定，不论在海峡中适用何种通行制度，都不影响海峡的法律地位。因为设立国际海峡制度的目的不是限制海峡沿海国的主权，而是为了便利国际航运和通行，为了促进国际贸易的发展，提高各国人民的福祉，当然包括海峡沿岸国国家人民的福祉。

从历史上看，尽管经历了“曼哈顿号”〔1〕和“极地海号”事件〔2〕的冲击，加拿大政府从未关闭西北航道。1969 年，时任加拿大总理的特鲁多在国会指出：“以加拿大主权的名义关闭这些水域，禁止所有外国船舶通行……就像在哈利法克斯港和温哥华港入口处设立一道篱笆一样毫无意义。”在直线基线实施后，加拿大政府的立场依然没有改变。1994 年加拿大外交部长奎雷特（Andre Quellet）指出：“加拿大政府努力保持在北极主权，但加拿大无意对其他国家关闭北极水域，包括西北航道。”〔3〕

《海洋法公约》并没有排除“未来可用于国际航行”。该约第三部分的

---

〔1〕 1968 年，阿拉斯加北坡地区发现石油的消息公布以后，美国在 1969 年派出“曼哈顿”号油轮（Manhattan）代表大西洋里奇菲尔德公司（Atlantic Richfield Company）沿着西北航道航行，目的是考查从阿拉斯加普拉德霍湾（Prudhoe Bay）向美国东海岸运输石油是否存在可能性。虽然美国海岸警卫队的两艘破冰船全程跟随保障，但“曼哈顿”号还是数次被困在海冰里，在随行的加拿大破冰船“约翰·A. 麦克唐纳”号（CCGS John A. MacDonald）的协助下才脱离困境。“曼哈顿”号的此次航行引发了大量争议，问题的焦点集中在加拿大是否有权允许美国派遣船舶进入西北航道。在“曼哈顿”号启航之前，美国海岸警卫队及油轮所属公司曾向加拿大官方建议并申请加拿大破冰船协助完成此次航行。根据海军上校托马斯·C. 普林（Thomas C. Pullen）的说法，加政府不仅表示支持此次航行，而且在与美国协商后，双方同意分享海冰情况及船舶状态数据作为加拿大参与此次航行的回报。此外，普林还证实，“曼哈顿”号船长罗杰·斯图尔德（Roger Steward）还依据双方协议悬挂加拿大国旗，尽力不去激怒加拿大民众。当时的特鲁多（Trudeau）政府非常欢迎此次航行，并支持加拿大也参与其中，而且还表示这次航行不会对加拿大领土主权构成挑战。但当美国拒绝正式向加拿大政府申请进入西北航道时，由于媒体的报道，特鲁多政府在国内舆论的压力下，一改原先温和的态度，转而以环境保护为出发点，通过单边立法来加强对北极航道的控制。

〔2〕 出于对当时冷战因素的考虑，美国政府在 1985 年初宣布，其海岸警卫队的重型破冰船“极地海”号将于夏季从格陵兰出发，横穿西北航道前往波佛特海，美国对此次航行的官方解释是为了节省航行时间。“极地海号”事件使加拿大相信，单纯借助环保方式建立对北极群岛水域的主权管辖不能有效实现对西北航道的完全控制，这使加拿大政府选择了更强硬的立法方式，即制定了 1985 年《领海与地理坐标法》，明确把北极群岛水域划入了加拿大的内水范围。

〔3〕 J. M. Lamb, eds., A Northern Foreign Policy for Canada, Ottawa: Canadian Polar Commission and Canadian Centre for Global Security, November 1994, p. 10.

标题是“用于国际航行的海峡”，而且在具体条款中并没有明确是历史上“曾经用于国际航行”，还是“未来将用于国际航行”。既然没有排除，不论是学者，还是立法者，就没有理由不考虑“未来将用于国际航行”的客观要素。而且，在确定海峡通道的国际性时，国际法院在科孚海峡案中主要关注了海峡的地理标准，认为它才是确定一条海峡是否属于国际海峡的决定性因素，功能标准只是次要的辅助性条件。[1] 地理标准基于海峡通道的地理位置，是固定不变的。功能标准则会随着各国航海技术与实力的增强而不断发展和变化。各国将逐渐对地区偏远、环境艰险等不利因素予以克服，西北航道被用于国际贸易会越来越频繁。[2] 特别是由于全球暖化的加快，西北航道的通航时间将大大延长，将为北半球的大部分国家提供一条比巴拿马运河更经济的黄金水道，随之而来的是西北航道的航运功能会大大超过科孚海峡。因此，西北航道海峡现在较少的航运量以及未来可预见的巨大航运价值足以支持其国际海峡的地位了。

三、西北航道作为国际海峡的法律依据

西北航道作为国际海峡的法律依据可以从两个方面进行分析，一是加拿大国内法中关于西北航道通行的规定，二是1982年《联合国海洋法公约》等国际法对西北航道的效力问题。

（一）加拿大关于西北航道地位的国内法

加拿大关于西北航道地位的国内立法有一个不断变化的过程。如上文所述，1964年7月，加拿大通过的《领海和渔区法》确立了3海里领海和12海里的专属渔区，并第一次明确了直线基线；1967和1969年先后确定了在大西洋和太平洋区域岛屿的直线基线；1970年，加拿大不仅修改了1964年《领海和渔区法》，把领海延伸到12海里，还制定了《北极水域污染防治法》，把管辖水域自海岸向外扩展至100海里的范围；1978年，加拿大颁布《北极水域污染防治规则》和《北极航运污染防治规则》，进一步细化了北极水域和航行的污染防治规则，但从法律地位上来说，西北航

---

〔1〕 The decisive criterion is rather its geographical situation as connecting two parts of the high seas and the fact of its being used for international navigation. See the Corfu Channel Case (Merits) Judgement of April 9th, 1949, p. 28, para. 5, in http://www.icj-cij.org/docket/files/1/1645.pdf (Last visited on March 28, 2015).

〔2〕 参见刘惠荣、刘秀：“西北航道的法律地位研究”，载《中国海洋大学学报》（社会科学版）2009年第5期。

道的大部分区域不仅不属于加拿大的内水，甚至也不是领海，而是专属经济区。根据1985年9月10日《领海与地理坐标法》，加拿大于1986年元旦划出北极群岛直线基线的同时声明，根据历史性内水权利，加拿大将彻底控制西北航道，从此，该北极水域属于加拿大内水，不适用无害通过。

加拿大在确立了西北航道的内水地位以后，即开始特别关注其航行制度问题。如果不考虑那些间接涉及西北航道海峡通行的立法，直接明确涉及西北航道海峡通行制度的立法主要包括2001年《航行法》[1]、2007年《船舶航行服务区规则》[2]和2010年《加拿大北极水域船舶通行报告区规则》[3]等加拿大国内法。

2001年11月1日，加拿大通过了《航行法》，[4]在其第五部分“航行服务”中，原则上规定了船舶在加拿大海域内航行时的报告制度。2007年7月1日，加拿大颁布实施了《船舶航行服务区规则》，[5]建立了船舶航行服务区，实施船舶的自愿报告制度。2010年7月1日，加拿大又颁布实施了《加拿大北极水域船舶通行报告区规则》[6]，设立了“加拿大北极水域船舶通行报告区”（NORDREG）。该规则规定，一定吨位的外国船舶和本国船舶必须履行对加拿大“海岸警卫队的海洋通信和交通服务中心”（Marine Communications and Traffic Services Centre - MCTS）的报告义务。所有船舶在进入加拿大北极水域船舶通行报告区之前、在加拿大北极水域船舶通行报告区内的航程中以及在退出加拿大北极水域船舶通行报告区之时，必须进行报告。该报告制度使得此前实行的自愿报告制度变成了强制性的。该通知和报告制度主要包括如下内容。

“加拿大北极水域船舶通行报告区”是指加拿大的北部沿海水域，包括根据《加拿大北极水域污染防治法》所确定的“航行安全控制区”，即从加拿大海岸起200海里的所有专属经济区。在这一区域内，加拿大海岸警卫队将通过下列措施保证船舶安全和高效的航行，并保护环境不受损害。具体包括：监控船舶活动；监视船舶安全和环境保护；和船舶保持联系以处理紧急情况和采取预防措施；监控危险货物和污染物的运输；提供

---

〔1〕 See Canada Shipping Act 2001.

〔2〕 See Vessel Traffic Services Zones Regulations.

〔3〕 See Northern Canada Vessel Traffic Services Zone Regulations.

〔4〕 Canada Shipping Act 2001.

〔5〕 Vessel Traffic Services Zones Regulations.

〔6〕 Northern Canada Vessel Traffic Services Zone Regulations.

最新的冰情信息和情况，以及提供破冰服务；提供与航行安全有关的装运通知单。

该规则适用于：总吨位在300吨以上的；加上拖船或助推船后总吨位达到500吨的；所运货物是污染物或危险物的；拖拽或助推的船舶装载了污染物或危险货物的。

报告的种类包括航行计划报告（“SP”）[1]、位置报告（“PR”）和追加位置报告[2]、终端报告（“FR”）[3]和偏航报告（“DR”）[4]。每一个报告上必须标明“NORDREG”字样并注明报告的种类，报告可以采用无线电、传真、电子邮件、电报或电话等方式。[5]

（二）西北航道作为国际海峡的国际法依据

从加拿大对西北航道法律地位主张的历史演变过程来看，加拿大直到1986年实施《领海与地理坐标法》以后，才开始主张北极群岛水域属于加拿大内水。在这种情况下，要确定西北航道的法律定位，就要讨论加拿大国内法和《海洋法公约》[6]等国际法规则的关系。显然，不论是1985年加拿大《领海与地理坐标法》，还是《海洋法公约》，都是合法有效的，对加拿大都具有法律拘束力。

---

〔1〕当船舶即将进入“NORDREG”区域时；当船舶驶离“NORDREG”区域内的某泊船处的一小时后但不超过两小时，但该船舶为了驶往“NORDREG”区域内同一港口的另一个泊船处的除外；在船舶进入“NORDREG”区域内时立即报告，如果该船搁浅，或者由于主动力或转向系统故障而停止航行，或者涉及碰撞。

〔2〕船舶进入“NORDREG”区域内立即进行报告；在船舶处于“NORDREG”区域的1600协调世界时Coordinated Universal Time（UTC）时，除了要按照1974年《国际海上人命安全公约》第五章第19条1款关于远程识别以及船舶跟踪所要求报告的信息外，每天还要将其处于1600协调世界时的情况进行报告。

如果船舶处于“NORDREG”区域内或正要驶入“NORDREG”区域，且船长意识到下列任何情况时，必须进行追加位置报告报告：另一艘船舶显然遇到危难；发现航线上有任何障碍物；助航设备或设施不能正常工作或被损坏，或不在其位置上，或丢失；或因冰况或天气条件而对航行安全又危险的任何情况；在水域中发现污染物。

〔3〕当船舶到达“NORDREG”区域内的泊船处时报告；或当船舶驶离“NORDREG”区域之前立即报告。

〔4〕当船舶所处的位置明显偏离了航行计划报告中确定的位置；或船舶意欲改变航行计划报告所确定的航线。

〔5〕NORDREG；Iqaluit MCTS；P. O. Box 189；Iqaluit，NU；X0A 0H0；Telephone：867－979－5724；Fax：867－979－4264；Email：iqaNordreg@ innav. gc. ca；Telex（telefax）：063－15529；Telegraphic Identifier －NORDREG CANADA.

〔6〕《海洋法公约》于1994年11月16日生效，加拿大于2003年11月7日批准了该公约。

虽然国际法与加拿大国内法是两个不同的法律体系，但这两个体系之间不是相互对立和冲突的，而是相互联系，互相渗透，互相补充和互相促进的。这种关系既体现在相关法律的制定过程中，也体现在其实施过程中。如上文所述，在《海洋法公约》的制订过程中，正是在加拿大的不懈努力下，在《海洋法公约》中插入了第234条的“冰封区域条款”，即“沿海国有权制定和执行非歧视性的法律和规章，以防止、减少和控制船只在专属经济区范围内冰封区域对海洋的污染，这种区域内的特别严寒气候和一年中大部分时候冰封的情形对航行造成障碍或特别危险，而且海洋环境污染可能对生态平衡造成重大的损害或无可挽救的扰乱。这种法律和规章应适当顾及航行和以现有最可靠的科学证据为基础对海洋环境的保护和保全”。不管加拿大推动该条款的动机如何，但第234条的制定目的仅仅具有环境保护功能，不能说明某些水域的归属，不包括默许沿海国利用其对北极地区的任何区域进行任何形式的主权或者管辖权的宣示，但加拿大却在实践中用足了该“冰封区域条款”，首先使加拿大之前饱受争议的《北极水域污染防治法》合法化。更有甚者，1986年1月1日，加拿大开始实施1985年《领海与地理坐标法》，划定了直线基线，把原来不是内水的大面积水域扩展为加拿大的内水，大大增加了内水的范围；2010年7月1日，加拿大又颁布实施《加拿大北极水域船舶通行报告区规则》，设立了“加拿大北极水域船舶通行报告区”（NORDREG），即在1986年新划定的直线基线的基础上，使“加拿大北极水域船舶通行报告区”涵盖了从加拿大海岸起200海里的所有的专属经济区，对该区域内的航行实行严格的强制报告制度。由于第234条的原则性规定既为这种行为提供了法律基础，又没有制定适当的措施防止沿海国滥用权利，所以加拿大在对治理北极环境问题作出一定贡献的同时，也利用其不断扩展的北极环境政策达到了对其利益集中海域的控制，使该条款在实践中不断暴露出它在制订时即存在的缺陷。[1]

但无论如何，不论是根据1985年《领海与地理坐标法》确定的直线基线主张对西北航道水域的内水主权，还是依照2010年7月1日《加拿大北极水域船舶通行报告区规则》设立的从加拿大海岸起200海里的所有专

---

〔1〕 参见蔡蕾：“论《海洋法公约》第234条的适用问题”，载《法治与社会》2014年第10期（上）；刘惠荣、李静：“论《联合国海洋法公约》第234条在北极海洋环境保护中的适用”，载《中国海洋大学学报》2010年第4期。

属经济区的“加拿大北极水域船舶通行报告区”（NORDREG），加拿大的这些主张不仅晚于《海洋法公约》,〔1〕更晚于1958年《领海及毗连区公约》。〔2〕根据该两公约的规定和各国的国际实践，“如果确定直线基线的效果使原来被认为是领海或公海的一部分的水域被包围成为内水，则在此种水域内应保留外国船舶的无害通过权”的规则已经具有了国际习惯法的地位。特别是加拿大在2003年加入《海洋法公约》时，也没有对海洋法公约的第8条和第35条的相关内容进行保留或提出任何声明,〔3〕可以说，加拿大是明知并接受了采用直线基线后扩大的内水水域中允许外国船舶无害通过的义务的。在这种情况下，加拿大就不能强行实施本国的国内法，完全不顾及其他所有国家的权利和利益。这也是普遍国际法为每一个国家所设定的义务，即任何国家，如果接受了国际法，不管是习惯国际法还是条约法，都必须善意履行。〔4〕

结 论

鉴于西北航道可以大大缩短航程，既有利于资源的合理有效利用，节约成本，又有利于减少能源的消耗和提高航行安全，因此，主权问题并不是，也不应当是西北航道国际化不可逾越的障碍。不论是加拿大还是其他国家，都应当从有利于西北航道的利用及环境保护的角度来讨论西北航道的通行制度。在西北航道海峡正式商业通航前，由加拿大进行较为严格的管理，这不仅有利于船舶的航行安全，也有利于航路基础设施的建设。但到西北航道正式成为国际商业航道之时，应当可以比照适用无害通过制度。

---

〔1〕《海洋法公约》第8条规定，如果采用直线基线的效果使原来并未认为是内水的区域被包围在内成为内水，则在此种水域内应有本公约所规定的无害通过权。

〔2〕1958年《领海及毗连区公约》第5条第2款规定，如果确定直线基线的效果使原来被认为是领海或公海的一部分的水域被包围成为内水，则在此种水域内应保留外国船舶的无害通过权。

〔3〕See http：//www. un. org/depts/los/convention_ agreements/convention_ declarations. htm# Canada（Last visited on March 28，2015）.

〔4〕1969年《维也纳条约法公约》第26条、第27条明确规定，凡有效之条约对其各当事国有拘束力，必须由各该国善意履行；一当事国不得援引其国内法规定为理由而不履行条约。

16
从跨境河流争端解决实践看环境影响评价义务

——兼论中国的跨境水资源开发

兰　花*

摘　要：跨境河流水资源开发利用项目由于每条河流的具体情况不同，当事国应该遵循的义务存在差别，不过除了国内法之外，总体上都归类为可适用的条约规则和国际习惯法。跨境环境影响评价属于此类活动应遵守的一项国际习惯法规则。然而，什么情况下承担什么内容的跨界环境影响评价义务，如何进行此类环境影响评价，在项目出现争议时，各方的理解往往出现明显分歧。本文选取跨境河流的国际争端解决实践，分析争端各方和国际法庭对跨界环境影响评价的理解和适用，厘清习惯国际法上跨界环境影响评价的性质和内容，结合中国进行的跨境水电开发项目，指出在有可能出现重大不利影响的情况下，跨界环境影响评价是必须遵循的义务，评价的内容并不是当事国纯粹自由裁量的事项，应当包括受不利影响方的利益考虑和关切，并且环境影响评价报告应当公开通报。

关键词：跨境河流　争端解决实践　环境影响评价

环境影响评价制度是一项保护环境和预防损害的制度。国际法委员会

* 法学博士，中国政法大学国际法学院副教授。

《危险活动造成跨界损害的预防责任条款》[1]（第7条）明确了跨界危险活动应当进行环境影响评价。然而，在跨界水资源开发过程中，项目的实施国是否负有环境影响评价的义务？什么情况下负担什么程度的环境影响评价义务？中国在西南、西北跨境河流开发的水电项目是否都负有，以及在什么程度上负有环境影响评价义务？由于《国际水道非航行利用公约》等国际河流治理的法律目前并没有广泛的缔约方。回答这些问题，我们不仅需要了解相关有约束力的国际文件，而且有必要了解相关的国际实践。

一、序 言

跨境河流是指流经两个或两个以上国家的河流。全球有261条这样的跨境河流。[2] 跨境河流的水资源不仅对于沿岸国的农业灌溉、经济发展和日常生活的供水具有重要作用，而且对于保护沿岸地区的生态环境也很重要。利用这些跨境水资源时，预防污染和保护环境成为影响沿岸国和平友好关系的一个重要因素。

一方面，沿岸国有权利用其境内的水资源。这得到了相关国际公约（比如1997年《国际水道非航行使用法公约》，下文简称《国际水道法公约》）的确认，[3]还得到了联合国相关决议的重申（比如《自然资源永久主权宣言》）。[4] 然而，另一方面，一国基于主权管理和利用水资源的权利也受到相应的限制，需承担相应的义务。正如"科孚海峡案"所揭示的那样——一国利用其领土不应损害其他国家的权益。[5]

开发和利用跨境河流资源时，预防污染就是各国应当承担的一项义务。有效预防污染需要沿岸各国具有政治上的合作意愿，还需要各国在国内层面善意实施相应的法律规则。在各国法律实践中，环境影响评价制度

---

〔1〕"International Liability for Injurious Consequences Arising out of Acts Not Prohibited by International Law (Prevention of Transboundary Harm from Hazardous Activities)" in "Report of the International Law Commission to the General Assembly covering the work of its fifty - third session, with commentaries, 2001" (UN Doc A/56/10), Ch V, in *Yearbook of the International Law Commission*, 2001, Vol II, Part Two (UN, 2001) (Draft Articles on Prevention).

〔2〕Peter H Gleick, *The World's Water 2000 - 2001: The Biennial Report On Freshwater Resource*, Washington, DC: Island Press, 2000, at 28.

〔3〕《国际水道非航行使用法公约》，1997年5月21日通过，2014年8月17日生效，36 ILM 700，第5条。

〔4〕GA Res 1803 (XVII), UNGAOR, 17th Sess, Supp No 17, UN Doc A/5217 (1962) at 5.

〔5〕*Corfu Channel Case* (*UK v Albania*), Merits, [1949] ICJ Rep 4 at 22.

在规范跨境河流水资源开发利用、预防和控制污染过程中的作用，日益重要。

二、跨境河流治理中的环境影响评价制度缺乏相应明确性

（一）跨界环境影响评价的内容和标准缺乏足够的明确性

环境影响评价，由《美国1969年环境保护法》率先引入正式成为一种法律制度，以便决策时考虑环境影响。[1] 它随后被很多国家和地区的法律所采纳和效仿，[2] 也得到诸多的国际条约和环境文件的确认，[3] 现在已经成为具有跨界影响的活动应当予以遵守的一项国际规则。依据联合国环境规划署《环境影响评价指南》（*Resource and Guidance Manual for Environmental Impact Assessments*），环境影响评价是一种环境保护手段，旨在项目规划和设计时就预估其具有的环境影响，以便找到减少其不利影响的方法。[4]

环境影响评价制度虽然重要，但不是所有具有跨界影响的项目都需要进行环境影响评价。尽管相关的国际条约规定了环境影响评价的必要性标准，但是跨界环境影响评价的具体内容和要素方面普遍缺乏明确的规定(1991年Espoo公约除外)[5] ——没有规定环境影响评价的内容，即哪些事项应该进行，如何进行。比如，《联合国海洋法公约》第206条尽管规定了预防海洋环境损害时，缔约国进行环境影响评价的必要性，但是并没有规定评价的内容。正如爱尔兰在MOX Plant案所主张的那样，涉及海洋环境保护时，环境影响评价具有两个要件，①必须存在合理的理由认为规划的活动可能导致海洋环境发生有害的改变（reasonable grounds for believing that

---

〔1〕 *National Environmental Policy Act of* 1969, 42 USC § 4321 (1970).

〔2〕 Marceil Yeater and Lal Kurukulasuriya, "Environmental Impact Assessment Legislation in Developing Countries" in Sun Lin and Lal Kurukulasuriya (eds), *UNEP's New Way Forward: Environmental Law and Sustainable Development* (UNEP Earthprint, 1995) 257 – 76 at 259; UN Economic Commission for Europe (UNECE), Environmental Series 5, *Application of Environmental Impact Assessment Principles to Policies, Plans and Programs*, UN Doc ECE/ENVWA/27 (UN, 1992) at 43.

〔3〕 比如《里约宣言》第17条。

〔4〕 UN Environmental Programme (UNEP), *Resource and Guidance Manual for Environmental Impact Assessments* (UNEP Regional Office for West Asia, 2008) at 5.

〔5〕 The Convention on Environmental Impact Assessment in a Transboundary Context，简称1991年Espoo公约，该公约在第3条和第5条明确规定了跨界环境影响评价的基本义务和程序，比如通知、协商等。

planned activities may cause harmful changes to the maritime environment）[1]，②进行的评估是现实可能的（any assessment must be carried out as far as practicable）[2]。除了这两点之外，环境影响评价的内容都是模糊而难以监测的。

1991年Espoo公约在第3条和第5条明确规定了跨界环境影响评价的基本义务和程序，比如通知、协商等。但是鉴于条约一般只对缔约国有约束力，除非条文所述规则已经成为一项习惯法。鉴于Espoo公约只有45个缔约国，[3]很难说它的规则已经获得了普遍的接受，从而成为习惯法规则。如果跨境河流开发争端的沿岸国不是该公约的缔约国，Espoo公约的规则并不能当然得到援引。联合国环境规划署的相关决议（比如，1987年the Resolution of Goals and Principles of Environmental Impact Assessment）对于阐述环境影响评价制度的内容能提供指南，[4]但是基于其软法性质，依据国际法院规约第38条第1款第4项可知，在适用性方面也存在同样的缺陷。

（二）跨境河流治理中的环境影响评价的地位

涉及跨境河流水资源治理的国际文件，依次包括1966年《国际河流使用的赫尔辛基规则》、[5]1997年《国际水道非航行使用法公约》，2004《柏林规则》，以及第63届联合国大会通过的《国际法委员会跨界含水层法条款草案》（第A/RES/63/124号决议）。[6]

1966年《赫尔辛基规则》和2004年《柏林规则》都是涉及跨境河流及其相邻地下水利用的文件。前者没有包括环境影响评价制度，因为那个时候环境影响评价作为一项法律制度尚未出现在相关法律文件中。

---

〔1〕 The Convention on Environmental Impact Assessment in a Transboundary Context, at para 7. 7.

〔2〕 The Convention on Environmental Impact Assessment in a Transboundary Context, at para 7. 12.

〔3〕 See the status of the 1991 Espoo Convention, accessed 7 January 2015 at https://treaties. un. org/Pages/ViewDetails. aspx? src = TREATY&mtdsg_ no = XXVII – 4&chapter = 27&lang = en.

〔4〕 *Report of the Governing Council on the work of its 14th session*, *Decision 14/25. Environmental impact assessment*（17 June 1987）accessed 7 January 2015 at http://www. unep. org/Documents. multilingual/Default. asp? DocumentID = 100&ArticleID = 1658&l = en.

〔5〕 Committee on the Uses of the Waters of International Rivers, *Helsinki Rules on the Use of the Waters of International Riversadopted by the International Law Association at the Fifty – Second Conference*（Helsinki: International Law Association, 1966）.

〔6〕 "Shared Natural Resources" in "Report of the International Law Commission to the General Assembly covering the work of its sixtieth session"（UN Doc A/63/10）, Ch 4, in *Yearbook of the International Law Commission* 2008, Vol II, Part 2（UN, 2008）（Draft Articles on Aquifers）; *The Law of Transboundary Aquifers*, GA Res 63/124, UNGAOR, 63rd Sess, UN Doc A/RES/63/124（2008）.

1997 年《国际水道非航行使用法公约》并未规定环境影响评价义务，但是第 12 条规定了发生重大不利影响（significant adverse effects）时进行通知的义务。[1] 依据国际法委员会关于该公约的一般性评注可知，第 12 条可以解释为环境影响评价方面的要求，不过这是程序性的而非实质性的要求。[2]

2004 年《柏林规则》第六章规定了专门的环境影响评价的条款，不仅将环境影响评价规定为法定的义务，而且规定了环境影响评价的内容和范围。这些条款替代了 1966 年赫尔辛基规则的规定，并对 1997 年《国际水道非航行使用法公约》的规定做了补充，使得环境影响评价制度成为一种有用和可操作的制度。[3]

尽管有上述两份文件规定了水资源利用的跨界环境影响评价制度，这些条款的法律效果方面还是存在相应的明显缺陷。只有 1997 年《国际水道非航行使用法公约》属于“硬法”，作为条约规则对缔约国具有法律拘束力，但是对于非缔约国无法律约束力，除非相应条款被确认为一般习惯法的编纂。[4] 然而必须正视的一个事实是，该公约虽然终于在 2014 年生效，但是接受该公约的国家并不多。2004 年《柏林规则》虽然由具有高度学术性和权威性的机构编纂，但是相关条款并没有法律约束力。实践中，如果国家之间就共享水资源的利用与开发有争议，其条款并没有当然的可适用性，除非相应条款包含的规则获得了一般习惯法的地位。

总之，当一个项目或活动对于沿岸国具有重大不利影响或风险时，项目的实施国有义务进行环境影响评价，这是一项已经确立了的普遍义务。然而，在跨界水资源治理中，在这种具有重大不利影响或风险的情形下进行环境影响评价时，评价的内容和范围并不存在普遍接受的标准。

---

〔1〕 1997 年《国际水道非航行使用法公约》，第 12 条，参见《国际水道非航行使用法公约》，1997 年 5 月 21 日通过，2014 年 8 月 17 日生效，36 ILM 700，第 5 条。

〔2〕 “Report of the International Law Commission to the General Assembly covering the work of its forty – sixth session, containing Draft articles on the law of the non – navigational uses of international watercourses and commentaries thereto and resolution on transboundary confined groundwater” (UN Doc A/RES/49/52) in *Yearbook of the International Law Commission* 1994, Vol II, Part Two (UN, 1994) at 111.

〔3〕 Water Resources Law Committee, *Berlin Conference* (2004) – *Fourth Report*, (Berlin: International Law Association, 2004) (2004 Berlin Rules). at 3.

〔4〕 1997《国际水道非航行使用法公约》，参见《国际水道非航行使用法公约》，1997 年 5 月 21 日通过，2014 年 8 月 17 日生效，36 ILM 700，第 5 条；另参见 Alistair Rieu – Clarke and Flavia Rocha Loures, “Still Not in Force: Should States Support the 1997 UN Watercourses Convention?”, (2009) 18 (2) *Review of European Community & International Environmental Law* 185, at 195.

三、跨境河流国际争端中的环境影响评价

许多国家的国内法、多项国际条约和诸多国际文件都对环境影响评价进行了规定。然而，这一制度的内容和范围还存在相应的模糊之处，而且已有的条款适用方面存在缺陷。鉴于国内法适用上的地域限制（一般没有域外管辖效果）、国际条约适用上的对象限制（条约原则上只对缔约国有约束力，对第三方无损益）、非条约的国际性文件约束力方面的限制（不具有法律约束力的软法性质），有必要分析环境影响评价制度在跨境河流水资源利用争端解决实践中的适用。此类分析，有助于探讨跨界环境影响评价制度的内容和范围，厘清一般国际法上跨界环境影响评价的含义和效果，从而甄别和厘清在开发利用跨界水资源过程中，采取措施的沿岸国负有怎样的环境影响义务。

（一）选取的争端范围

据统计，流经两个或两个以上国家的河流有 261 条。与这些河流的数量和关于跨境河流的条约数量相比，在国际性法庭的处理的涉及跨境河流的争端数量并不多。在联合国成立之前，国际常设法院关于处理的共享河流的水量分配和水资源利用的争端很少，只有奥得河案（*River Oder* case）[1]，1937 年默兹河分道案（*Diversion of Water from the Meuse Case*）[2]，1934 年 奥斯卡钦恩案（the *Oscar Chinn Case*，*Britain v Belgium*）[3]等案例。但是环境影响评价作为一个法律概念是 20 世纪 60 年代以后才由美国《1969 年环境保护法》引入的。因此，本文的案例研究范围是联合国成立后的国际司法案例。

本文选取了四个跨界水资源开发利用的国际争端，分析环境影响评价制度在跨界水资源开发利用中的适用问题。它们分别是：1997 年国际法院裁判的“匈牙利诉斯洛伐克关于多瑙河水坝案（简称多瑙河水坝案，*Gabčíkovo - Nagymaros* case）”、[4] 2010 年国际法院裁判的“乌拉圭纸浆厂案

---

〔1〕 *Territorial Jurisdiction of International Commission of River Oder*（*UK v Poland*），Order of 15 August 1929，PCIJ（Ser A） No 23 at Annex 4.

〔2〕 *Diversion of Water from the Meuse Case*（*Netherlands v Belgium*）（1937），PCIJ（Ser A/B） No 70.

〔3〕 *Oscar Chinn Case*（*Britain v Belgium*）（1937），PCIJ（Ser A/B） No 63.

〔4〕 *Case concerning Gabčíkovo - Nagymaros Project*（*Hungary/Slovakia*），［1997］ICJRep 7（*Gabčíkovo - Nagymaros*）.

(*Pulp Mills* case，阿根廷诉乌拉圭)"[1]、2013 年国际法院做出临时措施裁决的“圣胡安河沿岸修建公路案（*San Juan River* case，尼加拉瓜诉哥斯达黎加)"[2]、2013 年国际常设仲裁院裁决的“印度河水电项目仲裁案(*Kishenganga Hydroelectric Project* case，亦称巴基斯坦诉印度吉萨冈戈水电项目案)"[3]。国际法院的争端解决实践中还有其他涉及跨境河流的案件，比如哥斯达黎加诉尼加拉瓜的航行权和相关权利争端 *Dispute regarding Navigational and Related Rights* (*Costa Rica v Nicaragua*)，[4] 以及贝宁诉尼日尔边界领土争端 *Case Concerning the Frontier Dispute* (*Republic of Benin v Republic of Niger*)。[5]本文的研究范围不包括这些争端，因为它们主要涉及的不是跨境水资源的开发利用或生态保护，而是水量分配或者其他与领土有关的商业权利。

(二) 多瑙河水坝案 *Gabčíkovo – Nagymaros* case

1. 争端的背景和主要问题

本案是匈牙利与斯洛伐克关于在其境内多瑙河的河段修建和停止修建大坝是否合法的争议，尤其是否违反双方于 1977 年签订的一项双边条约——“关于建设和运营 Gabcikovo – Nagymaros 船闸系统”的条约（下文简称 1977 年条约，1993 年斯洛伐克成为该条约的继承国）。[6] 该条约规定双方共同投资建设和运营这一船闸系统，以便广泛利用该地区内的多瑙河资源。[7] 具体而言，这一项目旨在建设水力发电项目，改善境内多瑙河的航运，使沿岸地区免受洪涝灾害，同时要根据条约确保多瑙河水质不会

---

[1] *Case concerning Pulp Mills on the River Uruguay* (*Argentina v Uruguay*), [2010] ICJ Rep 14 (*Pulp Mills*).

[2] *Construction of a Road in Costa Rica along the San Juan River* (*Nicaragua v Costa Rica*), ‘Application Instituting Proceedings Submitted by Nicaragua’ (22 December 2011), http: //www. icj – cij. org/docket/files/152/16917. pdf.

[3] *Indus Waters Kishenganga Arbitration* (*Pakistan v India*), Final Award of 20 December 2013 (*Kishenganga*, Final Award), http: //www. pca – cpa. org/showpage. asp? pag_ id = 1392 (*Indus Waters Kishenganga Arbitration*).

[4] *Dispute Regarding Navigational and Related Rights* (*Costa Rica v Nicaragua*), [2009] ICJ Rep 213.

[5] *Case concerning the Frontier Dispute* (*Republic of Benin v Republic Niger*), [2005] ICJ Rep 90.

[6] Treaty between the Hungarian People’s Republic and the Czechoslovak Socialist Republic concerning the Construction and Operation of the Gabčíkovo – Nagymaros System of Locks, 16 September 1977, 1109 UNTS 236.

[7] *Case concerning Gabčíkovo – Nagymaros Project* (*Hungary/Slovakia*), [1997] ICJRep 7 (*Gabčíkovo – Nagymaros*), paras 17 – 18.

因为这一工程而下降。

20 世纪 80 年代，该项目在投资建设时受到匈牙利国内民众的猛烈抨击。匈牙利政府于 1989 年 10 月决定放弃这一工程，并于 1992 年宣布终止 1977 年条约。与此相对应，捷克斯洛伐克在 1989 年就开始考虑替代方案，1991 年建设 Gabcikovo 项目后投入使用。匈牙利认为捷克斯洛伐克单方面建设和运营这一系统，损害了多瑙河水质和生态环境。

2. 环境影响评价制度的适用

作为国际法院审理的第一个环境争端，环境影响评价并不是本案双方的争论焦点。国际法院在裁决中也没有直接分析环境影响评价制度，不过提及“意识到环境的脆弱性和确认有必要持续地评价环境的风险”（the awareness of the vulnerability of the environment and the recognition that environmental risks have to be assessed on a continuous basis），并且还提到自从 1977 年条约签订以来，国际社会显著增强了对环境生态脆弱性的认知和对于有必要持续评价环境风险的确信。[1]

不过，当时的副院长魏拉曼特雷法官在他的独立意见中提到了环境影响评价原则，阐述了该原则的法律地位和重要意义。魏拉曼特雷法官对环境影响评价原则阐述了两点：首先，依据国际习惯法实施环境影响评价，这是一项法定的义务；其次，他强调利用跨界水资源的项目只要在运营，持续地进行环境影响评价将有重要意义。[2]

持续进行环境影响评价意味着，为了预防和减少项目运营导致的不可预期的环境损害，环境影响评价义务不是项目启动之前的单纯的程序性义务，而是在项目的运营期间都必须承担和遵守的一种实质性和持续性（substantive and ongoing）的义务。

作为国际法院审理的第一个涉及国际环境法问题和跨界水资源利用的争端，本案的判决并没有直接提到环境影响评价制度。不过在本案中，魏拉曼特雷法官在独立意见中关于环境影响评价制度的两点分析，后来得到

〔1〕 *Case concerning Gabčíkovo – Nagymaros Project* (*Hungary/Slovakia*), [1997] ICJRep 7 (*Gabčíkovo – Nagymaros*), at para 112.

〔2〕 *Gabčíkovo – Nagymaros*, 参见 *Case concerning Gabčíkovo – Nagymaros Project* (*Hungary/Slovakia*), [1997] ICJRep 7 (*Gabčíkovo – Nagymaros*), Separate Opinion of Vice – President Weeramantry at 111.

了法律界的多次援引,[1] 对于促进对环境影响评价制度的进一步讨论有重要意义。然而，值得指出的是，魏拉曼特雷法官关于环境影响评价制度的法律地位和意义的分析只是独立意见，并不是本案的主流意见。这从一个角度反映出跨境河流开发时，跨界环境影响评价在当时还不是一项普遍的义务。

(三) 乌拉圭河纸浆厂案 (Pulp Mills Case)

乌拉圭河纸浆厂案不仅仅是一个关于跨境河流条约是否得到遵守的案件，还是国际法院近年来审理的涉及环境影响评价制度的争端，尤其涉及了跨界环境影响评价的内容和范围等问题。

1. 案件的背景

本案源于阿根廷与乌拉圭双方 1975 年签订的《乌拉圭河规约》的解释和适用问题。[2] 2006 年 5 月 4 日，阿根廷向国际法院起诉，声称乌拉圭“授权、建设和投产乌拉圭河沿岸的两家纸浆厂”违反《乌拉圭河规约》所规定的义务，包括程序上的通知义务和实质上的预防环境损害的义务，因为乌拉圭授权的“这种活动对乌拉圭河的水质及受该河影响区域具有不利的影响”。

国际法院支持了阿根廷关于程序性义务被违反的主张，认定乌拉圭“授权和建设乌拉圭河边的纸浆厂”违反了 1975 年乌拉圭河规约的程序性规定,[3] 但是并没有支持阿根廷关于“乌拉圭违反了 1975 年乌拉圭河规约的实质性义务”的主张。[4]

2. 跨境环境影响评价的地位与适用

国际法院在本案详细分析了环境影响评价制度的地位、环境影响评价的必要性（前提是拟规划的项目会对跨境共享资源造成跨界损害）和缔约

---

[1] 魏拉曼特雷法官关于环境影响评价的分析得到了诸多的援引，比如，Neil Craik, *The International Law of Environmental Impact Assessment: Process, Substance and Integration*, Cambridge: Cambridge University Press, 2010, at 115; Erika Preiss," The International Obligation to Conduct an Environmental Impact Assessment: the ICJ Case Concerning the Gabčíkovo – Nagymaros Project" (1999) 7 *New York University Environmental Law Journal* 307; Ilias Plakokefalos, "Prevention Obligations in International Environmental Law", Research Paper, Amsterdam Law School, 2013, (unpublished) at 14.

[2] 联合国，《条约汇编》，第 1295 卷，I – 21425 号，第 340 页。

[3] *Case concerning Pulp Mills on the River Uruguay* (*Argentina v Uruguay*), [2010] ICJ Rep 14 (*Pulp Mills*), at para 267.

[4] *Case concerning Pulp Mills on the River Uruguay* (*Argentina v Uruguay*), [2010] ICJ Rep 14 (*Pulp Mills*), at para 265.

方预防污染与保持水体生态环境义务之间的关系。[1]

本案争议双方——阿根廷和乌拉圭，对于跨境环境影响评价的法律地位和必要性都没有异议，都认为开发和利用乌拉圭河的措施实施之前必须进行环境影响评价，这是一项法定义务。但是争议双方对于环境影响评价义务的内容和范围存在争议。[2]阿根廷认为，首先，乌拉圭违反了在授权建设纸浆厂之前就必须进行环境影响评价的义务；其次，乌拉圭的环境影响评价在内容和范围上不充分，尤其是没有按照国际法和国际实践的要求考虑纸浆厂项目的各种潜在影响。[3]乌拉圭同意阿根廷关于"在授权建设纸浆厂之前有必要进行环境影响评价"的主张，但是反对阿根廷关于环境影响评价的内容不充分的观点，认为自己适当履行了环境影响评价的义务。理由是现有国际法规则并没有为此类跨界环境影响评价的内容设置条件，环境影响评价的内容和准备是由所涉国家自行确定，国际法仅要求此类项目应当包括对受潜在影响的人群及其财产的跨界环境影响。因此，本案中，关于环境影响评价的内容和范围，原告方阿根廷的理解远大于被告乌拉圭的理解。

阿根廷和乌拉圭都不是《越界环境影响评估埃斯波公约》的缔约方，因此无法适用该条约关于跨界环境影响评价的内容条款。1975 年《乌拉圭河规约》没有具体规定环境影响评估的范围和内容。国际法院也注意到，一般国际法也没有关于跨界环境影响评估的内容与范围的规定。因此，法院认为，每一具体实例所需要的环境影响评估的具体内容应当由每一缔约方在其国内立法或项目批准进程决定，同时顾及拟议开发活动的性质和规模及其可能对环境造成的不利影响，以及在开展这种评估时保持尽职的必要性。此外，法院还认为，环境影响评价不仅应当事先进行（先于项目的授权和建设之前作出），而且项目运行后还应当持续进行，即项目运行的整个过程中，必要时应当持续进行环境影响监测。

由上述可知，关于环境影响评价的内容要素，国际法院采取的是保守立场，认为对于每个拟开展的有跨境影响的项目而言，跨界环境影响评价

---

〔1〕 *Case concerning Pulp Mills on the River Uruguay* (*Argentina v Uruguay*), [2010] ICJ Rep 14 (*Pulp Mills*), at paras 203—206.

〔2〕 *Case concerning Pulp Mills on the River Uruguay* (*Argentina v Uruguay*), [2010] ICJ Rep 14 (*Pulp Mills*), at para 205.

〔3〕 *Case concerning Pulp Mills on the River Uruguay* (*Argentina v Uruguay*), [2010] ICJ Rep 14 (*Pulp Mills*), at para 203.

的内容由当事国自行确定，只要拟开展的项目具有明显的环境不利影响，进行环境影响评价时要足够审慎（due diligence）。[1]

本案是详细分析和阐述跨界环境影响评价制度的国际争端解决实践。从本案关于环境影响评价的分析可知，如果一项共享水资源的活动具有重大跨界不利影响，当事国有义务事先进行环境影响评价，这是一般国际法确立的规则。然而，环境影响评价的内容，原则上还是当事国依据本国法律，审慎予以确定，不过一定要指出对受影响方的不利影响或潜在风险。这表明，一般国际法上跨界环境影响评价已经不是单纯的程序义务，而且是包含了相应实质内容的义务。

（四）圣胡安河沿线修建道路案（San Juan River Case）

1. 案件的背景

本案起源于哥斯达黎加在该国与尼加拉瓜的界河（圣胡安河）沿岸靠本国的区域修建了一条公路。尼加拉瓜于2011年12月22日向国际法院起诉，指控哥斯达黎加“侵犯尼加拉瓜主权，对其领土造成重大环境损害”。[2]尼加拉瓜指出，哥斯达黎加正在两国边界地区沿圣胡安河进行施工，即修建公路（1856路线）不仅没有通知受影响的尼加拉瓜，而且对双边界河（圣胡安河）、周围环境和沿岸居民的福祉造成了不可挽回的持续损害。[3]因此，尼加拉瓜起诉哥斯达黎加，同时寻求临时措施。尼加拉瓜请求法院：“作为防止进一步损害河流并避免争端加剧的紧急事项，命令采

---

〔1〕 *Case concerning Pulp Mills on the River Uruguay*（*Argentina v Uruguay*），［2010］ICJ Rep 14（*Pulp Mills*），at para 205.

〔2〕 *Construction of a Road in Costa Rica along the San Juan River*（*Nicaragua v Costa Rica*），“Application Instituting Proceedings Submitted by Nicaragua”（22 December 2011），accessed 7 January 2015 at http：//www. icj – cij. org/docket/files/152/16917. pdf；国际法院在2013年4月17日分别发布了两项命令，将尼加拉瓜诉哥斯达黎加“圣胡安河沿线修建道路”的诉讼程序和“尼加拉瓜在边界地区进行的某些活动”一案（哥斯达黎加诉尼加拉瓜）的诉讼程序合并。*Certain Activities Carried Out by Nicaragua in the Border Area*（*Costa Rica v Nicaragua*），“Application Instituting Proceedings Submitted by Costa Rica”（18 November 2010）accessed 7 January 2015 at http：//www. icj – cij. org/docket/files/150/16279. pdf. Proceedings joined：*Construction of a Road in Costa Rica along the San Juan River*（*Nicaragua v Costa Rica*），“Joinder of Proceedings”（17 April 2013）accessed 7 January 2015 at http：//www. icj – cij. org/docket/files/152/17354. pdf.

〔3〕 尼加拉瓜在请求书中诉称：“随着雨季进入最猛的时候，越来越多的泥沙和径流被冲刷到河水中，哥斯达黎加仍未向尼加拉瓜提供必要信息，也未在160公里长的公路沿途采取必要行动以避免或减轻对河流及其周围环境造成不可挽回的损失，包括对航行以及河流沿岸居民的健康和福祉造成损害。”

取临时措施：1. 哥斯达黎加立即无条件地向尼加拉瓜提供（1）环境影响评估报告；（2）与缓解圣胡安河重大环境损害的必要措施有关的所有技术报告和评估。”尼加拉瓜称，它寻求保护的权利是其“领土主权和领土完整权利”、“不受跨界损害的权利”和“获得哥斯达黎加跨界环境影响评估的权利”。因此，环境影响评价是该案的重要争议。

2. 关于环境影响评价的适用

这是国际法院最新的涉及跨界环境损害和跨界环境影响评价的争端。总体看，涉及跨界环境损害的争端，很少提交国际法院裁决。本案争议的措施——修建的公路，在哥斯达黎加境内，而不是在尼加拉瓜境内，但是尼加拉瓜认为这条道路的修建会对尼加拉瓜境内圣胡安河的航行、沿岸居民的健康和福祉，包括对圣胡安河生态环境产生不利的环境影响。[1]

本案争议双方对进行跨境环境影响评价的必要性存在争议。尼加拉瓜认为哥斯达黎加有必要进行环境影响评价，并且此类环境影响评价报告应当提交给尼加拉瓜。尼加拉瓜指出，哥斯达黎加“反复拒绝给予（尼加拉瓜）关于公路工程的适当信息”，并“否认自己有义务编写环境影响评估报告或向尼加拉瓜提供此类文件”。[2]与此相反的是，哥斯达黎加认为本案不存在跨境环境影响评价的义务，也没有必要提供给尼加拉瓜此类报告，因为本案中那条道路离圣胡安河有 50 米远，不会给圣胡安河造成环境问题，[3]而且修建道路是哥斯达黎加为保护其被圣胡安河隔离的西北地区，防止尼加拉瓜的入侵行动所必须的。[4]

---

〔1〕 *Construction of a Road in Costa Rica along the San Juan River* (*Nicaragua v Costa Rica*), *Certain Activities Carried Out by Nicaragua in the Border Area* (*Costa Rica v Nicaragua*), “Request Presented by Nicaragua for the Indication of Provisional Measures” (Order of 13 December 2013) at paras 4 – 10.

〔2〕 *Construction of a Road in Costa Rica along the San Juan River* (*Nicaragua v Costa Rica*), *Certain Activities Carried Out by Nicaragua in the Border Area* (*Costa Rica v Nicaragua*), “Request Presented by Nicaragua for the Indication of Provisional Measures” (Order of 13 December 2013) at paras 49 – 52.

〔3〕 *Construction of a Road in Costa Rica along the San Juan River* (*Nicaragua v Costa Rica*), *Certain Activities Carried Out by Nicaragua in the Border Area* (*Costa Rica v Nicaragua*), “Request Presented by Nicaragua for the Indication of Provisional Measures” (Order of 13 December 2013) at para 14.

〔4〕 该案的一个背景是，哥斯达黎加与尼加拉瓜属于相邻国家，哥斯达黎加有些领土仅能通过圣胡安河与哥斯达黎加的主要领土相联系。尼加拉瓜的一些行为被哥斯达黎加认为是入侵，因此想通过在圣胡安河修建道路的方式，与这部分地区加强联系。

法院没有按照尼加拉瓜的请求做出临时措施的指示命令,[1] 但是明确分析了跨界环境影响评价制度。法院重申了“乌拉圭河纸浆厂案”关于跨界环境影响评价的理解，认为跨境环境影响评价的必要性是以拟开展的项目具有重大损害（issue of significant harm）为基础。拟开展的项目（尤其是针对共享资源的开发利用项目），具有重大不利的跨界环境影响，才有一般国际法上进行跨界环境影响评价的义务。

国际法院还在本案中澄清了开展跨界环境影响评价的标准不同于主张跨界损害的标准。前者只需要“有可能造成重大不利影响”(may have a significant adverse impact)，不需要充分的证据证明损害肯定存在(significant harm)。[2]

（五）印度河水电项目争端（The Kishenganga Hydroelectric Project Case）

1. 案件的背景

本案是印度和巴基斯坦两国围绕1960年签署的《印度河水条约》（Indus Waters Treaty）的实施与解释争议[3]。印度（上游国）与巴基斯坦（下游国）自1948年以来为了印度河水的分配和利用一直在谈判。1960年在世界银行的主持下，两国签署了《印度河水条约》。该条约规定，印度河水系的东边三条河归印度使用；西边三条河由巴基斯坦使用，不过印度在符合条件的情况下可以利用西边三条河进行农业灌溉、水力发电，除特殊情形外，不得修建蓄水的水电工程项目。本案争议源于印度在属于巴基斯坦利用的西边河流上修建了水电工程(Kishenganga Hydroelectric Project，简称KHEP)。巴基斯坦认为印度无权这样拦截河水，并且印度这一工程影响了巴方的水利工程(Neelum－Jhelum Hydroelectric Project，简称NJHEP）和对河水的利用，因此提出抗议并依据《印度河水条约》于2010年提请仲裁。国际常设仲裁院于2013年12月20日做出裁决。

2. 关于环境影响评价的分析

本案双方关于权利义务的争议主要是以1960年《印度河水条约》为依据。该条约并没有关于环境影响评价的规定。不过，仲裁庭认定，1960

---

〔1〕 *Construction of a Road in Costa Rica along the San Juan River* (*Nicaragua v Costa Rica*), *Certain Activities Carried Out by Nicaragua in the Border Area* (*Costa Rica v Nicaragua*), “Request Presented by Nicaragua for the Indication of Provisional Measures” (Order of 13 December 2013) at para 34, accessed 7 January 2015 at http://www.icj－cij.org/docket/files/152/17838.pdf (*San Juan River*).

〔2〕 *San Juan River Case Ibid*, at paras 19 － 21.

〔3〕 The Indus Waters Treaty 1960 (India－Pakistan), signed 19 September 1960, 419 UNTS 126.

年《印度河水条约》的履行和遵守应当依据保护环境的习惯国际法予以解释和适用。[1] 仲裁庭确认了国际法院在“乌拉圭河纸浆厂案”关于环境影响评价制度的分析，确认跨界环境影响评价制度是预防跨界损害的一项现行习惯国际法。规划和发展一项可能对邻国造成损害的项目时，当事国应当考虑环境保护的需求。因此，印度20世纪90年代设计、随后建设的水电项目（Kishenganga Hydroelectric Project）应该遵循环境影响评价制度这一演进的国际习惯法规则。

具体到本案的争议，印度和巴基斯坦都认为，建设本案争议的水电项目工程有必要进行跨界环境影响评价，但是双方对于环境影响评价的内容和范围存在分歧和不同解释。巴基斯坦认为环境影响评价报告是功能整体性的，这便于了解复杂的印度河生态系统。[2] 然而，印度采用的是简单方法，选取几种鱼的习性数据，通过有限的数据得出环境影响评价的结论。[3] 仲裁庭与国际法院在“乌拉圭河纸浆厂案”的观点一样，认定国际法上并没有统一的标准规定跨界环境影响评价报告应该包括哪些内容，应该采用什么方法计算环境受到的影响。因此，仲裁庭建议本案争议双方采取详细的方法，评估这些水电工程项目对环境的影响。[4]

（六）跨界水资源开发利用时环境影响评价义务的几点分析

上述国际争端解决实践在一定程度上反映了跨界环境影响评价制度在法律地位方面的演进，以及环境影响评价制度如何在具体的跨境河流争端中予以适用。纵观这些争端解决实践关于环境影响评价制度的分析，可以得到四点结论。

其一，地位上，跨界环境影响评价是习惯国际法上的一项法定义务。这意味着即便缺乏可适用的条约条款规定环境影响评价，如果符合相应的条件，当事国有法定义务进行跨界环境影响评价。其二，性质上，跨界环境影响评价不仅仅是一项程序义务，而且还有实质内容。开发和利用跨境河流的沿岸国不仅在形式上要进行环境影响评价，作出并公布报告，而且环境影响评估报告应该包括相应的实质内容。其三，适用条件上，并非所有具有跨境影响的项目都必须进行跨界环境影响评价，而是项目满足三个

---

〔1〕 *Kishenganga*, Partial Award, at para 452.

〔2〕 *Kishenganga*, Final Award, para 97.

〔3〕 *Kishenganga*, Final Award, at para 98.

〔4〕 *Kishenganga*, Final Award, at para 101.

标准时才必须进行，即对资源，尤其是共享资源的利用会导致“跨境”、“重大”、“不利影响”，这时才必须作出跨界环境影响评价。其四，跨界环境影响评价的具体内容和范围，一般国际法并没有确立标准，原则上由项目当事国在符合勤勉（due diligence）和善意（good faith）原则的情况下自行依法确定，不过至少要包括受不利影响地区的环境关切。事实上，无论是国际法院的裁决还是国际法委员会关于《危险活动引起跨界损害所造成的损害的国际责任条款》都没有对环境影响评价的内容和范围做出最低的国际标准。[1]

考察国际司法机构的争端解决实践可知，一般国际法上环境影响评价义务在争端解决中的确认和适用，与相应的条约实践是匹配发展的。这反映出跨境河流治理进程中，条约规则与习惯法规则是动态发展，相辅相成的。然而，值得指出的是，环境影响评价义务在实践中的适用和演进滞后于相关国际机构（无论是国际法委员会这样的政府间机构还是国际法协会这样的非政府机构）在这一问题上通过的决议和努力。

四、中国进行跨境河流开发的几点思考

（一）中国进行跨境河流水资源开发的需求与障碍

曾经，我国对跨界水资源的开发利用程度比较低。这一状况正在改变。首先，经济的快速发展增加了对淡水资源的需求。无论是工业发展、农业灌溉，抑或人民的生活消费都需要消耗大量的淡水资源。在淡水资源日益匮乏的大背景下，我国不仅需要对水资源进行保护和综合治理，也会加大对包括跨境河流在内的水资源的开发与利用。其次，能源紧缺和对清洁能源的需求，直接刺激了各国开发利用跨境河流资源。各国在应对气候变化、削减排放的大背景下纷纷增加水利工程，加大使用水电这种清洁能源。这成为包括中国在内的许多国家纷纷修建水利开发工程的重要背景。中国在相关流域进行的水利工程规划与建设项目势必增多。

然而，中国开发和利用跨界水资源也存在相应的障碍，这主要包括沿岸国家间的现实需求和政治利益的分歧，以及法律主张与规则方面的

---

〔1〕“International Liability for Injurious Consequences Arising out of Acts Not Prohibited by International Law（Prevention of Transboundary Harm from Hazardous Activities）” in “Report of the International Law Commission to the General Assembly covering the work of its fifty – third session, with commentaries, 2001”（UN Doc A/56/10）, Ch V, in *Yearbook of the International Law Commission*, 2001, Vol. II, Part Two（UN, 2001）（Draft Articles on Prevention） at 158.

障碍。

首先，最主要的现实障碍是下游国关于水资源分配和水安全的高度关切，甚至是焦虑。就地理位置而言，流经中国与邻国的跨境河流中，我国基本上是上游国。中国西南、西北的跨境河流莫不如此。这一地理状况导致我们开发与利用跨境水资源时，无论是在西南水量充沛的流域，还是西北水资源匮乏地区，经常面临下游沿岸国家的关切、质疑甚至是挑战。这些国家甚至将水资源问题与国家安全挂钩。比如，中国在澜沧江、怒江、雅鲁藏布江规划和建设相关水坝，开发利用水资源的行为，已经引发了下游东南亚国家的严重关切。[1] 由于这些河流是下游东南亚国家的重要水源，中国的水电开发项目甚至被认为是中国威胁论的一种形式。[2] 又比如在西北，中国利用伊犁河、额尔齐斯河的水资源，以解决新疆缺水地区的困难，就受到哈萨克斯坦的高度重视和关切。哈萨克斯坦急切要求与中方就水资源的分配与利用达成协议，并把这视为双边急需解决的重要政治与外交议题。

其次，国际和国内法律规定的差异和模糊。上游国和下游国利用共享水资源往往还因为法律规定的模糊而存在若干障碍。比如关于河流的利用权限，上游国通常强调水资源主权观，即沿岸国有权自由开发和利用境内的水资源。下游国家则强调流域的领土完整性，强调上游国家不能改变共享河流的自然水流，除非得到下游国或邻国的预先同意，否则就是侵犯相邻沿岸国的领土完整。中国作为若干跨境河流的上游国，开发利用境内水资源，也面临此类困境。

（二）中国进行跨境河流水资源开发的几点评论

中国作为若干跨境河流的上游国，对境内的水资源，有依法开发与合理利用的天然权利。

第一，基于国家领土主权原则和自然资源主权原则，我国具有开发利用境内水资源的主权权利。权利的正当性并不因为是上游国而受到减损。因此，我国不宜因为下游国家的高度关注和质疑而迟疑不前，甚至放弃境

---

〔1〕 克里斯汀·麦克唐纳："怒江水电：一条河流，多种前景"，载《中外对话》2008 年 3 月 19 日，https：//www. chinadialogue. net/article/show/single/ch/1816 – Hydropower – on – the – Nu – one – river – many – perspectives –，访问日期：2014 年 3 月 15 日。

〔2〕 刘琴："宣扬中国水电威胁论让印度国内各方受益"，载《中外对话》2014 年 4 月 12 日，https：//www. chinadialogue. net/blog/7573 – Indian – critics – of – Tibet – dam – accused – of – exaggerating – dangers/ch，访问日期：2014 年 5 月 1 日。

内水资源的开发利用。

第二，作为上游国，我国开发和利用水资源时，应当依法进行。依法利用水资源，这不仅意味着跨境水资源项目要遵守我国国内法，而且要遵守对中国有约束力的国际规则。相关的国际规则不仅是指中国缔结和参加的多边和双边条约规则，还包括已经形成了通例的习惯国际法。跨界环境影响评价就是这样的习惯国际法，是判断相关项目是否有可能造成跨界损害和预防损害的一个重要的国际法制度。我国开发和利用跨境河流水资源，进行项目规划和建设，不仅要依据中国《环境影响评价法》等国内法进行，当项目有可能造成对其他国家的损害时，还需要遵循一般国际法进行跨界环境影响评价。这是国际习惯法下应当遵守的义务。

第三，具体到跨界环境影响评价本身，我们应谨记它不仅是一种程序义务，而且在内容方面已经有一些实质标准。尽管每一个具有跨界环境影响的项目，由于其地质状态、地理位置和受影响的利益方不同，需要进行和关注的环境影响评价的内容也不一样，无法建立统一的模式与标准。但是鉴于跨界环境影响评价制度的目的是预防环境损害，因此，我国在利用跨境水资源时，应秉持善意，考虑即将采取的行动可能对其它国家环境造成的影响。①在内容上，进行跨界环境影响评价应考虑受影响国家的意见与关切，对可能受不利影响地区的关注予以回应。正如“乌拉圭河纸浆厂案”裁决所言，环境影响报告的内容应当考虑受重大不利影响国家或地区的关切。进行跨界环境影响评价，遵守和尊重评价内容，有助于尽量预防损害后果。这不仅是出于政治和外交的考虑，以便与周边国家维持与发展睦邻友好关系，而且是习惯国际法的要求，是遵守国际法的表现。应当指出的是，回应和考虑受影响国家和地区的关切，并不等于项目实施国必须接受或听从受影响国的意见，除非存在相应的条约义务。②在形式上，我们进行的跨界环境影响报告应当公开。当受不利的环境影响方有此类要求时，不应拒绝。正如“圣胡安河沿线修建道路案”的临时措施裁决所言，跨界环境影响评价报告应该公开，让受影响方能够获取相关信息。

第四，我们也应谨记，利用和开发跨境水资源的同时，一定要同样高度重视跨境水资源的保护和治理，实现水资源的可持续利用和发展。

17
试析“东向政策”背景下的印越防务安全合作举措和动因

李群英 *

摘　要：冷战结束后，印度把目光投向东南亚，提出了“东向政策”。在“东向政策”的背景下，印度与越南等东盟国家的关系日趋紧密，特别是印越两国，在巩固和发展政治经济关系的同时，大力发展军事关系，不断深化和扩展双方的防务安全合作，无论合作规模还是层次均有很大提高。已给包括中国在内的周边安全形势带来了新的变数。如何看待印越两国防务安全合作关系的深化及“印度东向政策”的发展，是本文所要探讨的重点。

关键词：东向政策　印度　越南　防务安全合作

冷战结束后，印度的国家战略目标定位是“称雄南亚——争当军事强国——争夺21世纪一流大国的地位”。[1] 为此，印度一方面进行经济体制改革，实行对外开放；另一方面开展睦邻外交（即“古杰拉尔主义”），推行“东向政策”，在亚太的权力体系中占据一席之地。正如印度前总理辛

---

* 中国政法大学国际政治系系博士，教授，国际政治系主任，硕士研究生导师。

〔1〕 胡志勇：《文明的力量崛起》，新华出版社2006年版，第102页。

格所说，“东向政策”旨在向我们在东南亚和东亚的文明邻邦伸出友谊之手。[1] 事实上，近些年来印度的“东向政策”目标范围在不断扩大，几乎涵盖了亚太地区的所有国家。

一、印度的东向政策

印度是一个传统的南亚国家，战略重点和安全核心一直在印度洋地区。但是，出于对大国战略地位的追求和地缘安全利益的关切，印度从来没有放弃对亚太地区的关注，印度高层认为，“印度的战略足迹应当覆盖……东南亚以及更远的地区”[2]。

冷战时期，印度外交政策的核心目标是打造“印度的南亚”，其地缘政治影响力主要集中在南亚。冷战结束后，面临内部经济僵化，外部苏联解体，南亚陷入动荡的局面，印度被迫大幅调整外交政策。20 世纪 90 年代初，印度总理拉奥提出了“向东看”战略，开始将东南亚视为其拓展国际空间，积极参与经济全球化的一个重点方向。在拉奥之后的印度历届政府对“向东看”政策都给予了足够的重视。尤其是去年刚刚下台的辛格政府在推行“向东看”政策上更是取得了让人注目的成果。2004 年 11 月，即辛格执政不到半年，印度就与东盟签署了《和平、进步与共同繁荣伙伴关系协定》，使“向东看”政策取得了实质性的成果。与此同时，印度的军事“东线”扩展也同步进行。“东向政策”已成为印度整体外交的重要组成部分，迄今大体经历了两个发展阶段。

1992 年至 2003 年是第一阶段，第一阶段的“东向”对象是东盟国家，重点是修复与东南亚国家关系，搭乘亚洲“小龙”经济快车。

2003 年至今是第二阶段，第二阶段则把“东向”的范围延伸到东亚（中日韩）以及南太平洋（澳新）。重点是全面拓展与东盟的经济联系和安全合作，通过东盟与亚太大国加强互动。从而印度开始进一步参与到军事—安全领域，特别是通过海军部署以及海上外交来扩展‘东向’政策。印度与东盟开启全面防务合作，涉及军事培训、反恐、马六甲海峡通道安全等。同时，印度与美国、日本、澳大利亚等国之间的战略互动增强，联

---

〔1〕“辛格总理在东盟经济顾问委员会上的主题演讲”，载《今日印度》2005 年第 11 期，第 2 页。

〔2〕Integrated Headquarters Ministry of Defense (Navy), *Freedom to Use the Seas: India's Maritime Military Strategy*, 2007, pp. 25–29.

合军事演习增多。

印度历届政府都重视发展军事力量，把强军作为实现大国梦想的最有力手段，尤其是发展核武器。自印度于 1998 年 5 月进行五次核爆炸后，该国的军事发展开始呈现出“优势与扩展”的特点。加大了向南亚地区之外扩展军事的力度。总体上看，这种扩展表现为“三线一面”，目的是支持“21 世纪是印度世纪”这一国家战略目标的实现。印度的“三线一面”发展思路就是沿着“东线”、“北线”和“西线”向外扩展其军事力量，向南控制印度洋，从而使印度走出南亚次大陆跨入世界军事舞台，实现“有声有色”的大国这样的梦想。

所谓“东线”，是指印度向东南亚、东北亚方向扩张军事，支持其国家的“东向战略”。在印度推行“优势与扩展”战略的“东向”过程中，印度首先瞄准了越南。印度高层在不同场合一再强调越南在东向政策中的重要性，2008 年 1 月印度驻越南胡志明市总领事米施拉（Jitendra Nath Misra）称越南是印度“东向”政策的重要国家，[1] 2011 年 4 月印度外长克里希纳向越南外长表示越南在印度“东向”政策中扮演着重要角色，印度希望进一步推进两国的战略平衡。[2] 越南成为印度“东线”扩展路线上的一个重要棋子。越南也一直强调支持印度的“东向”政策，希望印度在地区和国际事务中发挥更重要的作用。[3] 越南是东盟最重要的成员国之一，也是在南海问题上跟中国叫板次数最多、态度最为强硬的国家之一。近年来越南也实行了多样化、全方位的对外战略，尤其注重借助大国力量维护国家利益。由于历史的渊源和现实地缘政治的需要，印度与越南的关系日趋紧密。2003 年，印越签署《全面合作框架联合宣言》，成为双边关系发展的重要里程碑；2007 年签署的《战略伙伴关系联合宣言》更将两国关系推向新的高度。此后两国关系迅速升温，在政治、经济、军事等方面都取得了丰硕的合作成果。政治上，高层互访不断，政治互信增强，成为军事合作的前提；经济上，双边关系增强，双边贸易额从 1995 年的 7200 万美元

---

〔1〕“India Focuses on cooperation with Viet Nam”，http：//www. mofa. gov. vn/en/nr040807104143/nr040807105001/ns080128130221/view#ZhlDaLygdRxc.

〔2〕“VN，India seek to boost strategic partnership”，http：//www. vietnamembassy - brunei. org/vnemb. vn/tin_ hddn/nsl10413085456.

〔3〕“Meeting between Foreign Minister and India Deputy Foreign Minieter”，http：//www. mofa. gov. vn/en/nr040807104143/nr040807105001/nsl10809092614#KmsAyrR2HhN；刘刚、田剑威：“印度欲借越南军港迫近威慑中国”，载《环球视野》总第 324 期，第 21 页。

增加到2014年的约50亿美元，预计到今年将增至70亿美元。这成为军事合作的基础；文化上，交流的深入也促进了两国关系的发展，成为军事合作的推手。在此大背景下，近年来，印越双方出于各自战略利益以及遏制中国的考虑，积极开展防务安全合作合作，在武器贸易、人员培训、联合军演、情报共享等领域的合作呈现出了蓬勃发展的趋势。

同时，为推行“东向”军事战略，近年来印度对海空军事力量发展给予了特别的关注，这与20世纪印度重点经营南亚地区时建立以陆军为核心的军队存在战略上的差异。

印度三面环海，拥有六千多公里长的海岸线，不仅所临海域辽阔，而且外围岛链远离本土，具有发展海军的有利条件。据此印度提出了要把战场放在远离本土的海域或空域。印度在位于马六甲海峡北出口的安达曼—尼科巴群岛组建了第一个三军联合司令部，并以海军为主。2012年7月，安达曼—尼科巴群岛上的巴兹军事基地正式启用，使印度进一步加大了对马六甲海峡的影响力，以及向亚太地区扩展军事影响的“后劲儿”。在加强安达曼—尼科巴群岛军事基地和力量建设的同时，印度还不断提升海上和空中力量。

印度政府对海军的基本要求是，“获得区域性海上强国的地位”。因此，印度海军的主战装备正在向大型化、导弹化和自动化方向发展，按照新的规划，印度将大力发展本国国防工业和造舰能力，将自行设计制造航母、驱逐舰、护卫舰等一系列舰艇。印度是第二次世界大战以后亚洲首个拥有航空母舰的国家，20世纪60年代就拥有了第一艘航空母舰。进入90年代后，随着印度海军两艘航母中的一艘退役，印度开始考虑如何自制航母的问题。1999年，印度议会批准了自制轻型航母的计划。2005年正式启动自建航母这一工程。2009年2月，该艘航母的龙骨安装成功；2011年8月，该航母在印度的科钦造船厂第一次下水；2013年8月，该航母进行了第二次下水；2015年5月，该航母进行第三次下水。预计，该航母将于2020年左右正式服役。

在大力发展海上力量的同时，印度也强化了空军的发展。冷战结束后，印度空军突出“稳定数量，提高质量”的建军思想，引进苏-30MKI、英国“美洲豹”、法国“幻影”2000等先进飞机和防空武器，自行研制作战飞机和空空、地空导弹。众所周知，近年来印度已连续多年成为全球武器进口的头号国家。不断扩大的军火采购中，印度为其空军投入了较大的财力，从全球购入先进的作战飞机及装备，较大地提升了印度军队的远程作战能力。2001 年 4 月，俄罗斯和印度签署了俄向印度转让成批生产苏 - 30 MKI 歼击机许可证的合同，价值 33 亿美元。除了向俄罗斯直接购买 32 架苏 - 30 MKI 战斗机外，印度还得到俄方授权，在今后 17 年内生产 140 架苏 - 30 MKI 歼击机。苏 - 30 MKI 成了印度空军装备的最新型战斗机。印度海空军远程作战能力的提升，将支持印度推行“东向”军事战略，不断扩大向亚太地区扩展其军事影响。

印度是中国西南方向上最强的军事邻国，与中国存在着全线未划定的边界，并视中国为其最大的潜在对手；越南是中国东南方向上的一个军事大国，其与中国在南海地区的岛屿和海域之争最为突出。不难看出，印越两国具有一定的“共同基础”，在防务上走到一起也就不足怪了。正如印度纳伦德拉·莫迪总理所说，在印度“向东政策”中，印度将越南视为优先国家之一。印度将促进在包括国防在内五个支柱的合作关系，推动越印战略伙伴关系深入、务实发展。[1]

二、印越两国强化防务安全合作的举措

在印越关系发展进程中，军事合作发展速度一直快于政治和经济。早在 1994 年印度总理拉奥访问越南时，两国就签署了防务合作草案。2000 年 3 月，印度国防部长费尔南德斯访问越南时，两国正式签署了《防务合作协定》，强调双方在军事交流、情报互换、建造海军舰艇、打击南海海盗等多方面的合作。2007 年越南总理阮晋勇访印期间，双方签订了国防协议，确定印度将向越南出售武器装备，同时双方将建立合作团队，共同开发国防合作领域。同年 12 月，两国达成扩大国防合作协议，把合作的范围进一步扩大。2009 年 11 月，越南国防部长冯光青访印，两国签署了一份新的防务合作谅解备忘录。

（一）加强军事交流互访

冷战后，印度同越南之间的军事交流有增无减。20 世纪 90 年代以来，双方高级军事代表团互访频繁，印度海军参谋长、陆军参谋长、国防部长、印军参谋长等军方高层数次到越南访问，越南也派出同样级别代表团进行回访或赴印参观交流，印度海军“维兰特”号航母、“艾拉瓦特”号坦克登陆舰等舰艇更是数次访问越南。有“抗衡中国的王牌”之称的印度

---

〔1〕 越通社驻印度记者报道：“冯光青防长访印：防务合作继续成为两国战略伙伴的重要支柱”，2015 年 5 月 26 日，http：//zh. vietnamplus. vn/chrome.

“什瓦利克”号导弹护卫舰2014年8月5日抵达越南北部港口城市海防市，开始为期3天的访问。印度海军发言人称，“什瓦利克”号此访“是一次很好的战船执行能力展示，符合印度向东看战略”，据《印度时报》8月6日报道，满载排水量达6100吨的“什瓦利克”号导弹护卫舰在停靠越南港口期间，印越海军将展开多方面交流，“什瓦利克”号还将与越南舰只合作演练，课目包括通信联络、搜索救援等。[1] 印度早已同越南实现了两军定期互访机制。近年，印越两国又举行副部长级国防战略对话，至2014年该战略对话已进行了8次。

（二）提供武器装备和技术

冷战结束后发生的几场高技术局部战争，使越南意识到高技术武器的重要性，因此加快了武器装备的现代化建设。2011年1月通过的越共“十一大”政治报告明确指出，“要重点加强海军、防空——空军、通信兵、电子战和技术侦察等部队的武器装备建设”[2]。虽然越南是东南亚的军事强国，但是在武器装备技术方面还要远远落后于印度。因此，随着经济的发展和国家财政收入的增加，越南开始不断更新武器装备，除大量从俄罗斯购进苏-27、苏-30战机、S-300PMUI地空导弹、水面舰船以及潜艇等外，主要依靠印度发展其海空军。因为印度的工业和技术实力远高于越南，对此，2007年印度国防部长安东尼访问河内以及越南总理阮晋勇访问印度期间，双方签订了合作协定，根据协议，印度利用拥有的纳西克军工厂（俄罗斯在海外援建的最大战机修理和组装工厂），不仅为越南提供战斗机和苏-27战斗机零配件服务，还对其米格战机进行改造。同时，印度负责维修和彻底检查越南防空——空军的400架米格-21和米格-29战机，目前已经完成一百余架米格战机-21战机的升级，并提供了改进型航空电子设备和雷达系统。[3] 据报道，2010年2月，越南与印度达成50亿美元的军事合同，从印度引进20架印度自行研制的三代LCA战斗机，该机使用了印度最先进的隐身技术，可以躲避机载和普通雷达的跟踪，抵消中国J-10的空中优势。[4]

---

〔1〕“印度王牌军舰驶抵南海争议海域 与越南展开交流”，载《环球时报》2014年8月7日，http://mil.news.sina.com.cn/2014-08-07/07297942.html.chrome://newtab/.

〔2〕“第十届党中央执行委员会在党的第十一次全国代表大会上的政治报告”，载（越）《人民报》2011年1月19日，第1版。

〔3〕春风：“印度想在军事上‘打造强大越南’”，载《现代军事》2011年第11期。

〔4〕《越南引进印度20架先进LCA对抗中国歼十》，载《参考消息》2010年2月21日。

印度对越南出口导弹是近年来两国武器交易的重要内容。2010年3月21日，印度宣布已经取得垂直试射新型“布拉莫斯”巡航导弹的成功，并表达了向东南亚国家出口导弹的意向。2011年9月，印度决定对越南出口布拉莫斯导弹。[1] 可在一定程度上提升越南海军的实力。印度对越南出口导弹，目的当然不仅仅是为了赚钱，而是支持在南海与中国有争端的国家，对中国形成间接制约。2014年10月28日，印度总理莫迪与到访的越南总理阮晋勇举行会谈。最重要的议题是印度将向越南出售4艘海军巡逻船。据说，印度不久将向越南提供海军舰船，帮助越南加强军力，实现国防现代化。路透社评述，这是近年来印度向越南的第一次重大军事转让。印度也已成为越军常规武器的主要供应商之一。

（三）相互学习对方的先进经验，培养军事人才

除俄罗斯外，印度是越军留学的首选国家。因为越军现有或已订购的主要新型武器基本上都是从俄罗斯引进，印度早年曾购进这些装备，在海空军现代化建设中积累了许多经验，能够为越南海空军提供人才、信息技术、舰艇维修等方面的培训和支持，培育越南本国的海空军人才。2008年上半年，印度向越南派遣一个四人代表团，指导越南培训联合国维和军人。[2] 在2010年12月的东盟防长扩大会议后，印度防长安东尼与越南最高领导阶层举行会谈，并在此期间确定在陆军训练合作方面印越两军联合演练山地及丛林作战；在海军训练合作方面，由印度海军潜艇学院通过先进的潜艇训练模具，为越南海军提供专业的军事训练，帮助越军官兵熟练操作引进的俄罗斯“基洛”级潜艇；在空军训练合作方面，由印度培训越南飞行员驾驶俄战机。印度海军在2013年11月曾宣布，将对500名越南潜艇人员进行水下作战培训，作为两国扩大战略与防务合作的一部分。越南共产党总书记阮富仲访问新德里期间，印度总理辛格称：“印度将继续在国防与安全力量的现代化和培训上协助越南，包括通过用于国防采购的1亿美元的信贷额度。”[3]

而印度由于国土面积大，热带山地丛林多，需要加强其军队的山地丛林作战能力，而越南军队历史上有过长时间的热带山地丛林战争经历，实

---

〔1〕“印拟向越南出售‘布拉莫斯’导弹”，载《参考消息》2011年9月22日。

〔2〕薛亚波：“印度与越南加强国防工业合作”，载中国国防科技信息网，2007年12月25日，http：//www. dsti. net/Informnation/News/46275.

〔3〕“印度国产王牌隐身舰访问越南”，载环球网，2014年8月8日，http：//mil. sohu. com/20140808/n403269465. shtmlchrome. /newtab//.

战经验非常丰富，在这方面印度军队可获得越南的帮助，提升印度军队山地丛林作战能力。

（四）共同努力推动联合军演

印度与越南在南海的联合军演始于2000年。当年10月，由6只军舰组成的印度舰队高调开进南海，与越南举行了以中国为假想敌人的联合演习，印度海军在演习结束后也并没有立即离开，而是又与本土开来的一艘“基洛”级潜艇和反潜巡逻机单独举行了演习。当时英国《简氏防务周刊》对此举作出评论，说印度海军进入南中国海是个大胆的举措，表明印度正在走出其传统势力范围，进入新的地区，将彻底改变东南亚的海上力量对比，进而严重威胁中国安全。[1] 这是印度第一次在南海与越南举行联合演习。此后，印度海军越来越频繁地进入南海。2005年，印度派出由5艘战舰、1艘潜艇和若干补给舰组成的特混舰队驶入南海，再次与越南举行了军事演习。2007年4月下旬印度海军在北上海参崴与俄罗斯举行联合军演后，在回国途中与越南海警进行了联合巡逻，并与越南海军进行联合军演。2008年、2009年印度派出军舰访问越南，期间两军开展了丰富的交流活动。2010年10月间，印度海军派出包括1艘“基洛”级潜艇在内的舰艇编队访问越南，并与越海军在南海进行联合巡逻，举行军事演习。近年来，印度与越南军方的互访更加频繁。特别是2011年7月19日，应越南海军邀请，印度海军“埃拉瓦特”号坦克登陆舰访问越南芽庄，随即越南海军总司令阮文献对印度海军发出在芽庄永久驻扎的邀请，而印度对此反应相当积极。这是越南与印度加强军事合作的又一个象征。芽庄港离南沙海域比较近。印度在越南建立常驻基地，对南海局势和中国南部国防安全都有严重影响。从越南方面来看，因为在南海争端中时刻感受到中国的巨大压力，因此需要拉拢战略伙伴印度以对抗中国。[2] 对印度而言，越南的邀请正好为自己推行东进政策和介入南海的战略提供了契机。

此外，根据2010年首届东盟防长扩大会议期间两国达成的协议，2011年两国陆军开展了山地丛林战联合演习。越军是丛林战的专家，在20世纪60年代到70年代，其充分利用丛林战术，大力开展游击战，让美国的“绿色贝蕾”特种部队以及海军陆战队官兵都胆战心惊；而印军在山地战上有专长，特别是在反恐和反暴乱战术方面技高一筹。两国通过演习学习

---

〔1〕“印度舰队开进南海”，载 http://intl. ce. cn/gjzx/yz/201010/21/t20101021_ 21905783. shtml.

〔2〕“越南拉印度到南海抗衡中国”，载《环球时报》2011年8月1日。

对方长处，可以提升各自山地丛林作战能力。[1] 2013 年 6 月和 2015 年 8 月印度海军与越南海军在南海还举行了联合搜救演习。

此外，印越双方在打击恐怖主义和共享海盗情报方面也加强了合作，实现情报及时互通和共享。对技术较为落后的越南情报机构来说，加强与比较强大的印度的情报资源共享，可以弥补自身的缺陷。出于遏制中国的战略考虑，未来两国可能会共享更多有关中国的情报资源。

三、印越加强防务安全合作的动因

印度与越南同为亚洲国家，但两国并非邻国，而且社会制度不同，文化差异很大，历史上关系也并非十分密切。目前，两国军事关系之所以发展如此迅速，根本原因还在于两国在政治、经济、军事和外交战略上有共同的需求。

（一）印越两国相互支持，提升各自的国际地位

印度是一个有着强烈大国抱负的国家。自尼赫鲁以来，“有声有色的大国”一直是印度政治精英追求的目标。尼赫鲁在《印度的发现》一书中宣称：“印度以它现在所处的地位，是不能在世界上扮演二等角色的。要么就做一个有声有色的大国，要么就销声匿迹。中间地位不能吸引我。”[2] 印度后来历届政府都承袭了这一思想，以使印度获得大国地位为己任，建立一个军事、经济、国际政治上的强国。然而，自印度独立以来，国际形势的发展并未为印度带来其所追求的大国地位。在冷战体制下，印度的影响范围长期以来局限于南亚次大陆和印度洋沿岸地区，无法在国际舞台上发挥其梦想的大国作用。冷战结束后，印度对世界和自己在其中地位的认知发生了变化。印度认为，两极格局已经终结，其在向外伸展力量和扩展影响时可以不必再拘泥于两极体制。印度试图通过扩展势力范围，增强国际影响力来最终实现大国梦想。“在当今的印度，实现大国地位已经不仅仅是少数政治家们的理想，它已经上升为一种国家的意志。在印度的政治中心新德里，尽管政治家和战略精英们党派不同，意识形态各异，但都共同认为印度注定要成为世界上伟大的文明和国家之一。”[3] 目前，除了继

---

〔1〕“印度渐进‘向东’试水太平洋”，http：//intl. ce. cn/gjzx/yz/201010/21/t20101021_21905783. shtmi.

〔2〕［印度］贾瓦哈拉尔·尼赫鲁：《印度的发现》，齐文译，世界知识出版社 1956 年版，第 57 页。

〔3〕孙士海：《印度的发展及其对外战略》，中国社会科学出版社 2000 年版，第 2 页。

续巩固南亚外交、搞活大国外交外，印度最重要的外交目标就是经营好“大周边”（东南亚、中亚、中东和印度洋岸国家），而“东进政策”是其大周边外交的重要组成部分。因此，大幅推进“东向政策”，深化与东盟、中日韩等东亚国家的全方位合作，有利于提升印度的大国地位，是其实现“南亚大国”—“亚洲大国”—“世界大国”的战略三步走的重要步骤。

印度与越南建交六十多年来，一直保持良好的传统政治关系。两国没有直接的利害冲突，却有着共同的利益——谋求区域中的主导地位，印度谋求南亚的主导地位，越南谋求印支半岛的主导地位。20 世纪 90 年代以来，印度推进“东进”政策，以大力发展与东盟的关系来扩大自身影响，进而在国际舞台上发挥作用，实现“争当世界大国”的国家战略目标。就越南而言，发展与大国关系是其既定外交方针的重点。为提高国际地位，越南还必须借助外部大国的支持，这与印度推行的“东进”政策相投，两国相交便可各取利益。互相借重以抗衡中国崛起带来的战略压力成为印越两国难以抗拒的诱惑。

（二）印越两国相互借力，遏制中国崛起

在防务安全问题上，由于众所周知的历史原因和现实领土争端，中国是印度和越南长期以来关注和防范的对象，两国对中国的军事力量均给予高度关注。

印度与越南都曾与中国发生过边境冲突，而且两国都和中国存在着领土纠纷。

1947 年印度独立后，虽然和周边国家进行了一系列战争，但是基本上以胜利而宣告结束，只有在 1962 年中印边界冲突中遭到了失败。因此，这场冲突在印度人心中留下了极其深刻的印象，被认为是一次耻辱的失败。此外，在 1971 年第三次印巴战争中，印度虽然肢解了巴基斯坦，但是由于中国的影响，印度被迫在西巴地区单方面主动停火，这在印度有些人心目中也打上了深刻印记。对越南而言，自其在 1945 年 9 月宣布独立后，先后和法国、美国打了二十多年的战争，均以胜利而告终，只有 1979 年和中国作战时遭受了巨大的损失。再加上西方媒体炒作说，在中越陆地边界的划定中越南吃了大亏，这也让一些人心理失衡。

这些历史遗留问题为中印、中越关系的发展增加了不确定性。在论述战争对社会认知的影响时，美国学者罗伯特·杰维斯指出：“一般来说，对人们影响最大的不是从前的战争，而是最近一次重大战争，因为重大战争在一代人身上也就发生一次，大部分人亲身经历的也是最近的一次重大

战争。"[1]因此，这两个中国的邻国由于历史的原因产生了对中国认知的偏差，对中国存有警惕和偏见，促使两国在遏制中国问题上达成了共识，并开展合作。冷战结束以来，印度视中国为其最大的“威胁”，处处防范中国。在军事上从没有放松对中国的“警惕”。目前，印度与靠近中国边界的地区部署的兵力近十万人。中越两国虽然相继签订《中越陆上边界条约》和《北部湾划界协定》，陆上边界全部划定了，但两国在南沙、西沙群岛主权问题上存在严重分歧，加之越南担心中国的强大对其不利，因此，越南在军事上将中国视为一大对手。所以，印度与越南在对付中国问题上就有了共同的语言，在印度军事“东线”扩展中，印度加强与越南密切的军事关系也就不足为怪了。

针对中国的“威胁”，印度近年来大幅提升军费，扩充军力。据瑞典斯德哥尔摩国际和平研究所的数据：在2013—2014财年预算中尽管经济形势不佳，政府必须收缩各项开支，印度政府并没过多削减军费，甚至还比上一财年增加了5%。有印度媒体称，实际支出的增长可能会达到14%（即超过四百亿美元），印度已连续多年成为全球最大武器买家，其中俄罗斯供应量为80%。越南军费在2003—2012年间增加了130%。据专家预测，2013—2017年间越南的军费预算将增长30%，从38亿美元增加到49亿美元。[2] 一些印度学者对印越联合对付中国的战略意图也不讳言，印度智库南亚分析集团卡皮拉（Subhash Kapila）称“越南与印度同中国都有漫长的陆地边界线，中国曾经对两国发起过军事行动，而且现在与两国都有边界争议”，因此，抑制中国对越南和印度均有战略意义。[3]

除了复杂的边界问题之外，水资源问题也成为当前影响中印两国关系发展的最棘手问题之一。印度境内的三大河流印度河、萨特累季河和布拉马普特拉河（最终到达孟加拉湾）的源头都在中国的喜马拉雅山区。印度

---

〔1〕 Robert Jervis Perception and Misperception in International Politics, Princeton University Press 1976, p. 269.

〔2〕［俄］尼古拉·诺维奇科夫：“俄罗斯武器的可靠买主”，载《军工信使周报》2013年7月31日；转引自李魏巍：“中国崛起下的印越外交分析”，载《哈尔滨学院学报》2014年第9期，第31页。

〔3〕 Rasul B. Rais, “South Asia and the Global System”, in Shelton V. Kodikara, ed., *Extenal Compulsions of South Asian Politics*, *New Delhi*: *Sage Publications*, 1993, p. 50. “Vietnam keen on forging new strategic equations”, http: //www. mofa. gov. vn/en/tt_ baochi/nr60704083048/ns070703102124/view#vxOTglmLlq1A.

担心中国在雅鲁藏布江上引水或筑坝发电，将会影响下游印度的生活用水和农业用水。2010 年 9 月，中国开始建设雅鲁藏布江水电站；11 月 12 日，藏木水电站截流成功，这引起印方，特别是印度东北部地区的高度关注。2010 年 12 月，两国同意讨论跨境水资源问题。印度担心大坝建成后中国会转移大量水资源，因此对中国的立场和行动持怀疑态度。印度更担心，中国会把水资源问题作为未来中国同印度就边界问题和其他政治问题谈判时讨价还价的筹码。[1]

此外，由于中国在南亚地区的影响力不断扩展，与印度的地区对手巴基斯坦全天候合作，与尼泊尔、斯里兰卡等国关系升温，引发了印度的质疑与担忧。为此，印度试图通过“东向政策”进入中国的直接周边，作为对中国在南亚影响力提升的反制。由于处在临近中国的重要地缘战略位置上，越南成为未来任何“牵制中国霸权崛起”战略的关键，与越南的战略关系能够为印度提供一个向中国施压的良机，印越能够约束中国未来寻求霸权的野心。[2]

（三）印越两国各取所需，为实现“印度洋战略”和“南中国海战略”保驾护航

印度有着浓厚的印度洋情结，印度自认为是“印度洋的真正馈赠”[3]自独立以来就把印度洋视为“命运之洋”，并谋求控制印度洋，使之变成“印度的内湖”。印度著名外交家潘尼迦也认为，“印度的前途不决定于陆地边境，而决定于从三面围绕印度的广阔海洋”，并指出“印度洋必须真正成为印度的洋”[4]。为使印度成为“有声有色”的大国，印度海洋战略的目标非常明确，即主导印度洋。冷战后，印度加紧谋求印度洋的主导权。印度在许多场合一再宣称，“从历史和地理来看，印度洋是印度势力范围不可分割的一个部分”[5]。近年来印度更是制定了意图独霸印度洋的

---

〔1〕 Sujit Dutta, “Managing and Engaging Rising China India's Evolving Posture”, p. 135.

〔2〕 Yogendra Singh, India – Vietnam Relations: The Road ahead [M]. New Delhi, Institute of Peace and Conflict studies, 2007.

〔3〕 Maharajk Chopra India and the Indian Ocean NewHorizons New Delhi Sterling Publishers Private Linited, 1982, p. 1.

〔4〕 [印] 潘尼迦著:《印度和印度洋——略论海权对印度历史的影响》，德隆、望蜀译，世界知识出版社 1965 年版，第 81、84 页。

〔5〕 John W. Garver, *Protracted Contest Sino – India Rintry in the Twentieth Century*, New Delhi Oxford university Press 2001, p. 278.

战略，本能地排斥任何大国势力在印度洋的存在，对中国也不例外。印度为此分别于2004年和2006年发布了《海洋学说》（*The Maritine Doctrine*）与《海洋战略》（*The Maritine Strategy*），并在前者中表明了印度主导印度洋的决心。印度意识到要主导印度洋，就不能局限在南亚次大陆一隅，必须“走出去”，与越南在内的沿岸国家加强军事上的联系和往来，为此印度进入了阿拉伯沿海、印度洋及南海的诸多港口。印度通过这种方式加强了在印度洋的存在，并希望最终能在印度洋适当的地方建立海空军基地，使印度洋变成“印度人的内湖”。目前，印度虽没有控制这条航线的实力，但却有这样的雄心。印度本能地排斥任何大国势力在印度洋的存在，对中国也不例外，视中国为其主导印度洋的主要障碍，时刻防范中国。随着中国经济的发展，印度洋成为中国通向南亚、中东、西亚、欧洲、非洲和澳洲的重要交通、贸易、能源通道，成为中国海上的生命线，因此中国增加了在印度洋的活动。对此，印度将中国视为其实现“印度洋战略”的障碍之一。2008年中国海军远赴索马里打击海盗，印度表现出强烈的不满。印度海军曾“多次跟踪中国海军”。印度还选择越南这个与中国有着广大海域争端的国家来牵制中国海军的南下，“多次向越南提出借用金兰湾海军及空军基地，在南海发展印度海军的军事存在”。[1]此外，印度积极帮助越南打造海空军，实现其海空军的现代化建设，也是为了更好地牵制中国，企图使越南海空军在南海抗衡中国海军，让中国海军无暇顾及印度洋。因此，印度和越南积极加强海军合作。印度军舰在对越南进行友好访问期间，经常停泊在芽庄港。对此，2011年6月26日出版的印度德干记载报（Deccan Chronicle）称，印度海军成为唯一可以将军舰停泊在下龙湾（也被译为海防港）之外军港的海军。该报还援引一名国防分析家巴斯卡（Commodore C. Uday Bhaskar）的话称：“印度想把介入南海问题作为一个备用方案，因为世界上任何一个强国都想在各大洋上有话语权，拥有航海交通线。”[2]

1975年越南实现统一以后，对中国的南沙群岛和西沙群岛提出领土主权要求，但由他越南长期奉行“北防南攻”的军事战略，陆军得到了足够重视，海空力量还较为落后。越南早在20世纪90年代初就制定了“海军

[1] 郑泽民：《南海问题中的大国因素：美日印俄与南海问题》，世界知识出版社2010年版，第176页。

[2] ［越］阮玉长：“论美日俄印等大国的南海战略”，杨桥光译，载《南洋资料译丛》2013年1期，第6页。

10 年发展规划”，拨出专款用于研制和外购新型的舰艇及其它武器装备，修建和扩建了中部及南部的一批重要军港和军商合用港口。[1] 21 世纪初，越南海军在《海军三步发展规划》中提出，2010 年前努力增加新型潜艇和航空兵部队；2015 年前，建成一直现代化海军，拥有远洋作战能力和海上作战能力；2050 年前，形成独立的远海和立体作战力量。[2] 因此，随着其海洋战略的推进，越南急需加强海空军现代化建设。但南沙主权问题争端愈演愈烈，两国利益冲突在所难免。因此，越南将中国视为潜在“威胁”，以及落实其海洋战略的主要障碍。随着海洋战略的推进，越南更加急迫地需要印度的支持。因此，在越南的拉拢下，印度大踏步地介入南海。越南希望印度进入南海，使本来复杂的南海问题更加复杂化，进一步扩大其国际化程度，从而达到抗衡中国的目的。

印度南海政策构建的逻辑就是，印度要想在国际政治舞台上有所作为，首先要在亚太地区有所作为，而要在亚太地区有所作为，就必须获得在南海问题上的发言权。只有加强在南海地区的存在，印度才有可能挤进亚太大国行列，取得与美、日、中、俄同等分量的角色。南海独特的地理位置，成为印度挺进太平洋，获得亚太地区大国地位，实现其大国梦想的一个重要关口。

冷战结束后，印度认为，俄罗斯由于实行全球战略收缩，在印度洋上的军事存在已微不足道，而美国在此区域的海军力量也有所减少，因此，印度在印度洋的安全环境得到了很大改善，所面临的威胁已经不大。但是，亚太地区特别是南海地区的争端不断升级，对印度的安全将构成很大的威胁。印度认为，作为其东翼屏障的南海地区的安全与稳定对印度至关重要，关系到印度在整个亚太地区的战略布局和平衡。如果南海问题在有利于中国的条件下解决，那么中国在南海的影响力就会日益增长。印度还大肆宣扬中国在印度洋实施所谓的“珍珠链”战略（“String of Pearls” Strategy）。印度认为，中国海军力量迅速发展，已经延伸至孟加拉湾，如果中国对南海的领土要求得以实现，那么就会通过马六甲海峡向印度在孟加拉湾的地位挑战，“中国把触角伸向孟加拉湾的行动已经加剧了印度在战略方

---

〔1〕 参见王拓：“越南海军踏上称雄‘之旅’”，载《环球军事》2009 年第 11 期；徐红海、梨华超、陶中华：“越南竭力打造强势海军”，载《科技时报》2007 年 4 月 10 日，第 6 版。

〔2〕 蒋艳、张磊：“浅析越南海军现代化建设”，载《外国军事学术》2007 年第 2 期。

面的担心”。[1] 因此，印度应当增加在东南亚和南海地区的军事存在，扩大在南海地区的军事影响力，强化对印度洋的控制，阻遏中国海权发展以及中国海军进入印度洋，从而平衡亚太地区的战略格局。“印度高调地加入南中国海的海军演习中，可能意在暗示北京：新德里已有能力进入中国传统战略地区。”[2] 鉴于中印边界问题尚未解决，为了弥补在陆地与中国军力的差距，印度不断在南海地区扩大影响力，以期增加在边界问题谈判中的战略优势，获得更多的谈判砝码。

此外，南海丰富的能源储量也是印度介入南海地区的重要原因。作为一个能源相当短缺的国家，石油短缺是印度通往大国之路的障碍。根据印度塔塔能源研究所估算，2011 年印度的石油消耗量约为 1.5 亿吨，而本国最多只能生产 6500—7000 万吨，每天需进口 150 万桶。在今后 20 年里，印度需要更多的石油和天然气来满足汽车和家庭日常需求。到 2030 年，印度 90% 的石油和天然气将来自国外。[3] 如此大的需求缺口，将迫使印度寻求稳定、可靠、廉价的进口来源。南海地区富含石油和天然气，因此与越南合作开发南海的油气资源可以弥补印度的能源不足问题。因此印度高度重视南海地区的油气资源，早在 2000 年 9 月，印度及英国、挪威的石油公司与越南油气公司达成投资 10 亿美元开发南昆山气田的协议。同年 11 月，印度决定追加 2.5 亿美元用于油气开发和建立合资企业，这是当时印度在海外最大的一批投资。[4] 2006 年，印度和越南就 127 号、128 号两块油气田达成开采协议。这两个区块位于越南平顺省潘切市以东海域，均在中国主权归属范围之内。2011 年 9 月 16—17 日，印度外长访越期间，不顾中国的强烈反对，决定由印度石油天然气公司与越南合作开发位于南沙群岛的编号为 127 号和 128 号两块油气田。2011 年 10 月，越南国家主席张晋创访印期间，与印度签署了合作开发南中国海域油气的协议。据美国

---

〔1〕 傅小强：“印度‘东向’的起缘、历史及认知变化分析”，载《现代国际关系》2004 年第 9 期，第 37 页。

〔2〕 Singh Sidhu and Jing-dong Yuan, *China and India: Cooperation or Conflict*, Boulder, Co.: Lynne Rienner Publishers, 2003, p. 58. 转引自韦健锋：“印度介入南海问题——中国视角下的地区安全思考”，载《南亚研究》2013 年第 3 期，第 39 页。

〔3〕 R. S. Kalha, “India and the South China Seas: The Need for a Second Look”, IDSA Comment, September 23, 2011.

〔4〕 郑泽民：《南海问题中的大国因素：美日印俄与南海问题》，世界知识出版社 2010 年版，第 171 页。

彭博社2015年8月29日报道，印度国有的石油与天然气集团决定重启位于“中越争议海域”的油气勘探工作。[1]

尽管印度在9年前获得该地区的油气开发权，至今尚未开建一口油井，但其与越南联合开发的做法，今后将会推及菲律宾、马来西亚和印尼等国。而在南海油气开发上的合作，又必将进一步推动印度同南海涉事国在该海域进行海上联合巡逻、联合执勤、联合军演等军事合作。因此，印度介入南海油气开发的战略影响不容低估。

印度介入南海符合其“东向政策”这一重要外交战略，更符合其国家利益。

四、小 结

随着中国实力的增强，印度作为正在崛起的亚洲大国越来越被越南视为区域战略合作伙伴，印度也将发展对越关系作为制衡中国崛起和抗衡中国印度洋“战略”的重要手段。

“东向政策”背景下的印越防务安全合作，看似目标一致实际目的不同。越南与印度加强合作的意图更加强烈，就越南而言，希望通过与印度的合作提升与中国在南海争端中的地位。而印度更多是把中国看作是竞争对手。印度则希望通过对越南的渗透，在东南亚地区扩大自己的影响力。

就目前来看，印度不太可能对“东向”政策做大的调整，我们应该客观地看待“东向”政策对中国的影响。从经济利益方面看，印度“东向”政策对中国的负面影响不太明显，两国合作多于竞争。从国家安全方面看，印度“东向”政策对中国的负面影响较大，我们应加以防范，把负面影响限制在可控范围之内。

中印之间确实存在一些问题，但两国作为几乎同时崛起的亚洲大国，在国际体系改革问题上，在事关广大发展中国家发展利益的气候变化问题上，在地区经济合作和地区安全问题上有许多共同利益，两国之间的经贸关系也越来越紧密，2015年的双边贸易额将超过1000亿美元。实际上，尽管印度极力想在东南亚地区扩大影响，但其经济和军事实力还不足以支撑其在东南亚的野心，真要在南海问题上做到火中取栗，印度目前既没有这个实力，也是非理性的选项。正如有人指出：“涉足南海地区，印度必须学会和中国协调，因为印度面临的最大挑战是如何使自己的战略野心和

---

〔1〕“印度决定在南海争议区建钻井平台”，载《环球时报》2015年8月31日。

自己实际拥有的资源和能力相匹配。"[1]

越南对发展与中国、印度关系的长期政策将是继续游走于两个大国之间。作为小国来说，它需要在国际政治中不断调整与大国的关系，所以它不可能对一个大国保持长期不变的政策。考虑到与日益强大的中国直接接壤这一因素，与中国保持良好关系如果不是越南外交的唯一核心目标，也至少是核心目标之一。而与之并不接壤的印度并不能给予越南实质性的重大战略支持，所以，印越关系并不能给中印或中越关系带来实质性的影响。越南等南海周边小国对此也心知肚明，并不会幻想印度能给它们多大的支持。反之中越两国之间的经贸关系越来越密切，从2004年起，中国已连续11年成为越南第一大贸易伙伴，双边贸易额从2003年的46.3亿美元增长到2014年的836.96亿美元，年均增长超过30%，两国还力争到2017年将双边贸易额提高到1000亿美元。而且中国还是对越南投资最多的国家之一。

面对印越防务安全的关系升温，我们一方面可以清醒地看到，印越两国之间的关系远不如各自与中国的关系重要，越南与印度关系的发展总体上很难从根本上动摇他们与中国的关系；另一方面也需要我们充分关注，并能够以充满建设性的姿态在彼此合作和争议处理上采取合适的手段和方法，比如探讨建立更加深入的对话或者协调机制。

---

〔1〕 Harsh v. Pant. South China Sea: New Arena of Sino – Indian Rivalry, http: //yelegloal. Yale. edu/content/south – china – sea – new – arena – sino – indian – rivalny, August 2, 2012.

18

International Law and the Rising China

Kong Qingjiang *

Abstract

Against the backdrop of a rising China, the geopolitics of the future relationship between China and the rest of international community has received a great deal of attention. Less attention has been directed to another topic, *i. e.*, the role of international law in any future relationship between China and the rest of the world. In this paper, the Chinese attitude towards international law and international institutions, and particularly towards the settlement of international disputes to which it is a party will be examined historically with a view to shedding light on how existing international laws and institutions might be applied to China's relation with other countries.

1. China's Rising Power in the Eyes of the Outsiders

There has been a speculation that China might overtake the United States as the world's largest economy by 2020, while a recent research predicts that it is

* Professor of Law, China University of Political Science and Law; Research, Collaborative Innovation Centre for Territorial Sovereignty and Maritime Rights.

poised to surpass the US within 2014 by using purchasing power parity (PPP).[1] No country in history has emerged as a major power without causing a worry about its direction: a rising late – comer initiating a confrontation with a weakening hegemony. Many observers – in reasoning by historical analogy – even point to the former Sovite Union or Wilhelmine Germany as a parallel for contemporary China, which is viewed as a potential challenger to the US.

Since Xi Jinping took office, China has adopted a visibly aggressive foreign policy. For example, China launched expensive new initiatives, such as the Asian Infrastructure Investment Bank (AIIB),[2] the BRICS Bank,[3] and the 'One Belt, One Road' initiative[4] in order to strengthen infrastructure both on the westward land route from China through Central Asia and on the southerly maritime routes from China through Southeast Asia and on to South Asia, Africa, and Europe. China's initiatives in Asia are seen in many quarters as a setback for the United States. China's policy towards the neighboring countries that dispute with China over the territorial sovereignty of the East and South China Sea isles are noticeably different from its long – standing softened one towards the region. It is even observed that China's leaders have shown themselves willing to incite

---

[1] International Comparison Program (ICP), coordinated by the World Bank, released comparison GDP estimates for 2011 in April 2014. See "China Set to Overtake U. S. as Biggest Economy Using PPP Measure", *Bloomberg News*, April 29, 2014.

[2] The Asian Infrastructure Investment Bank (AIIB) is an international financial institution which is focused on supporting infrastructure construction in the Asia – Pacific region. The bank was proposed as an initiative by China in 2013 and supported by 37 regional and 20 non – regional members Prospective Founding Members, 50 of which signed the Articles of Agreement that form the legal basis for the proposed bank on 29 July 2015. AIIB is regarded by some as a rival for the IMF, the World Bank and the Asian Development Bank (ADB), which are regarded as dominated by developed countries like the United States.

[3] The BRICS Bank, also referred to New Development Bank (NDB), is a multilateral development bank operated by the BRICS states (Brazil, Russia, India, China and South Africa) as an alternative to the existing American and European – dominated World Bank and International Monetary Fund. The goal of the bank is to "mobilize resources for infrastructure and sustainable development projects in BRICS and other emerging economies and developing countries". The bank is headquartered in Shanghai.

[4] The "One Belt, One Road", also known as the Silk Road Economic Belt and the 21st Century Maritime Silk Road initiative, was first proposed by Chinese President Xi Jin – ping in September 2013, and later became a national Action plan, as the National Development and Reform Commission, Ministry of Foreign Affairs and Ministry of Commerce released "The Vision and proposed actions outlined on jointly building Silk Road Economic Belt and 21st – Century Maritime Silk Road" in March 2015.

crowds to frenzies of nationalism in response to foreign policy challenges.

Many international observers worry that the growth in economic power of China could translate not just into a modern and effective Chinese military, but also into a resurgent Chinese foreign policy that would seek to alter the *status quo* in the region. Perhaps the most pressing concern about China's rise involves security in East Asia. That region already has witnessed one direct military conflict between China and the US: the 1950 Korean War. Evidence already suggests that China's rise will be fraught with tension. Relatively minor incidents such as America's claimed accidental bombing of the Chinese Embassy in Belgrade in 1999 and media highlighted American spy planes patrolling above the East and South China Seas within two decades.[1] In this context, some believe that the rise of China's economic standing might eventually produce another conflict, either because China will seek a realignment of power in the region or because it will use military force to help secure its control over the disputing isles in East and South China Seas.[2] Analysts identify Chinese goals in the near term as preventing these isles from falling within the territorial scope of the neighboring disputant countries. They also fear that in the long term China will seek to project power beyond its territory and territorial waters and into the Pacific and nearby regions.[3] China analysts argue that China's military buildup has already begun to change the balance of power in East Asia.

2. Chinese Attitudes towards International Law and Institutions

2. 1. The Chinese Approach to and Perception of International Order

In recent years, the general sentiment towards multilateral institutions has

---

[1] See "NATO hits Chinese embassy", *BBC News*, May 8, 1999; Embassy strike a mistake, BBC News, May 8, 1999. See U. S. aircraft collides with Chinese fighter, forced to land, CNN, April 1, 2001; Chinese jet snapped in two, BBC Online, April 13, 2001.

[2] See John J. Mearsheimer, "Can China Rise Peacefully?", April 8, 2014, at http://nationalinterest.org/commentary/can-china-rise-peacefully-10204. See also Eric A. Posner and John Yoo, International Law and The Rise of China, *Public Law & Legal Theory Working Papers*, No. 127, 2006. This paper can be downloaded without charge at the Public Law and Legal Theory Working Paper Series: http://www.law.uchicago.edu/academics/publiclaw/index.html and The Social Science Research Network Electronic Paper Collection: http://ssrn.com/abstract_id=901997.

[3] Eric A. Posner and John Yoo, "International Law and The Rise of China", in *Public Law & Legal Theory Working Papers*, No. 127, 2006.

not been very positive. The fiasco of the WTO Ministerial Conferences every other year demonstrated how strongly non – governmental organizations (NGO) of farmers, environmentalists, human rights activists, labor unions, and consumer groups protest against the current multilateral trading system. Other influential international institutions such as the International Monetary Fund (IMF), the World Bank and even the EU are also subjected to similar criticisms from a similar range of NGOs.

The antipathy towards the international institutions largely emanates from the misgivings about their recent eye – catching quantitative and qualitative expansion. The international organization system has expanded its regulatory domains beyond the purported statutory interests to regulate an array of non – statutory ones, which are traditionally the prerogatives of domestic constituencies of their member states. In addition to their quantitative expansion, international institutions have transformed themselves into entities beyond typical international organizations, which are perceived as "constitutionalization" of the international institutions. This gives rise to another worry that as massive power is increasingly concentrated in the hands of unelected bureaucrats, international institutions are becoming more and more unaccountable; they are further and further removed from the people who are affected by the decisions of the very bureaucrats who preside over the institutions. This was particularly so when a number of WTO panelists decide against trade laws, policies and measures that an elected national legislature of a member concerned deems necessary to protect the interests of its people. These sentiments underscore a real problem: most international institutions suffer from what is often referred to as a "democratic legitimacy deficit".

Interestingly, unlike the general concerns over issue of legitimacy of international institutions, the Chinese, both the government and the general public, perceives this issue as a matter of power sharing. In fact, inside China, legitimacy of international institutions has never been singled out for meticulous and systemic study. Rarely can one find any literature on this issue. Students of international law in China are largely disinterested in this matter. It is only touched on in the discourse of international order, which has been heatedly debated upon by students of international relations.[1] In this context, any discussion of the Chinese approach to international norms cannot be proceeded without an understanding of China's attitudes towards the international order.

2. 2. Chinese Perceptions of International Law in the Discourse of Sovereignty and Globalization

Sovereignty can be historically understood through two broad movements. The first is the development of a system of sovereign states, culminating at the Peace of Westphalia in 1648. The second movement is the circumscription of the sovereign state, which began in practice after World War II and has since continued through European integration and the growth and strengthening of laws and practices to protect human rights. As a result, it becomes increasingly unclear if there is legitimate power above and beyond the sovereign.

China, however, seems to adhere to the traditional understanding of sovereignty.[2] China's approach has its base in the Chinese tradition. The Confucius teaching, which served the Chinese Empire well for more than 2, 000 years, acknowledged the "natural order of things" and gave great weight in particular to the need to accept the supremacy of family above all other institutions.[3] Manifested in the social institutions, the Chinese tradition tended to grant some legitimacy to the hierarchy of priorities which still has a bearing on the Chinese perception in the modern days.[4]

In this regard, however, the impact of China's participation in globalization

---

[1] In this regard, serious research works include Ye Jiang and Tan Tan, "On the Legitimacy of International Institutions and its Defects" (in Chinese), in *World Economics and Politics*, No. 12, 2006; and Wang Le – fu and Li Wei – quan, "A Study of the Issue of Legitimacy of Subjects in International Governance in the Context of Globalization" (in Chinese), in *Journal of Sun Yat – sen University*, No. 9, 2003.

[2] For a detailed discussion of the People's Republic of China's perception of sovereignty, see Cheng Hu, in *Globalization and State Sovereignty* (in Chinese), Beijing: Tsinghua University Press, 2003, pp. 112 – 122.

[3] A typical example in this regard is that during some dynastical periods sons could not be prosecuted for aiding and abetting a criminal father, because it was natural that a family would aid and shelter its own members.

[4] For an argument that Confucianism still serves as the mode of governance in contemporary China, see Ross Terrill, *The New Chinese Empire: And What It Means for the United States*, New York: Basic Books: 2003.

on its perception of international norms should be examined. China has had in place a well developed, seemingly unstoppable, policy agenda for economic reform, one that requires, to remain internally coherent, a particular conception of globalization as an open world constructed of nation – states. Increasingly exposed to international economic influence, China has constructed a discourse of international norms that reinforces the correctness of its opening – up policy: China can retain its sovereignty and capacities despite the challenges and risks that international norms represent.

Although caution and conservatism is still visible in China's attitude towards international norms, as China's rise seems to be inevitable in recent decades, the Chinese ambition to assume the privileges of a great – power in the international institutions, which is supposedly to offer the Chinese – style international norms, is becoming evident. It is therefore a plausible argument that as China's power accumulates, it is just a matter of time before it begins to rigorously promote international norms with Chinese characteristics, unless the nation is assured that more power can be developed through cooperation.[1]

However, this paper argues that China has been frustrated with contemporary international norms, which are undoubtedly impacted by the US supremacy. To make it even worse, the US supremacy is often tantamount to unilateralism, *per se*, which is not enough to guarantee the effective functioning of international norms and may sometimes even constitute a real threat to the legitimacy or democratic decision – making process of international institutions.

Sovereignty, globalization and international norms are intertwined. In this context, it is fair to argue that multilateralism is set to be beneficial in that it increases the legitimacy of transnational governance. It provides a chance for members of the international community to express their ideas and interests where negotiation and decision – making can be accomplished in such a multilateral situation. From the Chinese point of view, multilateralism is the way for international community to constrain the caprice of a superpower and for international institutions to avoid making mistakes. This is particularly important when more and

[1] See, for example, Marc Lanteigne, *China and International Institutions: Alternative Paths to Global Powers*, London and New York: Routledge, 2005, Chapter 5.

more developing countries and relatively weak powers prefer to pursue global governance through international institutions, which were often initiated by big powers. After all, transnational democracy – albeit at its early stage – should not be forgotten when democracy is a key word in domestic policy. Faced with an array of international institutions that do not fit China's preferred type, China has generally shown a preference for cooperation to conflict in dealing with international institutions. China is expected to continue cooperating with other states within the boundaries of international rules and norms of behavior.

In this regard, it is not because international order inherently entices a quest for legitimacy or at least a symbolic or normative legitimacy, but because China is aware that it is still a developing country, albeit a rising power. Pragmatically, China attaches great importance to its weight in the decision making process when it approaches an international institution. In fact, the criteria for judging whether there exists a democratic mechanism or a balance of interests of the institution's constituent members in the institution's decision – making process are two folds: firstly, whether the big powers among the institution's members share power or responsibility facilitated by the presence of a consultative mechanism, formal or informal, between the big powers; secondly, whether the interests of developing countries at large are taken into consideration in the decision making process. In other words, the international order should be able to accommodate the participant nations, whether manifested in a certain degree of coordination of sovereignties or in responses to the concerns of the participating nations.

3. Chinese Practice of Settlement of International Disputes to Which It Is a Party

In the theories of international law, there are two peaceful approaches to dispute settlement: political approach and juridical approach. The former includes consultation and negotiation,[1] good office, conciliation, investigation and mediation. All of the means are applicable to all types of international disputes.[2]

---

[1] Strictly speaking, consultation is a form of negotiation. Professor J. G. Merrills examined consultation as a means to dispute settlement in the first chapter – The Negotiation – of his book *International Dispute Settlement*, Cambridge: Cambridge University Press, 1998, pp. 1 – 8.

[2] Cao Jian – ming, Zhou Hong – jun and Wang Hu – hua (ed.), *Public International Law*, Law Press, 1998, pp. 627 – 629.

The latter means an approach by which disputes are resolved by an institution that has independent jurisdictions. In this sense, both judicial litigation and international arbitration belong to the category.

3. 1. The Chinese Approach to Peaceful Settlement of International Disputes

On the settlement of international disputes, the Chinese government has expressed many times on various occasions that international disputes should be resolved through peaceful consultation since the founding of the People's Republic of China.[1]

The Chinese government holds that to settle international disputes peacefully is a fundamental principle of international law. In a world whose members are getting more and more interdependent, only by co – existing peacefully and behaving friendly towards each other, can all the states get a common development and prosperity? In principle, settlement of international disputes should be in accordance with the principles of the Charter of the United Nations, and also should not contravene the fundamental principles of international relations, only in this way can we ensure that the settlement of international dispute be peaceful and reasonable. Moreover, making use of the good office, arbitration or mediation committee under the United Nations should be facilitating to the labor distribution and coordination among the General Assembly, the Security Council and the Secretary General, and should also be instrumental to the check and balance of their obligations under the Charter of the United Nations concerning the maintenance of international peace and security.[2] International disputes, be political or juridical in nature, could lead to international conflicts or the worsening there of, or even trigger a war and thus endanger world peace, if they were not to be resolved

---

[1] Premier Zhou announced the position of the Chinese government in his speech about the Indo – China question at the Geneva Conference in 1954, that the disputes among Asia countries should be settled by means of peaceful consultations, rather than by use of force or threat of use of force. In the Asia – Africa Conference in April 1955, Premier Zhou pointed out that with the guarantee of the Five Principles of Peaceful Co – existence, one had no reason to believe that international disputes cannot be settled. A latest instance is: on the dispute relating to North Korea, China has always urged the countries concerned to settle the so – called "Korean Nuclear Crisis" by peaceful means.

[2] Liu Li – yang's speech on the peaceful settlements of international disputes at the sixth Committee of the United Nations General Assembly, *Chinese Yearbook of International Law*, 1998, Law Press, 1989, see p. 700.

peacefully. Peaceful settlement of international disputes has the function of reducing war risks of and maintaining world peace. The Charter of the United Nations, Article 2 recognizes peaceful settlement of international disputes as a principle and outlaws non – peaceful solutions to international disputes. As a principle of international law, the peaceful settlement of international disputes weighs nowadays under such a turbulent, tense international situation.[1]

China holds that the peaceful settlement of various international disputes should be in accordance with the principles embodied in the Charter of the United Nations and the principles for international relations. While seeking political solution to an international dispute, one should attach great importance to the following: to respect the sovereignty and territorial integrity of all states in the world; not to resort to the use of force or threat of the use of force; and not to accept the outcome resulting from the use of force or threat of the use of force.[2]

China also stands that disputes of whatsoever among sovereign states should be resolved through dialogue, because it is not only helpful for all disputing parties to get a closer understanding of each other, to clarify the facts and resolve contradictions, but also can avoid bringing tragedies to the people of all disputing parties. Dialogue is a proper approach to peaceful solution to international disputes.[3] Apparently, the dialogue approach that China advocates is equivalent to consultation and negotiation, which is an important approach to political settlement of international disputes.

It is noteworthy that China stands for a strong United Nations role in the prevention of conflicts. It further also holds that political solution to international disputes cannot be replaced by the United Nations peacekeeping activities. China

---

[1] Li Huan – ting's speech on the peaceful settlements of international disputes at the 40th meeting in the sixth Committee of the United Nations General Assembly, *Chinese Yearbook of International Law* (1986), Law Press, 1987, p. 610.

[2] Huan – ting Li's speech on the peaceful settlements of international disputes at the 40th meeting in the sixth Committee of the United Nations General Assembly, *Chinese Yearbook of International Law* (1986), Law Press, 1987, see p. 610.

[3] Wang Hou – li's speech on the report of the Special Political Committee of the Charter of the United Nations at the 41st meeting in the sixth Committee of the United Nations General Assembly, *Chinese Yearbook of International Law* (1987), Law Press, 1988, p. 827.

strongly opposes excessive use of force in peacekeeping activities, and emphasizes that the principles such as respect for national sovereignty and non – interference in each other's internal affairs should be observed in peacekeeping activities.[1] China believes that on the one hand, the role of the United Nations in the prevention of conflicts and maintenance of international peace and security should be strengthened; on the other hand, the procedure of conflict prevention should be regulated strictly in accordance with the relevant rules of the Charter of the United Nations. For example, as for the issue of strengthening the Secretary General's role in conflict prevention, the rules of the Charter of the United Nations regarding the interrelations among all the agencies concerned should also be observed so as to keep a balance and coordination.[2]

Here what needs attention is that peaceful settlement of international disputes is allowed to appear in the form of both political solution and judicial solution in international law, the persistent position of China in this regard, however, only means the former, which encompasses mediation, arbitration, conciliation and negotiation. In other words, China has its own understanding of peaceful settlement of international disputes. Up to now, China has never, as a third party or one of the permanent members of the Security Council of the United Nations, required or urged the disputing parties to resolve their disputes by juridical means.

3.2. The Practice of China on the Settlement of International Disputes to Which It is a Party

Compared to the general approach of China to international dispute settlement, the Chinese practice on the settlement of international disputes, of which she is a party, is more intriguing. The Practice of China on political solution to international disputes

(1) Negotiation and consultation

Negotiation and consultation are the means to international dispute settlement to which China is strongly attached. They are also always visible in its practices

---

〔1〕 Liu En – zhao, *The United Nations Peacekeeping Activities*, Law Press, 1999, pp. 252 – 254.

〔2〕 Wang Hou – li's speech on the report of the Special Political Committee of the Charter of the United Nations at the 41st meeting in the sixth Committee of the United Nations General Assembly, *Chinese Yearbook Of International Law* (1987), Law Press, 1988, p. 827.

of international dispute settlement. Meanwhile, in the field of China's foreign relations, a lot of issues of vital importance to China and those rooted in history were settled by direct negotiations and consultations between the Chinese government and governments of other countries concerned:

Questions around territorial and boundary disputes between China and the neighboring countries gave rise to most controversies. China had such controversies with India, Pakistan, Myanmar and Russia,[1] and has the territory disputes over Diaoyu Island with Japan and over Nansha/Spralty Islands with Vietnam, the Philippines, Malaysia and Brunei. The Chinese practices show that China has unexceptionally tried to solve all these territorial and boundary disputes by way of negotiation and consultation. An apparent instance is: China opposes to resolving the dispute of Nansha/Spralty Islands via arbitration, which is to be hosted by any third party.[2] With the negotiation and consultation approach, the Chinese government has settled the boundary disputes with Russia, Pakistan and Myanmar basically. In 1960, as a result of a diplomatic negotiation between the Chinese government and the government of the Union of Myanmar, an agreement was signed on border issues, which led to the resolution of the boundary dispute between China and the Myanmar.[3] Subsequently, the boundary disputes between China and some other neighboring countries, such as Pakistan, Nepal, were respectively settled by means of negotiations or consultations; by means of negotiation, China and Russia (previously the Soviet Union) reached an agreement on the eastern part of the Sino – Soviet border in 1991, an agreement on the western part of the Sino – Russian border in 1994, and an supplementary agreement on the eastern part of the Sino – Russian border in 2005. And these agreements put an end to the taunting border disputes between the two neighboring powers on the whole. Almost at the same time, China signed border demarcation agreements respectively with Kazakhstan, Kirghizstan and Tajikistan (the three former soviet constituent republics became independent in 1991) on the basis of negotiation

---

[1] Liu Hai – shan, *International Law*, Law Press, 1992, pp. 201 – 212.

[2] Fang Lian – qin, Liu Jin – zhi and Wang Bing – yuan, *Post – War History of International Relations*, Peking University Press, 1996, pp. 1059 – 1065.

[3] Wang Tie – ya: *International Law*, Law Press, 1995, p. 610.

and consultation.[1] Also, by the way of negotiation, China successfully signed a land boundary treaty with Vietnam in 1999 and, an agreement on the demarcation of the Gulf of Tonkin territorial sea between the two neighboring countries in 2000.

It was by means of negotiation that China settled other disputes relating to its sovereignty, such as the question of Hong Kong and the question of Macao.[2] Since 1983, after 22 rounds of deliberate and patient negotiation, an agreement was finally reached between the United Kingdom and China on the handover of Hong Kong to China, i. e. the Joint Declaration of the Government of the United Kingdom of Great Britain and Northern Ireland and the Government of the People's Republic of China on the Question of Hong Kong. The successful resolution of the question of Hong Kong by means of negotiation set up a model for the resolution of the question of Macao. In 1985, as the Chinese premier and the premier of Portugal had friendly consultations on the question of Macao, both parties agreed to start negotiation in Beijing in 1986. After four rounds of negotiations from 1986 to 1987, the Joint Declaration of the Government of the People's Republic of China and the Government of the Republic of Portugal on the Question of Macao was reached in Beijing.

In addition to territorial and boundary disputes and the disputes relating to the sovereignty and vital interests of China, China has also tried to resolve, by means of negotiation, other international disputes that are of great political or economic importance. For example, quite a few disputes between China and relevant parties concerned with vital national interests, such as non – proliferation of nuclear weapons, were settled by way of negotiations and consultations.[3] Disputes often arise between the United States and China concerning intellectual property, trade in textiles, etc, and sometimes they culminated to such a point that both parties were about to take trade retaliatory measures against each other. Interest-

---

〔1〕 Li Shou – yuan, *International Relations and the Diplomacy of China*, Beijing Broadcasting Institute Press, 1999, p. 173

〔2〕 Fang Lian – qin, Liu Jin – zhi and Wang Bing – yuan, *Post – War History of International Relations*, Peking University Press, 1996, p. 1026.

〔3〕 Li Shou – yuan, *International Relations and the Diplomacy of China*, Beijing Broadcasting Institute Press, 1999, p. 282.

ingly, by means of negotiation, an understanding was found to be finally reached before the trade war broke out.[1] When the bombing of the Chinese embassy in Yugoslavia triggered widespread anger in 1999, the United States and China negotiated and reached a mutually acceptable consensus.[2] So is the case with China in dealing with the Southeastern Asian countries: in 2002, ASEAN and China signed the Declaration on the Conduct of Parties in the South China Sea,[3] and conveyed an affirmative signal of the willingness of both the ASEAN and China to devote themselves to the steady and peace of the South China Sea, and to settle the South China Sea disputes by peaceful means.[4] At the Summit of East Asia series[5] China formally became a member of Treaty of Amity and Cooperation (TAC) in Southeast Asia, which sets out peaceful settlement of disputes as a fundamental principle of ASEAN, commits member states to "refrain from the threat or use of force" and settle any disputes through "friendly negotiations". To address unresolved disputes in the region, the TAC establishes a High Council comprising ministerial representatives of all contracting parties. Provided that all parties to the dispute agree to apply the TAC to their case, the High Council's role is to recommend appropriate means of dispute settlement to the disputing parties, which could include the High Council offering its good offices, or constituting a committee of mediation, inquiry or conciliation. The TAC does not preclude recourse to modes of dispute settlement contained in Article 33 (1) of the Charter of the United Nations.

(2) Good office and conciliation

China has not been found to have attempted to resolve international disputes through good office. But conciliation was once employed by China as a means to

---

[1] Fang Lian - qin, Liu Jin - zhi, Wang Bing - yuan, *Post - War History of International Relations*, Beijing: Peking University Press, 1996, pp. 948 - 958.

[2] Li Shou - yuan, *International Relations and the Diplomacy of China*, Beijing Broadcasting Institute Press, 1999, p. 149.

[3] See http://www.asean.org/asean/external - relations/china/item/declaration - on - the - conduct - of - parties - in - the - south - china - sea.

[4] Unfortunately, due to the fact that countries involved in the South China Sea Disputes have different concerns and the fact that not every ASEAN member state is involved in the dispute, negotiation of the Code of Conduct in the South China Sea has achieved little.

[5] held in Bali, Indonesia, Oct, 2003.

resolve the disputes between China and other countries: After the border skirmish broke out between India and China in 1962, six Africa – Asia countries put forward a proposal with a view to mediating the conflict. The Chinese government declared to accept the proposal in principle as the basis for the commencement of direct negotiation between India and China.[1] On the settlement of the disputes relating to the territorial integrity and national sovereignty of China or other vital interests of China, China apparently opposes to any conciliation and mediations by a third party. For instance, China refused the United States' intervention in the question of Taiwan and the dispute around the Nansha/Spralty Islands.[2] So far, China has not been found to have resolved a dispute, to which China herself is a party, by means of investigation and mediation.[3]

But China has been found to have contributed to the settlement of international disputes as a mediator. In order to find peaceful solution to the Cambodia issue, for example, China took active part in the large – scale United Nations – led collective mediation, which resulted in a solution to the question which has lasted for as long as 13 years.[4]

3.3. The Practices of China on the Juridical Solution to International Disputes

China has been keen on resolving international disputes by diplomatic means – negotiation and consultation, but China is quite cautious towards the two juridical means – international arbitration and judicial solution. The reason is that China is reluctant to be sued to the international forum – be it international court or international arbitration. More or less, this reflects that China does not trust the international judicature, or at least she has a sense of estrangement. The western in-

---

〔1〕 Thanks to India requirement that China accept the proposal unconditionally, the mediation effort ended in failure.

〔2〕 China also turned down the offer of Lee Kuan – yew, the Senior Minister of Singapore to conciliate the dispute by taking advantage of his good relations with both sides of the Taiwan Straits.

〔3〕 Wang Tie – ya: *International Law*, Law Press, 1995, p. 611.

〔4〕 Liu Ming, *International Intervention and National Sovereignty*, Sichuan People's Publishing House, 2000, pp. 191 – 192.

ternational lawyers blame this all to the historical sense of humiliation of China.[1]

(1) International arbitration

There were no arbitration clauses, in all the treaties – except some foreign trade protocols – that China signed before 1980s. China made reservation, if permitted, to almost all the arbitration clauses in the multilateral treaties and international conventions – that China signed, acceded to or ratified. After the border skirmish between India and China broke out in 1962, the Indian government suggested that both parties "accept sort of international arbitration under the auspices of one person or a people who was or were nominated or accepted by both parties" so as to render "a ruling which is binding on both governments". But the Chinese government rejected the proposal on the ground that "border disputes are such vital questions relating to national sovereignty that they can only be settled through direct negotiations between both parties, any other approaches, such as international arbitration, are not acceptable".[2]

In the later 1980s, China changed its attitude towards international arbitration as a means to international dispute settlement: when she signed, acceded to or ratified international conventions, China began to make no reservation to arbitration provisions therein. Noteworthily, these conventions are nothing but those concerned with economic, trade, technology, transportation, aviation, environment, health care and other professional, technical cooperation.[3] While

---

[1] For example: J. A. Cohen and H. Chiu, People's China and International Law (Princeton, 1974) and Shao – chun Leng (ed.), *Law in Chinese Foreign Policy: Communist China and Selected Problems of International Law* (Dobbs Ferry, 1972).

[2] Wang Tie – ya: *International Law*, Law Press, 1995, p. 611.

[3] In 1988, China acceded to the Convention Establishing the Multilateral Investment Guarantee Agency, which requires that the disputes between contracting parties and the organizations be settled by means of negotiation, mediation or arbitration. When she ratified the Convention on the Settlement of Investment Disputes between States and Nationals of Other States in 1992, China agreed to submit to the ICSID Center the disputes concerning expropriation and compensation. When she ratified the United Nations Convention to Combat Desertification in Those Countries Experiencing Serious Drought and/or Desertification, Particularly in Africa in 1996, the Convention of the International Telecommunication Union, and the International Telecommunication Convention in 1997. While acceding to or ratifying these conventions, China did not make reservations to the arbitration clauses therein.

acceding to some political conventions, China still made reservation to arbitration clauses therein.[1] Meanwhile, arbitration clauses and dispute settlement clauses in general (including arbitration) were seen in treaties and agreements on with bilateral trade, investment, technology cooperation and cultural exchange to which China was a party. For example, according to the Agreement between the United States of America and the People's Republic of China on Investment Insurance and its accompanying Exchange Notes, Article 6, if the dispute cannot be resolved through negotiation, the government of either party may submit an arbitration application. Similar provisions are incorporated in the bilateral investment agreements between China and other countries, such as France, the United Kingdom, the Netherlands and Canada. But in the bilateral treaties on extradition or on judicial assistance that China signed, there were no provisions concerning dispute settlement by arbitration, but clauses for dispute settlement by diplomatic methods or negotiation and consultation.[2]

At the same time, the Chinese government began to take part in the activities of the Permanent Court of Arbitration actively. In this regard, a noteworthy yet intelligible phenomenon is China's ongoing action relating to the initiation of an international arbitration process by the Philippines under the United Nations Convention on the Law of the Sea (UNCLOS) over recent Chinese actions. These disputes concern sovereignty over the Nansha Islands/Spratly Islands, Huangyan Islands/Scarborough Shoal and the rich maritime resources around them. On 22 January 2013, the Republic of the Philippines instituted arbitral proceedings against China under Annex VII to the UNCLOS, "with respect to the dispute with China over the maritime jurisdiction of the Philippines in the *West*

---

[1] When she acceded to the Convention on the Prevention and Punishment of Crime Against International Protected Persons Including Diplomatic Persons in 1987, China reserved the arbitration provisions; when she acceded to the Vienna Convention on the Law of Treaties in 1997, China reserved the Article 66, which requires the parties to settle disputes by means of juridical settlement and arbitration.

[2] The Extradition Treaty between the People's Republic of China and the Kingdom of Thailand, Article 19, The Treaty on the Civil and Commercial Legal Assistance between the People's Republic of China and the Kingdom of Spain, Article 28, The People's Republic of China and Canada treaty on judicial assistance in criminal cases, Article 32, and other Judicial Assistance Treaties signed between China and Greece, the Republic of Korea, Singapore, the United States all have such similar provisions.

Philippine Sea". The Permanent Court of Arbitration acts as Registry in this arbitration. On 19 February 2013, China presented a Note Verbale to the Philippines in which it described "the Position of China on the South China Sea issues", and rejected and returned the Philippines' Notification.[1] That is to say, the Chinese government rejected the Philippine move immediately, claiming that the arbitration cannot proceed without China's participation. In a Note Verbale to the PCA on 1 August 2013, China reiterated "its position that it does not accept the arbitration initiated by the Philippines."[2] However, China's refusal to appoint an arbitrator did not divest the arbitral tribunal of jurisdiction under the Annex VII of UNCLOS. President Yanai of the International Tribunal for the Law of the Sea (ITLOS) accordingly appointed the arbitrators instead. The UNCLOS itself grants the ITLOS the power to determine its own jurisdiction, and specifies the procedure for appointing arbitrators.[3] It is clear that China will continue to ignore the arbitration. Against this backdrop, it is interesting to find that on 7 December 2014, just before the deadline for the submission of the position by the respondent of the case, the Chinese government released a comprehensive legal opinion on the issue of the jurisdiction and beyond, *i. e*, the Position Paper of the Government of the People's Republic of China on the Matter of Jurisdiction in the South China Sea Arbitration Initiated by the Republic of the Philippines. China made clear that these statements and documents "shall by no means be interpreted as China's participation in the arbitral proceeding in any form"[4]. Such a document would have been submitted to the tribunal if China had appeared before the tribunal and challenged against the jurisdiction of the tribunal. As the procedures are still going on in the tribunal, it remains to see whether China's position

---

[1] See *The Republic of the Philippines v. The People's Republic of China*, available at http://www.pca-cpa.org/showpage.asp?pag_id=1529.

[2] See *The Republic of the Philippines v. The People's Republic of China*, available at http://www.pca-cpa.org/showpage.asp?pag_id=1529.

[3] Peter A Dutton, The Sino-Philippine Maritime Row: International Arbitration and the South China Sea, March 15, 2013, East and South China Seas Bulletin #10.

[4] The Position Paper states it "does not express any position on the substantive issues related to the subject-matter of the arbitration initiated by the Philippines" and "shall not be regarded as China's acceptance or participation in this arbitration".

will turn out to pay back.[1]

(2) Judicial Solution

Based on the principle that all sovereignties are equal and independent, the Chinese government insists that without the consent of a country, any other country or international organization have no power to exercise the jurisdiction over the national sovereignty. Thus in 1972, soon after the resumption of its seat in the United Nations, the People's Republic of China announced that the statement, which the former Republic of China made to accept the compulsory jurisdiction of the International Court of Justice (ICJ), ceased to be effective. China has signed with other countries no special agreements that mandate disputes be submitted to the ICJ. International conventions that China acceded to or ratified, contained no clauses, by which contracting parties shall resolve the disputes between them by referring disputes to the ICJ; even if such clauses do exist in those conventions, China makes reservation to the clauses without exception. As a matter of fact, China refuses to subject herself to the ICJ.

As the ICJ role on the peaceful settlements of international disputes has been strengthened gradually, and also the relation between the ICJ and China became closer, China's attitude towards settling international disputes by the ICJ was also changed: China became more open with such provisions when she acceded to or ratified international conventions. Such provisions relate to economy, trade, aviation, environment and other professional, technical fields would not be reserved by China.[2] But so far, no disputes or cases were referred to the International Court of Justice by China.[3]

According to United Nations Convention on the Law of the Sea, Article 187,[4], that the Seabed Disputes Chamber has the jurisdiction on disputes relating to the interpretations and applications of the Part XI of the Convention (the

---

[1] On 13 July 2015, the Arbitral Tribunal concluded its hearing on jurisdiction and admissibility.

[2] For example: When China signed and ratified the Convention on the Production, Stockpiling and Use of Chemical Weapons and on Their Destruction, she did not reserve the article 14, a dispute settlement provision about settling the disputes by submitting them to the International Court of Justice on the condition that all the disputing parties agree.

[3] Tie – ya Wang, *International Law*, Law Press, 1995, p. 613.

[4] China acceded to the Convention in 1998.

part of "The Area") and some supplements of this part, between the States Parties and also has the jurisdiction on disputes relate to the Sea – Bed Area activities between States Parties and the Authority. All the States parties have the obligations to accept the jurisdiction.[1]

In this regard, China's attitude towards a quasi judicial solution of international disputes, *that is*, the dispute settlement mechanism of the World Trade Organization (WTO), should be noted. The WTO established a powerful dispute settlement mechanism to monitor international trade, the aim of which is to provide the multilateral trade system with safety and predictability. This mechanism is governed by the Rules and Procedures on Dispute Settlement Understanding (hereinafter referred to as *Understanding*), which itself is an integral part of a package agreement of the WTO. A new body called Dispute Settlement Body (DSB) was created to operate the mechanism. The DSB has compulsory jurisdiction on trade disputes between WTO members and has its own rules of operation. It can establish a panel of experts to handle the dispute as one party to a trade dispute requests so, adopt the reports of the Panel, supervise the implementation of the recommendation and approve the compensation measures, if required. The report of Panel or the report of the Appellate Body (AB, a standing body of the WTO), comes into effect automatically, unless it is not adopted by the DSB with consensus, which in fact is impractical. The procedure called "negative consensus" is the most prominent feature of the Dispute Settlement Mechanism of the WTO. According to the "negative consensus" principle, if any party to a trade dispute requires, the Panel is to be set up automatically. Unless one party or both to the dispute appeals to the AB, the Panel report will come into effect. In case of appeal, the AB will evaluate the legal matters which relate to the Panel report.[2] Once the report of the AB is made available, the DSB shall

---

[1] The United Nations Convention on the Law of the Sea, Article 187. Part 15 of this Convention also has an arbitrary compulsory jurisdiction provision (article 287), which is: "while signing, ratifying or acceding to this Convention or at any time thereafter, a state shall be free to choose, by means of a written declaration", the International Tribunal for the Law of the Sea, the International Court of Justice, the arbitral tribunal and the special arbitral tribunal to settle the disputes on interpretations or application of this Convention, a similar declaration has not been made by China yet.

[2] Understanding, Article 17, Paragraph 6.

adopt it with the "negative consensus" principle, and then the AB report comes into effect. China has become a member of the WTO since 11 December 2001. By acceding to this global trade system, China has accepted the jurisdiction of the dispute settlement mechanism of the WTO. This represents that the China's approach to the settlement of disputes in trade area has undergone a significant change. It remains to be known what the ramification of China's acceptance of the WTO dispute settlement mechanism will be for its general attitudes towards judicial solution of international disputes to which it is a party.

4. How International Law and International Institutions Might be Applied to Its Relation with the Rest of the World

4. 1. Can International Law Play a Role in Preventing Tensions?

The Charter of the United Nations forbids states to use military force except in self - defense or with the approval of the Security Council.[1] The Security Council has fifteen members, of which five are permanent, the US, Britain, Russia, France, and China. These permanent members alone hold a veto. The Security Council can issue a resolution if nine of the fifteen members approve, and none of the permanent members exercise their veto. Non - defensive uses of military force can legally occur, under the formal terms of the Charter of the United Nations, only with the consent of these five states. The overall purpose of the Charter of the United Nations is to prevent the use of force except in self - defense, and to offer in exchange for the voluntary cessation of offensive war a guarantee of collective security. During the Cold War, it quite clearly failed at this purpose. After the end of the Cold War in the early 1990s, the Security Council obtained a new lease on life. Its most impressive accomplishment was the authorization of the first Gulf War against Iraq. However, China, as well as Russia, refused to agree to Security Council authorization of the 1999 intervention in Kosovo, and as a result, the NATO intervention was, technically, an illegal use of

[1] The Charter of the United Nations Charter, Article 51.

force under the Charter of the United Nations.[1] China apparently feared that such a humanitarian intervention would set a precedent contrary to China's interest as China fears that a similar humanitarian rationale could be used to interfere in its internal affairs,[2] especially the treatment of Tibetans and Uigur.

4. 2. Is China Satisfied with the Existing International Law and Order?

China used to be one of the few countries that long avoided most international affairs and shunned most international norms. Recognition of the legitimacy of the West – dominated international institutions and norms was alien or precisely unacceptable to China. Recently, as China rises, it has begun to embrace regional and global institutions and take on the responsibilities that come with great – power status. It has embraced much of the current constellation of international institutions, rules, and norms. Does it signal that China has embraced the West – dominated international institutions and norms?

Each state has an incentive to agree to institutions as long as it can be assured that such institutions will be unbiased and effective. Whether this can be done depends on a lot of factors, which we will address momentarily. For now, it is important to observe another lesson of this analysis, which is that a state that rigidly insists on the distribution of rights and obligations under international law may hasten war rather than avoid it. However, against the backdrop of a rising world power, stakeholder states need to treat international law flexibly and consistent with the existing balance of power, not the past balance of power. This suggests that as China becomes more powerful, other countries and particularly the US needs to be prepared to renegotiate a host of important multilateral treaties with which a powerful China will are dissatisfied.

---

[1] China and Russia were remarkably offended by the air campaign against Yugoslavia executed by the North Atlantic Treaty Organization (NATO) from March till June in 1999. China and Russia considered the war in Kosovo as an aggressive war against Yugoslavia, a sovereign state which is out of NATO's area, perpetrated by NATO under the leadership of the United States, and the two countries also perceived by this aggression the reinforcement of the uni – polar world order with the only superpower U. S. See Sakaguchi Yoshiaki and Mayama Katsuhiko, Significance of the War in Kosovo for China and Russia, NIDS Security Reports, No. 3 (March 2002), p. 1.

[2] See, for example, ROBERT WIELAARD, Kosovo recognition irritates Russia and China, International Herald, February 19, 2008.

International community and its members collectively or separately have devoted significant resources to deepen China's participation in the international system and to promote its emergence as a responsible great power that observes the norms and principles of the international society. Insofar as the international community has a larger goal for international order, it is for a system that would be characterized by observance of international law as agreed in international institutions.

On China's side, the country was observed to maximize its interests through minimal involvement, by free riding on the actions of other major powers while staking a claim to the moral highland, *i. e.*, it sought many of the rights and privileges of a great power without accepting most of the participants' obligations and responsibilities.[1] Even in light of the past experience, it would be still exaggerating to argue that China's actions in the WTO have challenged some of the most fundamental norms and rules of the existing international law.

4. 3. Speculations of China's Future International Behavior

The first issue is whether China will respect the existing international order. If history is any guide, it is already clear that China has generally respected the existing international order. Many attributes this to the fact China has been a beneficiary of the existing international order. As international lawyers believe, it is really in the best interests of the states to act in accordance with international law even when it may not seem so at a particular time. Indeed, there is seldom any question that it is to the advantage of the states to comply with the more mundane dimensions of international law such as international trade law. It is almost safe to say that China will pursue its trade and perceived interests within the existing framework of international law.

However, it is much less obvious that it is in the best interests of the states to take international law seriously when the sovereignty or core national interests are involved. It is nearly a given fact that the Security Council can play no role preventing a big power with the veto power at the UN Security Council from using

[1] Iain Johston, An Overview of Studies of American Scholars on the Relationship between China and International Organizations (in Chinese), Institute of World Economics and Politics, Chinese Academy of Social Sciences, 2004.

force at its will. International law did not prevent China from intervening in 1950 in order to prevent the unification of the Korean peninsula. In fact, China fought with American and Allied forces operating under the auspices of the United Nations. Nor did international law prevent the war between China and India in the 1960s and the war between China and Vietnam in the 1970s. Like the United States, China will not feel its hands bound by the Charter of the United Nations when considering the option of using force at emergencies.

Now a second question is whether there might be some role for international law or institutions to at least help mediate any potential clash between the rising China and the rest of the world. This requires a more complete understanding of the nature of conflict between the status quo powers and a rising power. Although there are many different theories about this relationship, as we discussed earlier, the best argument is that the probability of war depends not on the nature of distribution of power, but on the quality of information that states have about each other's interests and capacities. An important function of international law and institutions would be to enhance transparency, the better each state understands the other, the less likely there will be war.

A further question is whether the international judicial system can play in solving a dispute where the dispute arises between China and another country. The WTO dispute settlement mechanism has a history of China's satisfaction with the DSM as the international adjudicating body for disputes among states. Given that many disputes can be interpreted as trade – related disputes, there is a possibility that these disputes will be understood as disputes concerning trade measures that are subject to covered WTO agreements,[1] and therefore, will be in a position to subject China to the DSM. With respect to other disputes in general, the existing practice is a strong preference for political settlement, and therefore, China will have a general tendency to resort to political approach to resolve them. When the dispute is concerned with China's territorial integrity and sovereignty or

[1] Covered WTO agreements include the WTO Agreement, the Agreements in Annexes 1 and 2, as well as any Plurilateral Trade Agreement in Annex 4 where its Committee of signatories has taken a decision to apply the DSU. See Understanding Article 1 and Appendix 1. According to these articles, WTO dispute settlement body deals with trade – related disputes including trade in goods, trade in services and trade – related aspects of intellectual property rights.

other vital interests, the existing practice is exclusion of any judicial approach—no matter whether it is in the form of judicial tribunal or in the form of international arbitral tribunal, and therefore China is unlikely to resort judicial approach to resolve such disputes. In other words, such international judiciary institutions as the ICJ, International Tribunal for the Law of the Sea, the Permanent Court of Arbitration will not have a place in the settlement of territorial disputes between China and its neighboring countries.

A relevant question is how China is going to reshape international law. International law is evolving. Like any other country, China certainly wants to have its input. It is safe to say that China has no intention, as well as no need and no capacity, to have in place a brand new international order. What it is resolved to do is to have more say in the international rule - making. What remains to be seen is how it will participate in international rule - making in a way understandable to the rest of the world.

附录一
外交部受权发表中国政府关于菲律宾所提南海仲裁案管辖权问题的立场文件

2014 年 12 月 7 日

2014 年 12 月 7 日，外交部受权发表《中华人民共和国政府关于菲律宾共和国所提南海仲裁案管辖权问题的立场文件》，重申中国不接受、不参与该仲裁的严正立场，并从法律角度全面阐述中国关于仲裁庭没有管辖权的立场和理据。

2013 年 1 月 22 日，菲律宾单方面就中菲有关南海问题提起强制仲裁。其后，菲律宾不顾中国的一再反对，执意推进仲裁程序。

立场文件指出，菲律宾提请仲裁事项的实质是南海部分岛礁的领土主权问题，超出《联合国海洋法公约》的调整范围，仲裁庭无权审理。

立场文件指出，以谈判方式解决在南海的争端是中菲两国通过双边文件和《南海各方行为宣言》所达成的协议，菲律宾单方面将有关争端提交强制仲裁违反国际法。

立场文件指出，菲律宾提出的仲裁事项构成中菲两国海域划界不可分割的组成部分，而中国已根据《公约》的规定于 2006 年作出声明，将涉及海域划界等事项的争端排除适用仲裁等强制争端解决程序。

立场文件强调，仲裁庭对于菲律宾提起的仲裁明显没有管辖权；各国有权自主选择争端解决方式，中国不接受、不参与菲律宾提起的仲裁具有充分的国际法依据。

立场文件进一步指出，南海问题涉及多个国家，需要各方的耐心和政治智慧才能实现最终解决。有关各方应当在尊重历史事实和国际法的基础上，通过协商和谈判妥善解决南海问题。在有关问题得到彻底解决之前，各方应当开展对话，寻求合作，维护南海的和平与稳定，不断增信释疑，为问题的最终解决创造条件。

立场文件最后指出，菲律宾单方面提起仲裁的做法，不会改变中国对南海诸岛及其附近海域拥有主权的历史和事实，不会动摇中国维护主权和海洋权益的决心和意志，不会影响中国通过直接谈判解决有关争议以及与本地区国家共同维护南海和平稳定的政策和立场。

附录二
中华人民共和国政府关于菲律宾共和国所提南海仲裁案管辖权问题的立场文件

2014 年 12 月 7 日

一、引 言

1. 2013 年 1 月 22 日，菲律宾共和国外交部照会中华人民共和国驻菲律宾大使馆称，菲律宾依据 1982 年《联合国海洋法公约》（以下简称《公约》）第二百八十七条和附件七的规定，就中菲有关南海“海洋管辖权”的争端递交仲裁通知，提起强制仲裁。2013 年 2 月 19 日，中国政府退回菲律宾政府的照会及所附仲裁通知。中国政府多次郑重声明，中国不接受、不参与菲律宾提起的仲裁。

2. 本立场文件旨在阐明仲裁庭对于菲律宾提起的仲裁没有管辖权，不就菲律宾提请仲裁事项所涉及的实体问题发表意见。本立场文件不意味着中国在任何方面认可菲律宾的观点和主张，无论菲律宾有关观点或主张是否在本立场文件中提及。本立场文件也不意味着中国接受或参与菲律宾提起的仲裁。

3. 本立场文件将说明：菲律宾提请仲裁事项的实质是南海部分岛礁的领土主权问题，超出《公约》的调整范围，不涉及《公约》的解释或适用；以谈判方式解决有关争端是中菲两国通过双边文件和《南海各方行为宣言》所达成的协议，菲律宾单方面将中菲有关争端提交强制仲裁违反国际法；即使菲律宾提出的仲裁事项涉及有关《公约》解释或适用的问题，也构成中菲两国海域划界不可分割的组成部分，而中国已根据《公约》的规定于2006年作出声明，将涉及海域划界等事项的争端排除适用仲裁等强制争端解决程序。因此，仲裁庭对菲律宾提起的仲裁明显没有管辖权。基于上述，并鉴于各国有权自主选择争端解决方式，中国不接受、不参与菲律宾提起的仲裁有充分的国际法依据。

二、菲律宾提请仲裁事项的实质是南海部分岛礁的领土主权问题，不涉及《公约》的解释或适用

4. 中国对南海诸岛及其附近海域拥有无可争辩的主权。中国在南海的活动已有2000多年的历史。中国最早发现、命名和开发经营南海诸岛，最早并持续对南海诸岛实施主权管辖。20世纪30年代至40年代，日本在侵华战争期间非法侵占中国南海岛礁。第二次世界大战结束后，中国政府恢复对南海诸岛行使主权，派遣军政官员乘军舰前往南海岛礁举行接收仪式，树碑立标，派兵驻守，进行地理测量，于1947年对南海诸岛进行了重新命名，并于1948年在公开发行的官方地图上标绘南海断续线。中华人民共和国1949年10月1日成立以来，中国政府一直坚持并采取实际行动积极维护南海诸岛的主权。1958年《中华人民共和国政府关于领海的声明》和1992年《中华人民共和国领海及毗连区法》均明确规定，中华人民共和国的领土包括东沙群岛、西沙群岛、中沙群岛和南沙群岛。上述行动一再重申了中国在南海的领土主权和相关的海洋权益。

5. 20世纪70年代之前，菲律宾的法律对其领土范围有明确限定，没有涉及中国的南海岛礁。1935年《菲律宾共和国宪法》第一条“国家领土”明确规定：“菲律宾的领土包括根据1898年12月10日美国同西班牙缔结的《巴黎条约》割让给美国的该条约第三条所述范围内的全部领土，连同1900年11月7日美国同西班牙在华盛顿缔结的条约和1930年1月2日美国同英国缔结的条约中包括的所有岛屿，以及由菲律宾群岛现政府行使管辖权的全部领土。”根据上述规定，菲律宾的领土范围限于菲律宾群岛，不涉及中国的南海岛礁。1961年《关于确定菲律宾领海基线的法案》（菲律宾共和国第3046号法案）重申了菲律宾1935年宪法关于其领土范围的规定。

6. 自20世纪70年代起，菲律宾非法侵占中国南沙群岛的马欢岛、费信岛、中业岛、南钥岛、北子岛、西月岛、双黄沙洲和司令礁等岛礁；非法将中国南沙群岛部分岛礁宣布为所谓“卡拉延岛群”，对上述岛礁及其周边大范围海域提出主权主张；并对中国中沙群岛的黄岩岛提出非法领土要求。菲律宾还在有关岛礁及其附近海域非法从事资源开发等活动。

7. 菲律宾上述行为违反《联合国宪章》和国际法，严重侵犯中国的领土主权和海洋权益，是非法、无效的。中国政府对此一贯坚决反对，一直进行严正交涉和抗议。

8. 菲律宾将其所提仲裁事项主要归纳为以下三类：

第一，中国在《公约》规定的权利范围之外，对“九段线”（即中国的南海断续线）内的水域、海床和底土所主张的“历史性权利”与《公约》不符；

第二，中国依据南海若干岩礁、低潮高地和水下地物提出的200海里甚至更多权利主张与《公约》不符；

第三，中国在南海所主张和行使的权利非法干涉菲律宾基于《公约》所享有和行使的主权权利、管辖权以及航行权利和自由。

9. 菲律宾提请仲裁的上述事项的实质是南海部分岛礁的领土主权问题，超出《公约》的调整范围，不涉及《公约》的解释或适用。仲裁庭对菲律宾提出的这些仲裁事项均无管辖权。

10. 关于菲律宾提出的第一类仲裁事项，很显然，菲律宾主张的核心是中国在南海的海洋权利主张超出《公约》允许的范围。然而，无论遵循何种法律逻辑，只有首先确定中国在南海的领土主权，才能判断中国在南海的海洋权利主张是否超出《公约》允许的范围。

11. 国家的领土主权是其海洋权利的基础，这是国际法的一般原则。国际法院指出，“海洋权利源自沿海国对陆地的主权，这可概括为‘陆地统治海洋’原则”（2001年卡塔尔－巴林案判决第185段，亦参见1969年北海大陆架案判决第96段和1978年爱琴海大陆架案判决第86段），“因此陆地领土状况必须作为确定沿海国海洋权利的出发点”（2001年卡塔尔－巴林案判决第185段、2007年尼加拉瓜－洪都拉斯案判决第113段）。国际法院还强调，“国家对大陆架和专属经济区的权利基于陆地统治海洋的原则”，“陆地是一个国家对其领土向海延伸部分行使权利的法律渊源”（2012年尼加拉瓜－哥伦比亚案判决第140段）。

12.《公约》序言开宗明义地指出，“认识到有需要通过本公约，在妥为顾及所有国家主权的情形下，为海洋建立一种法律秩序”。显然，“妥为顾及所有国家主权”是适用《公约》确定缔约国海洋权利的前提。

13. 就本案而言，如果不确定中国对南海岛礁的领土主权，仲裁庭就无法确定中国依据《公约》在南海可以主张的海洋权利范围，更无从判断中国在南海的海洋权利主张是否超出《公约》允许的范围。然而，领土主权问题不属于《公约》调整的范畴。

14. 菲律宾也十分清楚，根据《公约》第二百八十七条和附件七组成的仲裁庭对于领土争端没有管辖权。菲律宾为了绕过这一法律障碍，制造提起仲裁的依据，蓄意对自己提请仲裁的实质诉求进行精心的包装。菲律宾一再表示自己不寻求仲裁庭判定哪一方对两国均主张的岛礁拥有主权，只要求仲裁庭对中国在南海所主张的海洋权利是否符合《公约》的规定进行判定，使仲裁事项看起来好像只是关于《公约》的解释或适用问题，不涉及领土主权问题。然而，菲律宾的包装无法掩饰其提请仲裁事项的实质就是南海部分岛礁的领土主权问题。

15. 关于菲律宾提出的第二类仲裁事项，中国认为，南海部分岛礁的性质和海洋权利问题与主权问题不可分割。

16. 首先，只有先确定岛礁的主权，才能确定基于岛礁的海洋权利主张是否符合《公约》。

17.《公约》规定的有关专属经济区和大陆架的海洋权利均赋予对相关陆地领土享有主权的国家。脱离了国家主权，岛礁本身不拥有任何海洋权利。只有对相关岛礁拥有主权的国家，才可以依据《公约》基于相关岛礁提出海洋权利主张。在确定了领土归属的前提下，如果其他国家对该国的海洋权利主张是否符合《公约》的规定提出质疑或者提出了重叠的海洋权利主张，才会产生关于《公约》解释或适用的争端。如果岛礁的主权归属未定，一国基于岛礁的海洋权利主张是否符合《公约》规定就不能构成一个可以提交仲裁的具体而真实的争端。

18. 就本案而言，菲律宾不承认中国对相关岛礁拥有主权，意在从根本上否定中国依据相关岛礁主张任何海洋权利的资格。在这种情形下，菲律宾要求仲裁庭先行判断中国的海洋权利主张是否符合《公约》的规定，是本末倒置。任何国际司法或仲裁机构在审理有关岛礁争端的案件中，从未在不确定有关岛礁主权归属的情况下适用《公约》的规定先行判定这些岛礁的海洋权利。

19. 其次，在南沙群岛中，菲律宾仅仅挑出少数几个岛礁，要求仲裁庭就其海洋权利作出裁定，实质上是否定中国对南沙群岛的领土主权。

20. 南沙群岛包括众多岛礁。中国历来对整个南沙群岛、而非仅对其中少数几个岛礁享有主权。1935 年中国政府水陆地图审查委员会出版《中国南海各岛屿图》，1948 年中国政府公布《南海诸岛位置图》，均将现在所称的南沙群岛以及东沙群岛、西沙群岛和中沙群岛划入中国版图。1958

年《中华人民共和国政府关于领海的声明》指出，中华人民共和国的领土包括南沙群岛。1983 年中国地名委员会公布南海诸岛部分标准地名，其中包括南沙群岛的岛礁。1992 年《中华人民共和国领海及毗连区法》也明确规定，中华人民共和国的陆地领土包括南沙群岛。

21. 2011 年 4 月 14 日，中国常驻联合国代表团就有关南海问题致联合国秘书长的第 CML/8/2011 号照会中亦指出："按照《联合国海洋法公约》、1992 年《中华人民共和国领海及毗连区法》和 1998 年《中华人民共和国专属经济区和大陆架法》的有关规定，中国的南沙群岛拥有领海、专属经济区和大陆架"。显然，按照《公约》确定中国南沙群岛的海洋权利，必须考虑该群岛中的所有岛礁。

22. 菲律宾在仲裁诉求中对南沙群岛作出"切割"，只要求对其声称的"中国占领或控制的"岛礁的海洋权利进行判定，刻意不提南沙群岛中的其他岛礁，包括至今仍为菲律宾非法侵占或主张的岛礁，旨在否定中国对整个南沙群岛的主权，否认菲律宾非法侵占或主张中国南沙群岛部分岛礁的事实，从而篡改中菲南沙群岛主权争端的性质和范围。菲律宾还刻意将中国台湾驻守的南沙群岛最大岛屿——太平岛排除在"中国占领或控制"的岛礁之外，严重违反了一个中国的原则，侵犯了中国的主权和领土完整。显而易见，此类仲裁事项的实质是中菲有关领土主权的争端。

23. 最后，低潮高地能否被据为领土本身明显是一个领土主权问题。

24. 菲律宾认为其仲裁诉求所涉及的几个岛礁是低潮高地，不能被据为领土。对于上述岛礁是否属于低潮高地，本立场文件不作评论。应该指出的是，无论这些岛礁具有何种性质，菲律宾自己从上世纪 70 年代以来却一直对这些岛礁非法主张领土主权。菲律宾 1978 年 6 月 11 日颁布第 1596 号总统令，对包括上述岛礁在内的南沙群岛部分岛礁及其周边大范围的海域、海床、底土、大陆边及其上空主张主权，并将该区域设立为巴拉望省的一个市，命名为"卡拉延"。虽然 2009 年 3 月 10 日菲律宾通过了第 9522 号共和国法案，规定"卡拉延岛群"（即中国南沙群岛部分岛礁）和"斯卡伯勒礁"（即中国黄岩岛）的海洋区域将与《公约》第一百二十一条（即"岛屿制度"）保持一致，但该规定仅是对上述区域内海洋地物的海洋权利主张进行了调整，并没有涉及菲律宾对这些海洋地物，包括低潮高地的领土主张。菲律宾常驻联合国代表团在 2011 年 4 月 5 日致联合国秘书长的第 000228 号照会中还明确表示："卡拉延岛群构成菲律宾不可分割的一部分。菲律宾共和国对卡拉延岛群的地理构造拥有主权和管辖权"。

菲律宾至今仍坚持其对南沙群岛中 40 个岛礁的主张，其中就包括菲律宾所称的低潮高地。可见，菲律宾提出低潮高地不可被据为领土，不过是想否定中国对这些岛礁的主权，从而可以将这些岛礁置于菲律宾的主权之下。

25. 低潮高地能否被据为领土本身是一个领土主权问题，不是有关《公约》的解释或适用问题。《公约》没有关于低潮高地能否被据为领土的规定。国际法院在 2001 年卡塔尔 - 巴林案的判决中明确表示："条约国际法对于低潮高地能否被视为领土的问题保持沉默。法院也不知道存在统一和广泛的国家实践，从而可能产生一项明确允许或排除将低潮高地据为领土的习惯法规则"（判决第 205 段）。这里的条约国际法当然包括 1994 年即已生效的《公约》。国际法院在 2012 年尼加拉瓜 - 哥伦比亚案的判决中虽然表示"低潮高地不能被据为领土"（判决第 26 段），但未指出此论断的法律依据，未涉及低潮高地作为群岛组成部分时的法律地位，也未涉及在历史上形成的对特定的海洋区域内低潮高地的主权或主权主张。无论如何，国际法院在该案中作出上述判定时没有适用《公约》。低潮高地能否被据为领土不是有关《公约》解释或适用的问题。

26. 关于菲律宾提出的第三类仲裁事项，中国认为，中国在南沙群岛和黄岩岛附近海域采取行动的合法性是基于中国对有关岛礁享有的主权以及基于岛礁主权所享有的海洋权利。

27. 菲律宾声称，中国在南海所主张和行使的权利非法干涉菲律宾基于《公约》所享有和行使的主权权利、管辖权以及航行权利和自由。菲律宾这一主张的前提是，菲律宾的海域管辖范围是明确而无争议的，中国的活动进入了菲律宾的管辖海域。然而事实并非如此。中菲尚未进行海域划界。对菲律宾这一主张进行裁定之前，首先要确定相关岛礁的领土主权，并完成相关海域划界。

28. 需要特别指出的是，中国一贯尊重各国依据国际法在南海享有的航行自由和飞越自由。

29. 综上所述，菲律宾要求在不确定相关岛礁主权归属的情况下，先适用《公约》的规定确定中国在南海的海洋权利，并提出一系列仲裁请求，违背了解决国际海洋争端所依据的一般国际法原则和国际司法实践。仲裁庭对菲律宾提出的任何仲裁请求作出判定，都将不可避免地直接或间接对本案涉及的相关岛礁以及其他南海岛礁的主权归属进行判定，都将不可避免地产生实际上海域划界的效果。因此，中国认为，仲裁庭对本案明显没有管辖权。

三、通过谈判方式解决在南海的争端是中菲两国之间的协议，菲律宾无权单方面提起强制仲裁

30. 中国在涉及领土主权和海洋权利的问题上，一贯坚持由直接有关国家通过谈判的方式和平解决争端。中菲之间就通过友好磋商和谈判解决两国在南海的争端也早有共识。

31. 1995 年 8 月10 日《中华人民共和国和菲律宾共和国关于南海问题和其他领域合作的磋商联合声明》指出，双方“同意遵守”下列原则：“有关争议应通过平等和相互尊重基础上的磋商和平友好地加以解决”（第一点）；“双方承诺循序渐进地进行合作，最终谈判解决双方争议”（第三点）；“争议应由直接有关国家解决，不影响南海的航行自由”（第八点）。

32. 1999 年 3 月 23 日《中菲建立信任措施工作小组会议联合公报》指出，双方承诺“遵守继续通过友好磋商寻求解决分歧方法的谅解”（联合公报第 5 段）。“双方认为，中菲之间的磋商渠道是畅通的。他们同意通过协商和平解决争议”（联合公报第 12 段）。

33. 2000 年 5 月16 日《中华人民共和国政府和菲律宾共和国政府关于 21 世纪双边合作框架的联合声明》第九点规定：“双方致力于维护南海的和平与稳定，同意根据公认的国际法原则，包括 1982 年《联合国海洋法公约》，通过双边友好协商和谈判促进争议的和平解决。双方重申遵守 1995 年中菲两国关于南海问题的联合声明”。

34. 2001 年 4 月4 日《中国－菲律宾第三次建立信任措施专家组会议联合新闻声明》第四点指出：“双方认识到两国就探讨南海合作方式所建立的双边磋商机制是富有成效的，双方所达成的一系列谅解与共识对维护中菲关系的健康发展和南海地区的和平与稳定发挥了建设性作用。”

35. 中菲之间关于以谈判方式解决有关争端的共识在多边合作文件中也得到确认。2002 年 11 月 4 日，时任中国外交部副部长王毅作为中国政府代表与包括菲律宾在内的东盟各国政府代表共同签署了《南海各方行为宣言》（以下简称《宣言》）。《宣言》第四条明确规定，“有关各方承诺根据公认的国际法原则，包括 1982 年《联合国海洋法公约》，由直接有关的主权国家通过友好磋商和谈判，以和平方式解决它们的领土和管辖权争议”。

36.《宣言》签署后，中菲两国领导人又一再确认通过对话解决争端。2004 年 9 月 3 日，时任菲律宾总统格罗丽亚・马卡帕加尔・阿罗约对中国进行国事访问，双方发表了《中华人民共和国政府和菲律宾共和国政府联

合新闻公报》，“双方一致认为尽快积极落实中国与东盟于2002年签署的《南海各方行为宣言》有助于将南海变为合作之海”（联合新闻公报第16段）。

37. 2011年8月30日至9月3日，菲律宾总统贝尼尼奥·阿基诺对中国进行国事访问。9月1日，双方发表《中华人民共和国和菲律宾共和国联合声明》，“重申将通过和平对话处理争议”，并“重申尊重和遵守中国与东盟国家于2002年签署的《南海各方行为宣言》”（联合声明第15段）。《联合声明》确认了《宣言》第四条关于谈判解决有关争端的规定。

38. 中菲双边文件在提及以谈判方式解决有关争端时反复使用了“同意”一词，确立两国之间相关义务的意图非常明显。《宣言》第四条使用了“承诺”一词，这也是协议中通常用以确定当事方义务的词语。国际法院在2007年波斯尼亚和黑塞哥维那诉塞尔维亚和黑山关于适用《防止和惩治灭种罪公约》案的判决中对“承诺”一词有以下明确的解释：“‘承诺’这个词的一般含义是给予一个正式的诺言，以约束自己或使自己受到约束，是给予一个保证或诺言来表示同意、接受某一义务。它在规定缔约国义务的条约中经常出现……它并非只被用来提倡或表示某种目标”（判决第162段）。此外，根据国际法，一项文件无论采用何种名称和形式，只要其为当事方创设了权利和义务，这种权利和义务就具有拘束力（参见1994年卡塔尔－巴林案判决第22段至第26段；2002年喀麦隆－尼日利亚案判决第258段、第262段和第263段）。

39. 上述中菲两国各项双边文件以及《宣言》的相关规定一脉相承，构成中菲两国之间的协议。两国据此承担了通过谈判方式解决有关争端的义务。

40. 中菲双边文件和《宣言》第四条反复重申以谈判方式和平解决南海争端，并且规定必须在直接有关的主权国家之间进行，显然排除了第三方争端解决程序。前述1995年8月10日《中华人民共和国和菲律宾共和国关于南海问题和其他领域合作的磋商联合声明》第三点指出“双方承诺循序渐进地进行合作，最终谈判解决双方争议”，这里的“最终”一词显然在强调“谈判”是双方唯一的争端解决方式，双方没有意向选择第三方争端解决程序。中菲双边文件和《宣言》第四条虽然没有明文使用“排除其他程序”的表述，但正如2000年南方蓝鳍金枪鱼仲裁案裁决所称：“缺少一项明示排除任何程序［的规定］不是决定性的”（裁决第57段）。如前所述，中国在涉及领土主权和海洋权利的问题上，一贯坚持由直接有关国家通过谈判的方式和平解决争端。在上述中菲双边文件和《宣言》的制订过程中，中国的这一立场始终是明确的，菲律宾及其他有关各方对此也十分清楚。

41. 因此，对于中菲在南海的争端的所有问题，包括菲律宾提出的仲裁事项，双方同意的争端解决方式只是谈判，排除了其他任何方式。

42. 即使菲律宾提出的仲裁事项涉及《公约》的解释或适用问题，在中菲之间已就通过谈判方式解决有关争端达成协议的情况下，《公约》第十五部分第二节的强制争端解决程序也不适用。

43.《公约》第二百八十条规定："本公约的任何规定均不损害任何缔约国于任何时候协议用自行选择的任何和平方法解决它们之间有关本公约的解释或适用的争端的权利。"《公约》第二百八十一条第一款规定："作为有关本公约的解释或适用的争端各方的缔约各国，如已协议用自行选择的和平方法来谋求解决争端，则只有在诉诸这种方法而仍未得到解决以及争端各方间的协议并不排除任何其他程序的情形下，才适用本部分所规定的程序。"

44. 如前分析，中菲两国已通过双边、多边协议选择通过谈判方式解决有关争端，没有为谈判设定任何期限，而且排除适用任何其他程序。在此情形下，根据《公约》上述条款的规定，有关争端显然应当通过谈判方式来解决，而不得诉诸仲裁等强制争端解决程序。

45. 菲律宾声称，1995 年之后中菲两国就菲律宾仲裁请求中提及的事项多次交换意见，但未能解决争端；菲律宾有正当理由认为继续谈判已无意义，因而有权提起仲裁。事实上，迄今为止，中菲两国从未就菲律宾所提仲裁事项进行过谈判。

46. 根据国际法，一般性的、不以争端解决为目的的交换意见不构成谈判。2011 年国际法院在格鲁吉亚－俄罗斯联邦案的判决中表示，"谈判不仅是双方法律意见或利益的直接对抗，或一系列的指责和反驳，或对立主张的交换"，"谈判……至少要求争端一方有与对方讨论以期解决争端的真诚的努力"（判决第 157 段），且"谈判的实质问题必须与争端的实质问题相关，后者还必须与相关条约下的义务相关"（判决第 161 段）。

47. 南海问题涉及多个国家，其解决绝非易事。有关各方至今仍在为最终谈判解决南海问题创造条件。在此背景下，中菲之间就有关争端交换意见，主要是应对在争议地区出现的突发事件，围绕防止冲突、减少摩擦、稳定局势、促进合作的措施而进行的。即使按照菲律宾列举的证据，这些交换意见也远未构成谈判。

48. 近年来，中国多次向菲律宾提出建立“中菲海上问题定期磋商机制”的建议，但一直未获菲律宾答复。2011 年 9 月 1 日，双方发表《中华人民共和国和菲律宾共和国联合声明》，双方再次承诺通过谈判解决南海争端。然而未待谈判正式开始，菲律宾却于 2012 年 4 月 10 日动用军舰进入中国黄岩岛海域抓扣中国的渔船和渔民。对于菲律宾的挑衅性行动，中国被迫采取了维护主权的反制措施。此后，中国再次向菲律宾建议重启中菲建立信任措施磋商机制，仍未得到菲律宾回应。2012 年 4 月 26 日，菲律宾外交部照会中国驻菲律宾大使馆，提出要将黄岩岛问题提交第三方司法机构，没有表达任何谈判的意愿。2013 年 1 月 22 日，菲律宾即单方面提起了强制仲裁程序。

49. 中菲此前围绕南海问题所进行的交换意见，也并非针对菲律宾所提的仲裁事项。例如，菲律宾援引 1997 年 5 月 22 日中国外交部关于黄岩岛问题的声明，以证明中菲之间就黄岩岛的海洋权利问题存在争端并已交换意见；但菲律宾故意没有援引的是，中国外交部在声明中明确指出：“黄岩岛的问题是领土主权问题，专属经济区的开发和利用是海洋管辖权问题，两者的性质和所适用的法律规则都截然不同，不能混为一谈。菲方试图以海洋管辖权侵犯中国领土主权的企图是完全站不住脚的。”这一声明的含义是，菲律宾不得借口黄岩岛位于其主张的专属经济区范围内，否定中国对该岛的领土主权。可见，上述交换意见的核心是主权问题。

50. 还需注意的是，菲律宾试图说明中菲两国自 1995 年起交换意见的事项是关于《公约》解释或适用的问题，但这是不符合事实的。历史上，菲律宾于 1961 年 6 月 17 日颁布第 3046 号共和国法案，将位于菲律宾群岛最外缘各岛以外、由 1898 年美西《巴黎条约》等国际条约所确定的菲律宾边界线以内的广阔水域纳入菲律宾领海，领海的宽度大大超过 12 海里。菲律宾于 1978 年 6 月 11 日颁布第 1596 号总统令，对所谓“卡拉延岛群”（即中国南沙群岛部分岛礁）及其周边大范围的海域、海床、底土、大陆边及其上空主张主权。菲律宾自己也承认，直到 2009 年 3 月 10 日通过的第 9522 号共和国法令，菲律宾才开始使其国内法与《公约》相协调，以期完全放弃与《公约》不符的海洋权利主张。该法令首次规定，“卡拉延岛群”（即中国南沙群岛部分岛礁）和“斯卡伯勒礁”（即中国黄岩岛）的海洋区域将与《公约》第一百二十一条（即“岛屿制度”）保持一致。既然菲律宾自己都认为，其直到 2009 年才开始放弃以往与《公约》不符的海洋权利主张，那么何谈中菲两国自 1995 年起已就与本仲裁案有关的《公约》解释或适用的问题交换意见。

51. 菲律宾声称，由于中国自己已严重违反了《宣言》的规定，所以无权援引《宣言》第四条来排除仲裁庭对本案的管辖权。上述说法严重违背事实。菲律宾指责中国采取包括威胁使用武力的行动驱离在黄岩岛海域长期、持续作业的菲律宾渔民，以及中国阻止菲律宾对在仁爱礁坐滩的军舰和人员进行补给，试图说明中国违反了《宣言》的规定。但事实是，在黄岩岛问题上，菲律宾首先采取威胁使用武力的手段，于 2012 年 4 月 10 日非法派出军舰在黄岩岛海域强行扣留、逮捕中国渔船和渔民。在仁爱礁问题上，菲律宾一艘军舰于 1999 年 5 月以所谓“技术故障”为借口，在中国南沙群岛的仁爱礁非法坐滩。中国多次向菲律宾提出交涉，要求菲律宾立即拖走该舰。菲律宾也曾多次向中国明确承诺拖走因“技术故障”坐滩的军舰。然而 15 年来，菲律宾不仅违背此前承诺，拒不拖走有关军舰，反而试图在该礁上修建固定设施。2014 年 3 月 14 日，菲律宾还公开宣称其在 1999 年是将该军舰作为永久设施部署在仁爱礁。针对菲律宾的上述挑衅行为，中国被迫采取了必要的措施。因此，菲律宾对中国的指责是毫无道理的。

52. 菲律宾一方面为支持其提起的仲裁而否认《宣言》第四条的效力，另一方面，却又在 2014 年 8 月 1 日外交部声明中提出解决南海问题的倡议，要求各方遵守《宣言》第五条的规定，并且“全面、有效执行《宣言》”。菲律宾对《宣言》所采取的这种自相矛盾、出尔反尔的做法，明显违反国际法上的诚信原则。

53. 诚信原则要求各国对相互达成的协议作出诚实的解释，不得为了获取不正当的利益，而对协议作出违反原意的曲解。诚信原则至关重要，它体现在《联合国宪章》第二条第二款中，涉及国际法的各个方面（参见罗伯特·詹宁斯和亚瑟·瓦茨 1992 年所编《奥本海国际法》第 9 版第一卷第 38 页）。国际法院在 1974 年澳大利亚－法国核试验案的判决中指出，“指导制订和履行国际义务的基本原则之一就是诚信原则，无论这种义务是基于什么渊源，信任与信心是国际合作的根本”（判决第 46 段）。

54. 中国愿借此机会强调，《宣言》是中国与东盟国家经过多年耐心的谈判，在相互尊重、互谅互让的基础上达成的重要文件。在《宣言》中，有关各方承诺由直接有关的主权国家通过友好磋商和谈判解决它们的领土和管辖权争议；各方重申以《联合国宪章》宗旨和原则、1982 年《公约》、《东南亚友好合作条约》、和平共处五项原则以及其它公认的国际法原则作为处理国家间关系的基本准则；各方承诺根据上述原则，在平等和相互尊重的基础上，探讨建立信任的途径；各方重申尊重并承诺包括1982年《公约》在内的公认的国际法原则所规定的在南海的航行及飞越自由；各方承诺保持自我克制，不采取使争议复杂化、扩大化和影响和平与稳定的行动，包括不在现无人居住的岛、礁、滩、沙或其他自然构造上采取居住的行动，并以建设性的方式处理它们的分歧。此外，《宣言》还详细列出有关各方在和平解决它们的领土和管辖权争议之前，建立相互信任的途径和开展合作的领域。作为落实《宣言》的后续行动，各方承诺将磋商制定“南海行为准则”。

55.《宣言》对稳定南海局势、促进中国与东盟国家的海上合作和增信释疑起到了积极作用。《宣言》每项条款均构成该文件不可分割的组成部分。否定《宣言》的作用，将导致中国和东盟国家南海合作关系的严重倒退。

56. 菲律宾作为东盟成员，参与了《宣言》的整个磋商过程，应当十分清楚《宣言》对通过谈判和平解决南海问题的重要性。目前，中国和包括菲律宾在内的东盟国家已建立工作机制积极落实《宣言》，并就“南海行为准则”展开磋商，维护南海局势的稳定，为南海问题的最终和平解决创造条件。菲律宾现在提起强制仲裁程序，与中国和东盟国家的共同愿望和努力背道而驰，其目的并非像菲律宾所标榜的那样寻求和平解决南海问题，而是试图通过仲裁向中国施加政治压力，以通过对《公约》的所谓“解释或适用”来达到否定中国在南海的合法权利，并按其单方面主张和意愿解决南海问题的目的。对此，中国当然不能接受。

四、即使菲律宾提出的仲裁事项涉及有关《公约》解释或适用的问题，也构成海域划界不可分割的组成部分，已被中国2006年声明所排除，不得提交仲裁

57.《公约》第十五部分确认了缔约国可以书面声明就特定事项排除适用该部分第二节规定的强制争端解决程序。中国2006年作出此类声明，符合《公约》有关规定。

58. 2006年8月25日，中国根据《公约》第二百九十八条的规定向联合国秘书长提交声明。该声明称：“关于《公约》第二百九十八条第1款（a）、（b）和（c）项所述的任何争端，中华人民共和国政府不接受《公约》第十五部分第二节规定的任何程序”。也就是说，对于涉及海域划

界、历史性海湾或所有权、军事和执法活动以及安理会执行《联合国宪章》所赋予的职务等争端，中国政府不接受《公约》第十五部分第二节下的任何强制争端解决程序，包括强制仲裁。中国坚信，直接有关的主权国家进行友好磋商和谈判，是和平解决中国与周边邻国间的海洋争端最有效的方式。

59. 中国与菲律宾是海上邻国，两国属于《公约》第七十四条和第八十三条所指的“海岸相向或相邻的国家”，两国之间存在海域划界问题。由于中菲有关岛礁领土争端悬而未决，两国尚未进行海域划界谈判，但已开展合作为最终划界创造条件。

60. 2004年9月3日，中菲双方发表《中华人民共和国政府和菲律宾共和国政府联合新闻公报》，指出“双方重申将继续致力于维护南海地区的和平与稳定。在尚未全面并最终解决南海地区的领土和海洋权益争端前，双方将继续探讨共同开发等合作”（联合新闻公报第16段）。

61. 上述联合声明发表的前两天，经中菲两国政府批准并在两国元首的见证下，中国海洋石油总公司与菲律宾国家石油公司签署《南中国海部分海域联合海洋地震工作协议》。该协议于2005年3月14日扩大为中国、菲律宾、越南三方之间的协议。这是有关国家加强合作，为谈判解决南海争端创造条件的有益尝试。该协议适用范围就在菲律宾此次提起仲裁所涉海域之内。

62. 2005年4月28日，时任中国国家主席胡锦涛对菲律宾进行国事访问期间，双方发表《中华人民共和国和菲律宾共和国联合声明》，“同意继续致力于维护南海地区的和平与稳定”，“对中国海洋石油总公司、越南油气总公司和菲律宾国家石油公司签订《南中国海协议区三方联合海洋地震工作协议》表示欢迎”（联合声明第16段）。

63. 2007年1月16日，时任中国国务院总理温家宝对菲律宾进行正式访问期间，双方发表《中华人民共和国和菲律宾共和国联合声明》，再次表示，“南海三方联合海洋地震工作可以成为本地区合作的一个示范。双方同意，可以探讨将下一阶段的三方合作提升到更高水平，以加强本地区建立互信的良好势头”（联合声明第12段）。

64. 可见，中菲之间对于通过合作促进海域划界问题的最终解决已有共识。鉴于中国2006年作出的声明，菲律宾不得单方面将海域划界问题提交仲裁。

65. 为了掩盖中菲海域划界争端的实质，绕过中国2006年声明，菲律宾将海域划界争端拆分，抽取其中几个事项作为孤立的问题提交仲裁，要求仲裁庭分别进行所谓的“法律解释”。

66. 不难看出，菲律宾提出的各项仲裁事项，包括海洋权利主张、岛礁性质和海洋权利范围，以及海上执法活动等等，均是国际司法或仲裁机构在以往海域划界案中所审理的主要问题，也是国家间海域划界实践中需要处理的问题。这些问题属于海域划界不可分割的组成部分。

67. 海域划界是一项整体、系统工程。《公约》第七十四条和第八十三条规定，海岸相向或相邻国家间的海域划界问题，“应在《国际法院规约》第三十八条所指国际法的基础上以协议划定，以便得到公平解决”。国际司法判例和国家实践均确认，为使海域划界取得公平的结果，必须考虑所有相关因素。基于上述，适用于海域划界的国际法，既包括《公约》，也包括一般国际法。海域划界既涉及权利基础、岛礁效力等问题，也涉及划界原则和方法，以及为实现公平解决所必须考虑的所有相关因素。

68. 菲律宾提出的仲裁事项构成中菲海域划界不可分割的组成部分，只能在中菲海域划界的框架下，与有关当事方基于《公约》、一般国际法和长期历史实践所享有的相关权利和利益结合起来，予以综合考虑。菲律宾将中菲海域划界问题拆分并将其中的部分问题提交仲裁，势必破坏海域划界问题的整体性和不可分割性，违背海域划界应以《国际法院规约》第三十八条所指国际法为基础以及必须“考虑所有相关因素”的原则，将直接影响今后中菲海域划界问题的公平解决。

69. 菲律宾表面上不要求进行划界，但却请求仲裁庭裁定部分岛礁是菲律宾专属经济区和大陆架的一部分，裁定中国非法干涉菲律宾对其专属经济区和大陆架享有和行使主权权利，等等。上述仲裁请求显然是要求仲裁庭确认相关海域属于菲律宾的专属经济区和大陆架，菲律宾在该海域有权行使主权权利和管辖权，这实际上是在变相地要求仲裁庭进行海域划界。菲律宾提出的各项仲裁事项，实际上已涵盖了海域划界的主要步骤和主要问题，如果仲裁庭实质审议菲律宾的各项具体主张，就等于是间接地进行了海域划界。

70. 缔约国根据《公约》第二百九十八条作出的排除性声明理应受到尊重，菲律宾试图绕过中国排除性声明提起强制仲裁的做法是滥用《公约》规定的争端解决程序。

71. 中国2006年排除性声明一经作出即应自动适用，其效力是，根据《公约》第二百九十九条的规定，未经中方同意，其他国家不得针对中国就相关争端单方面提交强制争端解决程序。同时，中国也放弃了就同类争端针对其他国家单方面提起强制争端解决程序的权利，体现了权利与义务的对等。

72. 菲律宾辩称，中国作为《公约》的缔约国，按照《公约》第二百八十七条的规定，未在该条所列的四种强制争端解决程序中作出选择，应被视为已接受强制仲裁程序。这种观点是有意误导。中国2006年声明的目的和效果就是对于特定事项完全排除适用强制争端解决程序。无论中国对《公约》第二百八十七条所列的四种强制争端解决程序是否作出选择，只要是属于中国2006年声明所涵盖的争端，中国就已经明确排除了适用《公约》第十五部分第二节下的任何强制争端解决程序包括强制仲裁的可能性。

73. 尽管菲律宾认为其所提仲裁事项不属于中方2006年声明所涵盖的争端，但在中国对此持不同看法的情况下，菲律宾应先行与中国解决该问题，然后才能决定能否提交仲裁。如果按照菲律宾的逻辑，任何国家只要单方面声称有关争端不是另一国排除性声明所排除的争端，即可单方面启动强制仲裁程序，那么《公约》第二百九十九条的规定就变得毫无意义。

74. 自《公约》生效以来，本案是第一例在一国已作出排除性声明的情况下，另一国针对该声明所涵盖的争端单方面启动强制仲裁程序的案件。如果菲律宾这种“设计”的争端被认为可以满足强制仲裁管辖权的条件，那么可以设想，第二百九十八条所列的任何争端均可以按照菲律宾的方法与《公约》某些条款的解释或适用问题联系起来，都可以提起第十五部分第二节的强制争端解决程序。若可以如此适用《公约》，那么，《公约》第二百九十八条还有何价值？目前35个国家所作出的排除性声明还有何意义？中国认为，菲律宾单方面提起仲裁，是在滥用《公约》规定的强制争端解决程序，对《公约》争端解决机制的严肃性构成严重的挑战。

75. 综上所述，即使菲律宾提请仲裁的事项涉及有关《公约》的解释或适用的问题，也是海域划界争端不可分割的组成部分，已被中国2006年声明所排除，菲律宾不得就此提起强制仲裁程序。

五、中国自主选择争端解决方式的权利应得到充分尊重，中国不接受、不参与菲律宾提起的仲裁具有充分的国际法依据

76. 根据国际法，各国享有自主选择争端解决方式的权利。任何国际司法或仲裁机构针对国家间争端行使管辖权必须以当事国的同意为基础，即“国家同意原则”。基于这一原则，出席第三次联合国海洋法会议的各

国代表经过长期艰苦的谈判，作为一揽子协议，达成了《公约》第十五部分有关争端解决机制的规定。

77.《公约》第十五部分规定的强制争端解决程序只适用于有关《公约》解释或适用的争端；缔约国有权自行选择第十五部分规定以外的其他争端解决方式；《公约》第二百九十七条和第二百九十八条还针对特定种类的争端规定了适用强制争端解决程序的限制和例外。

78.《公约》第十五部分这种平衡的规定，也是许多国家决定是否成为《公约》缔约国时的重要考虑因素。在1974年第三次联合国海洋法会议第二期会议上，萨尔瓦多大使雷纳多·佳林多·波尔在介绍关于《公约》争端解决的第一份草案时强调，有必要将直接涉及国家领土完整的问题作为强制管辖的例外。否则，许多国家可能不会批准甚至不会签署《公约》（参见沙巴泰·罗森和路易斯·索恩1989年所编《1982年〈联合国海洋法公约〉评注》第5卷第88页第297.1段）。因此，在解释和适用《公约》第十五部分的规定时，必须维护该部分的平衡和完整。

79. 中国重视《公约》强制争端解决程序在维护国际海洋法律秩序方面的积极作用。中国作为《公约》缔约国，接受了《公约》第十五部分第二节有关强制争端解决程序的规定。但是，中国接受该规定的适用范围不包括领土主权争端，不包括中国与其他缔约国同意以自行选择的方式加以解决的争端，也不包括《公约》第二百九十七条和中国2006年根据《公约》第二百九十八条所作声明排除的所有争端。对于菲律宾所提仲裁事项，中国从未接受《公约》第十五部分第二节规定的任何强制争端解决程序。

80. 根据国家主权原则，争端当事国可自行选择争端解决方式，《公约》对此予以确认。《公约》第二百八十条规定：“本公约的任何规定均不损害任何缔约国于任何时候协议用自行选择的任何和平方法解决它们之间有关本公约的解释或适用的争端的权利。”

81. 当事国自行选择的争端解决方式优先于《公约》第十五部分第二节规定的强制争端解决程序。《公约》第十五部分第一节的第二百八十一条第一款规定：“作为有关本公约的解释或适用的争端各方的缔约各国，如已协议用自行选择的和平方法来谋求解决争端，则只有在诉诸这种方法而仍未得到解决以及争端各方间的协议并不排除任何其他程序的情形下，才适用本部分所规定的程序。”《公约》第二百八十六条也规定：“在第三节限制下，有关本公约的解释或适用的任何争端，如已诉诸第一节而仍未得到解决，经争端任何一方请求，应提交根据本节具有管辖权的法院或法庭。”可见，只要当事方已经自行选择争端解决方式并且排除其他任何程序，《公约》规定的强制争端解决程序就完全不适用。

82. 缔约国自行选择争端解决方式的优先性和重要性在2000年南方蓝鳍金枪鱼仲裁案裁决中得到了进一步肯定。仲裁庭指出，“《公约》远未建立一个真正全面的、有拘束力的强制管辖制度”（裁决第62段），“《公约》第二百八十一条第一款允许缔约国将第十五部分第二节强制程序的适用限定在所有当事方均同意提交的案件”（裁决第62段）。如果第十五部分第一节的规定不能得到有效遵守，就会实质上剥夺缔约国基于国家主权自行选择争端解决方式的权利，从而违反国家同意原则，破坏《公约》第十五部分的平衡和完整。

83. 相关司法或仲裁机构在行使确定自身管辖权方面的权力时，也必须充分尊重缔约国自行选择争端解决方式的权利。《公约》第二百八十八条第四款规定：“对于法院或法庭是否具有管辖权如果发生争端，这一问题应由该法院或法庭以裁定解决。”中国尊重相关司法或仲裁机构根据《公约》所享有的上述权力，但同时强调，相关司法或仲裁机构在行使其权力时不应损害缔约国自行选择争端解决方式的权利，不应损害国际司法或仲裁必须遵循的国家同意原则。中国认为，这是仲裁庭在适用第二百八十八条第四款的规定确定自身管辖权时所必须受到的限制。总而言之，“争端当事方是争端解决程序完全的主人”（沙巴泰·罗森和路易斯·索恩1989年所编《1982年〈联合国海洋法公约〉评注》第5卷第20页第280.1段）。

84. 中国尊重所有缔约国依据《公约》的规定适用强制争端解决程序的权利。同时，需要强调的是，《公约》第三百条规定：“缔约国应诚意履行根据本公约承担的义务，并应以不致构成滥用权利的方式，行使本公约所承认的权利、管辖权和自由。”菲律宾明知其所提出的仲裁事项本质上是岛礁领土主权问题，明知中国从未同意就有关争端接受强制争端解决程序，明知中菲之间存在关于通过谈判方式解决有关争端的协议，还要单方面提起强制仲裁，违反了《公约》的相关规定，无助于争端的和平解决。

85. 鉴于上述，并基于仲裁庭对本案显然不具有管辖权，中国政府决定不接受、不参与仲裁程序，以捍卫中国自主选择争端解决方式的主权权利，确保中国依据《公约》于2006年作出的排除性声明起到应有的效力，维护《公约》第十五部分的完整性以及国际海洋法律制度的权威性和严肃性。中国的这一立场不会改变。

六、结论

86. 中国认为，仲裁庭对于菲律宾单方面就中菲在南海的争端提起的强制仲裁明显没有管辖权。

第一，菲律宾提请仲裁事项的实质是南海部分岛礁的领土主权问题，超出《公约》的调整范围，不涉及《公约》的解释或适用；

第二，以谈判方式解决在南海的争端是中菲两国通过双边文件和《宣言》所达成的协议，菲律宾单方面将中菲有关争端提交强制仲裁违反国际法；

第三，即使菲律宾提出的仲裁事项涉及有关《公约》解释或适用的问题，也构成中菲两国海域划界不可分割的组成部分，而中国已经根据《公约》的规定于2006年作出声明，将涉及海域划界等事项的争端排除适用仲裁等强制争端解决程序；

第四，中国从未就菲律宾提出的仲裁事项接受过《公约》规定的强制争端解决程序；仲裁庭应充分尊重缔约国自行选择争端解决方式的权利，在《公约》规定的限度内行使其确定管辖权方面的权力；菲律宾提起仲裁是对《公约》强制争端解决程序的滥用。中国不接受、不参与该仲裁具有充分的国际法依据。

87. 中国一贯奉行睦邻友好政策，主张在和平共处五项原则基础上，通过平等协商，公平合理地解决领土争端和海域划界问题。中国认为，谈判始终是国际法认可的和平解决国际争端最直接、最有效和最普遍的方式。

88. 经过长期的外交努力和谈判，中国与14个陆地邻国中的12个国家妥善解决了边界问题，划定和勘定的边界线长度达两万公里，占中国陆地边界总长度的90%。在海上，2000年12月25日中国与越南通过谈判签订了《中华人民共和国和越南社会主义共和国关于两国在北部湾领海、专属经济区和大陆架的划界协定》，划定了两国在北部湾的海上边界。中国还于1997年11月11日与日本签署了《中华人民共和国和日本国渔业协定》，2000年8月3日与韩国签署了《中华人民共和国政府和大韩民国政府渔业协定》，2005年12月24日与朝鲜签署了《中华人民共和国政府和朝鲜民主主义人民共和国政府关于海上共同开发石油的协定》，作为海域划界前的临时性安排。

89. 事实证明，只要相关国家秉持善意，在平等互利基础上进行友好协商谈判，就可以妥善地解决领土争端和海域划界问题。对于中国与菲律宾之间的有关争端，中国也坚持同样的原则和立场。

90. 中国不认为在当事方同意的基础上将争端提交仲裁是不友好的行为。但是，在涉及领土主权和海洋权利的问题上，明知他国已明确表示不接受仲裁，明知双方已承诺通过双边直接谈判解决争端，还要强行将争端诉诸仲裁，就不能被认为是友善的行为，更不能被认为是坚持法治的精神，因为这与国际法的基本原则背道而驰，违反国际关系基本准则。这种做法不仅不可能使两国争端得到妥善解决，反而会进一步损害两国之间的互信，使两国之间的问题进一步复杂化。

91. 近年来，菲律宾在黄岩岛和仁爱礁等问题上不断采取新的挑衅行动，不仅严重损害了中菲之间的政治互信，也破坏了中国与东盟国家共同落实《宣言》、磋商制订“南海行为准则”的良好氛围。事实上，过去几年来，在东南亚地区，不是菲律宾所描绘的“中国变得更强势”，而是菲律宾自己变得更具挑衅性。

92. 南海问题涉及多个国家，加上各种复杂的历史背景和敏感的政治因素，需要各方的耐心和政治智慧才能实现最终解决。中国坚持认为，有关各方应当在尊重历史事实和国际法的基础上，通过协商和谈判寻求妥善的解决办法。在有关问题得到彻底解决之前，各方应当开展对话，寻求合作，维护南海的和平与稳定，不断增信释疑，为问题的最终解决创造条件。

93. 菲律宾单方面提起仲裁的做法，不会改变中国对南海诸岛及其附近海域拥有主权的历史和事实，不会动摇中国维护主权和海洋权益的决心和意志，不会影响中国通过直接谈判解决有关争议以及与本地区国家共同维护南海和平稳定的政策和立场。

附录三
中华人民共和国外交部关于应菲律宾共和国请求建立的南海仲裁案仲裁庭关于管辖权和可受理性问题裁决的声明

2015 年 10 月 30 日

应菲律宾共和国单方面请求建立的南海仲裁案仲裁庭（以下简称“仲裁庭”）于 2015 年 10 月 29 日就管辖权和可受理性问题作出的裁决是无效的，对中方没有拘束力。

一、中国对南海诸岛及其附近海域拥有无可争辩的主权。中国在南海的主权和相关权利是在长期的历史过程中形成的，为历届中国政府长期坚持，为中国国内法多次确认，受包括《联合国海洋法公约》在内的国际法保护。在领土主权和海洋权益问题上，中国不接受任何强加于中国的方案，不接受单方面诉诸第三方的争端解决办法。

二、菲律宾滥用《公约》强制争端解决机制，单方面提起并执意推动南海仲裁，是披着法律外衣的政治挑衅，其实质不是为了解决争端，而是妄图否定中国在南海的领土主权和海洋权益。在 2014 年 12 月 7 日中国外交部受权发表的《中华人民共和国政府关于菲律宾共和国所提南海仲裁案管辖权问题的立场文件》中，中国政府已指出仲裁庭对菲律宾所提出的仲裁明显没有管辖权，并阐明了中国不接受、不参与仲裁案的法理依据。这一立场是清晰的、明确的，不会改变。

三、作为主权国家和《联合国海洋法公约》的缔约国，中国享有自主选择争端解决方式和程序的权利。中国始终坚持通过谈判和协商解决与邻国间的领土争端和海洋管辖权争端。上世纪90年代以来，中国和菲律宾多次在双边文件中确认通过谈判和协商解决双方之间的有关争端。《南海各方行为宣言》明确规定，由直接有关的主权国家通过友好磋商和谈判，以和平方式解决它们的领土和管辖权争端。这一系列文件表明，中国与菲律宾早已选择通过谈判和协商解决双方在南海的争端。菲律宾违背这一共识，损害国家之间互信的基础。

四、菲律宾和仲裁庭无视仲裁案的实质是领土主权和海洋划界及其相关问题，恶意规避中国于2006年根据《公约》第298条有关规定作出的排除性声明，否定中菲双方通过谈判和协商解决争端的共识，滥用程序，强行推进仲裁，严重侵犯中国作为《公约》缔约国的合法权利，完全背离了《公约》的宗旨和目的，损害了《公约》的完整性和权威性。作为《公约》缔约国，中国坚决反对滥用《公约》强制争端解决机制的行径，呼吁各方共同努力，维护《公约》的完整性和权威性。

五、菲律宾企图通过仲裁否定中国在南海的领土主权和海洋权益，不会有任何效果。中国敦促菲律宾遵守自己的承诺，尊重中国依据国际法享有的权利，改弦易辙，回到通过谈判和协商解决南海有关争端的正确道路上来。

图书在版编目（CIP）数据

国家领土主权与海洋权益协同创新文集. 第1辑/马呈元主编. —北京:中国政法大学出版社，2015.11

ISBN 978-7-5620-6448-0

Ⅰ.①国… Ⅱ.①马… Ⅲ.①领土问题－文集②主权－文集③制海权－文集 Ⅳ.①D993.1-53②D992-53③E815-53

中国版本图书馆CIP数据核字(2015)第278429号

出版者　中国政法大学出版社

地　　址　北京市海淀区西土城路25号

邮寄地址　北京100088信箱8034分箱　邮编100088

网　　址　http://www.cuplpress.com (网络实名：中国政法大学出版社)

电　　话　010-58908524(编辑部)　58908334(邮购部)

承　　印　北京中科印刷有限公司

开　　本　720mm×960mm　1/16

印　　张　23.5

字　　数　400千字

版　　次　2015年11月第1版

印　　次　2015年11月第1次印刷

定　　价　78.00元